絶対内定2025

自己分析とキャリアデザインの描き方

我究館創業者
杉村太郎

我究館館長
藤本健司

ダイヤモンド社

きみは、今の自分に自信があるか？

「今の自分に自信がない」という人ほど、実は難関企業の内定に近い人かもしれない。
今の自分に問題意識を持ててこそ、成長はある。
「自分に自信を持っている」と思っている人の中には、
自分と向き合うことが、できていない人もいるのではないだろうか。

きみは、内定しようとしていないか？

きみが目指すのは、数カ月後の内定ではない。
もっと先のきみの夢の実現と、今日から納得のいく生き方の実現だ。
誰もが「内定」という目先の安心に心を奪われがち。
今こそ、度胸が問われている。目先の安心に飛び込もうとするな。
そのままでは、玉砕は目に見えている。
相手に合わせることなく、会社に媚びることなく、自分の人生にこだわろう。

まえがき

就職活動はきみの人生にとってのチャンスだ。

これからの「きみの社会人生活」を「自分で決める」ことができる。

「面倒だし、つまらない」「自分の未来を決めるのは不安で、怖い」と思っているかもしれない。それは当然だ。就職活動の「正しいやり方」を知らないのだから。これは、学校や家庭で教えてくれるようなものではないし、多くの人はそのままなんとなく就職活動を進めていく。

だからこそ、**やり方を知っていて、正しく努力し続けられた人は強い**。僕が館長を務める我究館では、毎年9割以上の学生が第一志望の企業に内定をもらう。人によってやりたいことや進む先は違うが、みんな充実した社会人生活を送っている。

この**「正しいやり方」の根幹に我究（自己分析）**がある。

この本にある94枚のワークシートで徹底的に過去、現在、未来の等身大の自分と、自らの本音を把握する。そして、1枚の我究図にまとめていく。それによって、どんな自分になっていきたいか、心から望んでいることが何かがわかってくる。納得できない部分があれば、再度問い直し、修正していく。

これさえやっておけば、エントリーシートに書く内容も、面接で話す内容も自ずと見えてくる。徹底的に問い、考え続けたからこそ迷いがない。読み手に伝わりやすい文章が作れるし、堂々と相手に話すことができる。

もし、「心から望む姿と、今の自分が遠すぎる」と感じても絶望しないでほしい。ワークシートをやっていれば、そのギャップを埋めるために自分が何をするべきなのか、自然とわかるようになっている。

行動力をつけることはとても大切だ。行動量と成長幅は絶対に相関する。**結果を出す人の共通点は、行動し続けたかどうか**だ。

一方で、**中途半端な就職活動が一番苦しい**。努力が結果に結びつかないからだ。

何でもそうだろう。勉強、スポーツ、資格取得、恋愛も、やり抜かないと深いレベルでの納得感は得られない。簡単なことではないが、誰しもその困難を乗り越えられる。

ここで、自己分析を通してどんな変化が起こるのかを紹介する。

特に次の3つのタイプの学生は、大きく変わる可能性を秘めている。

まずは、自信のない学生。周囲からの過度な期待に応えられず、挫折したことがある。高学歴だが、優秀な友人と比較してしまう。自分で進路などの大きな意思決定をしたことがない。そんな人だ。まずは自信のなさやその原因を認識しよう。ひとたび課題を認識し、受け入れれば成長スピードは早い。このプロセスの中心に自己分析がある。

次に、成果に執着できる学生。高学歴や体育会の人に多い。勉強やスポーツなど自分の努力を成果につなげられる感覚がある人だ。ゴールさえ定めれば、それに向けて努力し達成できる。目標達成への逆算思考や継続力があるからだ。ただ、キャリアや就職活動のゴール設定は難しい。そこで、自己分析が非常に有効だ。

最後に、強いコンプレックスがある学生。学歴や家庭環境などに何かしらの負い目を感じている人だ。受験の失敗や、経済的な事情などで悔しさや悲しさがある。だからこそ、就職活動では成果を出したいと思っている。この場合「負けたくない」や、「有名企業に就職したい」などと他者との比較をしがちだ。しかし、「ただ会社に入りたい」という志望動機では厳しい。自己分析で自分にとっての仕事を定義し、入社後にやりたいことを明確にする。そして、企業が自分を採用するべき理由を語れるようになろう。

過去のつらい経験があるからこそ、「絶対に変わりたい」という強い気持ちが成長につながる。

僕も人生の転機は自己分析だった。だから、成果につながる最良の方法だと強く確信している。

ごく普通の学生生活を過ごし、「普通の就活」をした。そして、大手上場企業でスポーツイベントに携わる営業職になった。「スポーツに関わることができる仕事」という程度の理由で選んだ。

この1社目で、仕事観は一変した。「仕事を楽しむ」が通用しない厳しさをつきつけられ、涙することもあった。自分が楽しいと思えることをやるためには、数字や結果を求められると痛感した。

それと同時に、今までの人生を否定された気持ちにもなった。初めて「自分の人生は本当にこのままでいいのか？」という問いに真剣に向き合った。

その後、青年海外協力隊としてケニア共和国に渡り、3年間、児童福祉施設で貧困層の子供たちと接した。将来、日本で学校の先生になるという目標のために、海外の教育現場で成長したいと思っていた。

しかし、帰国してなお、キャリアに迷走した。「自分が何をやれば満たされるのか、真剣に考えていなかった」と、その時に気づかされた。就職活動の段階で選択肢はたくさんあったはずなのに、それに本気で向き合い、選択してこなかったことを深く悔やんだ。

同じような後悔を味わう人を減らしたい。その思いで我究館の館長になった。

20代の今なら、きみはどんな未来も実現できる。

多くの就活生は、「どうやったら、エントリーシートがうまく書けるか」「何を言えば、面接を通過できるか」といった**「HOW」を気にして、大事なことを見落としている。**

確かに、自分にとって大切なことや、やりたいことを理解するのは難しい。しかし、自分と社会を理解して、現場で活躍する能力なくして、夢や理想に近づくことはできない。

今、きみがやるべきなのは**「WHY」を問い続ける**ことだ。

「なぜ、この業界を志望するのか」

「なぜ、この会社に行くために努力しているのか」

「なぜ、自分は満たされていないのか」

このような問いを何度も繰り返し、自己を見つめ直す時間をとることだ。

これらの疑問に納得のいく答えが出せたとき、きみの就職活動は、なんとなくやらされるものではなく、自立した意思決定に基づいたものになる。その先に、**心から納得のいく人生が待っている。**

この本は我究館創業者の杉村太郎によって、1994年に上梓された。

彼が自己分析の重要性を提唱してから、実に30年近くたつ。

リーマンショック、東日本大震災、そしてコロナ禍。

時代は変われど、大切なことは変わっていない。

ありがたいことに、現在も、大学生に一番多く読まれている自己分析の本としてロングセラー&ベストセラーとなっている。風化するどころか、ますます多くの人がその重要性を強調している。

むしろ、社会の変化が激しく、人々の価値観もどんどん変わる今の時代にこそ、必要とされている内容だ。

なぜなら、この本は「本質的なこと」を伝えるものだから。

また、この本は、学生のみならず社会人にも支持されている。転職希望者が、自分のキャリアを見直すとき、人生で悩んだときに、読み返しているのだという。

企業の人事・採用担当者も、この本を読んで研究してくれている。

いつの時代も、求められる人材はいる。そして、その人材の本質は変わらない。

今まで、多くの人が夢や理想を目指す過程に伴走してきた。

「本当にこのままでいいのか？」と、一度も悩まずに人生を終えた人はいないだろう。

この疑問の答えは自分の中にある。

できないことやわからないことに向き合うには勇気がいる。

だから、僕はこの本を通じて、きみが自分の進む道を自ら決めるという、勇気ある行動を心から応援したい。

就職活動はきみの人生にとってのチャンスだから。

我究館館長　藤本健司

本質は「自己分析の結果を知ること」ではない。「自分と向き合うこと」だ

就活といえば**自己分析**。しかしこの本の初版を発表した1994年、「就職活動に自己分析が必要だ」などと言っている人は日本中に一人もいなかった。

あれから約30年、今や適性や特性を心理テストやコンピュータで分析したりと、まさに自己分析ブーム。

しかし、ここで気をつけなければならない。必要なのは「自己分析の結果」を知ることではない。心から自覚することだ。だからこそ**自分ととことん向かい合うプロセス**が重要なのだ。

その過程を通じて「本当にそうなのか？」「なぜ？」「ほかには？」と、自分に何度も何度も語りかけ、悩んだり、自分の至らなさに気づいて落ち込んだり、仲間や先輩と超本音で語り合い、愛情や友情や強い絆を感じたり、時に涙したり。

そして、あるとき、自分の心からの思いをリアルに感じ、モヤモヤとしたものが晴れて、これまでの自分を受け入れ、内面が変化していくのを感じるだろう。自分が研ぎ澄まされていくのを感じるだろう。仲間と心が震え合い、高め合っているのを感じるだろう。勇気や行動力があふれていくのを感じるだろう。

自分と本気で向き合うこと、そして他人と本気で向き合うこと。それこそが尊いのだ。

僕はこの本を就職のために書いているつもりはない。就職の機会でもないとなかなか考えなさそうな「大切なこと」を、きみたち若者に考えてほしいから書いている。一人一人の人生がもっと充実したものになるように、そして一人一人の人間が作り出す世界がもっといいものになるようにと願って書いている。

さて、きみは自分の可能性をどれほど信じているだろうか。

カッコつけずに自分に問いかけてみてほしい。

誰もがものすごい可能性を秘めている。限界はない。

これまで我究館で7000人、プレゼンスで1万人の方々と接してきて、それを確信している。
学生時代はさえなくても、その後の人生を大いに輝かせている連中を何千人も見てきた。これまでの人生など
ほんの序の口にすぎず、人生の本番はまさにこれからなのだから。
しかし、それを実感として気づいている人は、実は少ない。分析結果を求めて心理テストに飛びついている
うちは、それを手にすることはないだろう。

就職よりも内定よりも何百倍も大事なもの、そして特に難関企業の内定にも、実は最も重要視され絶対に必要不可欠なものがある。

それは、**自信**だ。自分で自分を心の底から信じてあげられることだ。

この本を手に取ったきみは、ぜひそれから目を離さないでほしい。そして必ず手にしてほしい。

自信の源は、どんな時代も不変である。

見たくないものから目をそらさず、ごまかさず、自分と向き合うこと。深い愛情と強い信頼関係で結ばれた親の存在。全面支援し合える仲間の存在。そして、**勇気を出して全力で何かに取り組むこと。**

自信のありようも、どんな時代も不変である。

強烈な不安と表裏一体でしか存在し得ないもの。ギリギリのところ以外には、存在し得ないもの。**自分と向き合えないヤツには持ち得ないもの。**

向き合うツールとして、「我究ワークシート」を提案している。ぜひ繰り返し取り組んでほしい。**その気になればざっと1週間で1回できる分量だ。**

だがある調査によると、実際に「我究ワークシート」に取り組んでいる人は読者の3パーセントだという。

だとすれば、**せめて読んでほしい。読んで感じて考えてほしい。**先輩が書いたものときみの気持ちを対比させながら。そして「これは！」と思う切り口があれば、ノートに実際に書いてほしい。書くことで考えはどんどん深まる。だまされたと思って書いてみてほしい。書くことの効用を、我究の力のものすごさを体感してほしい。さらに、仲間や先輩と超本音で、きみ自身と相手のために語り合ってほしい。

就職活動は仕事とまったく同じだ。

自分から主体的に取り組む者にとってはものすごく楽しい。興奮する。期待するからこそ不安にもなる。それを乗り越える過程で、さらに大きな自信も手にすることができる。

唯一の条件は、**きみが自分と向き合い、自分から行動できるかどうか**。それだけだ。

きみが残りの数十年、震えるほどに人生を堪能して生きることを願う。

そのためにも、まず卒業を迎える3月。学生から社会に飛び出すとき、きみが自分の可能性を信じられる人間として、納得できる環境でその時を迎えていることを願う。

いつまで逃げ惑っていようと、きみの自由だ。だがあるとき、きっと気づくだろう。

自分の人生だ。言い訳していても何にもならない。

杉村太郎

まえがき…4
本質は「自己分析の結果を知ること」ではない。
「自分と向き合うこと」だ…9
ワークシートINDEX…16

第0章
「絶対内定」するために知っておきたいこと…17
3分でわかる、我究（自己分析）の進め方…46
我究図の作り方と実例…50
最新の就活傾向を押さえる
2024年卒の「絶対内定」…57

第1章
就職活動を始める前に「夢」を描こう…67
1 きみは漫然と生きていていいのか…68
2 自分の夢とは何なのか…82
3 就職活動を楽しめる余裕を持とう…89
4 自分の夢＝「仕事を通じて実現したいこと」を〝言葉化〟する方法…92
5 自分と向き合ってみよう（コア探しのための4枚のワークシート）…100
◎第1章・まとめ…106

第2章
なぜ「就職する」のか。「働く」とは何か…107
1「働くこと」とは何か…108
2「就職する」とはどういうことなのか…109
3「会社の罠」にはまらないために…114
4 就職活動とは何だろうか…119
◎第2章・まとめ…121

第3章
どうすれば「絶対内定」できるのか…123
1 就職活動は「人生」を探す絶好のチャンス…124
2「トップ内定」しよう！…127
3 頑張れば、絶対内定できるのか…135
4 本気で就職活動に取り組むとはどういうことか…141

◎第3章・まとめ……146

第4章 「選ばせる」ため、「結果を出す」ための条件……147

1 結果を出すためには何をすればいいか……148
2 本質をとらえるとは、どういうことか……155
3 「選ばせる」ために必要なものとは……165
◎第4章・まとめ……173

第5章 就職活動で勝つためにすべき、たった4つのこと……175

1 就職活動に勝つためにしなければいけないことは……176
2 面接官とのコミュニケーションはどうすべきか……183
◎第5章・まとめ……193

第6章 採用・内定に必要な「できる人」になる方法……195

1 面接ではどんな人が採用されるのか……196
2 できる人とはどんな人か その1……198
3 自分から新しい価値をつくり出すとはどういうことか……203
4 あらゆる面接官に好かれるためにはどうすればいいか……208
5 できる人とはどんな人か その2……213
6 面接官はどこをポイントに見ているのだろうか……217
7 しゃべる内容と本質はどういう関係にあるのか……222
8 面接官の見抜き方のポイントはどこか……225
9 現状レベルをチェックしよう……229
10 人格と自価を向上させるにはどうするか……232
11 「できる人材の本質30カ条」とは……237
12 僕が考える「人を引きつける方法」について話そう……283
◎第6章・まとめ……285

第7章　ワークシートでキャリアデザイン、自己分析をする…287

1　「我究」とは、いったいどういうものなのか…288
2　我究ワークシートがなぜ効果的なのか…300
3　ワークシートの構造はどうなっているのか…304
4　ワークシートの進め方はどうすればいいか…307
5　ワークシートの注意点…314
6　ワークシートを繰り返す際はどう考えればいいか…318
7　時間がない時に、最低限アプローチしてほしいワークシート…322
◎第7章・まとめ…324

第8章　実際にワークシートを書いてみよう…325

僕はワークシートをこう利用した…326

第9章　ワークシートをより効果的に進める方法…505

1　我究を進める上での注意点とは…506
2　ワークシートが独り善がりにならないためにはどうすればいいか…509
3　ワークシートが懺悔《ざんげ》になってしまう…513
4　ワークシートに本音が書けないという人はどうすればいいか…515
5　大学時代、これといって一生懸命になったものが本当にない…517
6　仕事は本当に面白いのか…519
7　会社でやりたいことは本当にできるのか…521
8　夢ややりたいことは、いつか変わってしまうのではないか…523
9　深く考えること、自分と向き合うことが苦手な人はどうしたらいいか…524
◎第9章・まとめ…526

第10章 人生を後悔せずに生きるために…527

1 就職も内定もただの通過点にすぎない…528
2 我究館から飛び立った先輩たちからのメッセージ…533

あとがき…555

絶対内定　ワークシートINDEX

● STEP0　ワークシート[我究編]
我究を始める前に
No. 0-1　我究の目的
No. 0-2　今の夢と憧れの人物

● STEP1　ワークシート[我究編]
一晩でできる我究(コア探しと自分の客観視)
No. 1-1　好きなこと・楽しかったこと(コア探しのヒント)
No. 1-2　悔しかったこと・満たされなかったこと
No. 1-3　私の好きなところ・嫌いなところ
No. 1-4　私の弱点
No. 1-5　「私の長所」と「短所の推測」

● STEP2　ワークシート[我究編]
過去を振り返る
No. 2-1　親に愛された記憶
No. 2-2　学生生活マトリクス1
No. 2-3　学生生活マトリクス2
No. 2-4　大学生活マトリクス1
No. 2-5　大学生活マトリクス2
No. 2-6　対人関係マトリクス
No. 2-7　私の恋愛
No. 2-8　経験マトリクス1
No. 2-9　経験マトリクス2
No. 2-10　経験マトリクス3
No. 2-11〜19
大学生活マトリクスのBreak Down
No. 2-20,21
経験マトリクスのBreak Down
No. 2-22　大学生活で得たもの
No. 2-23　お世話になった人
No. 2-24　影響を受けた人
No. 2-25　インスパイア体験
No. 2-26　人に聞かれたくないこと
No. 2-27　他人から見た長所・短所

● STEP3　ワークシート[我究編]
現状を整理する
No. 3-1　人間関係ネットワーク
No. 3-2　私の「人生」と「これまでの自分らしさ」
No. 3-3　私の長所・短所
No. 3-4　長所・短所の理由
No. 3-5　私の強み(ウリ=エッジ)
No. 3-6　その「ウリ」を持っている人が、
持っていがちな「弱点」
No. 3-7　私の弱いところ
No. 3-8　私の嫌なところ
No. 3-9　人間関係　得手不得手

● STEP4　ワークシート[我究編]
社会と自分の未来を考える
No. 4-1　小さい頃の夢
No. 4-2　今の夢一覧
No. 4-3　親父とお袋
No. 4-4　最も大切なもの
No. 4-5　憧れのワーキングシーン(ビジュアルイメージ版)
No. 4-6　願望と志向のセルフチェックシート1
No. 4-7,8　願望と志向のセルフチェックシート2、3
No. 4-9　30歳の私、40歳の私
No. 4-10　憧れの人物
No. 4-11　未来のビジュアライゼーション
No. 4-12　希望年収と使い道
No. 4-13　人生のこだわり
No. 4-14　周囲の期待
No. 4-15　私のコア…人生のテーマ・野望
No. 4-16　死ぬまでに実現したいこと
No. 4-17　我究の整理「私のビジョン」

● STEP5　ワークシート[我究編]
自分の向上
No. 5-1　30カ条セルフチェックシート
No. 5-2　私の「足りないもの」
No. 5-3　現状突破のアクション
No. 5-4　現状突破のアクションプラン
No. 5-5　自らの課題図書
No. 5-6　裏切れない人たち

● STEP6　ワークシート[就職対策編]
就職対策
No. 6-1　○○パーソンに求められる資質・能力
No. 6-2　望む仕事でのアピールすべき「ウリ」
No. 6-3　自己PRマトリクス
No. 6-4　本番対策「自己PRの整理」1／10
勉強・ゼミ・卒論について
No. 6-5　本番対策「自己PRの整理」2／10
クラブ・サークルについて
No. 6-6　本番対策「自己PRの整理」3／10
アルバイトについて
No. 6-7　本番対策「自己PRの整理」4／10
趣味について
No. 6-8　本番対策「自己PRの整理」5／10
旅行について
No. 6-9　本番対策「自己PRの整理」6／10
特技について
No. 6-10　本番対策「自己PRの整理」7／10
長所・強み・ウリについて
No. 6-11　本番対策「自己PRの整理」8／10
短所・弱みについて
No. 6-12　本番対策「自己PRの整理」9／10
自分らしさについて
No. 6-13　本番対策「自己PRの整理」10／10
その他(ボランティア、留学など)について
No. 6-14　自己PRの完成
No. 6-15　何のために働くのか
No. 6-16　なぜ今あえて就職なのか
No. 6-17　○○業界・○○分野の課題と提案
No. 6-18　○○企業の置かれている環境
No. 6-19　志望動機のブラッシュアップ1
「なぜその業界なのか」
No. 6-20　志望動機のブラッシュアップ2
「なぜその企業なのか」
No. 6-21　志望動機のブラッシュアップ3
「なぜその職種なのか」
No. 6-22　○○パーソンの仕事とは
No. 6-23　企画と提案
No. 6-24　志望動機チェックシート
No. 6-25　志望企業・職種で生かせる自分のウリ
No. 6-26　志望動機の完成
No. 6-27　面接で聞かれたくないこと
No. 6-28　模擬面接

第0章

「絶対内定」するために知っておきたいこと

自己分析がなぜ就活で有効なのかなど、
最新の採用情報や傾向について解説する。
就職活動の「今」を知り、
全体像をつかむことからスタートしよう。

8割以上の学生が、就活準備で「自己分析」に取り組んでいる

就活準備と聞いて、何を思い浮かべるだろうか？

左の調査結果を見ると分かるが、**8割以上の学生が「自己分析」を就活準備として行っている。**もはや**ほとんどの学生が行っている**と言っても過言ではない。

多くの学生が取り組む理由は、「自己分析」をしなければ選考突破が難しいからだ。人気企業の競争率は相変わらず高く、内定倍率が100倍以上の企業も多数ある。「自己分析」を通して、選考通過に必要な「志望動機」や「自己PR」を他の就活生より魅力的な内容にする必要がある。万全の準備をすれば高倍率の選考突破も可能だ。

この本を手にしたきみは本当にラッキーだ。

まだ何もしていないという人も大丈夫。今から「自己分析」に取り組もう。

そして、自分の望む仕事・会社・進路を見つけ、心から納得のいく就活をしよう。

8割以上の学生が就活準備で「自己分析」に取り組んでいる

就職活動準備でこれまでに行ったこと

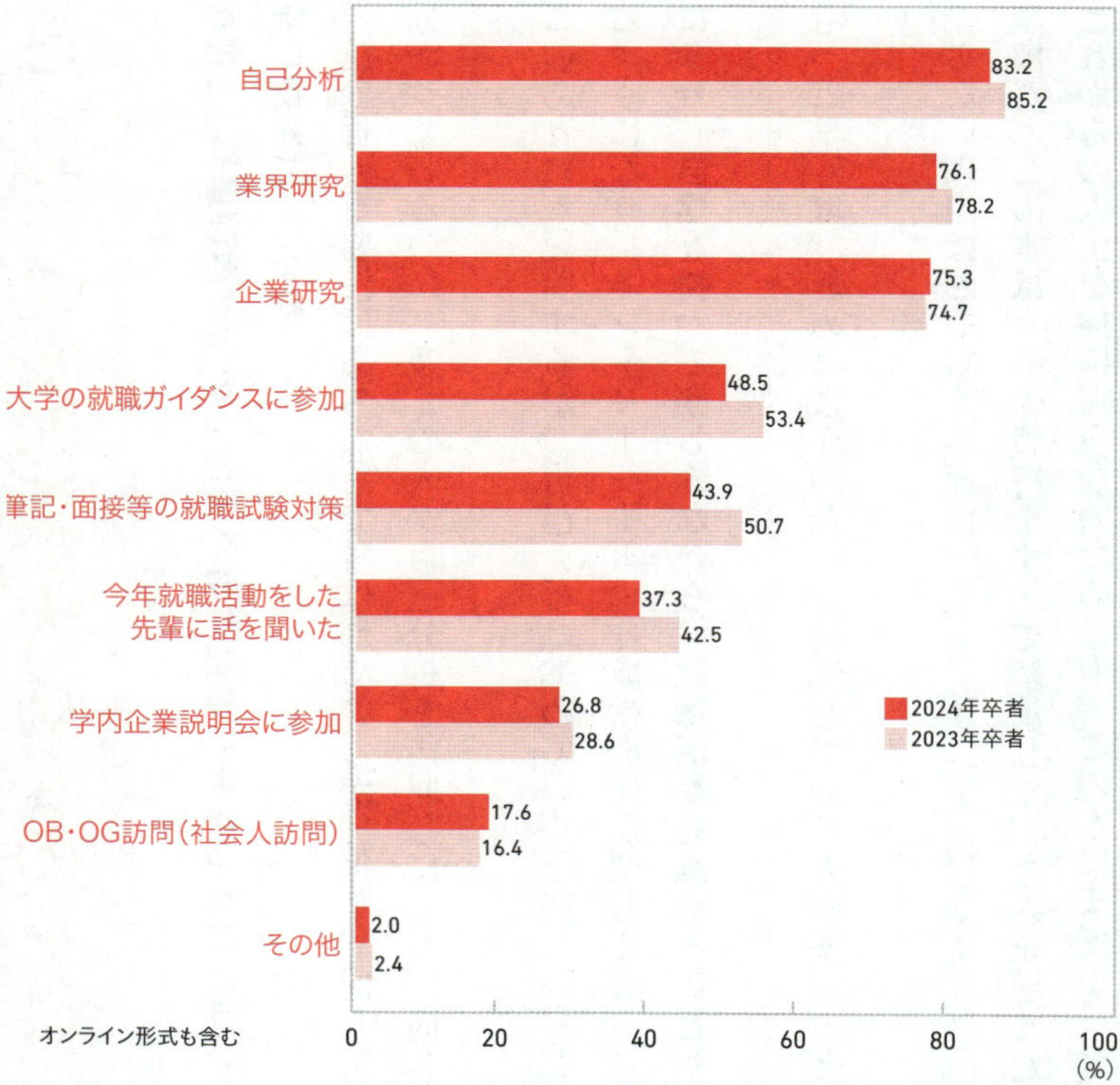

出所：キャリタス就活2024「11月後半時点の就職意識調査」学生モニター調査結果（2022年12月発行）

就活準備で取り組んだこと、不動の1位は自己分析

8割以上の学生が自己分析に取り組んでいる。厳しい就活環境により、その必要性は高まるばかりだ。

なぜ自己分析（我究）が大切なのか？

毎年、「就職活動で、もっと早く取り組めばよかったことランキング」1位が「自己分析（我究）」になる。

自己分析の重要性はあちこちで叫ばれているが、毎年、同じ結果が出る。分かっているのに、多くの人が自己分析を後回しにして、同じ後悔をしてしまう。

このあとにも説明するが、自己分析は進めていくと楽しい。どんどん自分のことが分かるようになり、エントリーシートの作成や面接が楽しくなる。**企業を選ぶ「軸」も明確になり、自信を持って楽しみながら、就職活動を進めることができる。**

「もっと早く取り組めばよかった」と後悔している人が多いことから、有用性は間違いない。

やらない理由はおそらく「面倒」「やらなくても何とかなる」「難しそう」だろう。

誤解だ。この本は、その誤解をすべて解消して、きみを導くために書いた。

これからの人生を棒に振らないためにも、この本にまず1日を捧げてみてほしい。

自己分析はやらないと後悔する

「もっと早く取り組めばよかった」・
「時間をかけて取り組みたかった」と思ったこと

（複数回答）

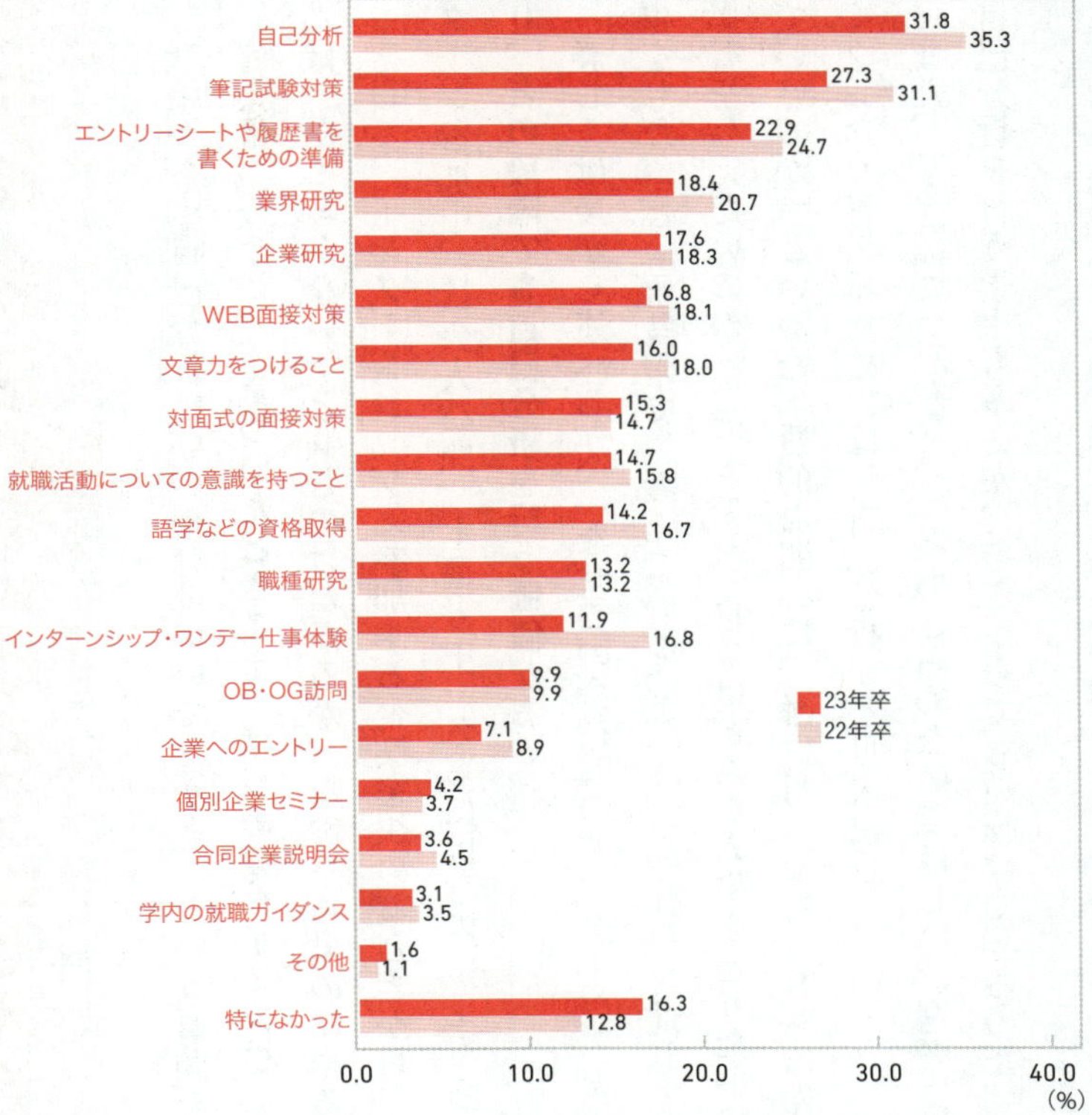

出所：マイナビ「2023年卒 学生就職モニター調査 8月の活動状況」より加工

後悔していることランキング、
1位自己分析、2位筆記試験対策

後悔していない人は、強み、弱み、志望動機を、
自信を持って人に語れるまで自己分析をした人だ。

自己分析は、就活のあらゆるプロセスで必要である

学生から「自己分析はいつやればいいですか？」という質問を多くもらう。

答えは「今すぐ」。**気づいたときこそ、はじめるタイミング**なのだ。コロナ禍で「がんばったことがない」と悩むのはわかるが、なおさら早めにやるべきだ。

そして、インターンシップに参加する企業を決めるときから、インターン選考、インターン参加中、社会人訪問、本選考中、さらには、内定をもらった後も有効だ。つまり、**どの段階でも自己分析を行う価値がある**。

詳しくは後から述べるが、「なぜこの会社（のインターン）を選んだのか」「どんな仕事をしたいと（現段階で）考えているのか」「この仕事を通じて、会社と社会にどんな影響を与えたいのか」「そもそも、自分はどんな人生を送りたいのか」「本当にこの会社でいいのか」といった本質的な問いに、誰に対しても（もちろん自分自身にも）偽りなくブレなく答えるためには、自己分析が不可欠だ。

また、「もう間に合わない」とあきらめないでほしい。選考に落ちてから、あわてて自己分析を行う学生も多いが、そこからでも逆転はできるのだ。

自己分析は、
あらゆる「場面」で必要なものである

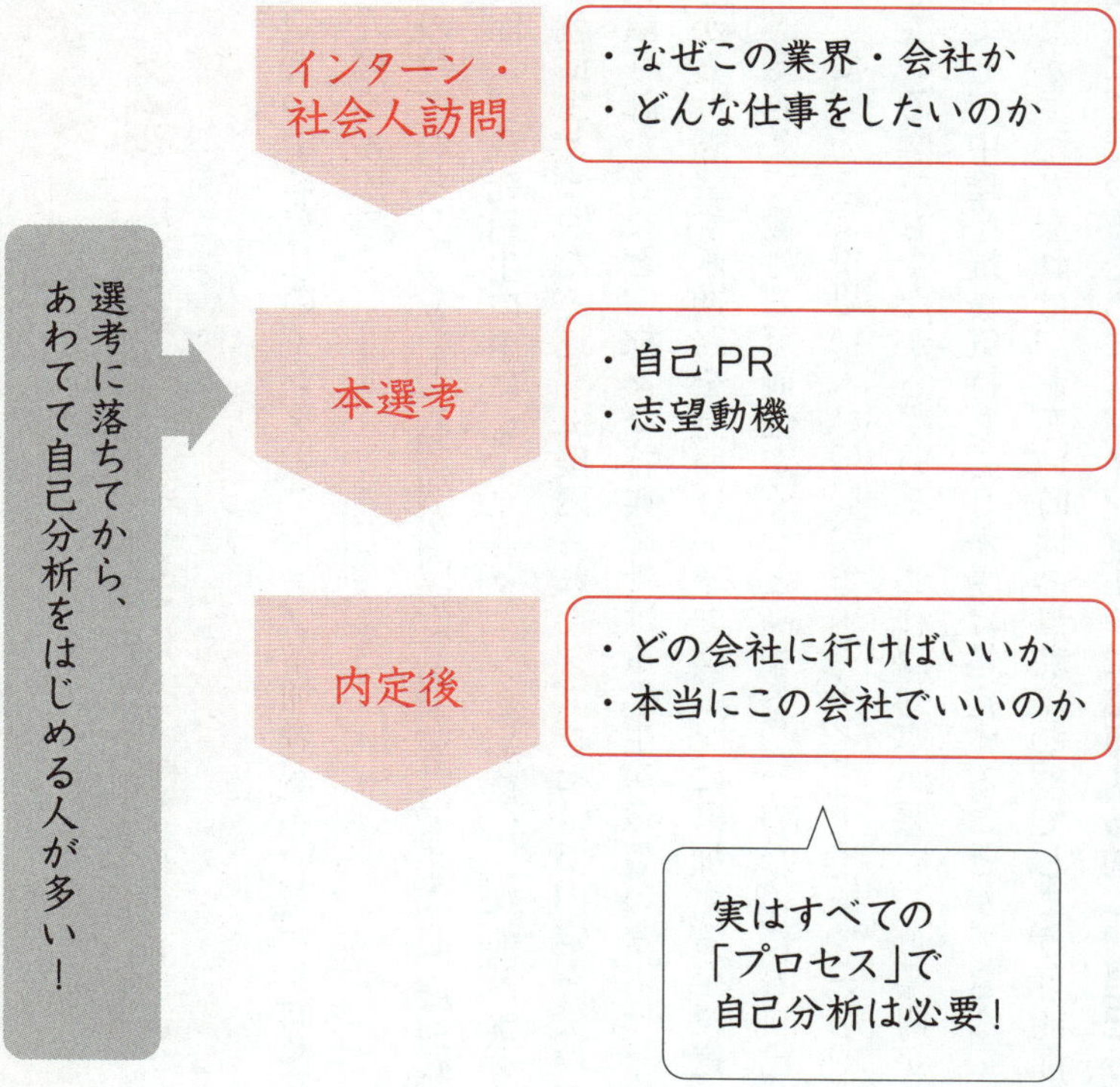
インターン・社会人訪問
・なぜこの業界・会社か
・どんな仕事をしたいのか
本選考
・自己PR
・志望動機
内定後
・どの会社に行けばいいか
・本当にこの会社でいいのか
選考に落ちてから、あわてて自己分析をはじめる人が多い！
実はすべての「プロセス」で自己分析は必要！

自己分析は気づいたときにスタートし、
繰り返し行うのがベスト!

自己分析ができていると、インターン参加企業選びに失敗しない

内定者の中に自社のインターンシップ参加者が「いた」と回答した企業は8割を超える（左図を参照）。

この数字から、インターン参加が内定への近道になることは理解してもらえると思う。実際に、我究館生の中にも、インターン参加後に「特別な選考ルート」に乗せられ、他の就活生とまったく違う（優遇された）プロセスで内定を受けている者や、書類選考が免除された者など、様々な特典を受ける学生が多数いる。

「心から」志望する進路を見つけ、インターンに参加する企業選びができていれば、きみが志望企業で働ける可能性がぐっと高まる。そのためにも自己分析が重要になる。

一方で、そこまで思い入れのない企業のインターンに「とりあえず」「なんとなく」参加している学生も少なからずいる。これは効率が悪い。企業側からアプローチを受けたとしても、中途半端な気持ちでしか受け答えすることができない。結局その企業とはご縁がなかったとなれば、お互い時間の無駄になってしまう可能性が高い。

結果にこだわるためにも、**インターンに応募する前に、自己分析をしよう。**

内定者のインターンシップ状況

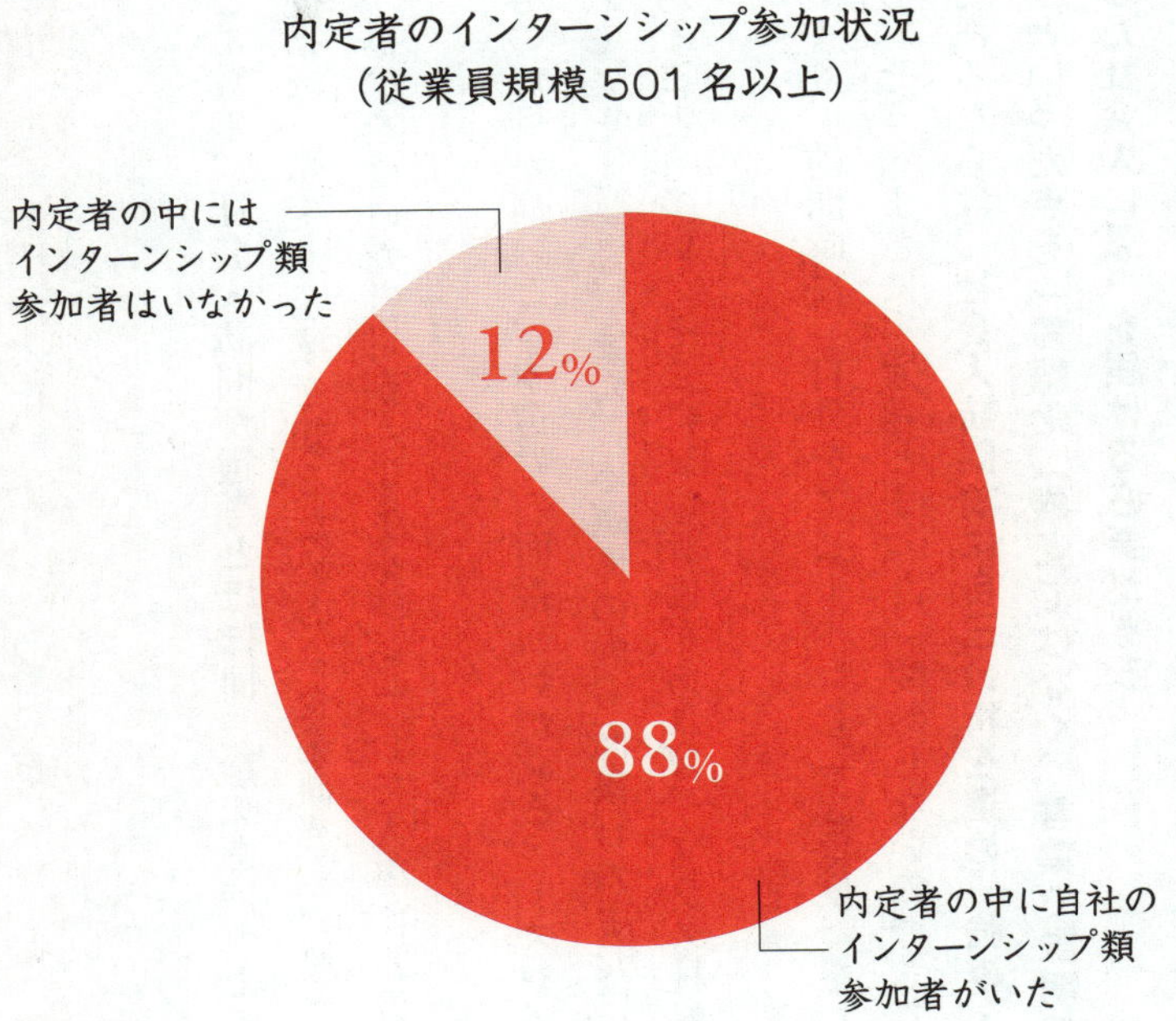

出所：ダイヤモンド・ヒューマンリソース
「2023卒採用・就職活動の総括」より加工

結果的に内定者の中に
インターンシップ参加者がいたと回答した企業は8割を超える。

自己分析は社会人訪問対策になる

ここ数年、社会人訪問が選考とほぼ同じ意味を持つようになっている。

従来は、学生が企業を知るための「企業研究」の場だったが、現在は、それに加えて、訪問を受けた社員が「学生を評価」して人事に報告をするケースが増えているのだ。

その評価が高いと、本選考の面接回数が減るケースや、特別なイベントや選考会に呼ばれることもある。また、本選考の際、面接官の手元に「(これまでの)評価の一覧」があることも多い。そこに高い評価があれば、プラス材料となる。

つまり、訪問時に「自分をアピール」し「志望度」をしっかりと伝えることが求められる。そう、まさに本選考とまったく変わらないのである。

であるならば、**社会人訪問前に自己分析を進め、強み・弱み、自己PR、就職活動の軸、といった点を「言語化(感覚ではなく、言葉で説明できる状態)」し、全力でお会いした社会人に思いを届ける必要がある。**

特に1月以降の社会人訪問は重要だ。各社、選考となっていることが多い。

社会人訪問前に自己分析をしよう

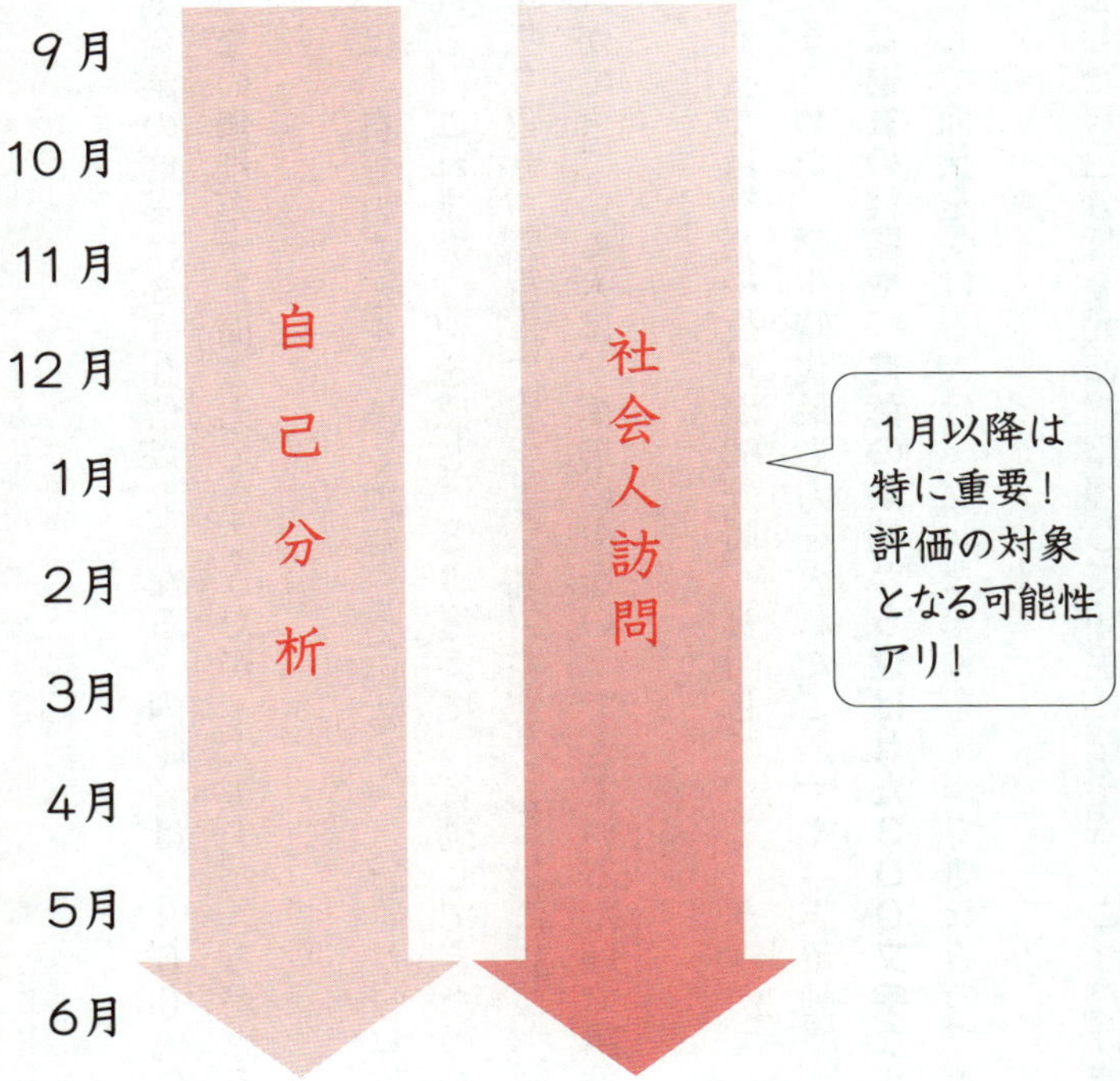

本選考だと思って準備しよう。
1月以降は特に重要だ。

自己分析は、エントリーシート・面接対策にもなる

人気企業の倍率は300倍以上になる。内定者は、300人に1人だ。
「そんなの無理だ」と聞こえてきそうだが、大丈夫。きみが思うより難しくない。

合否は「自分のことを、深く理解しているか」、つまり自己分析の完成度にかなり左右される。これまで、何を感じ、どう考えて、行動してきたのか。きみ自身の人生のすべてを振り返り、「相手に伝えると有効な部分」を言葉にして、整理しておくことだ。これができている人は、極端に少ない。できているだけで勝負できる。

最終面接では社長や役員が60分間、質問してくる。きみがエントリーシートに300文字でまとめた「学生時代最も力を入れたこと」や「志望動機」を読みながら。**膨大な過去の経験や、言葉の候補から選ばれた300文字なら、説得力がある。**それを元にして面接を受ける人は、ブレない軸を持って語れるので評価が高い。

徹底した自己分析を元に、整理して相手に伝える。これだけで、差別化できるのだ。

すべての就活ステップにおいて自己分析は役立つ

自己分析で……

志望業界・会社が明確になる

↓

インターン、社会人訪問、会社説明会に向けて
目的意識を持って動くことができる。

自分の言葉でESが書ける

↓

情報に惑わされずに、本音の自己PRや志望動機を書ける。

面接官の「聞きたいこと」に答えることができる

↓

表面的、テンプレート的ではない
自分の価値観や人間性を伝えることができる。

今、足りないものを補える

↓

能力、経験、弱みの克服、強みの強化ができる。

自己分析ができていると、選考中に迷わない

自己分析は、面接が一番多く行われる6月の直前、5月にも必要になる。理由は「日程かぶり」が発生するからだ。

説明しよう。選考が進むと、2社以上の企業から「同じ日の、同じ時間帯」に次の面接を指定されるケースが多発する。その日程を断った時点で、「今回はご縁がなかったということで」と落とされるというケースを多く聞く。

面接日程の案内は電話で伝えられることが多く、短い時間で結論を出す必要がある。そのときに、優柔不断にならないように、もしくは、うっかり答えてしまったことを後々後悔することがないようにしたい。「あのとき、A社を優先しておけばよかった」と思っても、時間を戻すことはできないのである。そのため、面接が解禁になる前に、優先順位をつけておく必要がある。そのためにも、自己分析が大切だ。**書類が通過して安心せずに、4、5月に再度、自分の思いを確かめるのだ。**

面接まで進もうと決めた企業だ。各社、そんなに大きな志望度の差はないはず。その微妙な差を、しっかりと自分の中で認識し、決断してから選考に挑もう。

複数社の内定を手にし、1社に決めるときも同様。迷ったら何度でも自己分析を。

面接スタート前に、自己分析をしよう

1月
2月
3月

ＥＳ提出

この時点で
自己分析を行い
入りたい会社の
優先順位を決める！

4月
5月

面接

「日程かぶり」に備えて
再度自己分析をする

6月

内定
1社に決める

優先順位をつけてから面接を受けよう。
1 社に決めるときも、自己分析は有効だ。

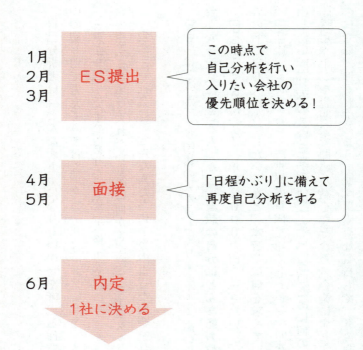

「心から望む生き方」の見つけ方

自己分析とは「どんなオトナになりたいか」を考える作業でもある。まずは、次の3つの切り口で考えてみてほしい。

・Being：どんな人でありたいか（人格・能力）
・Having：手に入れたいものは何か（家庭・ライフスタイル・豊かさ・名誉）
・Giving：社会に（どんな人たちに）どのような影響を与えたいか

Beingはどうか。「多国籍の人を束ねるリーダー」「高い専門性を持っている人」「出会う人を元気にできる人」など、**理想の自分はどんな能力や人間性**の持ち主だろうか。

Havingはどうだろう。「年収2000万円を稼ぎたい」「異性にモテまくりたい」「海外の名門MBAに入学したい」など、**本音では何を求めているのだろう**。

Givingはどうだろう。「世界の貧困をなくしたい」「日本のインフラ技術を世界に輸出したい」「日本の教育を変えたい」など、**誰のために何のために生きるのか**。

採用ページや説明会で聞いた話をなぞった「企業にすり寄った夢」では、皆、似たものになる。埋もれてしまう。まずは素直な気持ちで、きみ自身の夢を描いてみよう。

3つの切り口と3つの視点で考えよう

心から望む生き方を考える際の…

3つの切り口

① Being … どんな人でありたいか

② Having … 手に入れたいものは何か

③ Giving … 社会に（どんな人たちに）
どのような影響を与えたいか…コア

↑

これらは、どんな仕事でなら実現できるだろうか

Doing … どうしてもやりたいこと

3つの視点

① Want … 何がしたいか

② Must … 何をすべきか

③ Can … 何ができるか

「何がやりたいか」だけではなく、
「望む生き方を実現できる仕事は何か」と考える。

自己分析で過去・現在・未来の自分を把握する

未来を描くために、過去を分析する。

強み、弱み、欲しいもの、満たしたいもの、世界観、すべては過去から形成される。

特に、幼児期から、小中学・高校生、大学1、2年生までの間の、家庭環境や、友人や地域社会との人間関係から受けた刺激に、未来のヒントがある場合が多い。

自分の生きてきたストーリーを把握する。そして、これまで追いかけてきた、これからも追いかけたい人生のテーマを見つける。そのテーマのことを「コア」と呼ぶ。

この**「コア」が明確になると、ブレない就職活動ができるようになる。**

そのストーリーの先にある、理想の自分や、仕事が見えてくる。

ワクワクする業界、企業も見つかる。

ストーリーに沿った自己PRや志望動機は、一貫性を持ち、説得力がある。

自分の語る内容に自然と自信がつく。言葉に魂が宿る。やがて行動も変わってくる。

未来を知るために、過去を振り返ろう

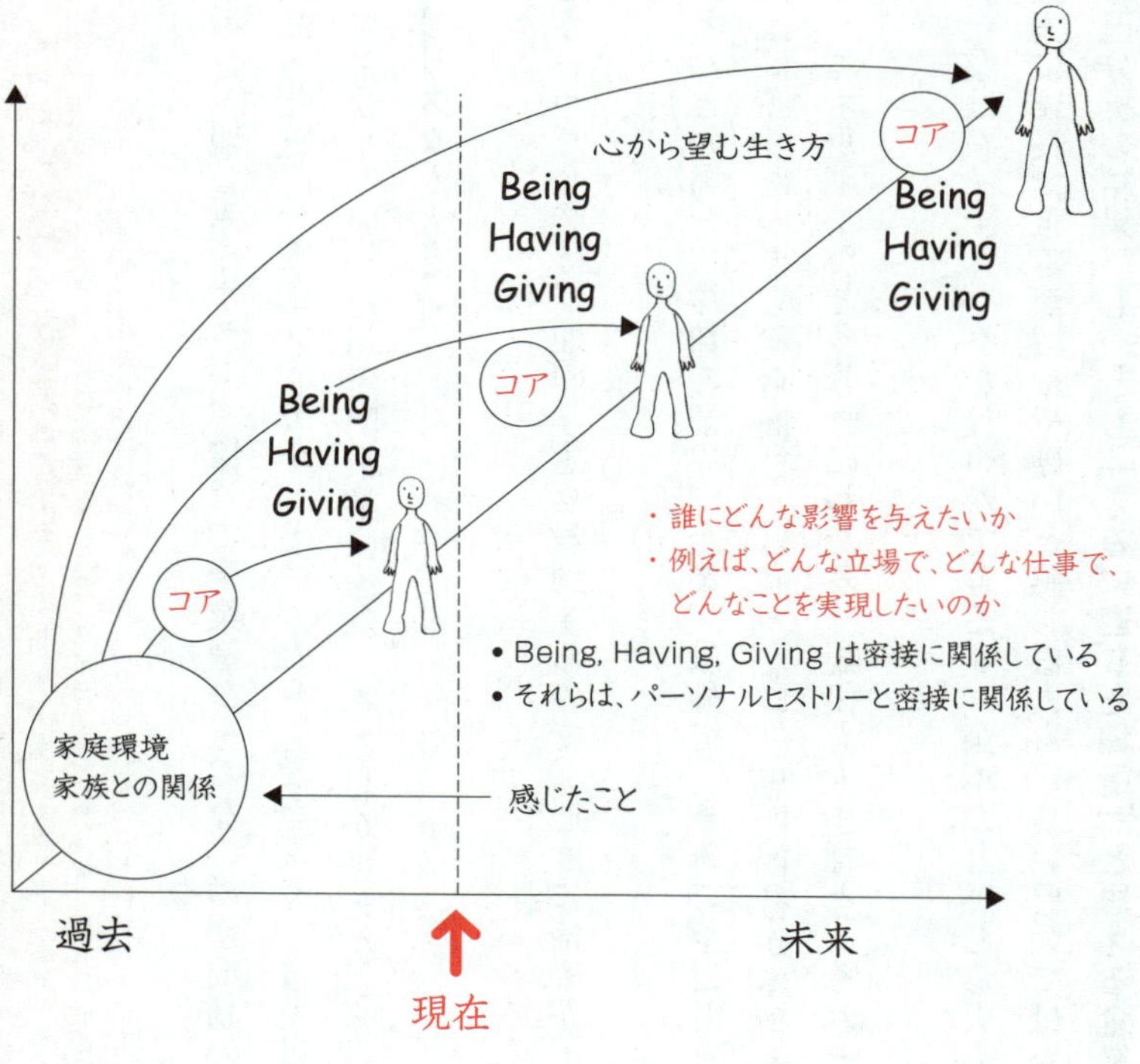

過去を振り返ることで、現在の自分、
そして未来の自分が見えてくる。

会社選びはどうするか？

身近さ・親しみやすさや、憧れで企業選びをしないのが成功の秘訣だ。
食品・化粧品・家電メーカー、といった身近な企業や、または広告代理店や、総合商社、コンサルといった超難関企業に憧れ、そこしか見えなくなってしまう人が多いが、それはリスクが大きい。

そういった企業は、他の学生も殺到するので、過度に倍率が上がってしまう。

ほとんどの場合、複数の業界、企業、職種で、きみの夢は叶う。
例えば商社だって、総合商社だけじゃない。専門商社が多数あり、それは鉄・繊維・食品・エネルギーなど多分野にわたる。規模も大小様々、それぞれ良さがある。

大企業はダイナミックな仕事ができるが、歯車だと感じる人もいる。中堅企業は堅実で確実に成長できるが、やや硬いと感じる人も。良い悪いではなく、特徴がある。
自己分析の結果、もっとも**「きみに適した場所」と思える企業が正解だ。**

会社を絞り込むときの注意

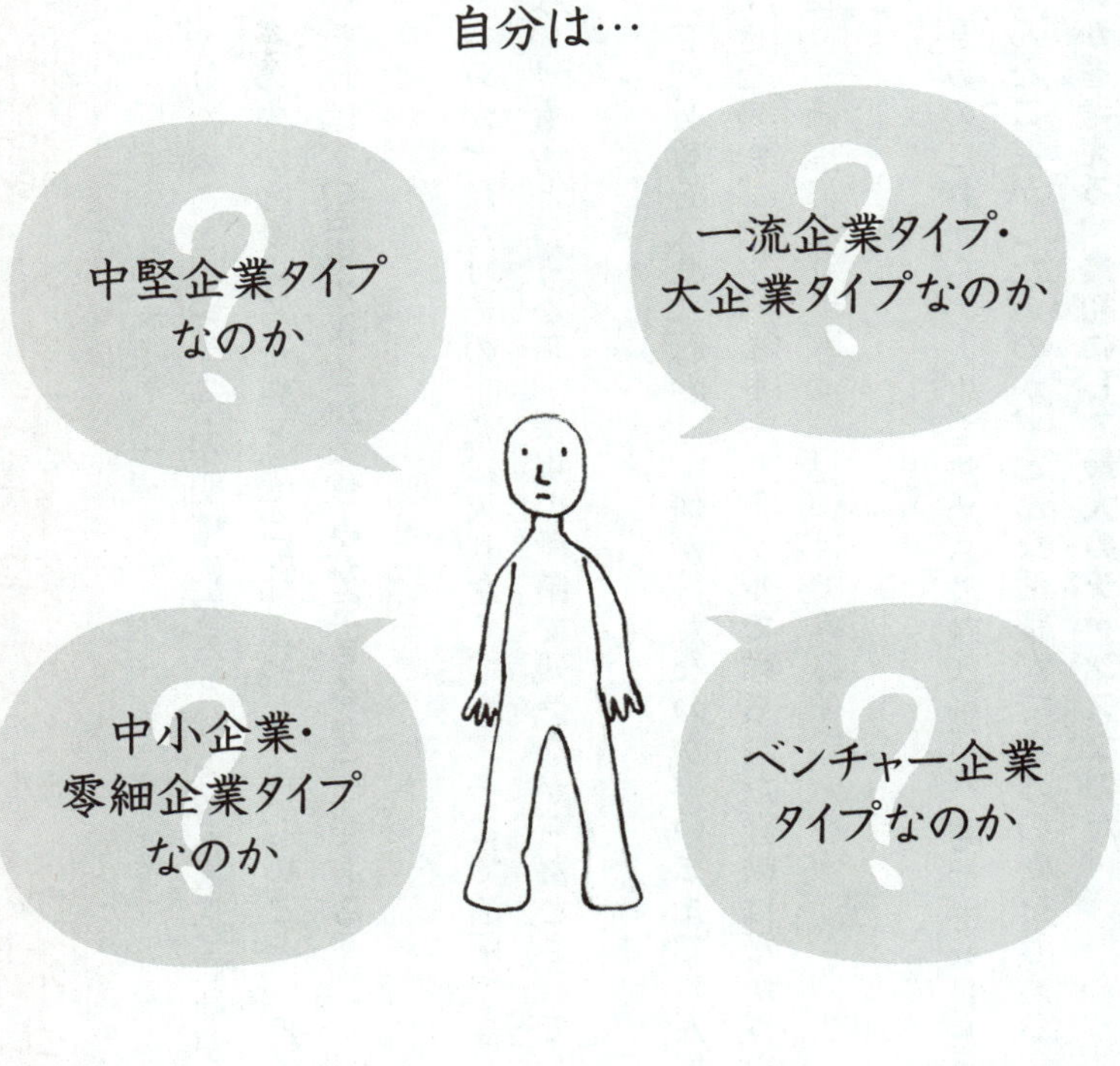

自分や家族の雰囲気・出身中学高校などのスペック
客観的な大人のアドバイスも有効だ。

自己分析で、心から納得のいく就職先を知る

やりたいこと（Want）が明確になると、志望企業の候補が見えてくる。

その中から受ける企業を選ぶ際に重視してほしいことがある。

それは、**「活躍できるか（強みが生きるか）」**である。

きみがどれだけその企業に入りたくても、そこで活躍できなければ楽しくない、輝けない。もっと言うなら、採用の段階で残念ながら落とされてしまう。

自己分析を入念に行おう。何が得意なのか、いままでの人生でどんな貢献を仲間にしてきたのか、アルバイトやサークルで頼られた経験はなかったか……。一つ一つを振り返り、謙虚になりすぎずに見つけてみる。

きみのこれからの人生を決める就職活動だ。モヤモヤした状態で続けてほしくない。どんなことがしたいのか、どんな活躍ができるのかを考えることは、**自分がどう生きたいかを考える、最初にして最大のチャンス**なのだ。

自分の「Want」「Can」「Must」を見つけよう

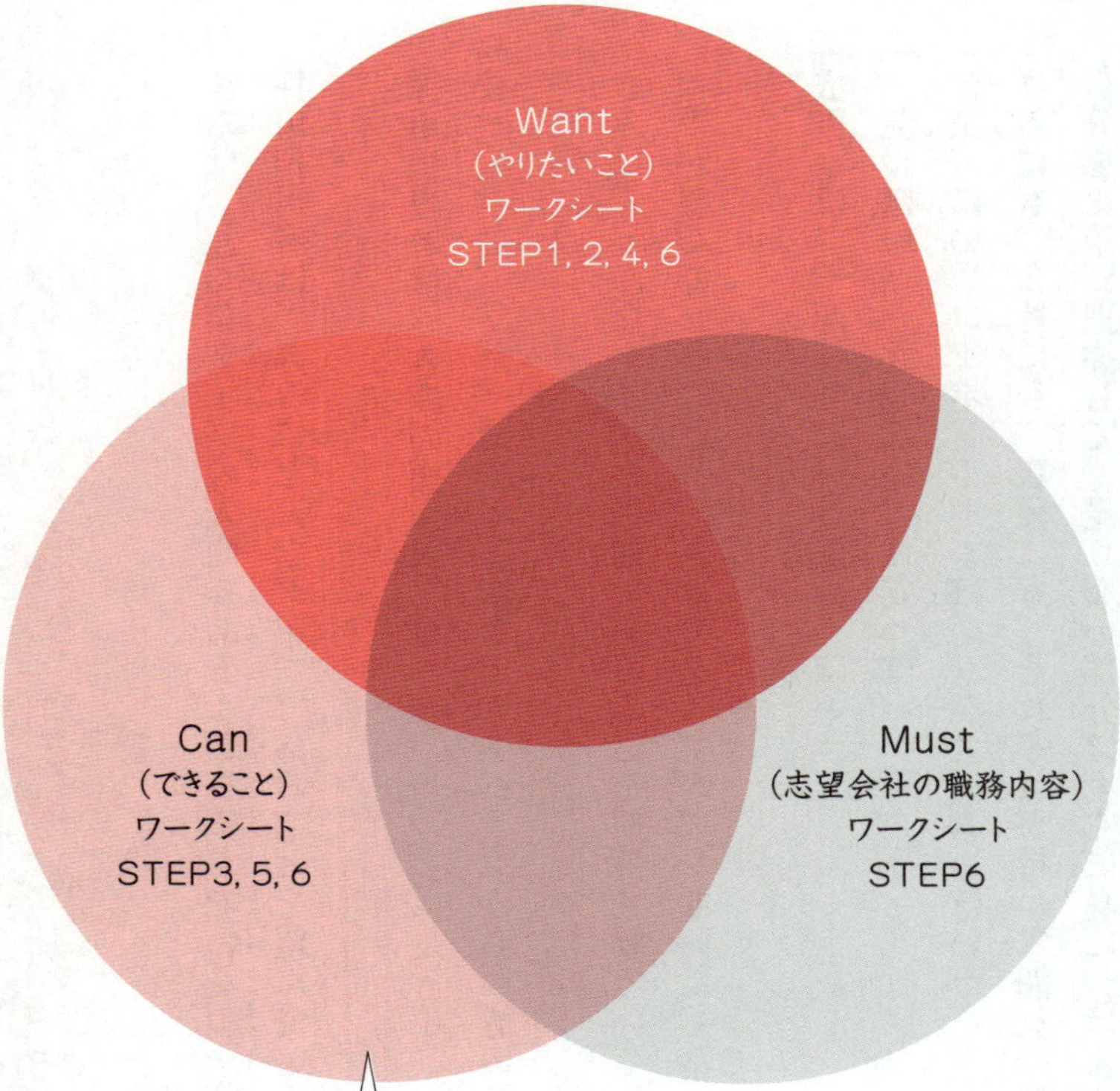

さらに言えば……
面接で必ず聞かれる「弱み」の克服を
現在進行形でしていることが話せたら、
相当なアピールになる。

3つの円が重なる部分が、自己分析（我究）で見えてくる。
ここを、自分の言葉で語れるようにしよう。

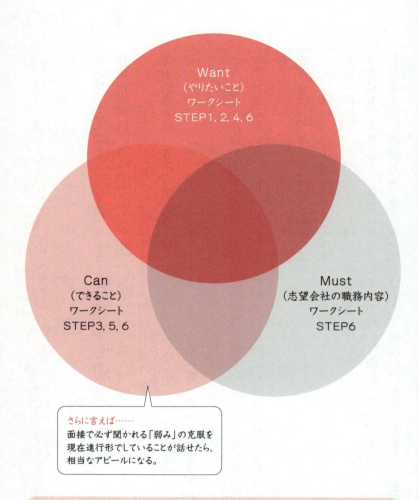

求められている人物像に合っていれば内定する

きみは、どんなタイプの人間であることを望んでいるのか。

採用担当者は、きみにどんなタイプであることを望んでいるのか。


採用担当者は、きみの顔つき、目つき、声、しゃべり方、服装等の雰囲気、そして、高校・大学名、学部、過去の実績などのスペックから、**きみのタイプを予測している。**


きみは、どんなタイプの人間であることを期待されているか、正確に読もう。

相手が望んでいることと、きみのタイプがズレていたら落ちる可能性が高い。


「広告っぽい、商社っぽい、銀行っぽい」

「三菱っぽい、三井っぽい、住友っぽい」

「営業っぽい、コーポレートっぽい、システムっぽい」

業界にも、会社にも、職種にも、それぞれが持つ雰囲気や個性がある。

自分を正確に把握して、足りない部分はすぐに身につけよう。今からでも遅くない。

今の自分は求められる人物か

就職は、ただ自分をぶつければいい、というものではない。
「相手が望んでいることを把握して応えていく」という意識も必要。

一致していれば内定する　　ズレていれば必ず落ちる

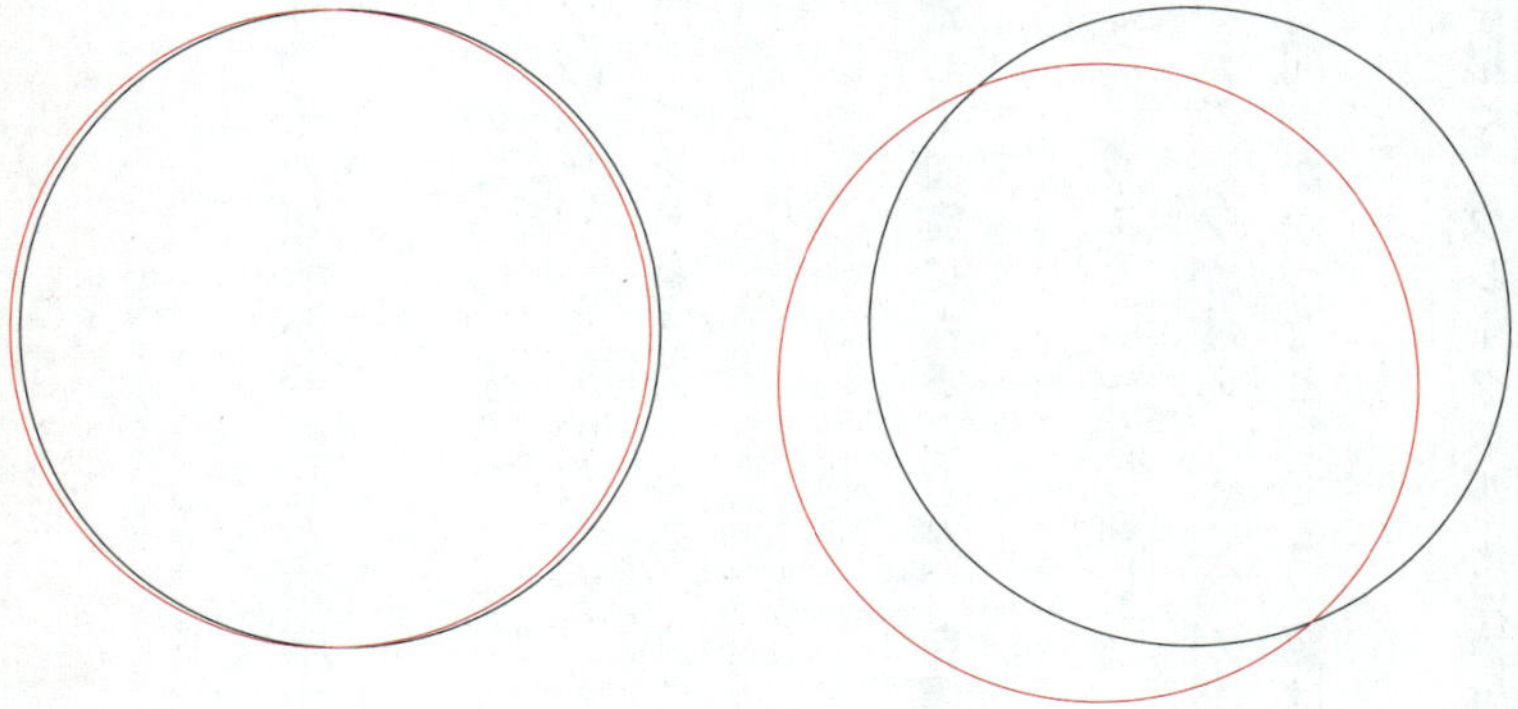

だからこそ、今の自分はどういう人間なのか、正確に把握すること。
その会社の、その部署は、どういう人材が欲しいのか、正確に把握すること。
ギャップを正確に把握し、自覚し、足りない部分は身につけること。

大切なのは、今の自分を
正確に把握することだ。

今の自分に足りないものを知ること＝自信につながる

自分の短所を克服しよう。その短所が発生した根本から向き合って。

例えば「本気になれない」のならば、どうして本気になれなくなったのか、その原因（おそらくそれは目を向けたくないことであろうが）を、過去の経験に探す。それが見えたら、現在の自分と対峙して乗り越える。やるべきことを、しっかり勇気を出してやることだ。

自分に対して、他人に対して誠実になることが、自信につながる。

就職活動中の学生も同じだ。考えて悩んで行動して、また考えて悩んで行動して……。それでも自分は変わっていかない気がする。ところがあるレベルまでもがいたら、その瞬間に突き抜けるのだ。時間がかかったとしても、**要は逃げないことだ。**

成長カーブは二次曲線を描く。ブレークスルーは意外と近くにある。

足りないものを正確に把握し、身につける。どうしたらそれができるか

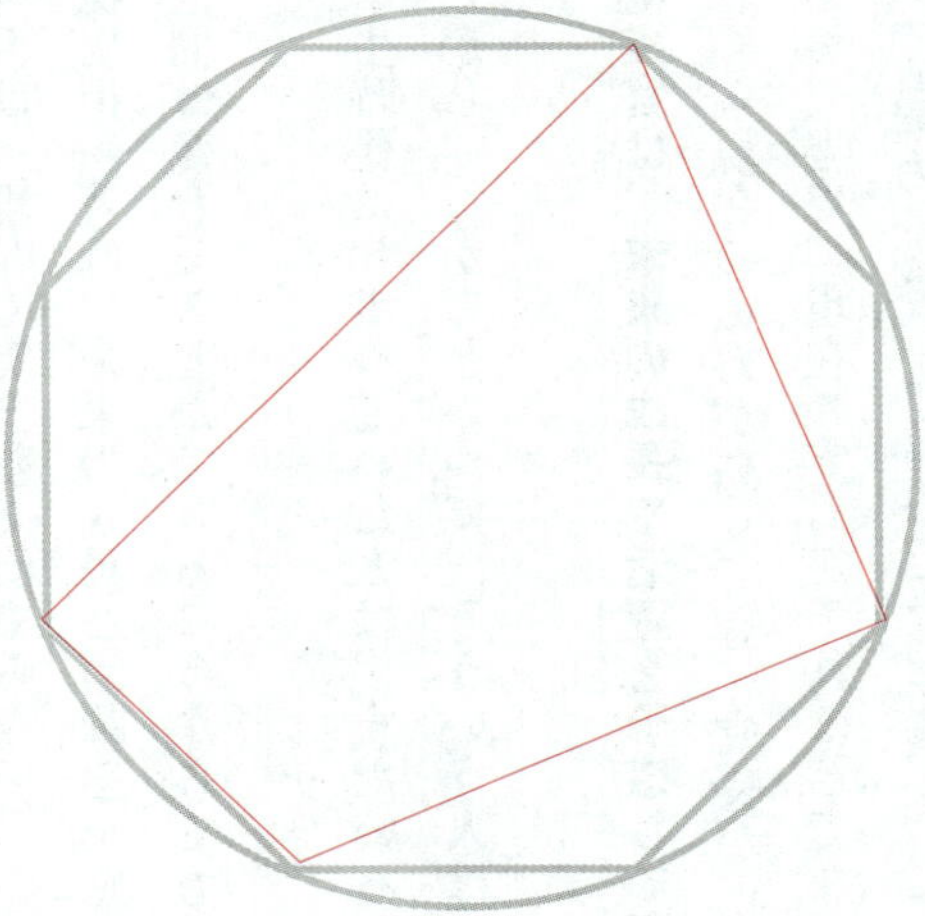

今の自分に何が足りないのか

虚勢を張らずに、ごまかさずに、客観的に正確に把握すること。

心の底から自覚し、身につけること。

足りないものは、英語力や実績などの表面的なものだけではない。

多くの場合、人間性といった内面的なものである。

第三者によるアセスメント（評価）による気づきが有効だ。

**足りないものを心から自覚して身につける
意識の変化、行動による変化の実感が自信につながる。**

未来の活躍を予感させる人になろう

合否は、現在の実力差で決まらない。
採用担当者は、未来の成長と活躍を予感して選ぶ。
人間は変わることができる。今からでも成長できる。

学生時代にサボっていた人は、まだいろんな要素が開花していない。
しかし、だからといって、そういう人は内定しないのかというと、そうではない。

面接官は、未来の成長や活躍を予感して選ぶ。
いくら現在の実力が高くても、成長が止まっている人は、「予感」させることができない。一方で、現在の実力がそれほどでなくても、現在進行形で成長をしているのならば、「活躍の予感」を与えることできる。こういう人に、企業は内定を出す。

たとえ、どんな大学生活を送ってきたとしても、今からでも成長できる。
ずっと、やりたかったことはないだろうか。今日から挑戦してみよう。

面接官は「将来性」を見る

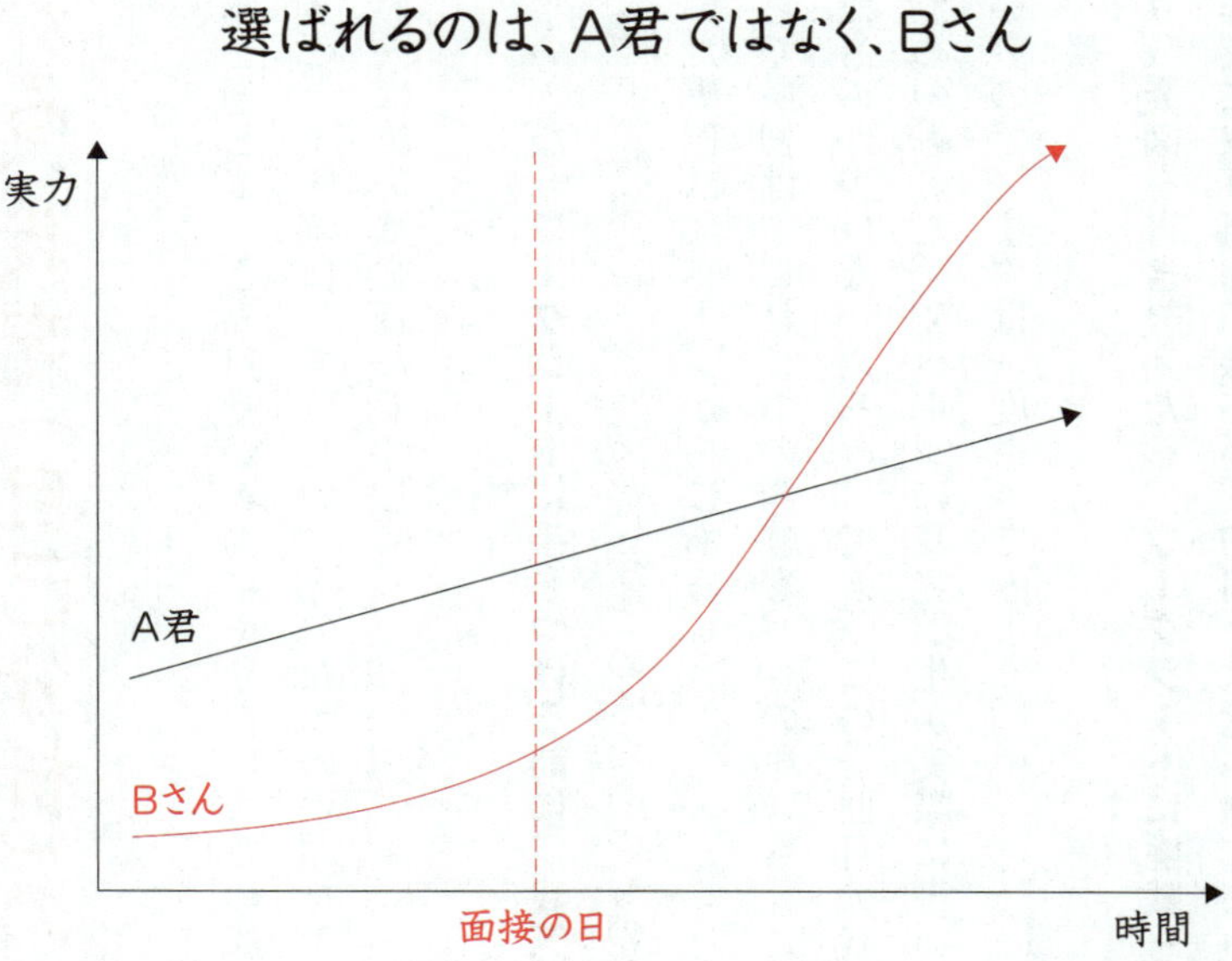

未来の成長や活躍の「予感」を、
与えることがカギだ。

3分でわかる、我究(自己分析)の進め方

この本を通して、きみ自身が本当にやりたいことの絵を描き、それを実現するためにするべきことを明確にしてほしい。そのための手順をここでは簡単に解説する。詳しく知りたい人は第7章を読んでほしい。

まず、いきなり**ワークシートに手をつける前に、我究図に取り組もう**。これは自分の「過去・現在・未来」をシンプルにまとめるためのものだ。詳細な書き方や我究館の学生が書いた実例は50ページからにある。

おそらく最初は、これまでの経験も、今の思いも、これからやりたいことも、心から納得したものが書けないだろう。でも、この一回目の我究図は、わからないことを明確にするためのものだ。52ページに我究館生が実際に書いたものを掲載している。このレベルでいいので、まずは一度やってみよう。

一通り我究図を書き終えたら、**ワークシートに挑戦**してみよう。そのあとで、再度我究図の作成に取り組んでほしい。初回とは比べ物にならないほど深く具体的なことが書

けるだろう。

そして、**エントリーシートや面接の準備を進めながら、我究図を磨き上げていく。**理想は、我究図を見るだけで、自分が書くことや話すことが思い浮かぶような状態だ。

自己PRであれば、自分とはどういう人なのかを一言で伝えられるようにしておこう。そのために、過去から現在の自分について振り返っておく。家庭環境や学校生活、周囲の人との関係性、成功体験や失敗体験。嬉しかったことや苦しかったこと、悲しかったことなど、感情が大きく動いた経験が我究図にあると良い。

現在の自分について充実した内容が書けていれば、学生時代頑張ったことに問題なく答えられる。学生時代の行動とその背景、成果を書いておこう。先述したように、企業側は入社後の期待値を測っている。

志望動機は、未来の自分と密接に関わっている。我究図の大きな特徴は、過去だけではなく、その先にある未来も書くところだ。自分の過去が、今後の仕事や人生にどう関連するのか、客観的に納得できる説明を求められる。過去からの一貫性を常に意識しておこう。

ここまでくれば、いつどんな質問をされても、自分の思いを一貫して語れる。

エントリーシートも面接も、最も大切なのは、伝えたいことが明確になっているかどうかだ。自分の価値観や強みを、それが形成された背景や発揮した場面とともに伝える。そして、入社後にその会社にとって役に立つと説明する。

ここからもわかるように、「思い」といった抽象的なことの言語化と、説明するための具体的なエピソードを準備しておく必要がある。我究図を使ってこれらを整理し、いつでも取り出せる形にしておこう。

我究図とワークシートを活用して、きみが心から納得する結果を得てほしい。

そして、その結果を得られたら、再度我究図に取り組んでほしい。**我究は、内定を得るためだけにするものではない**からだ。

入社する企業が決まったタイミングも、我究図に取り組むべきタイミングだ。今後の具体的な仕事内容や、入社後のキャリアパスがより具体的になったこの段階で、やりたいことや成長するために必要なことを明確にしよう。

我究図1回目

現状を知るために、
まずは一度書いてみよう

↓

94のワークシート

ワークシートでじっくり
我究と社究をしよう

↓

我究図2回目
（エントリーシート・面接対策）

我究図を見るだけで、
書くことや話すことが
浮かんでくるように充実させよう

↓

内定

徹底的に言語化した自分の
「過去・現在・未来」を伝えて
内定を勝ち取ろう

↓

我究図3回目

入社後のキャリアを見据えて、
再度我究しよう

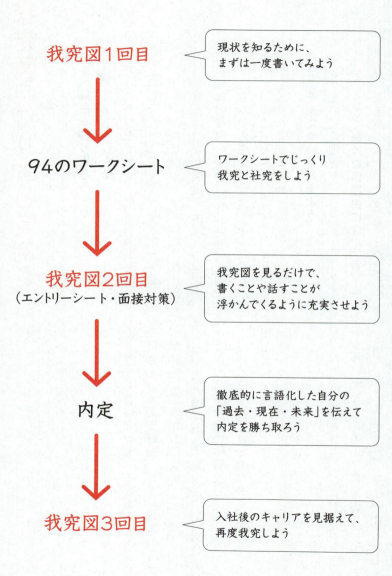

我究図の作り方と実例

1. **過去を振り返ろう**

ノートもしくはテキストエディタで、自分の人生において大きなインパクトや意味のあったイベントを、箇条書きにしていく。うまく書けないところがあっても気にしなくて大丈夫だ。最初から完璧なものを書き上げる必要はない。まずはこれまであったエピソードをとにかく吐き出して、最終的に整理すればよい。

例えば、家庭環境や家族との関係性、友人などの人間関係やクラスでの立ち位置。部活や習い事の経験。受験や進路を決めたときの葛藤や成功体験など。

きみの人生には今まで多くのことが起こっているはずだ。自分のコアを明確にするために、大きな影響受けたことから書き出してみよう。

2. **未来について考えよう**

思い描く理想や、自分がワクワクする「なりたい姿」を想像し、言葉にしていこう。うまく書けない理由には、「言葉にするのが怖い」ことが多い。自分の描いている未来が小さかったら、自分の器が小さいと悩んでしまいがちだ。逆に、壮大な未来を描くと、自分がその当事者になれるのか不安になるものだ。大事なのは、ワクワクできるかどうかだ。不安があるのはよくわかるが、自分の進むべき方向を言葉にすることには、必ず意味がある。

3．**心から望む生き方を書く**

ノートやA４程度の紙の左上に３つの切り口（Being/Having/Giving）を書く。そして、左下から右上に向かって伸びる矢印を書こう。それに沿うように、1と2の内容を過去から記入していく。左下を過去に、右上を未来にしよう。

4．**内容を確認する**

自分にとって分かりやすい、すっきりしたものになっていれば、ひとまずは完了だ。抜けているものや、ここに示した形式は気にしすぎなくても大丈夫。

2回目以降は、書き終えたワークシートの内容を元に、我究図をまとめていこう。再度取り組むべきタイミングは先述の通りだが、それにこだわらず気づいたときに修正・加筆すればいい。

では、実物を見ていこう。

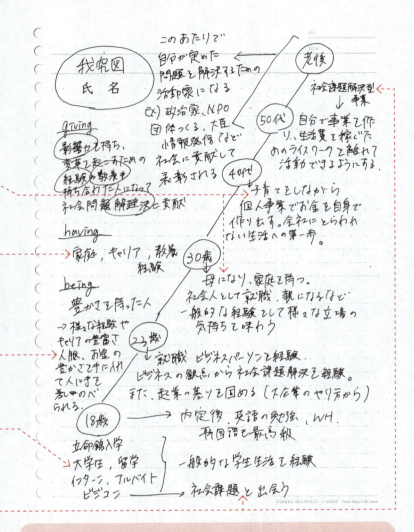

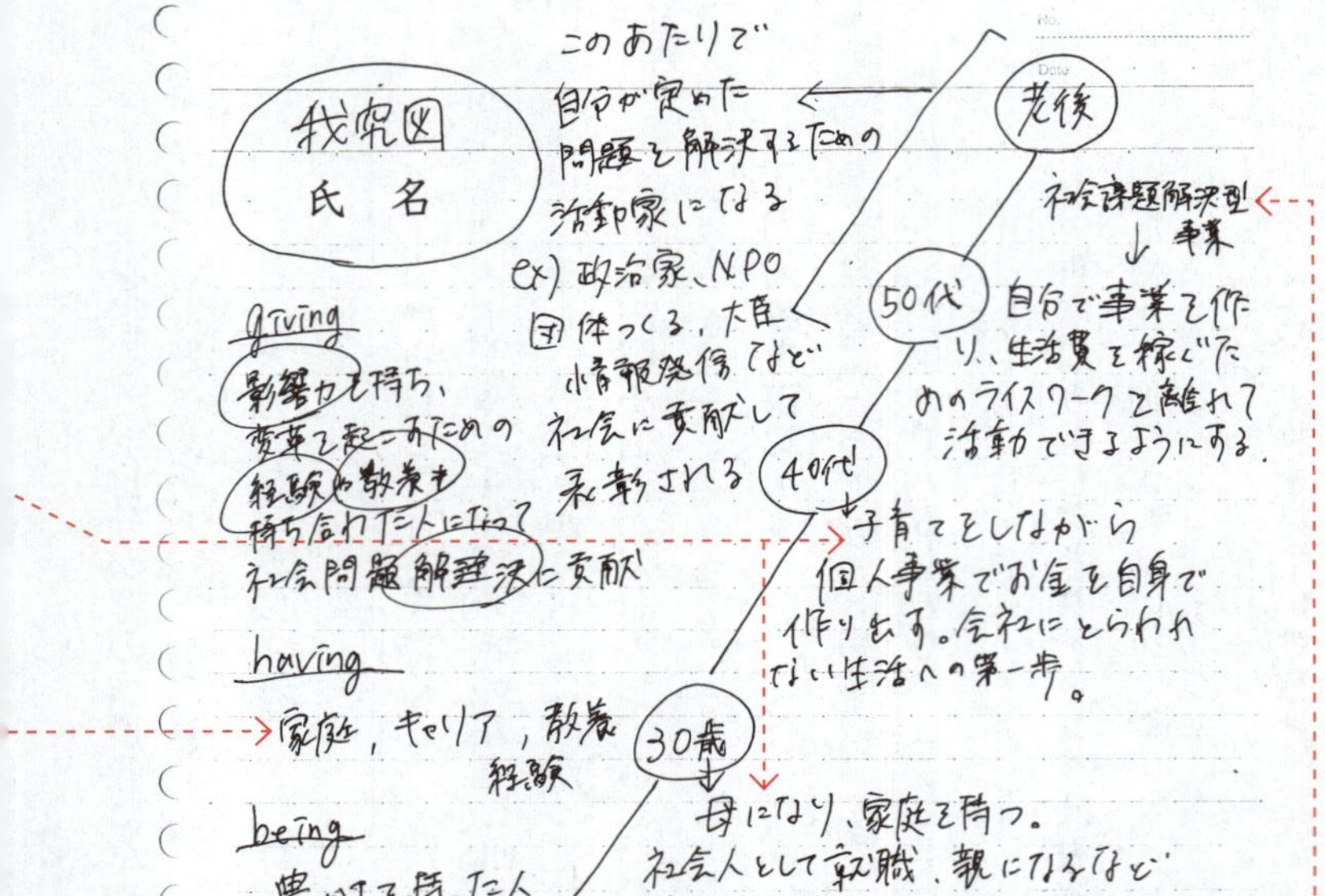

我究図
氏　名
giving
影響力を持ち、
変革を起こすための
経験や教養を
持ち合わせた人になって
社会問題解決に貢献
having
家庭，キャリア，教養
経験
being
豊かさを持った人
→様々な経験や
キャリアの豊富さ
人脈、お金の
豊かさを手に入れ
て人に手を
差しのべ
られる。
このあたりで
自分が定めた
問題を解決するための
活動家になる
ex) 政治家、NPO
団体つくる，大臣
情報発信 など
社会に貢献して
表彰される
老後
社会課題解決型
事業

50代
自分で事業を作り、生活費を稼ぐためのライスワークと離れて
活動できるようにする。
40代
↓子育てをしながら
個人事業でお金を自身で
作り出す。会社にとらわれ
ない生活への第一歩。
30歳

母になり、家庭を持つ。
社会人として就職、親になるなど
一般的な経験として様々な立場の
気持ちを味わう
22歳
↓就職　ビジネスパーソンを経験
ビジネスの観点から社会課題解決を経験。
また、起業の基礎を固める（大企業のやり方から）
18歳
→内定後　英語の勉強、WH
韓国語も最高級
立命館入学
大学生，留学
インターン，アルバイト
ビジコン
一般的な学生生活を経験
→社会課題と出会う

これはある学生が書いた、１枚目のワークシートだ。まずはこれくらいの粗さで大丈夫だが、内定を獲得するにはまだまだ抽象的すぎる。自分のコアを確立するために、これまであったことと、なりたい姿をさらに書いていこう。あいまいな部分はワークシートで明確にすれば、納得のいく就職活動ができる。

1回目（ワークシート前）

未来をより鮮明にイメージしよう
やりたいことがまだ漠然としている。実際にどんな事業を行いたいのか、より深く考えよう。実際の生活をより鮮明にイメージすれば、キャリアの選択や必要な能力についてはっきり見えてくるはずだ。その内容が、就職先の選択にも影響する。

もっと具体的に考えるには
それぞれの内容を、数字などを使ってより具体的にする。エントリシートや面接を見据えて、単語の羅列ではなく文章で書けるようにしよう。

目指したい姿があいまい
「様々な経験」「キャリアの豊富さ」「お金の豊かさ」といった、抽象的な言葉が並んでいる。目指したい姿をより具体的に考えよう。

幼少期から振り返ろう
17歳までの振り返りが十分ではない。自分がどんな人かを理解するためにも、幼少期から、小中高校時代のことも書き込もう。

問題意識の深掘りを
追い続けたい社会課題がある点は良い。選考に向けて、向き合いたい課題について考えを深める必要がある。

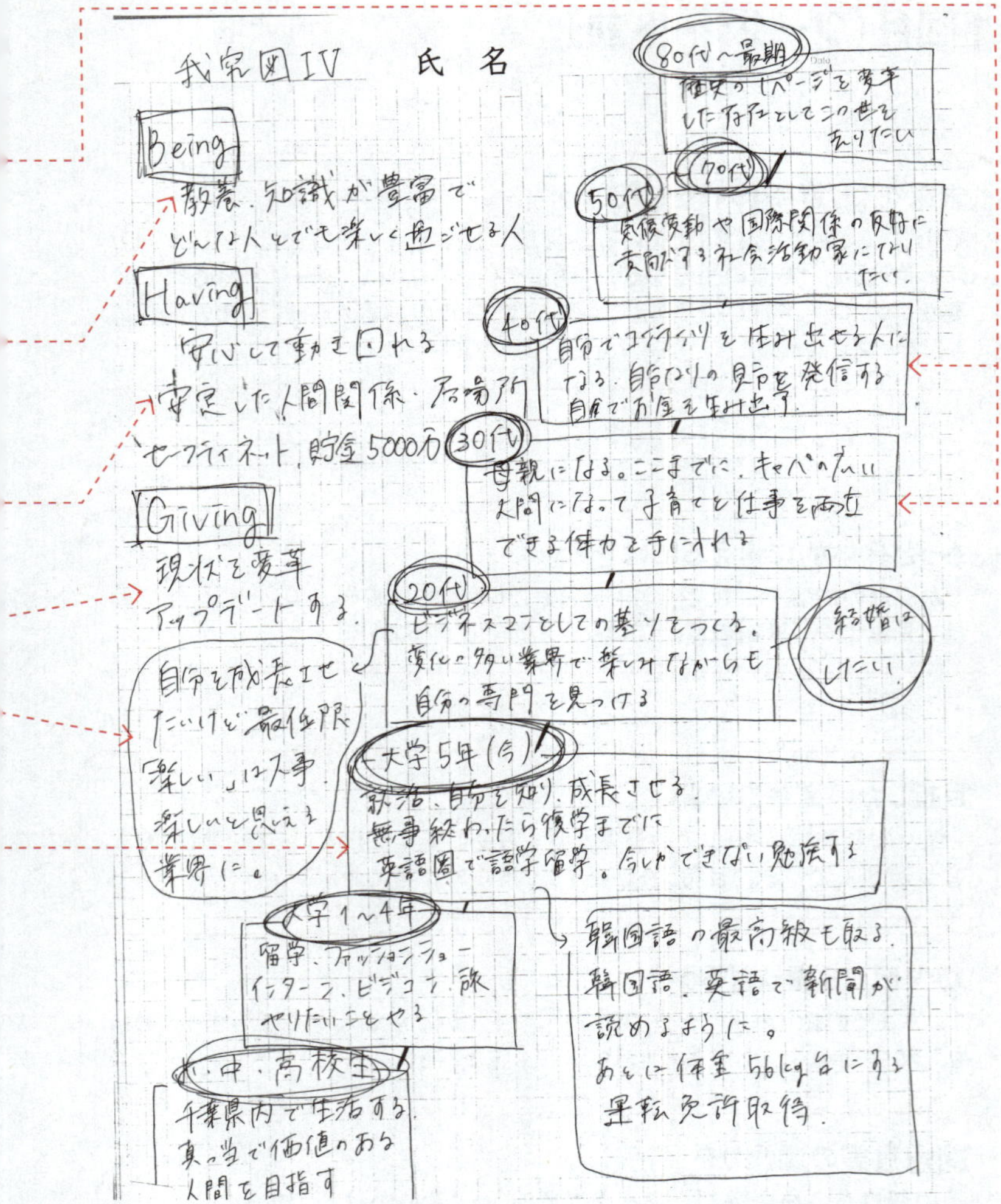

同じ学生がワークシートに取り組んだ後に書いた我究図だ。それぞれの項目がより具体的に書けている。特にGivingに注目してほしい。「現状を変革、アップデートする」という明確なコアを導き出していて、それが過去から未来へと貫かれているとわかる。

2回目（ワークシート後）

自分に足りないものがわかる
やりたいことや実際の生活が、よりはっきりとイメージできている。必要な能力が言語化できており、より納得のいくキャリア選択ができる。

将来やりたいことに一貫性が見出せる
40代以降のなりたい姿、やりたいこととの関連性が見られるようになっていて良い。

手に入れたいものが明確に
1回目と比較して、人間関係や豊かさの内容が具体的になっている。

企業探しの方向性がわかる
端的で伝わりやすい言葉にまとめられている。この2つを両立できる業界、企業を探す必要があると明確になった。これを踏まえてさらに社究に取り組もう。

今すぐ行動すべきことがわかる
今やるべきことが、明確になっている。ここで行動を起こせれば、就職活動の結果は変わってくる。

大切なのは本音に忠実かつ、
一目で自分を客観視できる図を完成させること。
そのためのワークシートだ。
我究をすれば、生きていく方向性と、
それへ向けたステップがはっきりする。

思い切ってワクワクする未来を描こう！

勝つために、まずすべきこと。それは自分の弱さを知ることだ。

弱さを知れば、強さも見えてくる。
自分をごまかしているうちは、勝利などあり得ない。
自分を信じることなどできやしない。
今がチャンス、じっくり向き合ってみないか。

最新の就活傾向を押さえる
2024年卒の「絶対内定」

2024年卒は、どんな人が内定したのか

次の6点を押さえていた就活生は結果を出していた。

1. **「自己分析」**を早期に行い、志望業界を決定し、2～4の行動を多く実行できた人
2. **「(夏)インターンシップ」**に積極的に参加し、志望企業にアピールできた人
3. **「社会人訪問」**を精力的に行い、志望企業の研究と自分のアピールができた人
4. **「リクルーター面談」**の段階で、志望動機と自己PRをしっかり語れた人
5. **「面接」(本選考)**で、1～4で得た知識や経験をもとに、自分をアピールできた人
6. **オンライン選考対策ができていた人**

近年の就職活動では「インターンシップ」「社会人訪問」「リクルーター面談」の場が**事実上の「面接」**になっている。それぞれの場で学生は評価され、人事に報告されている。他の人より高い評価を得ていれば通常よりも早期に内定が出ることもある。

早期に自己分析を行っていた学生は志望業界の選定が早い。そのため、2～4の機会を多く持つことができる。また、自己PRや志望動機が明確になっているため効果的にアピールできる。「量」と「質」ともに効率よく動くことができるのだ。

今が何月だったとしても、一日でも早く自己分析から取りかかろう。

2024年卒は、こんな人が内定した

1. 「自己分析」を早期に行い、
志望企業を決定し、2〜4の行動を多く実行できた人

2. 「（夏）インターンシップ」に積極的に参加し、
志望企業にアピールできた人

3. 「社会人訪問」を精力的に行い、
志望企業の研究と自分のアピールができた人

4. 「リクルーター面談」の段階で、
志望動機と自己PRをしっかり語れた人

5. 「面接」（本選考）で、1〜4で得た知識や経験を
もとに、自分をアピールできた人

6. オンライン選考対策ができていた人

ポイントは早期の自己分析と、動き出しにあった！

残念ながら、こういう学生は落ちている

志望企業が、大手企業に偏り過ぎていた学生にとっては厳しい就職活動になった。人気企業はいつの時代も超難関だ。倍率は常に100倍～300倍だ。自己PR（我究）と志望動機（我究と業界・企業研究）の入念な準備が必要だ。

しかし、過度な大手志向の場合、志望業界を増やして受験社数を増やそうとするため、業界・企業研究が手薄になる。平均で30社エントリーするとして、大手志向の学生は上位5社×6業界を受けることになる。一方で、堅実な学生は上位10社×3業界と半分の業界だ。当然研究にかけられる時間が伸びるため、こちらの方が結果が出る。企業規模も大切だが、仕事の中身にこだわり、業界内を縦に見て就活に挑もう。

また最近、ネットで見た他人のエントリーシートや、面接の回答をそのまま使う学生がいる。「効率的に結果が欲しい」「内定できるか不安」という気持ちはわかる。しかし、企業はきみについて聞いている。ほかの誰かが内定した文章や受け答えではなく、自分の言葉で自らを語る必要がある。そこで大事なのは、自ら考え、仕事を理解するのに必要な情報をとる主体性だ。これこそ、内定獲得を分ける重要な要素なのだ。

優秀なのにもったいない！
こういう学生は落ちてしまった。

過度な大手企業志向
業界の上位1～5位しか受けない

↓

受験社数を増やすために、
志望業界がいたずらに増える

↓

1業界の研究が手薄になる
自己PRと志望動機のツメが甘くなる

↓

難関企業の選考に残念ながら落ちてしまう

業界を縦に見ることができていた学生は、
結果を出している！

日本の人口が減ると、これからの仕事はどうなる？

すでに日本は、経済だけでなく人口も縮小しはじめている。左図に示した通りだ。日本はマーケットとしても確実に小さくなりつつあるのが、数字で理解できる。

１９９０年代、世界のＧＤＰの14％を日本が占めていた。しかし２０２０年には５・７％になり、世界の中での日本のプレゼンスは急速に小さくなっている。海外に出たことがある人は、それを強く実感したはずだ。

２０２２年現在、約１億２５００万人の日本の人口は、２０５０年には９５００万人になるとされ、「世界のＧＤＰの３％以下に過ぎない高齢者の国」になる。

経済規模の縮小は、企業の事業縮小やポストの減少、所得の低下を導く。

生き残りをかけて、新規事業や新たなマーケット開拓を目指す企業が増えている。それに伴い、若手の抜擢や、外国人の積極採用を通して社内の変革を目指している。一方で国内のスタートアップ企業の資金調達額はこの約10年で10倍超になっている。

自分で何かを起こせる人、個の力を持った開拓者精神のある人にとっては、非常にやりがいのある社会が到来する。

少子高齢化で「日本」というマーケットは縮小する

日本の人口（予想）

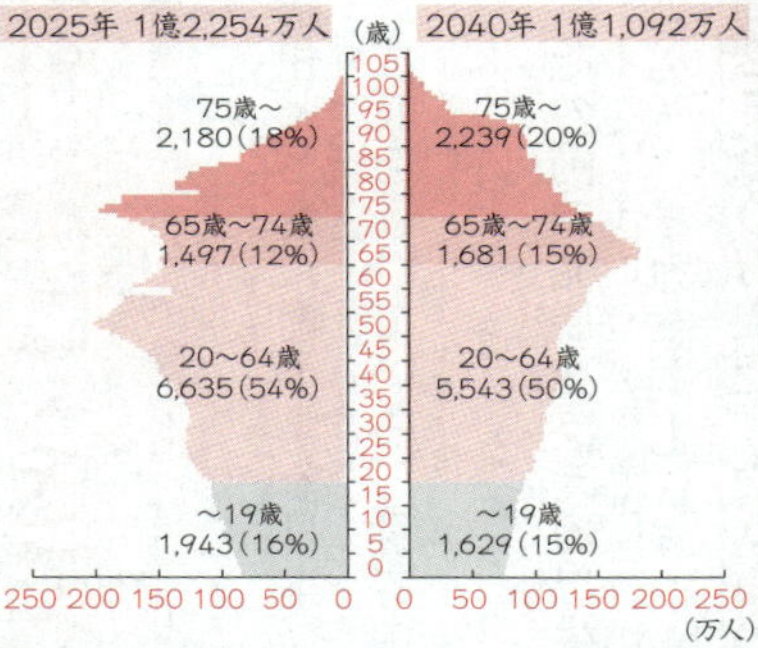

出所：「我が国の人口について」（厚生労働省）（https://www.mhlw.go.jp/stf/newpage_21481.html）より加工

2050年のGDPランキング（予想）

順位	2016	2050
1	中国	中国
2	米国	インド
3	インド	米国
4	日本	インドネシア
5	ドイツ	ブラジル
6	ロシア	ロシア
7	ブラジル	メキシコ
8	インドネシア	日本
9	英国	ドイツ
10	フランス	英国

出所：PwC、「2050年の世界 長期的な経済展望：世界の経済秩序は2050年までにどう変化するのか？」より加工

国内スタートアップ資金調達額

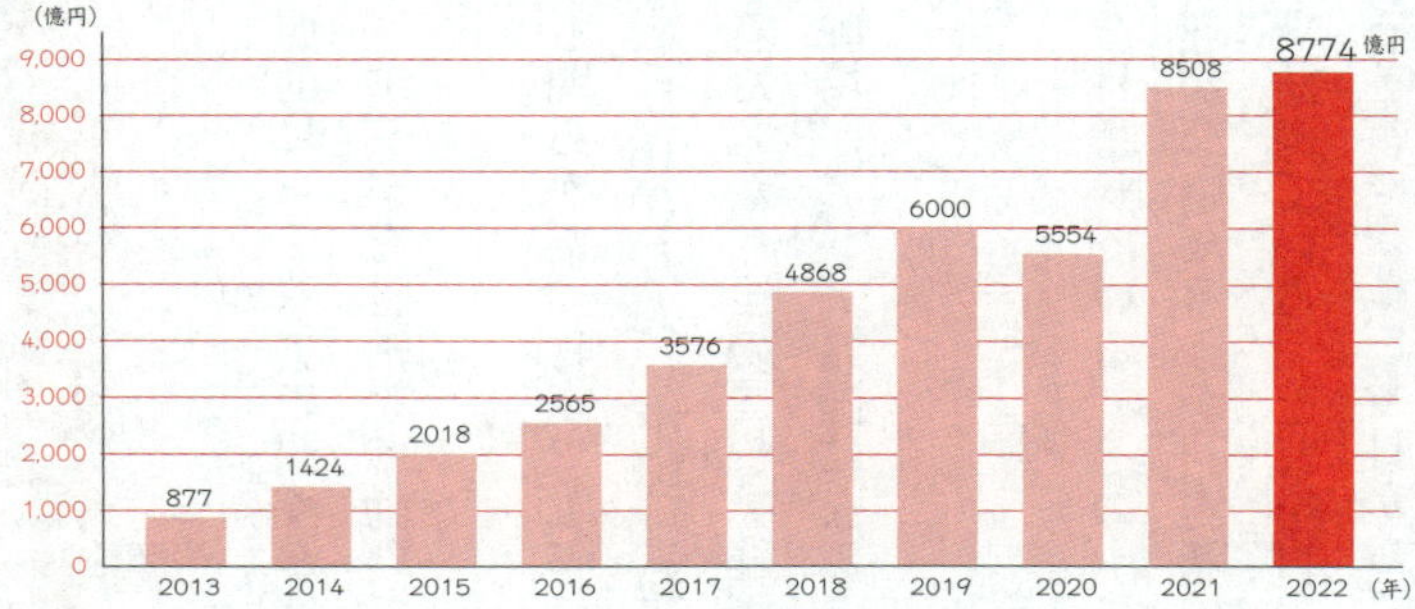

出所：INITIAL、「Japan Startup Finance 2022 〜国内スタートアップ資金調達動向〜」より加工

人口が減ることで、
経済にも影響が生じる。

「グローバル対応」できていれば、勝ち抜ける

少子高齢化とともに縮小する日本経済とは対照的に、アジアの国々が巨大なマーケットとして、成長を続けている。世界中の企業が、アジアを目指して動いているのだ。

例えば、その国の発展を支える出生数を見ても明らかだ。日本で1年に生まれてくる子供は約77万人。それに対し、インドネシアは約500万人、中国は約1062万人、インドは約2500万人だ。これらの国々の若者たちが今後のアジア経済の成長を支える。きみたちが働く40~50年間のビジネスの主戦場がアジア諸国になることは、ほぼ間違いないだろう。

組織の大小にかかわらず、多くの企業が世界を目指している。その中にあって、日本のマーケットだけを相手に仕事を考えるのは無理がないだろうか。実際に、あらゆる企業が説明会で「グローバル事業の強化」を本気で語っている。それを自分事として捉えよう。企業研究や留学、勉強、ゼミ選び、TOEIC®など、今日からできる準備はある。世界の動きを捉えた自己PRや志望動機を、採用担当者は期待しているのだ。

なぜ学生に「グローバル対応」が必要なのか？

「自分には関係ない」という考えは間違い

・中小企業を志望している
→取引先は外国企業や外国人というケースも

・海外に営業所はない
→海外出張で直接現地企業に営業する企業もある

・地方での就職を希望している
→地方のマーケット縮小に伴い、
海外でのビジネスを考える企業が増える

↓

すべての仕事は「グローバル」に通じる！

日本にいようが地方で働こうが、
「世界」と関係ない仕事など、もはや存在しない。
むしろこれからは、積極的に海外進出、海外取引を考える
企業が少なくない。だから「グローバル対応」が必須なのだ。

きみには、夢があるか？

今の自分の実力や、今までの自分の実績などに縛られずに、自分の本音の夢を持とう。
人からどう思われようと、構わない。誰にも言わなくても構わない。
自分の本音の夢を見つけよう。
きみはこの人生で、何を実現したいのか。

第一章

就職活動を始める前に「夢」を描こう

この本はぶ厚くて長い。長すぎて読めない、という声をよく耳にする。
もしきみが全部は読みたくないとしても、
この章だけは何度か繰り返し読んで感じてほしい。
大切なのは内定をもらうことではなく、
自分はどうなりたいのか、何をやりたいのか、なのだから。

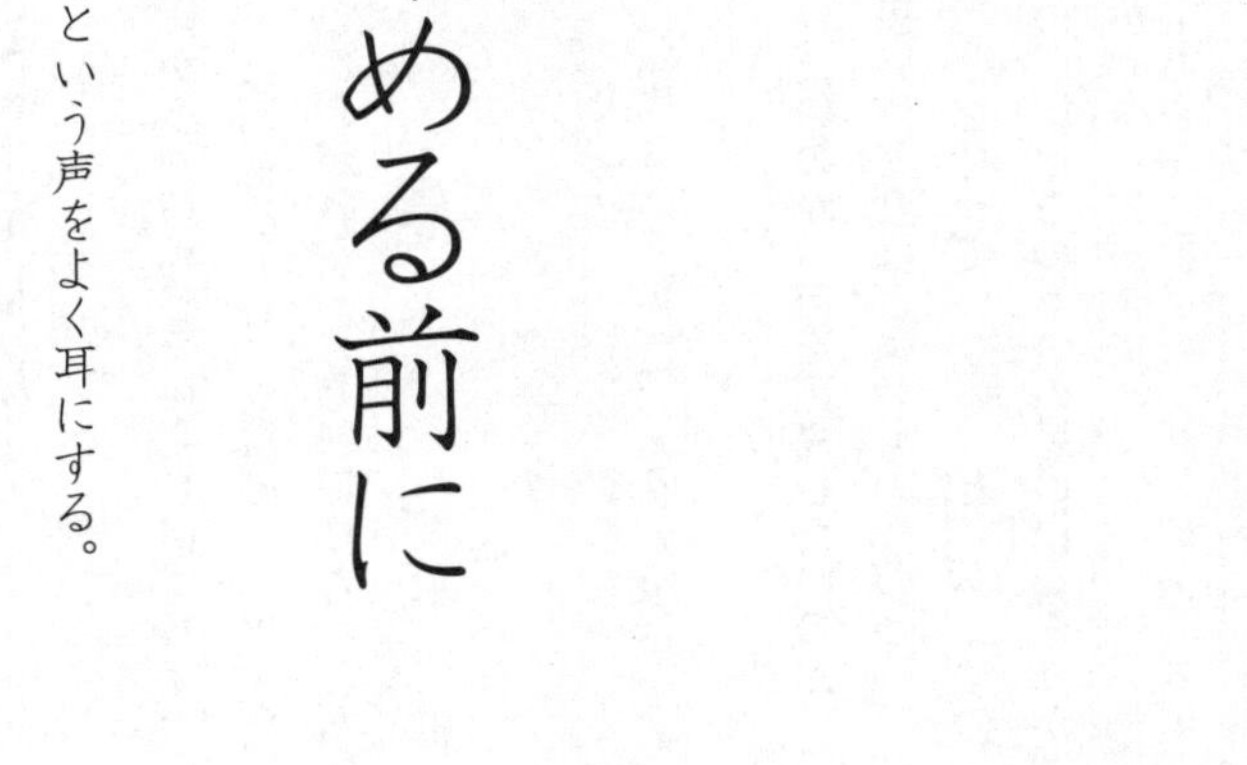

きみは漫然と生きていていいのか

人間には、自分の夢を次々と実現し、心の底からの達成感を何度も何度も味わいながら生きていく人がいる一方で、その時その時は頑張っていたけれど、結局自分として納得できることはできていないという人もいる。生き生きと目標に向かって輝いて生きている人がいる一方で、毎日大して面白くない日々を漫然と過ごしている人もいる。

その差はいったい、何だろうか。

答えは簡単。まずは**本気の夢**があるか、ないか。そして次に、それを実現するための**戦略**と**勇気**があるか、ないかだ。

「**どういう人生にしたいのか、自分はどうなりたいのか、何を達成したいのか**」

それが、あるのかないのか。そして、その思いはどれほど強いものなのか。

多くの人は、心からの夢や本当にやりたいことを持っていない。とりあえずの「与えられた目標」や「何となくやりたいこと」には向かっていても、心の奥底からの本気の思いに突き動かされて、本気で生きている人は極めて少ない。それが現状ではないだろうか。

自分はどうなりたいのか

今、きみはどうだろう。

「夢は何ですか？」

と尋ねられて答えられるだろうか。

「その思いは、どれほど強いものですか？」

と尋ねられて、「本気度100パーセントだ」と答えられるだろうか。

これは学生に限ったことではない。社会人になっても、いい歳になっても、否、歳をとればとるほど、人生をその場しのぎ的に過ごしてしまっている人は少なくない。会社などの組織の目標や、置かれている環境における義務（当面やらなければいけないこと）を自分の目標や夢にすり替えて日々を積み重ね、あとから「自分の人生は何だったのか」と悔いる人が少なくないのが現状ではないだろうか。

人生は長いようで短い。

大学時代がアッという間に過ぎたように、残りの人生も明確な夢や目標を持って生きなければ、大きな充実感を得ないまま過ぎてしまうだろう。

「いつかは自分の人生を本気で生きるのだ」

と思っているうちに歳をとり、気がつけば腹の回りにたっぷり脂肪をつけて、そのうちそんな思いさえ忘れていってしまうだろう。

「そんなこと言っていられるほど人生は甘くない」

というセリフを、自分の甘さをごまかす隠れ蓑《みの》にしていくのだろう。

僕はそんな人生は嫌だ。そんなオヤジにはなりたくない。一度しかないのだから、誰が何と言おうと、充実させたい。きみもそう思わないか。

のんきなことを言っているつもりはない。むしろその正反対だ。

夢を描き、それに向かって生きることは、社会を知り、己《おのれ》を知り、「自分と社会のあるべき姿を本気で追求すること」にほかならないからだ。

●実力より、まずはイメージ。「なりたい自分」を想像しよう

自己分析とか、自分と向き合うとか、ビジョンを描くとか、分かるようで分かりにくい言葉に振り回されてはいけない。これから僕もいろんなことを述べるが、ここで述べることを常に忘れないでほしい。

一番大事なことは、**自分がどうなりたいのか**、どうなっている自分が自分にとって極上なのか、その時きみはどんな気分だろうか。今ここで瞳を閉じ、映像を**フルカラーで鮮明にイメージ**してみよう。感じてみよう。ウソ偽りなく「こうなりたい」という映像が浮かぶか。「この気分だ」と心から素直に思い震える気分を感じられるか。

その「絵」がある人は、世の中で1パーセントにも満たないだろう。しかしその鮮明な絵を持つ人のほとんどはそれを実現していくだろう。少なくとも僕は、これまで鮮明な映像をイメージできて、実現できなかったことは一度もない。どんなに無理めなことであっても。逆に、映像が描けずに実現できたことは一度もない。

魂から湧き出る映像を持つことだ。
「なりたい自分」をイメージするために、注意しておきたいことが9つある。

自分と向き合う状態でなければ、「なりたい自分」は描けない

「理屈抜きでこうなりたい」と、心から思えなければ、意味がない。

ではどうすれば、本気で思える「なりたい自分」を描けるのか。

実は、心から思えるなりたい自分を描くには、**それができる状態になる必要がある**のだ。

それは、自分と向き合っている状態だ。例えば、悔しさに涙している状態や、悩み抜いて、「このままでは嫌だ」と心から思っている状態。すなわち、自分の至らなさに、現状の自分を否定し、納得できていない状態だ。正直に誠実に自分と向き合っている状態のことだ。

もしきみが、その状態でないのなら、今のきみには残念ながら心からの「なりたい自分」は描けない。

なりたい自分を描くには、未来を描くには、自分と真っすぐに向き合うこと、すなわち、納得できない自分に気づくプロセスが必要なのだ。自分を否定し、悩み、そしてその、**否定した自分をも受け入れた時**、なりたい自分が見えるものなのだ。現実から目をそむけたり、鈍感になったことにして現状に満足しているふりをしていたら、いつまでも未来は描けないのである。

このことは知っておこう。いつまでたっても未来が描けない人、自分がどうしたいかわからない人にならないように。臆病風を吹き飛ばせ。

2 極上を求めよ

だからこそ真に極上を求めることだ。

「どうせ自分には……」という発想を持たないことだ。

人に言ったらバカにされると思うなら誰にも言わなければいい。まず自分で心の底から、「これがベストなのだ」と思えるものを求めるのだ。現状はひよっこでも、自分の心に誠実に極上の崇高なものを求めよ。

就職して突出して大活躍している我究館の卒業生たちも、起業して大活躍している卒業生たちも、例外なく学生時代から強烈なビジョン、野望を持っていた。「金融界の帝王」や、「日本の財界のトップ」「ビル・ゲイツのように世界を動かす男」「首相」など、人によっては言葉にするのは恥ずかしくなるほどの野望を、我究の結果、大真面目に、素直に、そしてリアルな願望として当時から持っていた。

僕の言う「第1志望(極上)を求めよ」とはそういうことだ。就職に限らず、何でも**最高に気持ちいい状態**を求めるのだ。今の自分が大したことないからなど、そんな思いを持ってはいけない。

心から極上を求めれば、問題意識も解決策も自ずと出てくる。妥協した思いでは、本気じゃないから問題意識も出てこないものなのだ。

3 我慢するな

だからこそ、普段から我慢するな。言い換えれば、自分の気持ちをごまかすな。

日常生活においても、些細なことでもできるだけ我慢するな。せっかく心から湧き出る思いに「ふた」をしてしまうな。どうしても従わなければいけない瞬間では、悔しいという気持ちをためておけ。大人として感情をコントロールしなければいけないシーンでも、**自分にウソはつくな**。

自分のことしか考えないセルフィッシュな発想では、世の中ほとんどのことが通用しない。しかし、自分のことも周りのことも、社会全体のことも、さらに目の前だけでなく、先を見据えた上での思いであるならば、たいていの思いは通用する。他を説得できる。言い換えれば、心の根っこがひん曲がっていなければ、その思いが崇高であるならば、そして具体的なアクションが本質を突いているものであるならば、その人のわがままのほとんどが通用するということだ。自分だけでなく周りのことも心から考えている人は、感情をコントロールする必要がほとんどないのだ。

世の中で活躍している人のほとんどが実はわがままだ。セルフィッシュでない**わがまま**だ。わがままだからこそ、絵が描け、問題意識にあふれ、アイデアにあふれ、本質を突けるのだ。だから思いを形にできるのだ。

4 セコイ人になるな

いつも自分のことばかり考えているような人、自分の得になることばかり考えているセコイ人、人の悪口や陰口をこそこそ言っているような人は、ちまちましたことでちょっと得することはあっても、大きな思いは何一つ形にならない。

悔しさや惨《みじ》めな気持ちは願望実現のエネルギーになるが、そんな気持ちの時でさえ、実は**自分が極めて恵まれた環境にあるということを意識**するのだ。自己実現のための悔しさや惨めさを感じる余裕のある状況であることに**感謝の気持ち**を持とう。悔しい時こそ、気高くあり続けるのだ。心から豊かな気持ちになれている状態、すなわち周りの人のためを考えることのできる状態であれば、人を動かすことは難しくないのだ。

セコくてケチな人が大きくなれる時代はもう終わった。そういう人は残念ながらどう頑張っても伸びていけない世の中だ。

大活躍している卒業生には、先に述べた願望に関すること以外にも共通項がある。一人の例外もなく、「**絆**《きずな》」を強烈に大事にするということだ。自分のことだけ最優先の人などいない。

だからこそ人は信頼する。人がついてくる。思いが実現していく。実はその思いを実現するための並大抵でない努力や、ギリギリの一手を後押しするもう一歩の**勇気**は、絆によってのみ生まれるものなのだ。

世の中の多くのことが一人では実現できないものだ。一人でやっているように見えても、実はチームや組織で成し遂げていくものが多い。

だからこそ、ビジョンを、映像イメージを、共有することが大切なのだ。語り合い、思いをぶつけ合い、**心を合わせ、気持ちを一つに**していくのだ。

それができれば、あとはクレバーな戦略を立てればよい。

最近の日本は、国家も企業も個人も、セコイ発想がはびこっている。自分のこと、自分たちのことしか考えていない。考える以前に、自分を守ることに必死、自分たちのことしか見えていない。

自己主張も結構だが、狭量な状態でのセコイ自己主張になっているように思えてならない。

何かがうまくいかない時、人のせいにしたくなる。学校が面白くない。サークルが面白くない。仕事が面白くない。しかし、本当に大きな人間であるならば、自分がそこに関わっている以上、自分が何とかして面白くしているはずだ。**面白くないと言っている人は、受け身なのだ**。学校や職場をディズニーランドか何かと勘違いして、そこにお客さんとして参加して、ジャッジを下しているということなのだ。

人間関係はまさにそれだ。

「あいつは嫌な人だ」と思った時は、それは自分のことだと思え。

「あいつは大したことない人だ」と思った時は、それは自分が愚かになっているということだ。大事なものが見えていない「見えない人＝感じられない人」になっているということだ。

何かが劣っている人は、その対極にある何かが優れているはずだと僕は信じている。きみが価値を置いている何かが大したことない人は、単にそのことに関して仮に本当に大したことないかもしれないが、その対極にあるもの＝きみがその時まで価値を置いていないこと＝おそらくきみが弱い部分、が、きみよりはるかに優れているものだと僕は信じている。

例えば器用にしゃべるのが苦手な人。

自分の意見も言えないのかと言いたくなるかもしれないが、それは、繊細で感じる力がハンパじゃないから整理できなくて言葉にできないのかもしれない。適切な言葉が存在しないほど、言葉にできないほどものを感じ、考えている人はしゃべりがうまいはずもなかろう。実は日記の上では言葉にできても、繊細さゆえに口にできないのかもしれない。胸に抱えた思いを絵にはできても、メロディや詩にはできても、理路整然とした言葉にはできないのかもしれない。

誰かを大したことない人だと見下しそうになったら、**その人こそ、きみの弱いところに秀でている人である**ことを忘れるな。

もう一つのアプローチを紹介する。

誰かのある面を「嫌だ」と感じたら、「何で、その人のその面が嫌になったのだろう」とも考えてみよ。その人の**ヒストリー**を、できれば幼少期から考えてみよ。できることなら調べてみよ。

きみには想像もできない苦労を重ねている可能性が100パーセントに限りなく近くあるはずだ。その苦労を経て、今の性格が成立したその過程に、きみにはないものすごいものを培っているはずなのだ。

人のせいにしたくなったら、その時きみは「自分が**受け身ちゃん**に成り下がっていること」に気づこう。「自分が関わっている以上は面白くするのだ」、その姿勢で向かってほしい。

「あいつは嫌な人だ」「あいつは大したことない人だ」あるいは「興味がない」と感じたら、嫌な人で大したことない人なのは、実はきみなのかもしれないのだ。

その人は、きみが気づいていないかもしれないきみの弱い部分を高い水準で持っている、きみの先生たる人でもあるのだ。そういう姿勢を持った上で、責めるべき時は堂々と責め、許すべきでないものは堂々と許さず、であるべきだと僕は考える。自分のためだけでなく全体のためにも。なめられるわけにはいかないのだ。

他人をリスペクトするとは、実感を伴わない表面的な心の持ちようのお話ではないのだ。相手のいいところ、素敵なところが確実に「見えて」、だからこそ心からの本音として他人をリスペクトできる大きな人であってほしい。

「勝ち組」「負け組」などという言葉が横行し、経営・ビジネスの枠を超えて、序列をつける風潮が当たり前のようになりつつある昨今だが、自分のほうが上だと思っている人は間違いなく、まだ見えていないのだ。

人を上下で測りたくなる人の多くは、価値観のものさしが少ない人だ。ダイバーシティ（いくつものものさし）を自分の中に持ちたいものだ。自分が大切にしたいものさしを持つことは大事だし勝手だが、**それ以外の**

ものさしもたくさん持っていたいものだ。一般に負け組と言われている人のほうが、やさしさや思いやりや、深いところで人をリスペクトすることで味わえる人生の醍醐味を知っているケースが多いのではないか、とさえ僕は思っている。

5 陰湿さを捨てよ

皆の前ではいい顔して気持ちいい人を演じているのに、特定の人に対してこっそり陰湿な態度をとる人がいる。小学校低学年で卒業すべきことを、二十歳《はたち》過ぎてまでやっているのだ。社会人にも少なくない。そういう人は、たいてい普段は明るくて頑張り屋のいい人ってことになっている。

そういう態度はもうやめよ。一刻も早く捨てよ。死ぬまで二度とするな。

そういう心がプアーな人のままでは、絶対に幸せになれない。いつまでたっても心の深い部分で自分を好きになれないから。誰からも心底からは愛されない。面接でも、一流の会社であれば確実に見抜かれる。

自分を変えられるなら、そういう人は、将来が期待できる。

なぜなら、そういう人は自分への期待値が高く、決まって頑張れる人だからだ。期待値が高いのに、実績や評価がそれに伴わないとき、心の奥が寂しいがゆえに陰湿になってしまうようだ。

手遅れになる前に、今すぐ改めよ。一度しかない人生がそういう自分でいいわけない。あまりにももったいない。大切にしてくれる仲間の存在に気づき、陰湿な態度を一切やめて、腹を据えて何かに一生懸命になった時、心底から誰かに愛されて、心も豊かな、結果を出す人間になっていくのだ。

6 恥部を見つめろ。見たくないものを見ろ。ごまかすな。演技をするな。

我慢しないクセをつけると、**見たくないものは見ないという弱い人**に成り下がる傾向がある。

耳ざわりのいい言葉だけに反応し、自分を褒めてくれる大人にだけすり寄ってはいないか。見たくないものほど見つめるのだ。きみを取り巻く現状の問題でも、自分自身のことでも、見たくない部分を勇気を持ってきっちりと見つめるのだ。涙が出るほど。

その瞬間はつらいだろう。しかし、そのあと強くなっている自分にも気づく。何より、**見たくないものは、見なければいけないもの**であることがほとんどなのだ。

「大事だけれど見たくない」ものを目の前に持ってくるのだ。

見たくないものとは、短所だ。自分の人間性における短所だ。

昨今、表面的に上手に体裁を整えるのが得意な若者が増えている。バブル崩壊後、生活に必死な中、日常にいらつき、子供に必要以上に厳しくなってしまったり、逆に褒めるだけの手抜きの親の教育の影響か、それともいじめさえ見て見ぬ振りするような骨抜きの教師の影響か、あるいは、この20年ブームが続いた耳ざわりのいい軟弱なポジティブシンキングブームの影響か、勝ち組になるために、他人の評価ばかりに敏感になってしまい、外ヅラをごまかすのが上手なのだ。人にも、自分にも。

自分のいいとこだけ見る。見せる。芝居する。ごまかす。ウソをつく。人にも自分にも。

それでは社会に通用しない。就職活動でも絶対に通用しない。就活どころか、そのままでは人生は絶対に楽しくならない。充実もハッピーもない。

今まではダメでも構わない。全然ダメでもいい。これから変わればいいのだ。

だからこそ、**思い切って自分と向き合う**のだ。

7 覚悟せよ

極上の絵も、本気の行動も、覚悟がなければ描けない。感じられない。動けない。人間はいつでも覚悟ができるわけではない。特に豊かに育った僕たちは。このままでもある程度は満ち足りているから。死ぬわけじゃないから。

きみが極上を描き、それを体感していきたいのなら、**覚悟が絶対に必要**だ。そのためにも、勇気を出して自分と向き合うことだ。自分と向き合うことで覚悟ができる。落ち込むところまで落ち込めば、あとは上がるしかない。希望しかない。嫌でも覚悟ができるのだ。

覚悟ができれば、本気になれる。ぐんぐん動ける。逃げ出したい気持ちが0になる。その時、人間はどんどん成長できる。

そのためにも、抜く時は抜くことが大事だ。サボる時はサボることだ。

ずっと全開はあり得ないし、ずっとそこそこ60パーセントじゃ覚悟はできない。音楽のサビの前にはAメロBメロがあるように。サビの前は大きくブレスをするように。飛び跳ねる時はかがむように。運動会の前の日は早く寝るように。自分の気分のリズムを把握し、自分でコントロールすることだ。

時間軸、空間軸、温度、湿度、匂い、色、音質、音程……この世の中のすべての存在のリズムを感じ、流れを感じ、自分も含めてすべてが美しく存在できるよう、すべてが心地よく存在できるように、バランスや位相関係を敏感に感じられるように感覚を研ぎ澄ますこと。その中で**自分を「流れるように活かす」**こと。それが目指すことだと僕は思っている。もちろん**覚悟を持った（ケツをまくった）状態の人**にしかそれは感じられないことである。

8「その先の絵」を描き続けること

心からの鮮明な絵があれば、その絵は次々と実現していくだろう。だからこそ常に、「**その一歩先の絵**」を描き続けることだ。

安心して慢心して現状維持していたら、気づけば一気に何もかも失いかねないものなのだ。ジャパン・アズ・ナンバーワン、競争力世界一といって浮かれていた日本のように。

「その先の絵」がないまま想像以上にうまくいっても、必ず壊れる運命にある。

9もっと悩め！　もっと感じろ！　ある日突然「絵」が見えてくる

絵はもちろん簡単に描けるものではない。

しかし描こうとし続けることだ。

はっきりとした映像や言葉にならない段階であっても、描こうとしている人は、無意識レベルで絵が明確になりつつあるものだ。寝ている時も含めて24時間脳みそは動いている。

グチャグチャになっているジグソーパズルが、脳みその中で勝手に少しずつ整理されていく。

うんうん悩んでいるからこそ、ある時、突然はっきりと絵が見えてくる。

もっと考える。もっと自分の**本音を感じようとする**。多くの情報や刺激を脳みそと心に与えながら、自分の絵を描こうと悩み続けるのだ。軟弱に、**安易にラクになりたい人には永遠に見えない**のだ。

理想の自分であり続けよ

結果ばかりを追い求めず、自分を磨け。理想の自分であり続けよ。

夢は何か。欲しいものは何か。やりたいことは何か。

夢を実現すること。欲しいものを得ること。やりたいことをやること。

そういう「ビジョン」や「結果」ばかりにとらわれて、「プロセス」すなわち、どういう人間でありたいかという「姿勢」を軽視してしまいがち。

例えば、内定が欲しいから「第1志望です」とウソをつく。

そんなことが常識として広まっているが、そんな傾向は40年前の日本にはなかったことだ。

一つだけお伝えしておきたい。社会に出て、本当に活躍している人は例外なく、就職活動で調子のいいウソなどついていなかった。**「実は、他にも興味がある会社があります」と堂々と伝えられた人**である。

ウソをついてしまうと、大切なものを失ってしまう。結果として、就職活動もうまくいかない。就活以前に、そんな人間できみはいいのか。

2 自分の夢とは何なのか

夢を3つの切り口で考える

夢を考える時は3つの切り口で考えてみよ。
①どんな人でありたいか……Being
②手に入れたいものは何か……Having
③社会に（どんな人たちに）どのような影響を与えたいか……Giving

「やりたいことをやろうぜ！」

と、声高《こわだか》に叫ぶ風潮がある。しかし、間違っても、

「全員が業務内容レベルでの『どうしてもやりたいこと』を見つけなければならない」

などと勘違いしないでほしい。

そういう誤解をして、「やりたいことがわからない」と悩み苦しんでいる学生が多いので、ここではっきり言っておきたい。

「どうしてもやりたいことなど、今の段階で見つからなくても当然だ。**やりたいこと探しに縛られるな。**まずはきみの夢を持とう」

もちろん中には、**やりたいことの中身に強烈にこだわるタイプ**の人もいる。

スポーツ選手もアーティストも作家も、映画監督やドラマのプロデューサーもドラマのディレクターも雑誌や書籍の編集者も、ジャーナリストも、フリーランスだろうと会社に所属していようと、プロと言われる人はほとんど「何をやるのか」にもこだわっている。その中身自体が夢という人だ。それをやりたくてやりたくてしょうがない、「誰に何と言われようと、それをやってないとイヤだ」という人だ。マスコミの人も、クリエイティブな要素が強ければ強いほど、たいていの場合、その内容にある程度以上こだわっている。

しかし、やりたいことの**内容にそれほどこだわらない人もいる**。やりたいことを見つけ出そうにも見つけられなくて当然の人も大勢いるのだ。

例えば、世界経済を前進させる実感を持ちたくて、金融に行っている人もいるし、同じような思いで自動車メーカーに行っている人もいる。商社で化学製品を扱っている人もいる。その人たちはどうしても金融なのだろうか、どうしても自動車なのだろうか、どうしても化学製品なのだろうか。

そうではないケースのほうが多いのだ。どうしてもその商品、その業界でなくても、その人の夢は実現できるが、よりベターな選択として、あるいは結果として、その業界を選んでいるはずだ。

僕がこれまで数千人を見てきたところ、どうしてもやりたいことにこだわる人は、全体の1割に満たない。9割以上の人は、仕事の内容よりも、仕事の目的（影響）や名誉や会社の価値観など、「仕事を通じて実現したいこと」（まさにBeing、Having、Giving）にこだわるタイプである。

どうしてもやりたいことを持っているか持っていないか。**どちらがいい悪いではない**。どのレベルまで業務内容レベルでのやりたいことの中身にこだわるかは、きみ次第だ。

僕がここで言いたいのは、業務内容レベルのやりたいことにこだわるタイプであろうとなかろうと、いずれにしても**「夢＝仕事を通じて実現したいことを明確にしようぜ」**ということだ。
「どうしてもやりたいこと探し」につまずいて悩み苦しむのではなく、やることは何であれ、「仕事を通じて実現したいことを持とう」ということだ。

ここで、もう一度夢を定義・分類しておこう。

「夢」とは、「仕事を通じて実現したいこと」であり、３つの切り口で考えるとよい。

①どんな人でありたいか……Being
どういう人格・性格の人でありたいか。どういう姿勢で生きていきたいか＝どういう価値観を大切にして生きていきたいか。また、どんな能力や専門性を持った人になりたいか。

②手に入れたいものは何か……Having
ライフスタイル、ステイタス、名誉、経済的な豊かさ、仲間、温かい家庭、休日の過ごし方、住みたい場所、乗りたい車、職業、何でもいい。人によって手に入れたいものの中身は違う。要するに、きみが一度しかないきみの人生において「手に入れたいもの」は何なのか。

③社会に（どんな人たちに）どのような影響を与えたいのか……Giving
手に入れたいものではなく、**社会の中できみはどんな役割を持ち、**どんな影響を少しでも与えていきたいの

夢を描こう

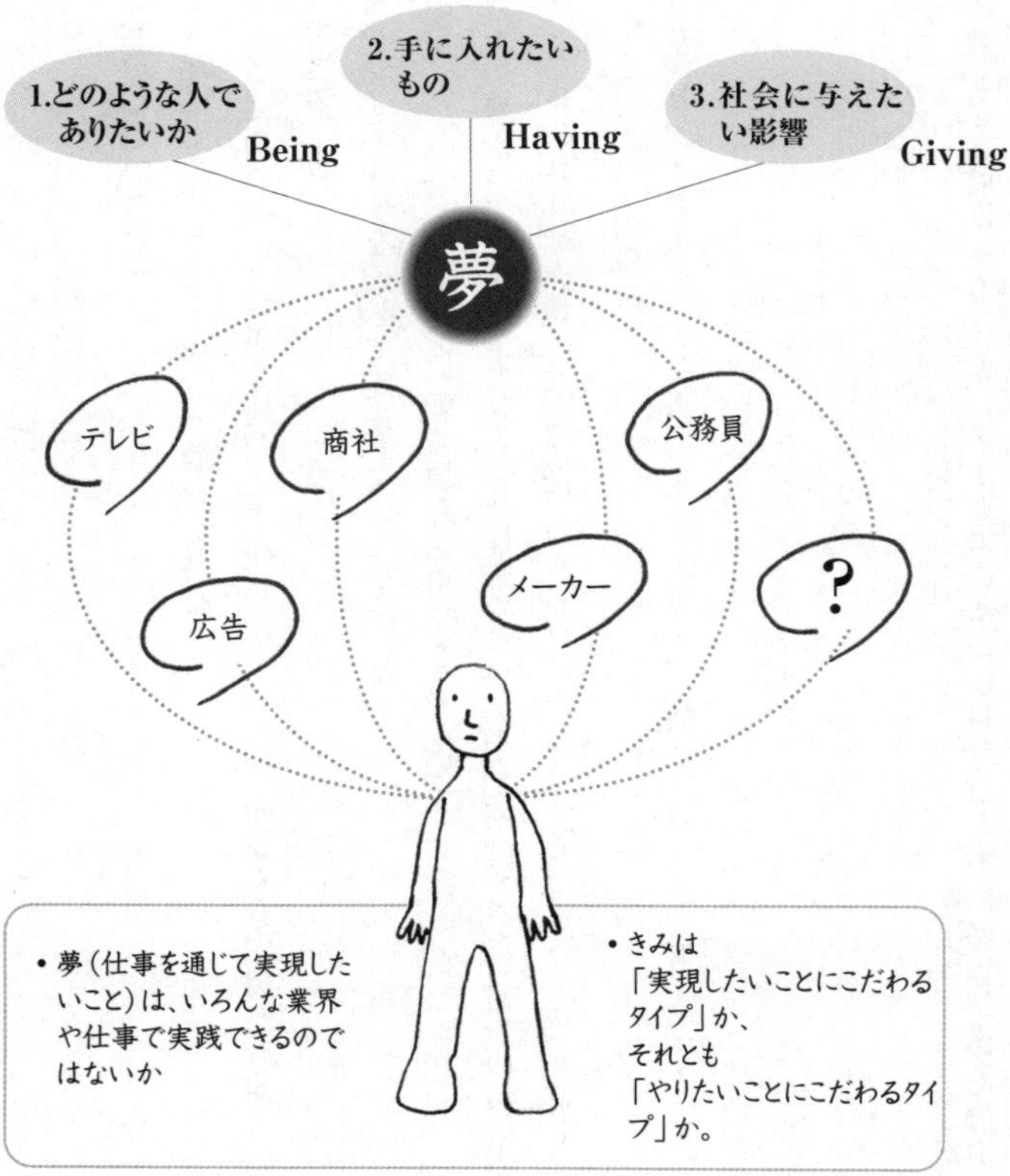
1.どのような人でありたいか
Being
2.手に入れたいもの
Having
3.社会に与えたい影響
Giving
夢
テレビ
商社
公務員
広告
メーカー
?
・夢(仕事を通じて実現したいこと)は、いろんな業界や仕事で実践できるのではないか
・きみは「実現したいことにこだわるタイプ」か、それとも「やりたいことにこだわるタイプ」か。

か。具体的には、**誰に（どんな人たちに）、どんな影響**を与えたいのか。それらについて、どのようなものを望むのか。

このように、

「夢」＝「仕事を通じて実現したいこと」

と、定義すれば、夢を言葉にすることはそれほど難しくはない。

また、大人のアドバイスさえあれば、「仕事を通じて実現したいこと」の多くを実現できそうな仕事や会社と具体的に出会うことができる。

例えば、早稲田のK君の夢＝「仕事を通じて実現したいこと」は、

1．Being　心が大きく優しく、いざという時に頼りになる男になりたい
2．Having　ある程度以上の豊かさ、名声、グローバルに動く世界の中で活躍している実感が欲しい
3．Giving　グローバルレベルの地球や人類の進歩に何らかの貢献をしているという実感が欲しい

というものだった。総合商社、ＪＢＩＣ、大手自動車メーカー、投資銀行などを考えたが、早々に商社に絞りM商事を選んだ。

立教大学のYさんは、

1．Being　いつも余裕のある雰囲気を持った人でいたい
2．Having　ある程度の豊かさ、時間的な余裕、ストレスの少ない日常、余暇の多さ、多くの方との出会い、激動する社会を感じていたい

3．Giving　激動する社会をサポートしたい、人々から安らぎや笑顔を引き出したい

という思いで、最終的に航空会社を選んでいった。

このように3つの切り口さえあれば万能なのか、というと、実はそれほど甘くはない。今すぐにでも実際にやってみるとよい。

3つの切り口で、「仕事を通じて実現したいこと」を言葉にできるだろうか。そして、それらが、自分の本音だと言い切れるだろうか。なかなかそうはいかないだろう。実際、K君も、Yさんも就職留年して人知れぬ頑張りを経たからこそ、**本音の言葉化**に成功しているのである。

たるんだ日常を送る中から、突然本音の未来を言葉にすることは決して容易ではない。

このポイントは重要なので、後ほどまた振り返る。

さて、夢とは、たとえ、たかが就職活動で納得できる結果が出せなかったとしても、それでなくなってしまうものではない。その過程にどんなことがあろうと、たまたま出会った面接官に嫌われようと、譲るわけにはいかないものであるはずだ。ほかの業界から攻め上がってもいい。その業界に執着するなら転職してもいい。その業界への転職が困難なら、違うアプローチだっていくらでもあるはずだ。

●失敗しても持ち続けるもの。それが夢だ

話を戻そう。

「世界に通用する広告パーソンになりたい」など、特定の業界での夢を否定するつもりはない。本当にどうしても広告にこだわりたいのなら、それも大いに結構だ。しかし特定の業界に縛られたものだけでなく、**それを超越したレベルでのもの**も考えてみてほしい。その意味での夢を持とう。どうしても欲しいと思える**本音の夢**を。

就職活動をする学生に、ある特定の業界しか研究せず、また受けもしないという学生がいる。いろいろ見てみた上で、どうしてもその業界にこだわるという人は別として、そういう学生の多くは、夢を意識しているのではなく、その業界（会社）の内定、あるいはその会社の一員になることを意識しているのではないか。

広告業界の営業は、実は多くの場合「夢」ではないのではないか。多くの場合「どうしてもやりたいこと」でもないのではないか。「やってみたいことの一つ」なのではないか。それをあたかも「どうしてもやりたいこと」のごとく、自分を欺《あざむ》かないでほしい。

現実は厳しい。そういう「本音の夢」を持つことがないままに、悩む苦痛を放棄して、特定の業界に絞り込みすぎた学生の多くは、残念ながらその業界の志望度の高い企業に落ちるだろう。そして必要以上に落胆する。

一生懸命やったからこそ、悔しさもショックも大きいのは分かる。しかし、そこで言いたい。「ところで夢は何ですか」と。「仕事を通じて実現したいことは何ですか」と。

夢とは、たかがある会社に落ちたごときで、なくなるものではないのだ。

夢とは、それを持ち続ける限り、実現の可能性があるものだ。逆に、すんなり実現できる夢などない。誰もが一度や二度の大きな挫折を経験して実現していくものなのだ。少なくとも、就職活動よりよっぽどハードな戦いが待っている。それを乗り越え続けてこその夢であるはずなのだ。

僕が描くべきだと主張している夢とは、その種のものだ。「○○業界での営業」といったものではないのだ。たかが就職活動に失敗しようと、あるいは社会に出てから途中で失敗して落ち込もうと、あるいはいつ会社がなくなろうと、**それでも変わらず持ち続けるもの**――。それが夢だ。

3 就職活動を楽しめる余裕を持とう

●満たされて初めてあふれる、フルカップ理論

誰だって心が満たされている時、余裕が生まれる。満たされていなければ、自分のことで精いっぱいで、テンパってしまうもの。ましてや人のことに心を配る余裕はない。

「フルカップ理論」というものがある。コップの水は、満たされて初めてあふれる。心も同じだ。

やらなければいけないことをやれていない自分。責任を果たしていない自分。やろうと決めたことをやれていない自分――。そういった状態では、心に余裕を持つことは困難である。価値観の幅が狭い、視野が狭い場合も同様だ。

それだけではない。

例えば、人間関係の基本である家族、特に親との関係が悪かったり、恋人との関係が悪かったり……具体的

には信頼関係を築けていなかったり、愛情を感じていなかったり、反抗期の子供のように無意識に親や恋人にいじわるな態度をとっていたりしている状態では、誰だって心のコップは満たせない。

学校やアルバイト先で、どんなにいい人で通っていても、もっと身近な人との関係が悪いようでは、心は満たされないものなのだ。

簡単な問題ではない。特に、子供が親離れできていないケースでは、ほぼ間違いなく親も子離れできていないもの。そう簡単には良好な関係を築きにくい。

また、何らかの強いコンプレックスを持ってしまっている状態も同様だ。心の奥で、他人に対してどこか卑屈になってしまっている状態で心を満たすのは容易ではない。

ここ数年、特に両親の仲が悪かったり、その分そのストレスを子供にぶつけてしまっている親だったり、そうでなくても子供の頃から両親の不仲をストレスに感じながら育っていたりする人は本当に多い。

ここで安易に書くこともはばかられるほど大きな問題であるが、何とか子供である自分が、20歳を過ぎた大人として親に接していくことで、少しずつ関係を改善していってほしい。

親だって人間なんだから、いくらでも欠点はある。親の事情も分かってあげて、僕らが知るよしもない事情を想像してあげて、包み込んであげて、親を育てるぐらいのつもりで接していってほしい。たいていの場合、子供である学生がいつまでも親に甘えて(原因が親にあるにせよ)、問題を大きくしてしまっているケースが多い。苦労して育ててきてくれた親を包み込むほどの気持ちで接していくことだ。

フルカップ理論

「コップの水は、満たされて初めてあふれる」

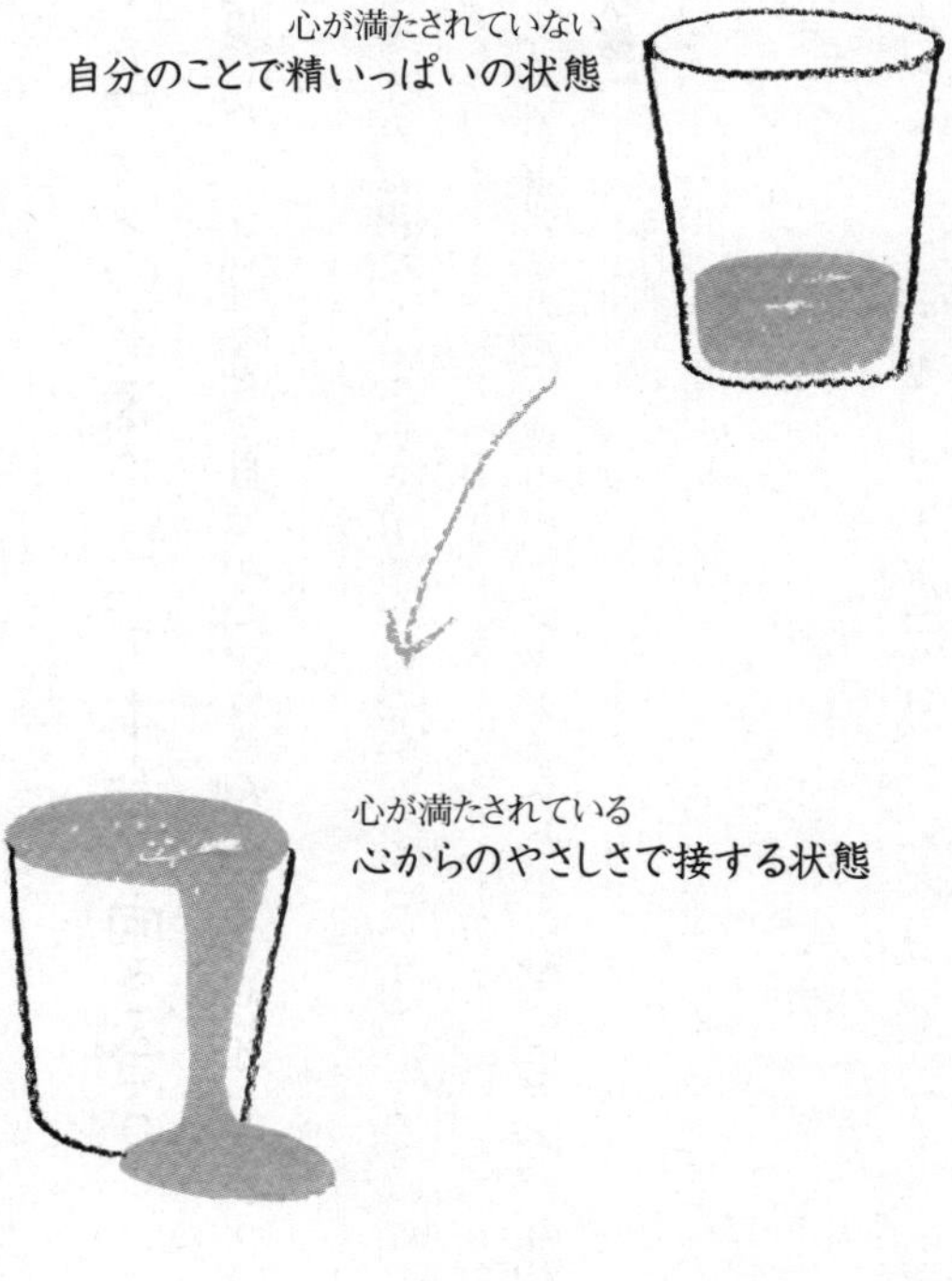

4 自分の夢＝「仕事を通じて実現したいこと」を〝言葉化〟する方法

●本音を語る準備。スマートフォンの電源を切って本音と向き合う

さて、「夢」や「仕事を通じて実現したいこと」など、自分が心から望んでいることは一体どういう時に言葉にできるのか考えてみよう。

前述のとおり、それらはいつでも考えれば出てくるというものではない。「ああなりたい、こうなりたい」と、心から本気で感じられるかどうかが重要なのだ。理由やロジックはあとからついてくるものだ。だからこそ「**自分を信じられる状態**」。

具体的には、

- **自分のことが好きな状態**
- **自分の可能性を信じられる状態**
- **怖がらない。逃げない**

といった、自分を信じられる状態でなければ、心も研ぎ澄まされない。描く力も冴えない。意思決定もできない。願望に敏感になるために、未来に確信を持つために、何としてでも「自分を信じられる状態」を作り出す必要があるのだ。

「いくら探しても望むものが分からない」「夢が特にない」と言っている人たちは、まだその状態にない人たちなのである。自分に自信がない状態なのである。

自分を信じられなければ自分の気持ちにも気がつけない。決めることができない。どんな思いも「そうかなぁ。でも……」のレベルからは飛び越え切れない。

この、夢を描いて言葉にする状態、スタンバイOKの「I am ready.」の状態、自分を信じられる状態になるために、3つのステップを踏む必要がある。

ステップ①自分の恥部を客観的に見つめる。自分を否定する

自分の恥部を客観的に見つめる。見たくないものから目をそらさず、向き合うのだ。**自分の内面について部分的にせよ否定し、それによって落ち込む。心からの悔しさ。一方で、恥部を見つめた達成感、納得感、自信。それが、自分の内面を成長させたい、高めたいという強い思いになっていく。**

ステップ②理屈抜きで憧れる人物との出会い

素晴らしい、こうなりたい、かっこいい、と理屈抜きで思える**本物との出会い。内面にも外面にも惚れる人物。**できれば実際に会い、同じ空気を吸いたいが、YouTubeなど動画メディアを通してでもよい。

ステップ③自分を受け入れる

その上で、自分の内面の変化に気づき、否定していたことを否定し、否定していた部分も含めた自分を肯定し、自分を受け入れ、浮上する。この自分を自分が育て、この自分で生きていくのだという決意。

このプロセスが必要なのだ。

このプロセスにかかる期間はどれぐらいだろうか。短くて数日。長ければ数週間かかる人もいるだろう。ナイーブなポジティブシンキングで自分の本音を長い間ごまかしてきた人ほど、自分を見つめることが苦手になっているかもしれない。

自分を見つめる過程で、我究ワークシート以外に実践してみるとよいこと

・親、家族、恋人など、より身近な人間関係を大切にする。特に親。親の愛情を納得できるまでとことん想像し、分かってあげる

・新しい友人をつくる。本音で語り、誠実に接することで共感を得て、友情を感じることのできるレベルで。誠実に接することが重要なポイントだ

・今までの自分からは想像できないような、新しい趣味に挑戦する。自分のイメージを覆すようなものにチャレンジしてみる

・オンライン英会話、資格取得に向けた勉強など、自分を高めるアクションを起こす

・これまでほったらかしにしていた「心の隅に引っかかっているトラブル」など「余計な心配ごと」を解消すべく、人として社会人として責任ある自分を目指し、自ら行動する

など、勇気を出して新しい行動や責任のある行動をとってみることで、チャレンジできた自分を好きになったり、自分の可能性を感じたりする。世界が広がることで新鮮な驚きや発見がある。

自分と向き合おう

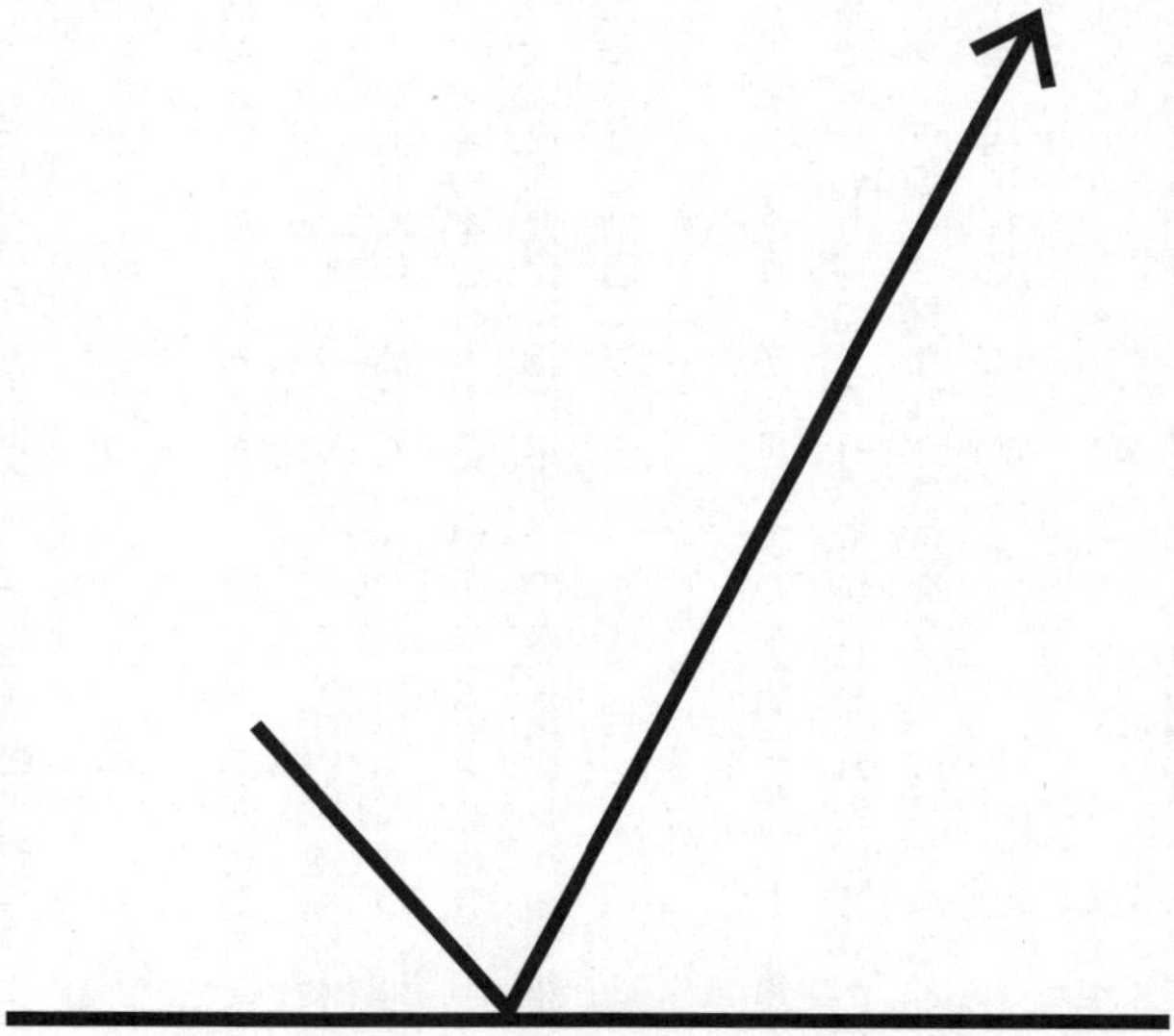

まずは自分と向き合おう。
勇気を持って落ち込んでみよ。
自分のダメさを認めよう。
等身大の自分を認めよう。
あとは上に向かって成長するだけなのだから。

また、**勉強でもワークシートでも何でもいいから、一晩でいいから、全力でやってみる**のもいい。「私はやれる。私は逃げない人間だ」という**実感**を持つことだ。その自信、勇気が夢を描くためにも絶対に不可欠なのだ。
・社会で様々な形で活躍している先輩の生き方に触れる。心が震えるだろうか
・まだまだほとんど分かっていない世の中のことについて情報を貪欲に吸収する。できれば人と直接会って話を聞くのがいい。心を震わせながら感じたい
・はじめて手に取るジャンルの本を読み、新しい視点や考えを自分の中に取り込む
・様々な価値観を持つ人、違う世代（特に年上）の人と深いレベルで語り合う（人生観や恋愛観など、互いの価値観を吐露し合えるような話題で）
・情報の遮断。情報の洪水から逃れ、必要最小限の本などを持って、短くてもいいから独り旅に出る
・実家に帰省する。親をいたわり、語り合う。愛情に包まれた安堵感の中で冷静に自分を見つめる
・好きな街を一人でフラフラ歩く。見なれた景色をもう一度見てみる
・映画や演劇などを一人で観に行く

● 夢が見つからないなら、考えるよりも刺激を受けまくれ！

夢は考え出すものではない。ひねり出すものでもない。

頭で戦略的に考えた夢（目標）を否定するつもりはないが、心の中からナチュラルに湧き出るものを大事にしてほしい。実行の段階においては、時には意志の力も必要になるだろうが、夢発見の段階においては、**勝手に心が動かされるもの**を自分の内に感じ取ってほしい。

そういうものであればあるほど、努力が苦痛ではないはずだ。人から言われるのではなく、ナチュラルに自分の気持ちで動いていけるのだ。とことんやれるはずなのだ。

心を動かされる夢や憧れがない人は、そのほとんどが刺激を受けるチャンスが足りなすぎる。意志の力で自分を抑圧して、漫然と勉強や興味の持てないバイトなどに長期的に力を注いでしまったためか、あるいは金銭的制約や家族などの狭い価値観の常識の抑圧の中で、常に現実的な選択を迫られてきたためか、いずれにしろ心の内の本音に気づく感受性も鈍ってしまっている。若いのにオジサン、オバサンになってしまっている。そういう状態の人は必然的に爆発的な集中力も、突っ走りたくなる衝動も失ってしまっている。

もっと**刺激を受けよう**。

世の中には**刺激的な人間**がいくらでもいる。会社員にも大学生にも、目が覚めて強烈な夢と志を持って燃えて生きている人間がいるのだ。そういう人物に触れ、また先進国でも途上国でも、もちろん日本の中にも、憧れ、悲しみ、驚きにあふれる社会の現実を見て、心を突き動かされてほしいのだ。

突き動かされる夢を持てば、その瞬間、きみは人と違う行動を歩むことに恐怖を感じなくなるはずだ。

「私には私の夢がある」

その状態で、本音と行動がミートしている感覚を持ちながら、生身で現実に立ち向かってほしいのだ。

「今はまだ実現は無理」な夢でも構わない

なかなか夢ややりたいことを見つけ出せない人に、次のようなケースが多く見られる。

経済的な制約や親の狭い価値観による制約などで、心の奥の本音の思いにふたをしてしまっている――本当はやりたいこと、例えば落合信彦や森鷗外の『舞姫』のようなエキサイティングでロマンティックな留学や沢木耕太郎の『深夜特急』のような世界の旅、ヘンリー・ミラーのようなスリリングでセクシーな旅を望んでいるのに、金もないし、親が許すわけないし、親を悲しませたくないし、自分も怖くてできないし、人にどう思われるか分からないし、どうせ無理だから……という気持ちから、自分の思いにふたをしてしまうのだ。

たとえ本当に無理だとしても、自分の思いにふたをして、ごまかして社会人訪問しても、エントリーシートを書いても、思いにふたをしている状態では、「やりたいことが分からない」という悩みのスパイラルに落ちていく……。

「どうせ無理だから」の心のふたは、実にやっかいな代物《しろもの》だ。ふたがあると、いつまでもケツがまくれない。本気で何かに取りかかることが極めて困難になる。心の中にある本音に、いつまでたっても気づきにくい。

まず**ふたを取れ**。取ってしまえ。非現実的だろうと、金がないから絶対に無理であろうと、無謀で危険で破廉恥で親不孝で、あり得ない選択だとしても、「もし何の制約もないのなら本当はどうしたいのか」をはっきりと感じ取ろう。言葉にしてみよう。

そして、本当に今それをしたいのか。できるのか。逃げずに現実的に考えてみよう。

「今は無理だ」あるいは「憧れるが現実的でない」とはっきり分かったのなら、どうするか考えよう。いつか実現するとして、今は違う選択をするもよし。何か違うやりたいことを見つけるもよし。「やっぱりどうしてもやりたい。できるだけ早く実現したい」とはっきり感じたならば、覚悟を持てたならば、その実現に向かって準備を始めるがいい。いずれにしろ、はっきりと割り切ることだ。**心に決着をつける**ことだ。

夢は変わり得るもの。夢もきみも成長する

前にも書いたが、今後、自分が成長するにつれ、あるいは社会が変化したり、社会に対する理解をさらに深めていくにつれ、きみの夢も変わっていく可能性がある。

夢（仕事を通じて実現したいこと）については、じっくり我究をすることで、ほぼ変わらないという人が僕も含めて多いが、目標ややりたいことは、次々と実現し突破する中で、あるいは実現の過程であっても、今後変化していって不思議ではないものである。いったん決めた夢や目標に縛られない柔軟性がほしい。

そもそも、自分も社会も成長していくものなのだから、定期的に自分の本音をチェックしていくことが今後も求められる。

大学生で取り組む我究によって確信した夢や目標が、今後の人生において**常に変わらず一定のものというわけではない**ことをまず理解しておいてほしい。もちろん死ぬまで変わらなくてもいいのだが、まず夢や目標ありきではなく、あくまでも「**納得のいくレベルで考え、感じた自分の本音が最優先**」という考えであってほしいと思う。

あくまでも自分の人生を通じて、実現していきたい生き方や夢を見つけ出すという気持ちで、今回も、また次回も取り組まなければ、いつまでたっても「とりあえず」の呪縛《じゅばく》から逃れることはできないだろう。それで何かを達成できるとは思えない。納得できるハッピーな人生を送れるとは僕には思えない。

今、就職活動を機に、「とりあえず」のループから、きみは飛び出すのだ。

5　自分と向き合ってみよう（コア探しのための4枚のワークシート）

ワークシートは第8章に載せてある。たくさんありすぎて抵抗感のある人もいるだろう。

しかし、**実はやってみると結構楽しい**。

まずはここで**自分と向き合う4枚のワークシート**に取り組んでみよう。過去を振り返りながらコアを見つけようとするもの。自分の弱点について見つめるもの。そして自分の願望について見つめるものだ。

1－1　好きなこと・楽しかったこと（12分）

自分がどんなことに楽しさを感じてきたか。数多く挙げることだ。そしてそれぞれについてどんなところにどんな楽しさや喜びを感じるのか。本音を掘り下げてみよう。

何となく自分では分かっているようなことも、**文字にして書いてみることで**、**より明確になるだろう**。文字にしてみることで**自分の大事にしたいこと**、**これからも追い求めたい喜び（コア）**が見えてくるはずだ。

1－2　悔しかったこと・満たされなかったこと（10分）

家庭環境や幼少期の体験などから、欲しかったのに手に入れられなかったもの、寂しさ、悔しさなどの**満たされなかった思いやコンプレックス**を見つめてみよう。**その中に、これからの人生で追い求めたいことのヒン**

トがあるかもしれない。

4-2　今の夢一覧（10分）

具体的でなくてもいい。きみの実現したいことを、どんどん挙げてみることだ。書き上げたら、印をつけてみるといい。本気で思えることには○、そこそこレベルで現実味を感じないものには△を。

こうやって言葉にして書き出さないと、具体的にイメージできないものだ。**イメージできないものはいつまでたっても実現しない**ものだ。

ちなみに僕は20代から、ずっと手帳にこれを書き込んできた。ほぼ3カ月に1回の割合で何度もリバイスをかけ、本気で欲しいもの実現したいことを文字にしてきた。

当時のリストに載っているもので、30代までに実現できていないものは、不思議なことに**一つもない**。ウソみたいだがそういうものだ。

4-17　我究の整理「私のビジョン」（20分）

巻頭カラーページの第0章「絶対内定」するために知っておきたいことの32・33ページを今一度見てほしい。この本で何度も登場しているBeing, Having, Givingや、「仕事を通じて実現したいこと」について、このワークシートに書いてみるのだ。

仕事を通じて自分は何をしたいのか、やりたいことや夢を実現するために、どんな仕事があるのか。意外な発見があるかもしれない。業界や職種にとらわれずに文字にしてみよう。

好きなこと・楽しかったこと（コア探しのヒント）

好きなこと・楽しかったこと・うれしかったことを、
できるだけたくさん挙げてみましょう。
誰に見せるものでもないので、恥ずかしいことでも何でもOKです。
また、どうしてそれを好きなのか・楽しかったのか・うれしかったのか、
その理由も書いてみましょう。

好きなこと 楽しかったこと うれしかったこと	なぜ好きなのか 楽しかったのか うれしかったのか
・	・
・	・
・	・
・	・
・	・
・	・
・	・
・	・
・	・
・	・
・	・
・	・
・	・
・	・
・	・
・	・
・	・
・	・
・	・
・	・
・	・

20以上

↓

好きなこと・楽しかったこと・うれしかったことの共通項
＝これからどんな喜びを追い求めたいのか

・　　・
・　　・
・　　・

悔しかったこと・満たされなかったこと

今までの人生で、悔しさや寂しさなど満たされなかったことを挙げてみましょう。
自分に正直に挙げてみましょう。

悔しかったこと 満たされなかったこと コンプレックスに思うこと	なぜ悔しかったのか 満たされなかったのか コンプレックスに思ったのか
・	・
・	・
・	・
・	・

悔しかったこと、満たされなかったこと等の共通点
＝これからそれを満たすべく、追い求めたいと思えるか

・
・
・
・
・
・

今の夢一覧

今、「死ぬまでに実現したい」と思うこと、やってみたいこと、野望などを、
時系列や難易度、思いの強弱、仕事・遊びなどのカテゴリーを気にせず、
思いつくまま挙げてみましょう。具体的ではないものがあってもOKです。

我究の整理「私のビジョン」

私

私はどんな人間か（エッジ、コア、こだわり）

一言で表すと……

夢

Being（どんな人でありたいか）

一言で表すと……

Having（何を手に入れたいか）

肩書き、ステイタス、名誉、家族、ライフスタイル、収入など

Giving（社会への影響。どんな人たちに、どんな影響を与えたいか）

一言で表すと……

↑

仕事

私が選んだ仕事（業界、職種など）

一言で表すと……

具体的にやりたいこと

第1章 まとめ

・一番大事なことは、「どういう人生にしたいのか、自分はどうなりたいのか、何を手に入れたいのか、どんな影響を与えたいか」。何となくではなく、本気の夢を描く。そのことが「絶対内定」するためにも重要だ。

・自分がどうなりたいのか、なりたい自分の姿を、映像としてフルカラーで鮮明にイメージしてみよう。映像がイメージできれば、夢は実現できる。

・やりたいこと探しに縛られるな。やりたいことの中身よりも、本音の夢を持つこと。

・夢は ①どんな人間性の人になりたいか ②手に入れたいものは何か ③社会にどのような影響を与えたいか の3つの切り口で考える。

・「急いでやらなければいけないこと＝やらなければ怒られること＝やれば誰かに褒められること」に追われ、それを勤勉にこなしていくだけでは、毎日の達成感は味わうことができるだろうが、心の底からの達成感や感動は味わえない。

・大学生の時点で取り組む我究によって確信した夢や目標が、今後の人生において常に変わらず一定のものというわけではない。夢や目標ありきではなく、あくまでも「納得がいくレベルで考え、感じた自分の本音が最優先」という考えであってほしい。

・コア探しのための4枚のワークシートを、まずやってみよう。文字にしてみることで、思いや現実がより明確になる。

第2章

なぜ「就職する」のか。「働く」とは何か

何のために就職活動をするのか。
働くことの意味や意義を自分なりに定義し、
就職活動をする目的を明確にしよう。
社会人になるうえで大事なことや、今すぐ行動すべきことを見つけよう。

「働くこと」とは何か

仕事は仕事と割り切って、別なところで夢に向かって頑張ることで、本当に心から楽しいだろうか。金があるからといって、仕事をしなくて別の手段で夢を追いかけていて、それで本当にハッピーか。物事を深く考えない人は別として、人間とはそんなに器用なものではない、と僕は思っている。

なぜか――。

それは僕たちは社会に生きるものだからである。

社会に生きる僕たちは、生まれた瞬間から誰かに助けられ続けて今日まできている。親はもちろん、それこそたくさんの人たちのおかげで、今日まで生きてくることができた。今も、これからも。

それを誰もが心の奥では気づいている。

だからこそ、自分が意識しようとしまいと、**「自分は誰かの役に立っている」**――そういう存在でいないと、僕たちは自分の存在を自分で確認することはできない。たとえ自分の夢を実現したとしても、心の底からハッピーだと感じることができない。

今、これを読んでいるきみは、まだピンときていないかもしれないが、きっと気づく時がくるだろう。

「働くこと」とは、誰かの役に立つことでお金をもらうこと。

お金をもらおうともらうまいと、また、どんなに金のためだと割り切っていたとしても、直接的だろうと間接的だろうと、社会に対しても、また一緒に過ごす仲間に対しても、「役立っている」という感覚を味わうことは抜きでは、人間はハッピーにはなれない存在なのだ、と僕は思っている。

もっと言えば、たとえ役立っていたとしても、それが仕方なくやっているのなら、割り切って情熱を持てずにやっているのなら、たとえほかのことで夢が実現したとしても、それでハッピーにはなれない存在なのだ。

僕たち人間は、社会とも他人とも、**どうしようもなく密接に結びついた存在**であり、**社会や他人抜きでは存在することさえできない**のである。

この本を読みながら、自分の未来や社会について深く考えることを通じて、そのことを感じていってほしい。

人間がハッピーになるためには働かなくてもいい、という人は、実はほとんどいないのではないか。

2 「就職する」とはどういうことなのか

就職は「ハッピーな人生」の選択肢の一つにすぎない

「大学を卒業するから就職する」

「ほかにすることがないから就職する」

「自分で稼がなければいけないから仕方なく就職する」

これまで述べたとおり、そういう考え方に僕は大いに疑問がある。また、

「ずっとその会社にいるわけでもないだろうから、とりあえずどこかに就職する」

「自分が本当にどうしたいかは、入社してからじっくり考えればいい」

そういう考え方もあるだろう。

理論的にも、心情的にも理解できるが、僕は本当におすすめできない。

現実的には、いったん入社すると、自分の人生についてじっくり考える余裕やパワーを持てなくなるほど目まぐるしい日常を送ることになる人が大半である。

目まぐるしい日常の中で、気がついたら流されてしまう人が本当に多いのだ。

だからこそ、これからの人生における人生観や仕事観など、様々な価値観の基礎の構築は、会社に属していないニュートラルな状態である学生の今が、本当にベストなタイミングだと僕は思っている。

今のうちに一定レベルで、自分の夢や価値観を持っておかないと、最初の会社の価値観に染まってしまうだろう。いわゆるサラリーマン的価値観が染みついていくだろう。気がついたら、

「しまった！　こんなはずじゃなかった！」

ということになってしまうだろう。

だからこそ、最初にどういう組織に入るか、そしてそれ以上に自分が自分の夢と信念を持つこと、自分で自分の価値観をいつでも再構築できるようにすることが、本当に重要なのだ。

就職するにせよしないにせよ、就職するならなおのこと、しっかり我究しておくべきだと声を大にして僕は言いたい。

「自分の夢の実現のために、ハッピーな人生の実現のために、今、この会社に就職することがベストだ」

そう思った人が、ベストだと思う会社に就職する。

あくまでも、そうあるべきであると僕は考えている。

それを前提として、ハッピーな生き方を実現する進路の選択肢の一つであり、現実として読者の多くが主体

的に選び突入していくであろう、就職および就職活動について考えてみたい。

就職活動は**自分の甘さを認識**するだけでなく、**自分を高めることができる経験**でもある。自分の価値観を自問自答できる絶好のチャンスでもある。

したがって、就職以外の進路を選ぼうという人にも、参考になる。

この章で就職活動の全体像を押さえ、その上で就職活動で結果を出す仕組みを押さえてほしい。

就職だけが「働くこと」ではない

働くスタイルはいろいろある。就職だけが働くことでは決してない。列挙してみよう。

・企業や役所、学校などに勤めること。公務員も含めて広い意味でのビジネスパーソン
・自分で組織と事業を創り出し運営する。起業家。家業を継ぐ。あるいは作家やクリエイター、インフルエンサーなどフリーランスとして個人で事業を営む。広い意味での自営業
・派遣会社に登録して、企業などに派遣されて働く派遣社員
・アーティストやタレント、役者、プロスポーツ選手など、フリーとして、あるいは事務所やチームに所属するプロ
・アルバイトをするフリーター
・主婦や主夫として夫や妻をサポート

人それぞれ。どれが良い悪いという問題ではない。きみにどれをすすめるということではない。

だが僕が思うのは、どの道を選んでも、**「活躍しなければ面白くない」**ということだ。

それはなぜか――。

みんなにすごいと思われること、人と比べて自分のほうが役立っていると感じること、人と比べて勝ったぜと思うこと、目立つことができたこと――そういった優越感からくるものもあるだろう。しかし、それだけではない。むしろ、それは大したものではない。

自分に勝った、弱い自分を克服した、私はやったぜ、といった自己満足もあるだろう。自分の頑張りを他人が評価してくれた、そういう喜びもあるだろう。そしてそれに加えて、仲間たちと感動をわかち合えた喜びや、多くの人により大きく役立つことができたという思いが心の奥にあり、喜びを与えてくれるのだろう。

「夢を実現すること」と「活躍すること」、それがイコールでない人も少なくないと思う。

しかし、活躍することには興味がないという人も、いったん考えてみてほしい。

僕たちが生まれ育ち、これからも生きていくこの社会で、せっかくなら活躍してほしい。好きな道で、社会により大きなプラスの影響を与えていってほしい。震えるような感動を味わい続けて生きてほしい。

それは目立とうということではない。営業成績一番を取ろうとか、たくさん金を稼ごう、ということではない。それらが悪いとは思わないが、そういう気持ちがあってもなくてもいい。**もっと社会をよりよくするため**の影響を与えていってほしい。

●周囲にとらわれず、卒業後の進路を決定しよう

夢がいかなるものかは別として、夢を実現させるまでの過程をもう一度考えておこう。

自分の夢が描けていない人も少なくないだろうから、一般論として考えてもいい。

夢によっては、そのまま卒業して社会に出ることがベストとは限らない。また、自分の未来を考えた上で、そもそもまだ働きたいという気持ちが強くないなら、無理して今すぐ働かなくてもいいと思う。

卒業後、学生を続けたっていい。海外をあてもなく彷徨《さまよ》ったっていい。

事情が許すなら、1年休学手続きをとって留学したっていい。

もちろん気分だけでなく、冷静に未来を見据えていかないと、もしあとで就職しようと思っても、年齢制限や既卒者は不可などの条件で希望のところに行けなくなることもあることは言うまでもない。

また、将来の起業に向けて、とりあえず就職するという考え方もいいだろう。

いずれにせよ、周りがどうするか、他人がどう思うかということをできるだけ気にせずに、**勇気を持って自分本位に進路を決定していくべき**だと僕は思っている。

他人と違う道を選んだ途端、人はいや応なしに強くなるものだ。精神面だけではない、頭も体も感覚も。自分の存在や生き方に、それまで以上に真剣になるものだ。大きな船から独りで海に飛び込むように。


慶應大のM君はこうだった。

就職活動をするつもりで我究館にやってきた彼は、一通り我究をすると、学生時代にやり残したことがあること、今すぐに社会に出たいわけではないこと、将来は世界を舞台に国際貢献する男として活躍したいという本音を自覚した。彼は迷わず休学手続きをとり、就職活動から留学に切り替えた。1年間の中国留学中、サークル創設、日本語クラスの創設、中国語の猛勉強と、やりたいことをすべてやり尽くすほどに充実した日々を過ごした。僕も北京で彼と会ったが、本当に見違えるように成長していた。一回りも二回りも大きくなって帰ってきた彼は、総合商社、マスコミと、受けた会社に1社も落ちることなく本命の出版社に入社していった。

早稲田大のG君も同じようにアメリカに留学し、ジャーナリズムを学び、翌年、本命の新聞社をゲットした。

一橋大のT君もそうだ。自分の確たる夢もないまま就職したってろくなことはない。そう考えた彼は、ちょっとかじった就職活動をすぐに切り上げ、留年を選んだ。それまでクラブ活動でおろそかになっていたゼミに燃え、また我究を重ね、翌年、夢を実現すべく本命の外資系銀行をゲットした。

ほかにも、就職から司法試験に切り替えた者、就職をやめて文学部や経済学部の学生であるにもかかわらず医学部受験に切り替えた者、学者志望に切り替えた者、アメリカやフランスに留学した者、タレントになった者、プロスポーツ選手になった者、起業した者と、自分の夢の実現のため、本音のチョイスで就職以外の道を選んだ者も少なくない。

3 「会社の罠」にはまらないために

●「会社の罠」とはどういうことか

これから就職しようというきみに、社会や会社について事前に知っておいてほしいことは山ほどある。

連日の不祥事の報道できみも知ってのとおり、名だたる大企業も中小企業も、すべての会社とは言わないが、おかしなこと、いい加減なこと、インチキとしか言えないようなことなど、改善していくべきことがまだまだたくさんある。それが日本、そして世界の企業社会の現状であり、また社会全体の現状でもある。

ここでは、「会社と個人の生き方」に関するきみに伝えたいことの中から、特にこれだけは押さえておいてほしいことを、あえて「会社の罠」と題して列挙しておこう。

前提として、多くの会社は学校と違って、そもそも「社員の個人の幸せ」を第一にして存在しているものではないという当たり前のことを忘れないでほしい。

・会社が自分に期待していることと、自分の夢や目指していることとのギャップを自分で意識していかないと、会社の中ではそれなりに昇進したとしても、自分の夢からはズレていく。どんどん流される。
・会社は、受け身な気持ちで「期待に応え続ければ、いつかご褒美《ほうび》としてハッピーにさせてくれる」というところではない。自分の夢、自分のビジョンを持っていないと必ず流されるところである。
・やりたいことは自分から提案してやっていかないと永遠にできない。待っていれば、そのうち「やりなさい」と言ってくれるものではない。
自分から「やりたい」と主張していかないと、やれるはずがない。
・業界や会社によってカルチャーは全然違う。モラルだけに限らず、社員の考え方や様々な価値観はまるで違うものである。
・その会社、その業界でまかり通っている常識が社会で通用するものとは限らない。その会社、その業界でよしとされることが正しいことでは決してない。
・「朱《しゅ》に交われば赤くなる」傾向は誰にでもある。どんなに自分を持っていても、知らず知らずのうちに、その環境に染まっているものである。当たり前でないことをついつい当たり前だと思い込んでしまう。
・社員として達成できたことが、そのまますべて自分の実力ではない。名刺を外してどれだけ通用するかは、また別である。
・どんな大企業も、安定した生活が約束されているわけではない。

ずっと社員でいられるとは限らない。給料が年々増えていくとも限らない。そもそも給料は、結果を出し続けなければ増えるどころか、もらう権利はないはずのものである。

会社に利用されるのではなく、会社を利用する

社会人の中には、これらの会社の罠になかなか気づかずに、「会社にハメられた」「会社のせいで……」と思ってしまう人も少なくない。

しかし、実はそれは、自分に対して厳しさやシビアな目線を持っていなかったからにすぎない。さらに実力や結果が伴っていなかったから、つらい境遇になってしまったということだ。

現に、厳しさやシビアさを持ち、さらに実力と結果が伴っている人は、会社に利用されるのではなく、うまく利用している。会社に誇りを持ち、また**本人も生き生きとしている**。そこに「会社の罠」という感覚はない。

会社から期待されるビジョン以前に、それより大事なものとして自分のビジョンを持ち、さらに会社の中の自分の存在意義や価値だけでなく、社名を外したところでの社会の中の自分の価値を意識し、実力をつけていかないと、いつの間にか会社にぶら下がる存在になっていく。

僕は、多くの社会人と接する中で、生ぬるい環境の中で、能力、特に自分の頭で考える力、発想する力、さらに行動力を削《そ》がれてしまっている人がいかに多いかを実感している。

僕はかつて、自分や周りの友人などの経験から、社会に出ると、一般に頭のよさ（深く多面的に考える力など本質をとらえる力、回転スピード、問題意識、発想力など）は、学生時代の5割増しから10割増しに研ぎ澄まされるものだと思っていたが、逆に後退している人も本当に多いのが現実だ。

それは、それでもこれまで通用してきてしまった生ぬるい環境が存在していたということだ。

「これからも、それで通用し続けるのなら、それでもいい」という考え方もあるかもしれないが、一部の業界や会社を除いて、おそらくこれからの社会はそれでは生き残っていけないだろう。たとえ生き残っていけたとしても、それで自分の願望を実現するということはあり得ないだろう。

「会社の罠」にはまらないために、僕は次の5つを提案したい。

1．学生のうちに我究しておく
学生のうちに、少なくとも一度はじっくりと我究しておくこと。自分の夢やビジョンを自分で持っておくことと、自分でつくれるようになっておくという2つの意味から。
2．社外の友人をたくさん持つ
入社後、会社の常識に染まり切らないように、また、自分のビジョンと会社の期待とのギャップに自分が押しつぶされてしまわないように、何でも語り合えて切磋琢磨できる、我究できた友人を社外に持つ。
3．夢の実現に近づける会社に行く
自分の夢の実現やビジョンの実現に向かっていると思えることを業務としている会社に行くこと。やりたいことをやれる可能性がある会社に行くこと。
4．トップで内定する
できるだけトップで内定すること（詳細は3章に）。
5．内定後、入社後も我究を続ける
ここで一つ注意しておきたいことがある。

この本で、特にこの章で述べることの多くを、「そんなの当たり前だ」とする会社がある一方で、「その考え方は理想にすぎない」とする会社もいまだにある。もちろん後者は基本的に生ぬるい会社である。

生ぬるい会社は、意識改革できすぎた人間や、やる気がありすぎる人間を現実として採用したがらない。採用しても配属した現場で扱いづらい、その人間の力を生かせる上司がいない、水が合わないなど、ハンドルできなかったりする。要するに、生ぬるい会社には意識改革できすぎた学生は落ちるということだ（意識は改革できていても人格や能力が伴っていない学生が多いのも事実だが）。

きみにはそういう現実を分かった上で就職活動を進めていってほしい。受ける会社がどの程度、意識改革ができているのかも考慮していく必要がある。

あえて厳しい現実を選びとるという考え方

会社選びについては、いろいろな考え方があるが、自分を磨くためには、あえてより厳しい環境のところに行くべきだと僕は思っている。

僕自身、新卒で住友商事を選んだのは、総合商社というより総合事業会社の中でも、自分のやりたいことである新規事業立ち上げのチャンスが最も多いと思われた情報通信分野で、当時住商が最先端を走っていたこともあったが、それ以上に、商社の中で最も厳しい（ハード）と感じたこと。また、「信用を重んじること」「堅実であること」といった、身につけたいけれども自分には全然足りないと考えていたカルチャーを持っていると社会人訪問での対話や財務諸表や選考方法や面接官から感じたこと。さらに、自分と似たようなタイプの人が少ないため、自分の強みが大いに生かせるのではないかと考えたからだ。

多くの先輩社員から、さらには面接官にも「三井物産や伊藤忠、丸紅のほうが合っているのでは」と言われたが、あえて自分を大きくするために、今の自分のままでは合っていない環境を選んだつもりだった。**「シンドイ」と感じる環境のほうが自分は成長できる**と経験的に知っていたからだ。

ストイックであることが何よりも望ましいと言いたいわけではない。

そこに長期間在籍しようと思うなら、自分に合っている環境のほうがよいという考え方もある。

しかし、自分に力をつけ、会社を辞める辞めないにかかわらず、将来の大きな夢を実現していくということを心底望むのであれば、自分を鍛えられる会社、自分を大きくできる会社、精いっぱい努力する必要に迫られ、また同時に居心地の良さを感じられることが少ない会社・環境のほうがよいのではないかとも思う。

特に、最初の社会人体験のステージとしては、その後の成長や発展を考えた時、厳しさを自分にとって当たり前のものにしていける環境で、自分をさらに鍛えていくのがいいだろうと僕は思っている。

4 就職活動とは何だろうか

・就職活動は「夢をつかみとる」ための最初の活動

もうきみは十分に分かってきたと思う。

就職活動は、単なる仕事選びや会社選び、あるいは志望の会社の内定をゲットするといったことではない。

自分の描く夢、「なりたい自分」「送りたい人生」を描き、探し出し、つくり出し、現実のものにするために、最初の一歩をつかみとる活動である。

就職は「人生の分水嶺《ぶんすいれい》」だ。就職を境に、出会い、衣食住などのライフスタイルはもちろんのこと、仕事に対する考え方（仕事観）、結婚観、つまり価値観や人生観そのものまでが変わっていくものなのである。

朱に交われば赤くなる——いいとか悪いとかは別にして、それが現実なのである。それが人間というものである。どんなに我究をしていても、少なからず影響を受けていくものなのである。

僕は、仕事上、またプライベートでも様々な業界の人たちと交流があるが、業界だけでなく、会社ごとにも、あらゆる面でそれぞれ大きな違いがあることを痛感している。普段、仕事で接する人も、勤務の場所も給料も違うし、頭の中の半分は仕事のことなのだから、例えば酒の話題さえ変わってくる。

読む雑誌から貯金の額、借金の額、住んでいる場所、家賃、乗っている車、遊びや趣味の内容から、それにかける時間と金、酒を飲む店に子供の育て方まで、業界・会社ごとに統計をとったら如実に傾向が出るだろうというぐらいに何から何まで違うのだ。

「納得できる会社に行けたかどうか」
「どんな業界・会社に行くか（どんな人たちと触れ合うのか。何をやっているのか）」
「その業界・会社・仕事が、自分に合っているかどうか。その仕事が本当に自分のやりたいことだったかどうか」
「仕事にやりがいを持って打ち込んでいるか。結果を出しているか」

それできみの人生は大きく変わっていくのだ。

人生について、偉そうに語る気はないけれど、客観的な「いい悪い」ではなく、結局**「自分が満足できる生き方」「自分が満足できる人生」を送るのが一番幸せだろう。**

第2章 まとめ

・「働くこと」とは、誰かの役に立つことでお金をもらうこと。自分という存在は、社会や他人抜きでは存在することができないのだ。

・就職とは、ハッピーな生き方を実現するための選択肢の一つである。就職活動とは、自分を高めることができる経験でもある。自分の価値観を自問自答できる絶好のチャンスでもある。そのため、就職以外の進路を選ぼうという人にも参考になることが多い。

・就職だけが働くことではない。スタイルはいろいろだ。ただし、どの道を選んでも「活躍しなければ面白くない」のだ。

・周りがどうか、他人がどうかということは気にせず、勇気を持って自分に正直になって進路を決めよう。

・「会社の罠」にはまらないために、①学生のうちに我究しておく ②社外の友人をたくさん持つ ③夢の実現に近づける会社に行く ④トップで内定する ⑤内定後、入社後も我究を続ける の5つを提案する。

・就職活動は、単なる仕事選びや会社選び、あるいは志望の会社の内定をゲットするといったことではない。自分の描く夢、「なりたい自分」「送りたい人生」を描き、探し出し、つくり出し、現実のものにするために、最初の一歩をつかみとる活動である。

第3章

どうすれば「絶対内定」できるのか

自分が本当にほしいものを明確にし、
それを手に入れるために必要なことを理解しよう。
努力すべきことがわかれば、最後までやりきれる。
きみの手に入れたいものは、その本気の就職活動の先にある。

就職活動は「人生」を探す絶好のチャンス

就職活動をあなどってはいけない。**「自分が満足できる人生」を探し出す、絶好のチャンス**なのだ。

就職活動をした上で、就職しなくたっていいのだ。仕事がすべてではないし、サラリーマンだけが生き方じゃない。また、誰もがイキイキとできる生き方や環境（会社・仕事）など存在しない。１００パーセント満足のいく会社も存在しない。

「自分で心から納得できるかどうか」がカギなのだ。だからこそ、就職活動を「仕事探し」と割り切ってしまってはいけない。おおげさでも何でもなく「自分の人生探し」なのである。

僕の後輩で、強力なコネで電通に行った人がいる。正直言って、「こいつ、やっていけるのか」と心配だったが、案の定不安は的中した。地方に配属されたので4年ぶりに会ってみると、彼はほとんど死人同然になっていた。イキなスーツをばっちり着こなしてはいたけれど、まったく覇気がない。愚痴ばかりたらたらこぼしている。

こういう社員は珍しくない。電通に限らず、三菱商事にも東京海上にも、官僚にも、テレビのキー局にも大勢いる。むしろ一流企業にこそ多い。ポテンシャルが高いにもかかわらず、ステータスが保身と慢心を呼び、突出する勇気、飛び出す勇気をステータスがスポイルしているのだ。そういうカルチャーがはびこっているのだ。やる気と能力はあるけど何をやりたいのか分からないまま、勢いで面接を受け、ラッキー（?）にも内定し、入社してから、理想と現実のギャップにもがき苦しんでいたり、数年たってから、「やっぱりやりたかったのは、この仕事ではない」と気がつき、悩む。心機一転、転職できるほどのパワーがあればいいのだが、その頃にはそれもなくなっている。結局、入社当時のやる気はどこへやら。惰性で仕事をし、何かあると会社のせいにして、毎日悶々と酒を飲んで愚痴をこぼしながら過ごすことになる。

「天職を得たよ」と、生き生きと仕事をしている人がいる一方で、精神的に失業している哀れな社員がどこの会社にもいくらでもいるのだ。

「そういう人たちは弱い人間だ」と、片づけてしまうのは簡単だ。しかし、毎日、朝から晩までいる会社・仕事が合わないことほど不幸なことはない。嫌いな相手と結婚するようなものである。

よく就職講演会などで、「どんな仕事も本気でやれば面白くなる」という意見の人もいる。これはきれいごとだと僕は言いたい。本当の仕事の面白さを知らない人か、サラリーマンの実情を知らない人のセリフだとさえ思ってしまう。

また、就職においては、本命を受ける前に多くの企業を研究し、また実際に受けて場数を踏んでいくことは大切なことである。自分の実力を見極めずに、こだわりだけが強いのも通用しない（詳細は後述）。

しかし、最初からではないにせよ、少なくともある時点で、「これだ！」と、思える仕事でなければ、たとえ情熱を持って一生懸命やれたとしても、のめり込めたとしても、そこそこの達成感とそこそこの喜びしか味わえないと経験的に僕は思う。ましてや、会社の仕事によって関わっていく人間たちも、その考え方も違うのだからなおさらだ。

●就職に失敗する4つのパターン

就職に失敗した先輩たちの原因を分析してみよう。次の4つのパターンに分けられる。

1．夢もやりたい仕事も自分に合う会社も、分からないまま就職した
2．夢ややりたい仕事は分かっていたが、自分に合う会社が分からなかった
3．夢ややりたい仕事も分かっていて、自分に合う会社も分かっていたが、内定できなかった
4．夢ややりたい仕事も分かっていて、自分に合う会社に内定できたが、配属が違って結局何年たってもやりたい仕事に就けなかった

つまり、就職に失敗しないためには、自分の将来の夢、目標に結びつくと考えられる仕事に就くこと、すなわち、「夢の実現のためにやりたい仕事ができて、自分に合っている会社に入り、近い将来、希望どおりに配属されるようにトップで内定すること」を実現できればよいのだ。

そのためにすべきことが我究である。我究の具体的な進め方（我究ワークシート）は第8章に載せてあるので、じっくり読んでから本気で取り組んでほしい。

2 「トップ内定」しよう！

トップ内定は、行きたいセクションに配属されるための条件

トップ内定の目的は、**「自分の行きたいセクションに配属されること」**である。外資系企業やIT業界など、配属先、職種別に採用する会社も増えてきたが、まだまだ採用後に通知あるいは決定する会社が多い。「配属よりも内定できるかどうかが問題だ」と思っていては、内定すらできない。配属は基本的に、本人の意志と人事から見た本人の能力を含めた適性、および各セクションの欠員状況、セクションの長の希望により決定される。行きたいセクションに配属されるためには、次の4つが重要なのである（詳細は後述）。

1. できるだけトップで内定すること
2. 内定後、入社までの間の根回しと配属面接での高い評価
3. 研修中のより高い評価
4. 行きたいセクションに欠員があること

貿易や国際ビジネスをやりたくて商社に入っても、国内取引のセクションや総務部に配属されたのでは面白くない。番組をつくりたくてテレビ局に入っても、経理部に配属されたのでは面白くない。それでクサっている連中は少なくない。

もちろん入社時の配属がすべてではないし、意図的にローテーションさせる会社も多い。また、新入社員にやりたい仕事をすぐやらせてあげるほど、仕事や会社は甘くない。

人事も、会社にとって最も利益があるように、真剣に、きみを長い目で見て配属を考えているはずだし、予想外のセクションで思わぬ面白みを見いだしたり、勉強になることも多い。不本意な配属のほうが、忍耐力を身につけ、人間的に成長し、希望どおりのセクションに異動になった時に爆発的な力を発揮することも多い。また将来、志向性が変わることも十分にあり得るだろう。だが、やはり、生きがいやモチベーションの点からも、自分の夢につながる仕事ができるセクションに配属されるべきである。

いずれにせよ、大いに期待され、**できるだけ自分を高く買ってもらう**に越したことはないのだ。

面接官に「選ばれる」のではなく、きみが「選ばせる」のだ

どんな夢を描こうと、どんなにその会社に恋こがれようと自由だ。

だからといって、思いが強ければ内定するというものではない。

あくまでも大人である相手に「実力」を判断されて合否が決まるということを忘れてはいけない。

また、情熱が「内定をとりたい」というだけの情熱になっている人が多いのも事実だ。

その会社に入った上で、「どんなにつらくとも、夢の実現のためカベを乗り越えて○○をやりたい」という情熱ならいいのだが、いつしか「とにかく入りたい。内定したい」という思いが先行してしまう学生は少なくない。それではある意味で、今からすでに会社に依存する人間になってしまっていることになる。

人は思いを遂げようと思った時、その思いが強ければ強いほど、客観的な視点を見失いがちである。

しかし、どんなに思いを強く持っても、クールさを失ってはいけない。クールな視点を持ちつつ、情熱を燃やし続けていく必要がある。

就職活動、いや実はほとんどの仕事は、自己満足だけで突っ走れるものではない。**他人の評価が得られて初めて価値が生まれ、活躍することができる**のである。

誰にも譲れない夢を持ちつつ、要所要所でしっかりと他人のジャッジを受け、評価されていかなければ、いつまでも自己満足で終わってしまうものであることを、クールに認識しておこう。

もちろん、だからといって他人の評価を気にしすぎるようでは「媚びること」になってしまう。常に相手に合わせる弱い人に成り下がることになる。

媚びる人材を良しとする人はまずいない。せいぜい自分も本当に弱い人ぐらいしか、媚びる人間を評価しようとは思わないだろうし、一緒に働きたいとも思わないだろう。

また、「どう見られるか」ばかり気にしていては本質を見失う。「私はこうありたいのだ」「私らしいことはこういうことなのだ」といった自分らしさを失っては元も子もない。

「**選ばせる**」

そういう気持ちでいくことだ。

「当然選ばせる実力を持つ」。誰が何と言おうと選ばせる「実力」を持った人材に、きみがなってしまうのだ。もっと言えば、学生からも、大人からも、面接官からも、「一目置かれる存在」になることだ。

実際、我究館の学生を見ても、最初に会った時はごく普通の人でも、我究を重ね、力をつけ、3月頃には「学生から一目置かれる存在」「尊敬される存在」すなわち「大人の部分を持った存在」になっていく学生、僕たちスタッフや我究館卒業生などの大人からも「あの人はいい」と思われる存在になった者は、必ず超難関であろうと第1志望をゲットしていく。

自己PRや志望動機のクオリティ云々とかいっている場合ではない。そんなものを超越して内定していく。

選ばせる「実力」とは何か。まず人間性。その次に能力だ

テレビ志望の成城大のTさんや明治大5年のT君、早稲田大6年で3年遅れのI君、関西学院大5年のH君、広告志望の成城大のH君や上智大学院のS君など、ワークシートを見ながら面談していて、あるいは模擬面接をしていて、僕は目頭が熱くなることが何度もあった。素晴らしい人材であることに感動してしまうのだ。

商社志望の中央大6年のO君も、その執念に僕は感動した。投資銀行志望の慶應大5年のH君もそうだった。出版志望の筑波大5年のOさんも、コンサル志望の慶應大5年のN君もそうだった。

この4人はみな就職留年だったが、本当に僕のどんなに厳しい言葉にも執念で食い下がってきてくれた。耳の痛いことから逃げずに、それまでの自分と全力で戦っていた。自分の力をつけることに必死になっていた。絶対に逃げなかった。いつの間にか友情が芽生え、年齢差を超えて上下関係は本当になくなり、お互いが心から尊重したくなる気持ちで結ばれるようになった時、どんな難関でも突破できるレベルになっている。

特にセクシーダイナマイトの異名を持つ中央大のO君は、豪快な彼がキレそうになりながらも、2週間毎日僕にぶつかってきた。僕も本気でぶつかった。1年前、商社に1社も内定できなかった男が、翌年は大手の総合商社を総ナメにした。

就職の神様というニックネームまでついた早稲田大6年のI君も執念の男だ。何度落ちても最後まで我究と本気の模擬面接を繰り返した。もう十二分だろうというレベルでも、とにかく執念でやり続けていた。第1志望を受ける時、それまでの内定をすべて辞退して、何もない状態で受けるというポリシーを貫いた東

大5年のNさん、慶應大のOさん。彼女らもみんなから一目置かれる存在になっていた。超難関の外資系金融の内定も、僕には当然のことだと思えた。

自分にウソをつかず、決して逃げず、本当に「常に自分で自分に自信を持てる人間」に、今からなっていくこと。常に自分らしさを失わない「自分らしい自分」であること。もちろん、それには勇気を出して自分と向き合うこと、そして自分に対する相当な厳しさ、そしてそれさえも乗り越えていこうとする夢に対する強い思いが必要だろう。

しかし、それは結果として、必ず他人から一目置かれる存在になり、人事の担当者も必ず納得することになるのだ。そういう当たり前だが忘れてしまいがちなことをしっかり認識しておいてほしい。そして、そういう人でないと、超難関の企業では活躍することができないことも認識しておいてほしい。

ここで改めて押さえておきたい。

選ばせるべき「実力」とは、人間性のことだ。能力も必要だが、まずは人間性だ。どんなに能力が高くてもそれで一目置かれることはない。人間性の優れた人物にのみ、人は一目置くのである。ここが、大学受験とは違うところである。

就職も、仕事も、昇進も、人生そのものの充実も幸せも、優れた人間性があってのことであること、**能力以上に人間性が不可欠である**ことを伝えておきたい。

純粋に自分を高めることが必要なのだが、採用とは相対評価であり、ほかの学生と比べてどうかということが問われる。人間性も能力もどんなに優秀な学生でも、それよりもっと優秀な学生がいれば、そっちを採るということを忘れてはいけない。

自分ができる精いっぱいで頑張ること。それしか人間にはできないが、ジャッジする側は、「ほかの学生と比べてどうか」という視点で見ているのだ。どんなに熱くなっても、前しか見えていないようでは肝心な時にコケてしまうだろう。あくまでも冷静さ、クールさも必要なのである。

●100枚のワークシートと6冊のノートで内定をとりまくる

就職活動に勝った人の例を紹介しよう。早稲田大のM君の場合はこうだ。

電通、博報堂。就職活動を始めた時点でM君の頭の中にあったのは、この2社だった。

周りからは「Mは銀行タイプだよ」と言われていたM君。外見的にも内面的にも、小学校時代は優等生で通っていた彼だったが、メーカーでガチガチの技術者だった父親を見て、自分は違う生き方をしたいと思っていた。憧れのゼミのY先輩のように、もっと自由な雰囲気の中で、自由に生きていきたいと思っていたのだ。そこで短絡的に、〝電博〟となったわけだ。

「自分の夢は何か」

「自分はどういう人間になりたいのか」

「自分の本当にやりたいことは何なのか」

社名を取っ払ったところで、自分の未来を描くことが必要だとは分かっていた。しかし、目前に迫る電博の面接のことを思うと、どうしても電博に合わせた自分しか描くことができない。ワークシートに立ち向かっても本音の我究がなかなかできないまま、社会人訪問に奔走した。自分の気持ちが、憧れという表層的な部分を脱していないもどかしさを振り切るように、彼は精力的に社会人訪問を重ねた。ほかの広告志望の学生たちと徹夜でディスカッションも重ねた。学生時代、成績は悪いが、ゼミ、サークルとも幹事長として、それなりに一生懸命やってきた。自分に対して自信もあった。

「これだけやれば何とかなるはずだ」

心のどこかでそう思っていたのかもしれない……。電博の社員に褒められたり、けなされたりしながら、彼は広告の世界や両社の違いもわかってきた。電通よりも博報堂に興味を持つようになった。とりあえずのやりたいことも見つかった。そしていつの間にか電博用の自己PR・志望動機が出来上がっていた。

例年より2週間も早く、電通、続いて博報堂の青田買いが始まった。電通、1次敗退。本命の博報堂、最終で敗退。相当のショックだったのだろう。3日間、M君からの連絡が途絶えた。

4日目、M君は僕のところへやってきた。

「僕は甘かったです。目が覚めました。これから2カ月、死ぬ気でがんばります。本当に自分が求めているものが何なのか我究し直します。日本一就職活動をがんばったと言えるように、やってやってやり抜きます」

表情は固かったが、そのときの目は、それまで彼が見せたことのない、まったく泳がない真っすぐな目をしていた。その日からM君の本当の就職活動は始まった。4月末からの再スタート。

商社、銀行、保険、運輸、メーカー……、パンフレットをひっくり返し、あらゆる業種を研究。同時に、ワークシートもすべて本音で最初から取り組んだ。様々な業界を志望する仲間たちのディスカッションにも首を突っ込んだ。朝まで語り合った後、さらに僕の家まで来て昼まで本気で語り合った。さらに、連日のように1日5回ずつの社会人訪問。また、プレッシャーに負けないように彼女とのデートも欠かさなかった。ゼミのOB会の幹事もやり遂げた。手帳が真っ黒になるほどの過酷なスケジュールの中で、いろんな人に会い、いろんなことを感じながら、自分の考えを書いて書いて書きまくっていった。

そしてついに、M君は本当に自分のやりたいこと、目指す自分像を探し出した。

「僕はワールドクラスの男になりたい。目先の仕事云々よりも、最終的に世界を舞台に大きな影響力を持っていきたい」

そんなM君の志望先は、最初は考えもしなかった、というより避けてさえいた、銀行だった。

「ワールドクラスの男になるために、自分がまず身につけるべきことを身につけることができるフィールド、それは金融、特にX銀行だ」

自分の本音を見つけ出したM君は、肩の荷がおりたようにすがすがしい表情になっていた。

その後も、これでもかこれでもかと僕との模擬面接を重ねていったM君。その頃になると、彼が内定することは誰が見ても明らかだった。ケツをまくった人間が見せる目の輝き、自信に満ちた表情、堂々とした声、やわらかな笑顔、模擬面接をするたびに、大柄な彼がますます大きく感じられていた。我究館の講師の中でも、最も厳しいといわれるN氏にさえ「彼はいい。ウチに欲しい」と言わしめるほどだった。

結局彼は、本命のX銀行をはじめ、ありとあらゆる業界の内定をとりまくった。もちろん電博の本試験も受け、内定もし、自分自身に決着もつけた。20回もやり直した100枚以上のワークシートのほかに、彼が自分の考えを書き込んだA4判の大学ノートは6冊におよんでいた。ちなみにM君は今、NYで会社を経営している。

3 頑張れば、絶対内定できるのか

●内定をとるためには、全身全霊をかけて取り組め

当然のことだが、自分の願望だけで行きたい会社に内定はできない。トップ内定どころじゃない。現に人気企業は大学受験とは比較にならないほどの倍率なのだ。現実問題、大変厳しい競争である。そこそこのやる気ではどうにもならない。もっとも倍率でビビる必要はまったくない。受験者の少なくとも半数以上は記念受験（本当に通るとは自分でも思っていない人たちの受験）なのだから。

我究館では今まで1万人以上の学生の就職活動を詳細に見てきたが、そこで間違いなく言えることがある。それは、コネがあろうとなかろうと、半端な気持ちで就職活動を行って、行きたい会社に内定できた学生はほとんどいないということだ。きみを脅しているわけではないし、例外もあるだろうが、「生まれてこの方、こんなに頑張ったことはない。本当に死ぬ気でがんばった」というくらい本気で取り組んだ学生だけが本命の内定を獲得できると思っておくべきだ。「努力」とか「頑張る」とかヘビーなことばかり言うけれど、本当に大事なことだから、そういうものだと腹をくくってほしい。

それでも落ちることはある

ある程度早い時期から全身全霊で的を射た努力をし、実際に行動すれば、ほぼ行きたい会社に内定できるだろう。

しかし、何でも思いどおりになるものではない。社会という現実は、きれいごとではすまされない。残念ながら就職活動でも同じだ。

「勝った」学生の裏には、「負けた」学生が大勢いる。大学名や年齢などで、企業側が制限している場合はどうあがいても無理なものは無理だ（そんなつまらない会社は行かないほうがいいと僕は思うが）。

また、そういったことがなくても、どんなに頑張ったとしても、本命に落ちることは現実としてある。我究館の生徒でも、そんな学生が何人かいた。東大のU君もその一人だ。

彼はテレビ局志望だった。彼の持っているもの、キャラクターや能力は、正直言ってテレビ局向きではなかったが、彼はどうしても番組がつくりたかった（と自分では思っていた）のだ。十分に我究し、効率的な努力も重ねた。僕や実際にテレビ局で活躍する人も含め、我究館の講師たちと語り合った時間は100時間を優に超えた。朝まで一緒に頑張ったことも何回もあった。限られた期限の中で、彼にとっては精いっぱいのことをした。

しかし、彼は落ちた。本当に残念ながら本命のテレビ局Fに彼は落ちた。キレすぎるほど頭もキレるし、性格もいい、頼れる男だし、前向きで努力家で人望もある彼だったが、落ちてしまった。

もちろん僕も彼の内定を心から祈っていた。しかし、厳しいことを言うが、正直なところ、冷静な目で見て、僕の予想どおりの結果だった。彼は人間としては、どこに行っても活躍できる人間であったが、テレビ局で番組をつくる人に求められる能力のうちのいくつかが、もう一歩のレベルだったのだ。

我究館では、テレビ局で番組をつくりたいという学生には、当然、番組の企画を提出させる。1週間に目標10本、次から次へと考えさせる。もちろん誰に聞いてもいい。誰にヒントをもらってもいい。すべてがクオリティの高いものである必要もない。何十という企画の中で、面白いものが2つ3つあればいいのだ。できる人が1週間に数十本も書いてくる（そういう学生は本命のテレビ局に内定する）のに対し、U君からはなかなか企画が出てこなかった。出すことができなかった。一生懸命考え、人に会ってはいたけれど、頭がキレすぎるほどキレるU君から時折出てきた企画は、ほとんどが飛びすぎていた。良く言えば、時代の半歩先でいいところが、1歩も2歩も先を行っていた。

本当に厳しいことを言うけれど、彼に限らず、誰にでも落ちるからには理由がある。

「その会社で将来活躍するために必要な人間性や能力やそのほか（雰囲気など）のうち、何かが足りなかった」

あるいは、それらが十分あったとしても、

「もっと活躍できるだろう学生に負けた」

これが落ちた理由の99パーセント、ほとんどのケースだ。U君の場合もこのケース。

ちなみに彼は、その後最難関の広告会社に内定し、ヒーローになった。現在、彼は自分に合ったフィールドで彼の能力を遺憾なく発揮し、大活躍している。

「たまたま**面接官と合わなかった**」

「面接や試験の時、体調が悪かった」

「面接で緊張しすぎて思ってもいないことを言っていた」

などもすべて能力が足りないというケースに含まれる。その面接官と合わないということは、その会社でやっていけないということだと思うべきだ。体調を整えるのも実力だ。そんなものは理由にならない。我究館の生徒には、手術の数日後に面接を受け、内定をつかんだ学生もいる。

また、どんなに緊張したとしても、それで自分を出せない人は、自分に負けたか、自分を伝える能力がまだ足りないのだ。どんなに緊張しようと通る人は通る。そもそも限度を超えて必要以上に緊張するようでは、超難関の企業では、「場数が足りない。神経の太さに欠ける」ということで落とされても当然だろう。

就職に限らず、仕事も恋愛も、思ったとおりにうまくいかないことは誰にでもある。そんな時、環境や相手のせいにするのは簡単だ。

しかし、**相手のせいにした瞬間、自分は伸びなくなるもの**だと思っていて間違いない。人間は誰だって、自分が完璧のはずがないのだから、「自分に何かが足りなかったのだ」と思うようにしていよう。自分の力の足りなさに自己嫌悪に陥るのではなく、何が足りなかったのかを分析し、足りないところを身につけたり、また足りないところを補えるだけのモノを別に身につけていくのだ。そう思える人は、必ず伸びるはずだ。

仕事にしても、就職活動にしても、何にしても、もしその時うまくいかなくても、頑張っていれば次は必ずうまくいくものだ。そう信じていこう。

「落ちた理由」の残りの1パーセント、それは、「**面接官に見る目がなかった**」ということ。

どの会社も採用に力を入れているとはいえ、見る目がない面接官だって、特に大企業にはごろごろいるのだ。

考えてみてほしい。何千人もの応募がある中、たとえ筆記試験で10分の1に絞ったにしても、それでも何百人もの学生をさばくのだ。面接官も大勢必要になる。面接官は一応それなりの人が任命されるのではあるが、中には見る目のない人だっているのだ。体調が良くない人もいる。あえて1パーセントとしたが、残念ながら実際にはこのケースが少なくないことも事実である。

全身全霊でやり尽くした結果ならば後悔がない

いずれにせよ、どんなに頑張っても、落ちることはある。誰よりも情熱があっても、実力が伴っていなければ当然落ちる。

しかし、

「**受かっても、落ちても、本気で頑張った人だけが納得できる**」

ということを知っておいてほしい。

適当にやってしまっては、落ちた時にあきらめがつかない。

「もっと本気でやればよかった」と、後悔することは目に見えている。

「適当にやったんだから落ちて当然。そんなもんよ」

と、あっさりしていられる人は別だが、そんな人はどこにも通らない。たいがいは別の会社に就職してからも、何かあるたび、「あそこに行っとけばなあ」と、いつまでも引きずり、本当のスタートがいつまでも切れない。

本気で頑張った末に落ちたのであれば、納得がいく。

「私は自分に勝った。精いっぱいやったのだから悔いはない」

「自分には合っていなかったのだ」

「面接官に見る目がなかったのだ」

と胸を張って思えるのだ。決まった会社に、

「ここで私は頑張るぞ。ここからがスタートだ！」

と思えるのである。


我究館でも、本命に内定できなかった学生が何人かいる。しかし、ほぼ本命に近いところには内定し、結果に納得している。悔やんでいる学生は一人もいない。それは彼らが、全力で戦っていたからこそであろう。

大学受験では、頑張らなくとも、たまたまヤマが当たって合格する人もいる。隣の席の人が優秀で合格する人もいる。頑張らなくとも、生まれつき頭が良くてできてしまう人もいる。しかし、就職や社会には、それらはまったく通用しないのだ。


「必ず内定する」

と信じ、その先の自分にフォーカスを当て、ハートは熱く頭はクールに就職活動を全力で戦おう。

4 本気で就職活動に取り組むとはどういうことか

高いテンションを自分の中に持ち続けること

朝から晩まで、就職のことだけを考えて過ごそうということではまったくない。むしろ逆だ。

全身全霊で就職活動に取り組むとは、「全身全霊で学生生活を充実させること」とイコールである。ワークシートにせよ、ゼミにせよ、試験勉強にせよ、社会人訪問にせよ、好きな人への告白にせよ、一度「やる！」と決めたら、命をかけてやる。徹底してやる。そのテンションを自分の中に持ち続けるということだ。

したがって、すべてを捨てて就職活動のみをやるということではない。この解釈を間違えないでほしい。もし、本当に就職活動のことだけを考えて行動していたら、魅力のない青びょうたんになるのがオチだ。もう一度言っておこう。「全身全霊で就職活動をやるということは、たとえ4月でも5月でも、いわゆる就職活動以外のことも含めて、**毎日を全身全霊で充実させるということ**」なのだ。

もちろん、我究は手を抜かない。本気で本音でワークシートに取り組む。語り合う。社会人訪問などで先輩にも本気でぶつかっていく。しかし、それだけではない。

リクルートスーツも着ずに、ボロボロのジーンズで音楽業界の内定をとりまくった早稲田大のE君の場合はこうだ。

好きな洋楽ロックに限らず、自分がディレクションしたいJ－POPの研究のため、当時はやっているものを聴き込んでみた。ライブに限らず、映画やイベントなどにも足を運んだ。

会社研究、社会人訪問も当然やった。ワークシートもディスカッションもとことんやっていた。そこまでは普通。

僕がコイツやるなと思ったのは、まさに就職戦線の真っ最中に、自らのバンドのライブもやってのけていたことだ。日本中の大学4年生が焦りまくっているにもかかわらず、睡眠時間を削り、ライブのための練習でスタジオにこもっていた。

「俺はこれをやってきましたからね。ライブやんないと気がすまないっすよ」

ライブ後のE君の汗まみれの一言が、今も僕の頭に焼きついている。決して就職から逃げるのではなく、逆に自分への挑戦として、彼は自分の気持ちに素直になっていたのだ。

大手広告をはじめ、内定をとりまくった早稲田大のA君は、1日に2～5人の社会人訪問をやりながら、徹夜でワークシートをやり、さらに徹夜で幹事長としてゼミのOBOG会の企画を考え、実施し、大成功させた。

本命の外資系金融に内定を決めた中央大のS君は、午前中は早朝からコンビニでアルバイト。昼から体育会の練習を夕方までやり、夜は家庭教師。そして深夜にワークシートや徹夜でのディスカッションなどの我究に取り組み、1、2時間の仮眠で練習に飛び出していった。

最難関といわれる音楽業界のS社をあっさり決めた駒澤大のS君は、猛烈な我究に加え、外国人バーでガンガン鳴り響く音楽と群がる外国人たちと日本人女性たちにもまれながら、テンションの高いアルバイトを週3～4日も朝まで続けていた。

就職留年の明治大のI君らは、何と3月末に演劇に初挑戦。日比谷公会堂に1500人もの観衆を動員し、就職活動を題材とした2時間あまりの手づくりの作品を上演。舞台監督を担当したI君は、打ち上げで涙したあとに、テレビ局の内定に涙した。出演した就職留年のS君は音楽業界のS社、J君は出版社をゲットした。

アナウンサーをゲットした早稲田大のT君と専修大のT君は、みんなが焦るさなか、仲間への景気づけのパーティの企画を夜な夜な練り、準備を重ね、運営、司会も務めた。

新聞社やキー局など、内定をとりまくった明治大のY君は、母校（高校）のラグビー部OBチームの練習は欠かさなかった。東京理科大のT君も徹夜でディスカッションして、ラクロス部の朝練へ向かっていった。

超難関外資系証券会社をゲットしたニューヨーク大のK君は、活動中にほかの学生たちを集め、英会話教室と時事問題の講座を開いていた。一橋大のT君と国士舘大のT君は「勝手に箱根駅伝」を企画し、仲間たちに全力を尽くすことの素晴らしさを伝えた。

そのほか、就職活動だけをやっていた学生など、我究館にはほとんどいない。

ちなみに、我究館で、これまで学生主導で行った就職活動以外の活動（有志によるもの、講師参加のものを含む）を参考までにいくつか挙げてみる。

数々の飲み会。クリスマス会。忘年会。新年会。決起大会（パーティ）。数々の徹夜の語り。フルマラソン。駅伝。バーベキュー大会。バンジージャンプツアー。富士山登山。演説大会。焼肉大会。数々のカラオケ大会。河原でSPI。寒中水泳大会。スノボツアー。1500人を動員しての2時間ものの演劇。ロックバンドを結成してのライブなど。

何事も本気で取り組む人は活躍できる

それらを企画実行した学生も含めて、どの学生を見ても、体力も精神力も見上げたものだが、そういう**強く**

てやさしい人こそ、まさに会社が欲しい人材であることは、きみも想像できるだろう。

では、なぜ、就職活動以外のことにも本気で取り組むべきなのか。

それは、大きく次の3点の理由からである。

1. 面接で**面接官に言う言わないは関係なく**、「俺はこれをやったぞ」と、自分に対して納得できるものを持つため。そしてそのことにより、**「誰にも負けない何か」**を持つ＝**自価を高める**ため。

2. 徹底して物事に取り組むことを体で実感するため。就職活動にのめり込みすぎて、フラットな目線を失わないため。周りが見えなくなったり、自分の立っている位置を見失わないため。常に自分が自分らしくあるため。

3. **仲間との絆を体感するため**。自分のことばかり考える自分本位な小さい人間にならないため。仲間との絆が驚くほど自分を強くやさしく大きくすることを体感し、その状態で就活に臨むため。

前述の早稲田大のE君のライブ会場で、僕は正直ビックリした。

「ここまで気合い入れてやっていたのか……」

僕もバンドや音楽をやっているので分かるのだが、テクがどうのというよりも、ボーカルのE君を中心としたバンドとしてのタイト感、前のめり感には、目を見張るものがあった。ほかの学生バンドの比ではなかった。よほどの練習量と気持ちが入っていないと、できるものではないことは明らかだった。

「こいつは間違いなく活躍できる人だ。本気でやれば、どこでも入るな」

シャウトする彼を見ながら、僕はその時、そう思った。

案の定、彼は我究が進むにつれ、めきめき頭角を現した。模擬面接でのリラックス感がすべてを物語っていた。模擬面接において、E君はバンドのことは一切口に出さない。それでも彼が、「誰にも負けない何か」を持っている学生であることはビンビン伝わってきた。

エンタメコースを担当した業界のドン、講師のW氏もめずらしく彼にはこっそり太鼓判を押していた。

E君はやはり本番の面接でも、**自分が最も一生懸命やってきたバンドのことは一切口にしなかった**という。面接官もプロなのだ。プロ中のプロである以上、一生懸命やってきたことを今さら具体的に聞かなくとも、その学生が何かを持っているかどうかは、世間話からでもきっちり見抜けるのである。

全力でやり抜くという「強い覚悟」を持つということ

本気でやるとは、その時ばかりは死をも恐れずにやるということだ。甘えをなくすということだ。

就職活動でも仕事でも、サークルでも遊びでも、何にでも言えることだが、いったん、「やる！」と決めたことは、いざという時は、「死をも恐れずにやる」という究極の**ケツまくりの覚悟**を持っていないと、肝心な「いざ！」という時に必ず引く。順風の時はうまくできても、逆風が吹いて「ここ一番」という最も大事な時に逃げてしまう。一歩踏み出す勇気が持てない。そういう人間にできる人はいないと断言する。

できる人になるためには、これを身につける必要が絶対にあるのだ。

現在進行形でケツまくりができている状態で就職活動を頑張った学生で、第1志望に内定しなかった学生を、僕はいまだかつて見たことがない。

第3章 まとめ

・就職活動は「仕事探し」ではいけない。「自分で満足できる人生探し出すこと」なのである。

・就職に失敗しないためには、「夢の実現のためにやりたい仕事ができて、自分に合っている会社に入り、近い将来、希望どおりに配属されるようにトップで内定すること」を実現する必要がある。

・トップ内定の目的は「自分の行きたいセクションに配属されること」。つまり、自分の夢に直結した仕事ができるセクションに配属されることである。

・面接官に「選ばれる」のではなく「選ばせる」。面接官から一目置かれる存在になろう。そういう存在になった者は、必ず超難関や第1志望をゲットしていく。

・100枚のワークシートとノート6冊分の書き込み。それが難関企業の内定をとりまくった、就職勝ち組のM君のやったこと。ここまでやれれば「絶対内定」できる！

・現実として、自分に合っていない会社には受からない。中小企業、ベンチャー企業なども含め、自分に合っている規模の会社を見つけ出そう。

・中途半端な気持ちで就職活動を行って、行きたい会社に内定できた学生はほとんどいない。コネがあろうとなかろうと関係ない。本気の学生だけが本命の内定を獲得できる。

・本気で就職活動に取り組むということは、すべてを捨てて就職活動のみをやるということではない。学生生活も含めて、全身全霊で毎日を充実させるということである。

・「誰にも負けない何か」を持っている人は内定する。面接官はプロなのできっちり見抜く。

第4章

「選ばせる」ため、「結果を出す」ための条件

どうすれば、自分は結果を出せるのか。
成功体験を積んで、この問いの答えを見つけよう。
ただがむしゃらでは、結果につながらない。
正しい努力を理解し、すぐ実践してほしい。

結果を出すためには何をすればいいか

結果を出す。そのために、どんどん失敗しよう

心からの夢を描こう。繰り返し、それを述べてきた。

しかし就職活動に勝つことを含めて、夢は描いただけでは実現しないという当たり前のことについて、ここでは述べたい。

就職活動も、その後の仕事も、人生そのものも、夢を描くだけではなく、最終的には勝たなければ、結果を出さなければ意味がない。

極めて乱暴な言い方だが、僕はきみのこれからのすべてのことについて、そういう視点も持つべきだと思っている。それほどまでに強烈な思いを持ってほしい。そういう厳しさを持ってほしい。

もちろん実際には、意味がないというのはウソだ。結果を出せなかったからこそ得られるというものも大きい。挫折経験を乗り越えて初めて自信が持てたり、人の気持ちを汲み取ることができたりと、人間性の成長だけでなく、新たな出会いや発見など、負けて得るものの大きさも僕は経験的に知っているつもりだ。負けたら終わりではなく、そこからまた新しい世界が広がっていくということも知っているつもりだ。

また、ギブアップしない限り、実は負けはあり得ないとも思っている。執着心を失わず**戦い続ける姿勢**がある限り、夢を実現するチャンスは必ずあり続けると信じている。

しかし——それは本気で結果を出そうと自分を信じ、本気で戦った上で敗れた者のみに言えることではないだろうか。「負けてもいいや、できなくてもいいや」と最初から思っている人に、「結果がすべてではない」と言う資格はない。

勝負する前から勝負を避ける「逃げる人」、何としてでも実現したいという強烈な思いのない「本気でない人」には、挫折することもなければ、そこから得られるものなど、ほとんどないのではないだろうか。勝負を避けられたと思っているかもしれないが、実は自分から白旗を掲げているのだ。勝負をしていないのだ。それではどんな目標も達成することはできないだろう。自分と戦う充実感さえ味わうことはできないだろう。

「結果を出そう」ということは、そのために「どんどん失敗しよう」ということでもある。挑戦して失敗して最終的に結果を出すのだ。失敗を恐れて、守りながら戦うのではない。その逆だ。

僕はここで、「全員就職活動を死に物狂いで頑張れ。結果を出せ！」と言いたいのではない。自分のビジョン（本質）に照らし合わせて、勝負すべき（就職活動すべき）だと心の底から思うのであれば、それを実現したいという思いをもっともっと強く持って、本気で自分と戦って絶対に勝ってほしい。しかし、就職活動をする必要がないと思う人は、「サラリーマンには興味がない」と堂々と言ってのけてほしい。そして、自分の目標に向かっての勝負に本気で挑《いど》んでほしいのだ。

「何としてでも結果を出すこと」にこだわれ

話を元に戻そう。

仕事や人生そのものは、その時に結果を出せなくとも、あきらめずに失敗を生かして次を頑張ればいい。誰

に何を言われようと、夢を譲るべきではないと思っている。

就職活動も同じだ。希望の仕事ができる可能性のある会社に行けなくとも、そこで今度こそ本気になって力をつけ、いずれ転職すればいい。あるいは将来、独立してやりたかった仕事をやればいい。

しかし、現実にはどうだろうか――。

最終的にある程度以上、納得のいく結果を出せた場合、すなわち関連するフィールドの会社に入社できれば転職も独立も可能性は十分にある。しかし、そうではなかった場合、まったく違うフィールドの仕事への転職は、時として限界がある。転職の際、次に生かせるどんなキャリア、実力を身につけたかが問われるからだ。

また、つまらない話だが、会社のネームバリューが関係する場合も少なくない。

また、それ以前に、納得し切れていない会社に内定して入社した場合、そもそもやりたかった仕事や夢への情熱をなくしてしまいかねない。理想と現実のギャップにあがくことに疲れ、**現実に甘んじてしまうことが多いのだ。**寂しいけれど、そういう人は少なくない。

なくしてしまいがちなのは情熱だけではない。就職活動を中途半端にやって納得のいく結果を出せない場合、自信や希望までなくしてしまうことも少なくない。「どうせ私はこのレベルだったんだ」、あるいは「どうせ社会はそんなもんだ」「私は本気になれない人間なのかも」というふうに。

本当に寂しいことだ。しかし、会社の名前が大学名以上にいちいちつきまとっていく生活の中で、ラベルで判断することが多い日本の社会では、特に自分自身が納得できていないと、そんなことで自信を失ってしまうことが少なくないのが現実である。

きみがそうなるかもしれないというわけではないが、今わざわざ遠回りすることはない。このビッグチャンスの今、きみは「何としてでも結果を出す」ということにもこだわるべきだと僕は思う。成功体験、社会に対する納得体験をぜひとも積むべきだ。大いなる期待と希望とやる気を持って社会に飛び立っていくべきだ。

また、結果を出すことにこだわらなければ、就職活動も仕事も本当に結果を出すことはできないものだ。どんなに自信を持って悠長に構えていようと、やる気だけで押し通そうと、あるいは流れに任せて自然体で臨もうと、それだけでは「結果を出す＝自分の思ったとおりに実現させる」ことができないのが、大人の社会であり、就職活動なのだ。

よく雑誌のインタビューなどで、成功をつかんだビジネスパーソンや芸能人が、

「私は自分に正直に、自然体で生きてきた」

などと語っている。これは多分、真実なのだろうが、その裏側の要所要所で人が見たらびっくりするほどの努力をしてきたという事実を忘れてはならない。彼らにとって、その**努力さえもが自然体**なのである。そして、本当に必死な時を除いて、それさえも楽しんでいるはずだ。前述のとおり、「やらなければいけないこと」に縛られることなく「心から望んでいる自分の夢に直結したこと＝本質をとらえたこと」を、とことんやってきたということなのである。

芸能界や起業家の世界だけでなく、ビジネスパーソンの世界でもそれは同じだ。ラッキーだけで面白い仕事ができる人や活躍する人などいない。商社、金融、コンサルティング、マスコミ、どの業界を見ても、活躍している人は、一見遊んでいるようで、まじめに仕事をしていないように見えたとしても、実は本質をとらえた肝心なところで、非常に努力しているものなのである。

活躍している大人はみんな知っている。「**超本気の過程がないと活躍なんてできない**」ことを、「結果なんて出せない」ことを。そんなことを言うと変な人に思われるから、みんな言わないだけなのだ。

すべてを捨て、一から学ぶ「全裸作戦」で臨もう

参考までに自分のことを話そう。

僕は住友商事に就職したが、入社前から将来は独立すると決めていたため、出世よりも、

「自分のやりたい仕事を思う存分やりたい」

と、いつも思っていた。最も厳しい環境で、「自ら新しい事業を生み出す」ということを、机上ではなく、実際のビジネスを通じて思う存分学んでやろうと思っていた。そうすることで自分を鍛えていこうと思っていた。思う存分できるようになったと自分で確信できた時、それが自分にとってのブレイクポイント（独立のタイミング）だと思っていた。

学生時代から、本質を押さえることと発想と行動力には自信があった。クラブ活動でも遊びでも研究でも、いつも自分の思いどおりにやっていた。正直言えば、実はそんなに頑張っていないのに、それでそこそこうまくいっていたので、自分は仕事もできるものだと思い込んでいた。

しかし、就職してみて、仕事の世界ではそれまでの自分がまったく通用しないということを嫌というほど味わった。入社して1年弱は、思いどおりにならないことだらけだった。今だから言えるけど、悔しくてベッドの中で泣いたこともあった。

学生時代のサークル活動や遊びや研究と違って、大人の社会でやりたい仕事を実現するためには、たとえどんなに斬新な発想も企画も、説得力のあるものでなければ、誰も動いてくれない。人間としても、知識の面でも、信頼されるに足る自分になっていかなければ、誰も聞いてはくれない。行動力がいくらあっても、勢いだけではどうにもならない。やっぱり緻密《ちみつ》な努力があって、初めて人を動かす仕事ができるのだ。

それに気がつくまでは大いに悩んだ。何とか思いどおりに仕事ができるようになるために、いろんなことを

考え実行もした。

1年目の冬になって、最終的に思いついたのが**「全裸作戦」**だった。

「俺はできるはずだ」と思い上がっていた自分を捨て、自分は何も分かっていない「全裸の状態」であると位置づけ、「よっしゃ、俺はすべてを捨て、一から学んでやろう」という、自分をゼロにする半分破れかぶれの作戦だ。

自分は「全裸」なのだから、恥ずかしいものは何もない。何でも話せた。何でも聞くことができた。そして、上司の話や考え方、新しく知ったこと、気がついたこと、思いついたことなどを、すべて大学ノートにメモしていった。2週間で1冊ぐらいのペースでどんどん書いていった。

家に帰って、それを何度も見直し、「なるほど、これは覚えておいて損はない」ということは蛍光ペンでマークして覚えた。納得できない上司の考え方の横には、自分の思いや考えも書き込んでいき、翌日上司にぶつけた。失敗やミスをした時は、なぜ失敗したのか、その時、自分はどう考えてそうしたのか、足りなかったのは何なのか、知識なのか、考えの深さなのか、執着心なのか、伝え方なのか、人間性なのか、考えた末に書いた。調べた。うまくいった時（そんなことはほとんどなかったけれど）は、なぜうまくいったのか、その時自分はどう感じたか、さらにうまく生かすにはどうすればいいのか、書いて書いて書きまくった。

今思えば、この、自分の経験や考えを何でも書き込んでいったことが、あとで出てくる**「我究ワークシート」の原点**であった。

「全裸作戦」を実行してから数カ月後、自分の考えが学生時代と比べて数段深く、そして多角的で、的を射る（本質をとらえる）ことができているのに自分でも気づいた。すると、それまでろくに話も聞いてくれなかった上司を説得できたり、決して通らなかった企画がすんなり通ったり、会議を自分の考えている方向に導けたりと、何もかもが思いどおりに動くようになっていったのである。

今でも、ノートを常に持ち歩き、何でもメモする習慣は続いている。また、新しいことを始めたり、なかなかうまくいかないことがあると、あの時のことを思い出すようにしている。

別に、苦労話や自慢話をするつもりはない。ただ、「頑張ったら、頑張っただけのことはある。頑張らなかったらそれまでよ」ということである。

それが仕事であり、「社会」なのだ。もっと言えば、「力（人間性と能力）があればうまくいく。力がなければうまくいかない。力をつけるには本気でやるしか方法はない」——**「社会」とは、そういう当たり前のところなのだ。**

だからといって、努力すれば何でもいいというものではない。努力の仕方を間違えて、やみくもに頑張ったところで、それはただの無駄な努力になってしまうのは試験勉強と同じ。

長い目で見れば、無駄な努力など存在しないのかもしれないが、就職活動をはじめ、世の中のほとんどのことには締め切りがある。一定の期間を過ぎて努力が実っても意味がない。要するに「**本質をとらえた、効率的で、的を射た努力**」が必要なのである。

就職活動に失敗した学生が寂しそうにこう話す。

「やる気と頑張りだけでは、どうにもならないものがあるんですね。社会の厳しさを知りました」

残念だ。彼にどれだけのやる気があったか定かではないが、彼は頑張るべきポイントと頑張り方を間違えたのだろう。彼の頑張りが内定という目標の本質をとらえた、内定に直結した戦略的な行動であれば、結果は違っていたはずだ。僕は自信を持って、そう断言できる。

2 本質をとらえるとは、どういうことか

・自分の頭で考えよう。そのためにも「考える力」を学べ

技術的なことを含めて、方法を誤ることはきわめて非効率的だ。しかし、効率的な方法をとることだけで結果を出せるのは、暗記したことを答えるペーパーテストぐらいなものだ。

「本質をとらえたことをやること」に加えて、「**自分の頭で本質をとらえていくこと**」が必要であることを重ねてきみに伝えたい。

この本も含めて、きみもこれからいろんな人にいろんなアドバイスをもらうことだろう。そこで忘れてはいけないことは「**言われたことをちゃんとやればいいということではない**」ということだ。

ありとあらゆるアドバイスに対し、「なぜそう言われたのか、なぜそう言ってくれたのか」そこ（＝本質）をきちんと自分でとらえられる人にならなければ。

「メモを取れ」と言われたからといってただメモを取っていても、あとで見返さなければ意味がない。また、そのメモでさえ、結果として言われたことだけをメモしていてもあまり意味はないだろう。

なぜそう言われたのかを押さえること。そして、そのアドバイスが本当に自分にとって的を射ていることなのかを、自分の頭で吟味することが大切なのだ。

それだけではない。さらに「**もっといい方法を自分で思いつくこと**。提案できること」が実は必要なのだ。どんなに優れたマニュアルも、それが自分にとって最高のものではあり得ない。自分にとって最高のものを自

分で提案する能力も必要なのだ。自らの頭脳を駆使して、自分にとって最高の新しいマニュアルをつくり出していく能力が、結果を出すために常に求められるのだ。

本質をとらえ、自ら問題意識を持とう

例えば、ここ数年、就職活動する学生に「自己分析ブーム」が吹き荒れている。自己分析することには確かに意味があるのだが、「自己分析さえすれば内定できる」と思い込んでいる学生が少なくないようだ。


自分の頭を使って考えろ、と僕は言いたい。

「なぜ、自己分析すると有効だと言われているのか？」

「そもそも自己分析って何なのか？」

「自己分析は何のためにやるのか？」

「自己分析以外には、自分には何が必要なのか」


そういう疑問を抱き、「今、自己分析が必要だ」と納得して取り組むのでなく、「自己分析するといいらしい」という声をうのみにして、ひたすらやっているのだろう。もしそうだとするならば、そういう学生は、自己分析をすることさえ実はできていないだろう。

要するに、たとえ目標達成のために本質をとらえ、的を射たことだとしても、「やみくもな努力」では無駄になるということをきみに伝えたい。

本当にそれをやることに意味があるのかと、自ら問題意識を持つこと。その都度、自分の頭で、それが本質をとらえているのか考えられること、そういう能力が求められるのだ。

このことは就職活動に限ったことではない。

プロスポーツ選手や芸能人とは違い、僕らには常に傍《かたわ》らに優秀なコーチやマネージャーがいてくれるわけではない。誰かに指摘されなくとも、自分で自分のやろうとしていることに疑問を持ち、「それは**本質からそれていないか？**　本当に**的を射ているのか？**」と、常に自分でチェックし、納得し、修正できなくてはならない。あくまでも、その上で一生懸命頑張ることが求められるのだ。

きみは今の自分を信じられるか

なぜ僕が嫌というほど、一生懸命に取り組もうと強く言うのか。それは、**現在進行形で一生懸命になっている人にしか、深いレベルで自分を信じることができないから**である。自分を信じられなければ、自分の可能性も信じられない。自分の未来も、やりたいことも夢も、何となくいいなぁとは思えても、決意することと、確信することができないからである。

心からの将来のビジョンとは、そのビジョンが美しいから確信できるというものではない。自分の心が、「**今、決意できる状態にあること**」が大切なのである。そういう状態でないのならば、どんなビジョンが目の前に示されても、心から取り組もうと決意できないのである。

それだけではない。自分を信じることができる状態でなければ、自分の長所も短所も、はっきりと自覚することはできないのである。

何かに一生懸命になっている人は誰の目にも分かる。光っている。しかし、面接時にきみが光るためだけでなく、自分を信じることができる状態になるため、すなわち、心から望む未来を描き、また自分の強みも弱みもはっきりと見つめられる状態になるために、まずきみは何かに一生懸命に取り組むことが必要なのだ。

長所だけではなく、自分の「弱点」を客観的にとらえよう

自分を過大評価する人は多い。中には過小評価する人もいる。過小評価するぐらいなら過大評価するほうがいいと思うが、僕は自分に対してシビアな視点も持っていなくてはいけないと思っている。

自分の可能性を信じることと楽観視することを混同しないでほしい。自分の可能性を信じるからこそ、「まだまだ。もっともっと。とことんやらねば」という意識で行動していくことが結果を出す秘訣であるのだ。

あらゆる目標について言えることだが、特に就職活動では、強みだけでなく、「自分のウイークポイントはどこなのか」を把握することが極めて重要である。

本当は、「欠点は気にするな。長所を伸ばせ」と耳ざわりのいいことを言いたいところだが、本当に気にしないで就職活動に臨めば、まず間違いなく落ちる。それが現実だ。

「欠点は直そうと思うな。しっかり把握せよ」。それが大切なのだ。

詳細は後述するが、**ウイークポイントは、たいていの場合、そのまま放っておいたら、かなりの確率で命取りになる**。そう思っておいて間違いはない。それぐらいシビアな視点も持っておくべきだ。

しかし、ここで難しいことが3つある。

1つ目は、誰だって自分の、特に人間性に関するウイークなところを見つめることは嫌なこと、つらいことである、ということ。覚悟ができていない状態であれば。

英語や筆記などスキルに関しては、自覚することは難しくない。しかし、特に人間性となると「就職活動には関係なさそうだからバレないだろう」という気持ち**（実際にはバレる）**がそうさせるのか、あるいはこれまでの怠惰がそうさせるのか、心の奥では気づいていても、人間的に弱い部分、たるんでいる部分をしっかりと自覚することが難かしい。適当にごまかすことで通用してきた、なあなあの学生生活を過ごしてきた人は特に、それが苦手な傾向がある。

たいていの場合は、まさにその**「自分に対して人に対して適当にごまかす」という、すなわち、覚悟ができていないという部分がウイークポイントになる**ことを、ここではっきりと押さえておきたい。どんなにポテンシャルが高い学生も、そのままでは好結果は出ない。

2つ目は、自分が井の中の蛙《かわず》になってしまっていてライバルの実力を知らないということが少なくないこと。その結果、相対的なウイークポイントがあったとしてもそのことに気づかないこと。

人間性にせよ、能力にせよ、自分は自分のレベルでそこそこ満足していたとしても、他のライバルがはるかに上を行っているというケースも実態として少なくない。基本的には、何をやるにも、超ツワモノがライバルだとしても、それを上回る実力を培っておくしかないという考えに基づくべきだろう。

そう考えると過大評価や楽観視することのナンセンスさに気づくだろう。

3つ目は、ウイークかウイークでないか、その価値基準が学生社会と仕事をする大人の社会では違うことが少なくないため、「自分では自分の何がウイークなのか気づかないことがある」ということだ。

大人社会の価値基準を自覚しよう

そこで、仕事をする上で求められる価値基準と学校が学生に求める価値基準との「価値の逆転」を把握することが極めて重要になる。例えば、

①言われたことを言われたとおりにやること……学生社会では良しとされることも多いが、大人の社会では業界や会社によってはダメの烙印《らくいん》を押されかねない。少なくとも、「言われたとおりにするだけ」では、どこに行ってもダメだろう。

②目上の人の意見に問題意識を持ち、より本質をとらえたことを謙虚な気持ちで提案する……学生社会では先生に煙たがられる存在になってしまうことも少なくない。しかし、大人の社会ではそれも求められることだ。それができないのなら、その人が存在する価値はあまりないとも言える。

③勉強はよくやった……学生社会では非常に評価されることだが、大人の社会ではある程度当たり前のことだ。さらにその上で、コミュニケーション能力や交渉能力、新しい考えを体系立てて自分でつくり出せる能力、そして人間性などが問われるのだ。受け身の勉強だけではアルバイトとしてしか通用しないのだ。

覚悟ができていない状態でウイークなところを把握しようとすると、全体にこぢんまりして小さい人になってしまうまじめな人が多い。

前に述べたとおり、無理に直そうとする必要はない。まずは把握するのだ。直そうとしすぎて、小さくまとまってしまったら本当にその人の魅力は半減する。

繰り返すが、**欠点はあっていい。それを本人が把握していることが大事なのだ。**

もちろん場合によっては、どんなに把握していても、その欠点を持ったままでは希望どおりの就職が難しいということもある。それも現実だ。

学生社会の中ではウイークと感じないところ、それこそが就職活動では命取りになることが多い。

学生社会と大人の社会での価値の相違を自覚し、大人の社会での価値基準の中で、自分にとってウイークなところも適当にごまかさずにしっかりと自覚しよう。そして行動を伴わせることで、それを何としてでも克服しなければいけないということを肝に銘じてほしい。

今いる居心地のいい場所「ラクチンゾーン」から抜け出そう

人は安心でラクチンで居心地のいい場所にいたがるものだ。

「問題意識を持ち続けることは頭も心も疲れるから、マニュアルどおりにやったほうがラクだ」

そう思う気持ちも、ラクチンでありたいからだ。不安になりたくないからだ。

独自の路線を歩むことも勇気がいるし、怖かったりする。みんなと一緒なら安心だからと、みんなと一緒でありたがる。また、いったんやろうと決断しても、いざやるときは億劫《おっくう》に感じてしまったり、後回しにしたり。何もやらないことのラクチンへの誘惑、怠惰であることへの誘惑に簡単に負けてしまう人も少なくない。

しかしやらなければ何も始まらない。ラクチンであり続ける限り、成長もなければ結果が出ることもない。

次に出てくる図を見てほしい。重力に従ってボールが下へ落ちるように、「ラクチンゾーン」にいることは文字どおりラクチンである。ラクチンゾーンに留まる限り何も状況が変わらないから、勝手知ったる生ぬるい環境の中で、ある意味で安心感も味わえるかもしれない。

一方で、ラクチンゾーンから抜け出すことは、重力に逆らって上に上がるための運動エネルギーと位置エネルギーの分だけ苦痛が伴う。それ以前に勇気と決断が必要だ。しかし動き出せば目標に近づく。運動エネルギーと位置エネルギーの分だけ自分に力もつく。

これは何にでも言えることだ。勉強でも、遊びでも、新しい友人づくりでも。

●「ラクチンゾーン」の先には、新しい自分・価値観・出会いがある

例えば、学校からの帰り道、駅の階段で素敵な女性に出会ったとしよう。

「何と素敵な女性だろう。ああいう人と友達になりたいなあ」

そう思っても、たいていの人は足を止めて、ちょっぴりドキドキしながらも遠くから彼女に熱い視線を送るだけだ。いずれ彼女は通りすぎ、そして見えなくなってしまう。彼女と会えることはまず二度とないだろう。一生他人のままである。

なぜそうしてしまうのか。遠くから見ているだけで終わってしまうのか。

勇気がないから。恥ずかしいから。「玉砕」するのが目に見えているから。ほかの人に見られたくないから。人前で女性に話しかけ、バカな人だと思われたくないから。いろいろ理由はあるだろう。

一方で、もし話しかけたら……。

ものすごくドキドキするかもしれない。きみは赤面してしまうかもしれない。無視されるかもしれない……。

しかし、もし無視されたとしても、きっときみは自分のことを好きになるだろう。思ったことを行動に移す

「Comfort《ラクチン》 Zone《ゾーン》」から脱出せよ

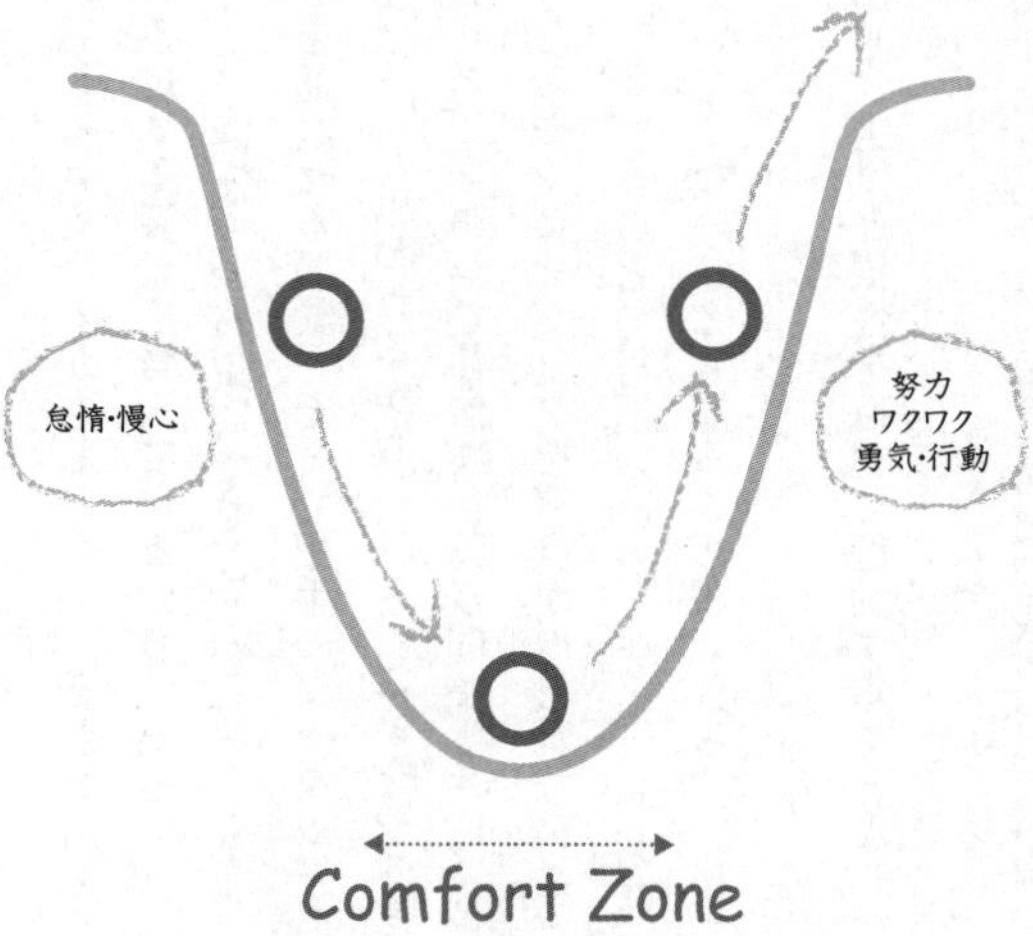

ラクチン……だけど何もない——怠惰

ことができた自分の中の勇気に気づき、「俺もやるじゃないか」と自分の可能性を感じることができるだろう。テンションは確実に上がるはずだ。

また、もしかしたら友達になれるかもしれない。デートできるかもしれないのだ。

この具体例を少々不謹慎に感じる人もいるかもしれない。それでもあえて僕がこの例を持ち出したのは、この例が**あらゆる願望の実現に適応する要素を含んでいるから**である。

人と出会い仲良くなることは、自分一人の裁量でできるものではない。「勉強すること」などとは違ってコミュニケーションであり、心を通わせる要素、そして相手のジャッジという要素をも含んでいる。

さらに、「人が見たら不謹慎な」と思われるかもしれないことをやるということは、すなわち通念を突破しての行動ができるということ。それをやっても誰にも褒められないし、やらなくても誰にも迷惑をかけるわけでもないばかりか、もしかしたらややヒンシュクを買うかもしれないことに「アクション」をとれるということなのである。「自分を貫く」ということでもあるのだ。また、やる時は中途半端ではなく、勇気を出して堂々とやらなければ結果がついてこないことも知ることができる。

ラクチンゾーンから抜け出し、勇気と根性を持って行動することなしには、いかなる目標にも到達することはできない。

ラクチンゾーンから抜け出すことのメリットは目標達成だけではない。**抜け出すことで新しい世界が始まる**。新しい出会いがある。新しい価値観も持つことができる。もしかしたら、それまで掲げていた目標がとるに足らないことであると気づくかもしれない。さらなる勇気も自信も手に入れることができる。**今までと違う新しい行動をとることで、新しい自分を発見することができる**のだ。

3 「選ばせる」ために必要なものとは

・会社で必ず活躍できるだけの力があることを見せよう

「選ばせる」ために必要なものとは、ズバリ言ってしまえば、「その会社で活躍できるだけの力」である。

それは大きく8つの要素に分けられる。

夢を実現していくための、いわば「手段」である就職活動であるが、それでもこれらの要素が備わっていないと、突破できないのが現実なのである。難関企業であればあるほど求められるものだ。

一つ一つについて、述べておく。本当に重要なことを述べているので、しっかり押さえてほしい。

1. 自信

□情緒の安定性
□自信のない時でも持っていられる根拠のない自信
□どんな場でもやっていけるという自信

2. 価値観・人間性

□自分のためだけでなく社会のためという思いがあるか
□向上心の強さ

□モラル

3. 能力①（思考力）

□論理思考
□スピード
□アイデア発想

4. 能力②（人間関係力・リーダーシップ）

□相手の包容力に頼らずに、どんな人とも良好な関係を築けるか
□人をポジティブにさせる力
□リーダーシップ

5. 能力③（文章力・面接力・センス）

□わかりやすく心を動かす説得力のある文章力
□口頭での説得力、人の心をつかむ力
□ビジネスセンス（採算感覚）

6. 容姿・雰囲気（存在感・見た目）

□存在感
□美しく印象に残る容姿

□雰囲気が合っているか

7. 実績

□信念を持って思いを実現した経験
□人がしていないような経験
□「これが私です」と言える実績

8. スペック

□高校名、大学名、学部名
□TOEIC®スコア
□海外経験
□プログラミングスキル

アクション別、成長度とアピール度

今からでも様々な活動ができるだろう。学年や時期によっては、相当なことができるはず。たとえ就活直前や就活中であっても、就活一辺倒になるのではなく、スポーツや勉強など、様々なことにチャレンジすべきだ。どんなに忙しくとも**どこか余裕があること、それこそがエスタブリッシュメントの条件だ**。忙しいからこそ、視野を広く持ち、ほかのことにもチャレンジしよう。そうやって自分を大きくしていこう。

参考までに、アクション別の成長度、および就活におけるアピール度のリストを掲載しておく。成長の度合いもアピールの度合いも、正確には各自の頑張り方などによるが、ざっくりとしたものは見えてくるはずだ。

就活用アクション別の成長度とアピール度（例）（1〜10段階評価）

アクション	自己成長度	アピール度	養成できるもの
キャリアゴールに通ずる、独創性があり的を射た、ゼミでの先進的な研究	8	8	視野、自信、思考力、知識
キャリアゴールに通ずる課目の本気の勉強で好成績をとりまくる	8	8	視野、自信、思考力、知識
毎朝、3キロ走る	5	3	自信、体力
TOEIC®900点	10	10	自信、思考力、英語力
TOEIC®860点	8	8	自信、思考力、英語力
TOEIC®800点	6	6	自信、思考力、英語力
海外ボランティア参加 1カ月	4	4	視野、ダイバーシティ、自信、
ヒマラヤ登山	6	8	自信、視野、ダイバーシティ、体力
エベレスト登頂	10	11	自信、視野、ダイバーシティ、体力
海外一人旅	6	4	自信、視野、ダイバーシティ
フルマラソン完走	1	2	
富士山登山	1	1	
短期留学（2カ月間）	2	3	視野、ダイバーシティ
短期留学（6カ月間）	3	6	自信、視野、ダイバーシティ、英語力
交換留学（1年間）	7	7	自信、視野、ダイバーシティ、英語力
留学先でのスポーツチームで活躍	7	8	自信、視野、ダイバーシティ、英語力
NPO参加	2	3	視野、ダイバーシティ
ボランティアチーム創設	4	5	
サークル設立	4	5	
簿記1級	9	9	自信、思考力、知識
簿記2級	6	6	自信、思考力、知識
簿記3級	2	2	
証券アナリスト資格取得	9	9	自信、思考力、知識
US CPA合格	9	9	自信、思考力、知識
単発イベント実施	4	2	
読書	2	1	
サーフィン	6	2	体力、人間の幅
たくさん人と会う	6	2	
起業	4	4	
チームスポーツサークル創設	5	5	
トライアスロン完走	5	6	
ボクシングジム入門	4	7	
アルバイト改革	3	3	
ゼミ改革	3	3	
バンジージャンプ	1	1	
ナンパ活動	7	0	就活で話すことではない
本気の恋	9	0	就活で話すことではない
ビジネスプランコンテスト優勝	5	5	
海外企業でインターンシップ（1カ月以上）	8	8	
英語以外の語学習得（TOEIC®860点以上のうえで）	9	10	

注意すべきは、サークルの設立もゼミの改革も、NPOも、本気の恋も、勉強以外のほとんどのアクションは、**自分の成長のためにやるものではない**ということ。自分の成長を第一の目的としてリーダーをやられたら、メンバーはたまったものじゃないだろう。本末転倒にならないようにしたい。

今から本気で何かに打ち込む経験をしよう

実際問題、総合商社や電通、キー局に内定する人間は、コネの人を除けば、人がなかなかしていない経験をしてきている人が多い。

留学しているだけでなく、留学先で何かに打ち込んでいたり、海外長期滞在経験の中で何かに打ち込んでいたり、スポーツで全国レベルの結果を出していたり。趣味がプロレベルに達していたり。何らかの結果を出してきた人である。

少なくとも何かに一生懸命になったことがない、という人はほとんど見当たらない。

なぜ、そういう人が内定するのか。

経験の量と質だけで判断しているわけではない。経験、すなわちこれまでとってきた行動により、様々な力、特に自信を身につけてきたからである。結果として「選ばせる実力」を身につけているからである。「選ばせる実力」を持った人なら、すでに結果が伴っているはずだと、たいていの人は考えるからである。

実際に、もしきみが、本気で何かに打ち込んだ経験がないと自分で思っているとしたら、きみは今、自分の胸に聞いてみてほしい。

「自分はどこかごまかしていないか？　何事もどこか適当にすませて通用させようとしてきていないか？」

すべてを全力でまったくごまかさずに生きることは極めて困難だろう。そんなことは誰も要求していない。

しかし、それではたった一つでも、まったくごまかさずに、いい加減になることなく、きっちり本気でやってきたことはあるだろうか。難関企業といわれる会社の仕事にはまさにそれが要求されるのだ。中途半端にしか物事に取り組めない人では困るのだ。

一生懸命な行動が大逆転を呼ぶ

また、7、8章でも出てくるが、

- **リーダー経験**
- **競技スポーツ経験**
- **異種スポーツや他サークルとの交流経験**
- **独自のアイデア経験**
- **新しいコンセプトを創造して、形にした経験**
- **人にもまれ、みんなと共同で何かをつくった経験**

それらが自分にはないという人は、何としてでもこれから経験してほしい。経験して初めて分かる、それらの経験の尊さ、それらの経験によって初めて身につけることができる力を体で知って身につけてほしい。

選ばせる実力=仕事で活躍する力とは何か。孤独に勉強を一生懸命やるといった力だけでは本当に通用しない。そういう部分ももちろん絶対必要だが、それ以上に、「スポーツや遊びなどのように、価値観の違う人たちと交流しながら、そこで結果を出す」ということが重要なのだ。机にかじりついて、自分との戦いに勝つという側面だけではないのだ。人と折衝し、人と意気投合し、議論し、団結して仕事はするものなのだ。

中には、この本を手にするタイミングが遅くて、今からではもう何もできないと思っている人もいるかもし

れない。また、

「ラグビー部のスタメンで優勝経験があるとか、サークルのキャプテンをやっていたとか、輝かしい実績がある人はいいけど、僕はゲームとナンパばかりで特に何もしていませんでした。人に言えるほどの経験など何もないから勝負になりませんよ」

そういう人もいるだろう。

「どんなに時間がなくとも、今からでも経験しよう」

まず僕はそう言いたい。

さらに、「本当に一生懸命になったことが何もないのか」と問いたい。

人に誇れる特別な経験がなくとも、きわだった実績がなくとも、今までの人生、学生生活の中に、自分なりに一生懸命だったこと、深く考えさせられたことが必ずあるはずだ。それらについてもう一度深く考え、きちんと整理して、自分のものにしていくこと。さらに就職活動において今度こそ徹底的に一生懸命な行動をとっていくことで、誰もが我究できるはずである。その結果、就職活動での大逆転が可能なのである。

誤解のないように言っておくが、電通やキー局にコネなしで内定した人全員が「突出した実績」を持っているわけではない。全国レベルの実績ではないけれども、塾講師など極めて地味だけれども何らかの実績を持って、それで突破している人が我究館の学生にも少なくないことを押さえておきたい。

サークルにもゼミにも入っていなくて、さらに成績の悪い学生や、さらに輪をかけて浪人も留年もしている学生が、我究して超人気企業に内定していっているのだ。

失敗を恐れるな、守りに入るな。失うものなどないことに気づこう

存在のエネルギーを高めるために、最も必要なもの、それは失敗を恐れないこと。うまくいきそうになると、弱虫はみな、失敗を恐れ、守りに入る。そうすると必ず媚びる。魅力は一気に失せる。二次面接までは光っていたのに、「もしかしたら内定できるかも」と思って守りに入った瞬間、次の面接ではまるで魅力がなくなっている、なんてことはよくあることだ。

どんな状況でも、堂々と振る舞えるように。うまくいっていない状況でも、むしろうまくいっている状況でこそ、「失うものなどない心境」でいられるように。守りに入らず**100パーセント挑戦者**でいられるように。それが若者の特権であり、最大の強み。そのメンタリティを持つことで、おのずとエネルギーレベルが高まり、一目見ればそれが分かる。それを手にするために我究があるのだ。

第4章 まとめ

・就職活動も、その後の仕事も、人生そのものも、夢を描くだけではなく、最終的には勝たなければ、結果を出さなければ意味がない。

・「結果を出そう」ということは、そのために「どんどん失敗しよう」ということでもある。自分のビジョン（本質）に照らし合わせて、勝負すべき（就職活動すべき）だと心の底から思うのであれば、本気で自分と戦って勝ってほしい。

・何としてでも結果を出すことにこだわれ。成功体験、社会に対する納得体験はぜひとも積むべきだ。大いなる期待と希望とやる気を持って社会に飛び立っていくべきだ。

・「自己分析さえすれば内定する」という思い込みは捨てよ。なぜ自己分析が必要なのか、そもそも自己分析とは何か。自ら問題意識を持ち、自分の頭で考えよう。そして、さらにもっといい方法を思いつき、提案できることが必要とされるのだ。

・「選ばせる」ために必要なものは、一言で言ってしまえば「その会社で必ず活躍できるだけの力」である。具体的には①自信 ②価値観・人間性 ③思考力 ④人間関係力・リーダーシップ ⑤文章力・面接力・センス ⑥容姿・雰囲気 ⑦実績 ⑧スペックの8つの要素に分けられる。

第5章

就職活動で勝つためにすべき、たった4つのこと

自分を知る、人間性と能力を高める、自らを伝える、会社研究と会社選び
まずはこの4つに取り組もう。
マインドと行動を変えれば、必ず成し遂げられる。

就職活動に勝つためにしなければいけないことは

やるべきことは、たった4つ

就職活動は一般に数カ月以上の期間におよび、その間、仕事選びや会社選び、エントリーシート書き、社会人訪問や面接、筆記試験、ディスカッションなど、きみが今までに経験したことのない様々なことを、次から次へと体験していく。

これらを突破し、そして就職活動に勝つためにきみがすべきことは、単純化すると次の4つしかない。

1. 自分を知る
自己分析（過去、現在、そして未来の描き＋強みと弱みの把握）

2. 人間性と能力を高める
選ばれるために自分の価値を高める

3. 自分を伝える——大人のコミュニケーション能力を高める
自価の高められた自分を会社に伝える。自分を選んでもらう

4. 会社研究と会社選び

次に、そのためにしなければいけないことを挙げてみよう。

「自己分析」とは「自分のものさし」を持つこと

誰でもない、自分のために就職するのであるから、自分が最もハッピーになる仕事・会社、あるいは最も学べる会社を選び出す。

それには自分がどういう人間なのか、自分がどんなこだわりを持っているのか、自分がどういう人間になりたがっているのか、どんなことで自分はハッピーになれるのか、**過去から現在に至るまでの自分を振り返り、また未来を描き、自分なりの価値観を見つけ出す**。まさに我究である。

「自分の本当にやりたいことが分かりません」

という学生が多い。逆に、たくさんの大学生に接してきて、最初から自分なりの考え方や自分の価値観を、しっかり持っている人は非常に少ない。

無理もないと思う。受験にしても、試験にしても、自分の考え方ではなく、**いかに正解を導けるか**ばかりが問われてきたのだから。特にこの20年間は「勝ち組」になることが、さも大切であるかのように言われ（あおられ）ていた時代だったのだから。特に最近は、効率的にとにかく楽に、早く成果を追い求める傾向もある。

また、学生時代は、僕もそうだったが、何事もついつい表面的な感覚で判断しがちだ。音楽もファッションも遊び場所も店も、連れて歩く恋人や友人さえも、自分でカッコイイと感じているかというより、常に世間で言うカッコイイかダサイかのどちらかで、判断してきた傾向が強い。

したがって、「正解」や「流行」という客観的な、あるいは社会の評価という尺度でモノゴトを測ることはできても、「自分のものさし」で測ることや、深く考えること、いろんな角度から考えることがおろそかになってしまいがちなのである。

しかし、人生にも就職にも「正解」はない。「自分のものさし」を持つための、自己分析、自己研究なしでは、やりたい仕事もへったくれもない。本当の自分が分からなくて、自分に合う会社など分かりようがない。ましてや「自己PR」や「志望動機」などあり得ない。また、単に就職活動のみならず、社会に出てからは「自分のものさし」を持たずして、本当の幸せをつかむことなどできるはずがない。

「自分のものさし」づくり、さらには「自分だけの自己PR・志望動機」づくりなど、納得のいく志望企業への就職に必要なもののほとんどは、8章の我究ワークシートを進めながら行動していくことで、効率的に出来上がるようになっている。

誰のためでもなく「自分の夢」のために価値を高めよう

「会社がぜひとも欲しい人材」になることができれば、よほど見る目がない面接官に当たらない限り、絶対に内定できる。まさに、これが考え方の原点であり、当然のことである。

「会社がぜひとも欲しい人材」とは、「将来、その会社で大活躍してくれる人間」であり、すなわち「将来、その会社で仕事が抜群にできる人間＝結果を出し、実績をあげる人間」である。

業界、会社ごとにカルチャーがあるのだから、業界、会社、職種ごとに活躍できる人材像には、傾向やタイプ、求められる能力に明確な違いがある。

実際、同じ業界内で、丸紅には落ちたが三井物産には内定した人や、博報堂に落ちて電通に通った人、地方の新聞社に落ちて日経新聞に通った人など、業界下位に落ちて上位に通ることはまれではない。

業界を越えたら、当然ながら業界順位と合否状況は複雑に入り乱れている。

「業界上位に入った人が、（上位に落ちて）下位に通った人より有能だ」という錯覚に陥りやすいが、一概にそうとは言い切れないのだ。

会社ごとに学生を見る方法も、重点的に見るポイント（求める人材像）も若干違うのだ。

とはいえ、どうあがいても別人になり切ることなど、不可能だ。一方で、型にはまった人間は企業には必要とされない。型にまったくはまらない人間も、企業には必要ない。

ということは、きみにできることは可能な範囲で自分を磨き、自分の持っている資質、能力を引き上げることだ。そして相手とコミュニケーションすることで、「自分を相手に伝える」ことだ。

いいモノを伸ばし、足りない部分を認識し、行動（アクション）を通じて補う。まったく別の何かを身につけるのではなく、自分をそのままのカタチで磨き、価値を高めよう。そして可能ならば、自分に足りないものを認識し、1つでも2つでも身につけていこう。

会社のための自分ではなく、自分のための会社であり就職なのだ。**自分に合った会社で、将来大活躍できる人材になればいい**のだ。

忘れてほしくないからもう一度言っておくが、活躍するのに必要なものは能力だけではない。能力以上に人間性、人格が求められる。多くの学生が、テンパってくるとそのことをないがしろにするが、人間を磨くことを絶対におろそかにすべきではない。特に、**徹底して物事に取り組める自分に対する厳しさ**と、**他人に対する誠実さ**。これが一番大切なことだ。自分自身を大人にしていくことだ。

●立っているだけで伝わってくる、存在のエネルギーを高めよう

ウソみたいな話だけど、業界によらず、人事採用担当の友人たちが皆、口を揃えて言うことがある。

「こいつはいいなと思う学生は黙っていても浮き上がって見える」（H堂人事部・Y氏など多数）

「面接室に入った瞬間の第一印象が、そのまま結果に結びつくことが多い」（M物産・面接担当I氏）

我究された学生は光っていて、そこにいるだけで存在感がある。エネルギーレベルが違う。面接官と目と目が合った瞬間、ピンとくるものがあるのだ。

我究された学生は必然的に自分に自信を持っているから、**目の輝き、姿勢、雰囲気、態度が違う**のである。

また、ある程度以上に大人であるから、場をもきちんと読めるのである。これは就職活動の学生に限らず、医学的にも証明されていることであるが、自信を持ち、目的意識があり、イキイキとした人間は、目の輝き、声の張り、姿勢が変わってくるそうだ。我究館の学生でも、このことは顕著だ。我究が進んでくると顔つきや雰囲気、態度が変わってくる。模擬面接やディスカッション・トレーニングをしている時に限らず、普段から顔つきや態度が変わってくる。

本番でも、面接会場に何百人もの学生がいても、彼らは、

「正直言って自分が負ける気がしなかった」

「ほかの学生と一緒だと、みんな我究できてなくて、逆に安心してリラックスできた」

と、口を揃えて言っている。学生同士でも、光っている大人の学生は分かるのだ。

相手を理解し、自分を伝える。それが「大人とコミュニケートする力」だ。

しかし、我究したことをビジュアルで訴えるだけで内定できるほど甘くはない。

当然、ビジュアル以外でも、会社に自分を伝えなければいけない。それが面接やディスカッションなどのコミュニケーションであり、また書類選考や論文などの筆記である。

論文についてはあとで詳しく説明するが、面接やディスカッションなど、人対人、面接官と向き合って自分を伝えるには、**高めた自分**に加えて、**総合的なコミュニケーション力**が必要である。

まず、自分に対し自分をさらけ出せるかどうかが最初のカベだ。自分を取り繕ったり、自分をごまかしていては、自分以外の人に「自分を伝える」ことはできない。

そして、相手を理解すること。相手の気持ち、考えていることを瞬時に汲み取った上で、**相手が聞きたがっていること**を的確に察知し、自分の言いたいことを分かりやすく伝えていくことが重要だ。自分の頭の中を整理し、感覚でなく論理的に伝えていく。

自分の考えの整理や論理的思考は、我究ワークシートをやることで自然と身につくようになっているが、問題はそれ以外のところにある。

まず、**大人である面接官が聞きたがっていることは何なのか**。それが分からないまま、自分の言いたいことを必死に伝えても、「大人とのコミュニケーション」が成り立たないということ。

多くの学生が学生同士でのコミュニケーションには慣れている。学生同士では相手が何を望んでいるのかを分かっている人が多い。自分が伝えたいことも、さほど問題なく伝えられる人も少なくない。

しかし、相手が大人の場合、学生とは様々な価値観も違うし、何よりもそれが面接やエントリーシートなど選考に関わることになると、ジャッジの目が非常にシビアになり、細かいところまで見えてくる。

実際、学生にとって、**自分では「いい話だ」と思う話も、大人である面接官からすると、「さほど聞きたい話ではない」というケース**が非常に多いのだ。また、学生同士ではニュアンスでコミュニケーションを成立させていることが多いが、面接官はシビアに見ている。

「しゃべる内容」「書く内容」はもちろんのこと、「話の長さ」「状況の説明の十分さ」「場の読み方（その場に適切かどうか）」「相手との間の取り方」「話の展開の仕方」「表情や声の大きさ、声のトーン」「声の聞き取りやすさ」などのすべてで、学生同士の文化の上ではなく、「大人の文化においてどうなのか」がシビアに問われてくるのである。大人の文化を理解するためにも、きみ自身が大人になることが、大人の部分をしっかり持つことが、求められているのだ。

●人間的にも魅力のある先輩と、どんどんコミュニケートしよう

さらに、素晴らしい先輩と、どんどんコミュニケートすることだ。「素晴らしい先輩」とは、会社が絶対放したくない、洞察力のある、仕事の抜群にできる人のこと。脂《あぶら》がのった30～35歳くらいの人がベストだ。**抜群にできる人は、例外なく人間的にも魅力的で素晴らしい人だ。**そういう人は皆、忙しい。見つけ出すのも最初は大変だが、学生の熱意には必ず応えてくれる性格の持ち主であることが多い。我究館の講師たちも、みんな無償で学生たちにアドバイスしてくれているのだ。つてをたどって見つけ出すしかない。

各会社には必ず1人や2人、スターがいる。その会社のスターであれば間違いない。

「この人だ！」と思ったら本音でぶつかれ。きみの熱意を伝えるしかない。また、そういう人は必ず横の人脈

を持っている。スターが紹介する別の企業の人も、その会社のスターであることが多い。最初のうちは、先輩ときみとでは、意識や考え方の深さや幅に雲泥の差がある。それは当然だ。しかし、何回も接し、親しくなってくると、どんなに優秀でできる先輩も、自分と同じ趣味を持っていたり、意外と弱い面があったり、自分より知らないことがあったりといろいろ見えてくる。さらに自分の意識も考え方も先輩につられて大人になり深くなっていく。自分の幼さ・甘さにも気づかされる。遊び優先の大学生活で鈍り切っていた頭のキレも、先輩につられてシャープになっていく。緩んでいたハートも磨かれていく。

そうするうちに、憧れの企業で活躍している人であっても、普通の人間で（当たり前だが）、自分と分かり合える人であることを認識できるようになる。そして、最初の緊張が少しずつなくなり、自然に自分の意見を言えるようになる。自分を作らずに話し合えるようになる。無意識のうちに、きみは少しずつ「大人」を身につけていく。

きみも、尊敬できる社会人の先輩を見つけて、仲良くなろう。遊びに行ったり、飲みに行ったり、いろんなことを本音で語り合い、親しく付き合おう。忙しい就職活動の中、無駄な時間に思えるかもしれないが、実は、このことも我究同様、**内定に直結している**のだ。

2 面接官とのコミュニケーションはどうすべきか

・大人の価値観＝面接官の価値観

人のせいにする、自分さえ良ければそれでいい、気分によって左右されやすい、相手の顔色を必要以上にうかがう、見られているところだけちゃんとしていればいい、自分さえちゃんとしていればいい、自分が正しければいい……など、学生生活では許されることも、**社会人としては通用しないことが多い**。

学生時代は、例えば大人と接する時は、大人である相手が、まだ学生であるきみに対して、「まだ学生なんだから」と学生の立場に降りてくれて、「できるだけ分かってあげよう。まだまだ子供のところがあっても仕方がない」と、学生の文化に無理して合わせてくれて、それで何とかコミュニケーションを成立させてもらってきたということが少なくないだろう。アルバイトでも、学生アルバイトということで甘えが許されてきたことも多くあるのではないか。

話が分かりにくくても、どう考えても甘えが強いなと感じても、ちょっと自分勝手な意見だなと思っても、それでもこれまでは、相手である大人は「この学生は何を言いたいのか」と粘り強く聞いてくれたことが多いだろう。自分では気づいていなくても、じっくり思い出してみたらそうだったということがきみにも少なくないはずだ。

大人である相手に、わざわざ自分のところまで**降りてきてもらうコミュニケーション**は、就職の面接においてはほとんどない。

分かりにくければ、「よく分からない」ということで却下。

「ちょっと自分に都合よく考えすぎだ」と思えば、「甘えが強い」「自己中心的だ」で却下。

的外れなことを言えば、「人の話を理解できない」ということで却下。

大人とのコミュニケーションや面接そのものに慣れてなくて、気持ちを汲めない。頭の中が真っ白になってしまえば、「メンタリティが弱い」ということで却下……。そういう具合に非常にシビアなものなのだ。

要するに、きみ自身が大人になっていくこと、大人の部分を持っていくことが、何よりも重要なのだ。

●面接官に、使える人材と感じさせよう

僕は毎年数多くの学生と接しているが、面接官のシビアな目線で見ると、学生の言いたいことが最初からそのまま、「なるほど素晴らしい」と感じることは、本当に少ない。

もちろん僕も一人の男として、学生に対しても採用云々でなく一人の若者として見れば「素晴らしいね」と感じることは少なくない。しかし、いったん面接官の目線で見ると、

「きみが頑張ったのはよく分かるけど、ほかの人と比べてみたことあるかい？」

「自分が何もかも成し遂げたように語ってくれたけど、そうかな？　みんなに支えられたからできたんじゃないのかな」

「自分さえ良ければOKだと思っていないか？　その時、Aさんはどう感じたか考えたことあるかな」

「その時はそれでよかったかもしれないけど、長い目で考えてないな」

などと感じることが、ほとんど全員に当てはまるのだ。

あるいは、その話の中身そのものにはそれなりに納得できても、

「この学生は、実はこういうところが甘いんじゃないかな」「本当はこういう弱さもあるんじゃないかな」

と感じてしまうことがほとんどなのだ。

「就職における大人とのコミュニケーション」で目指すのはズバリ、

「**自分がいかにその会社で使える人かを、上手に相手に感じさせる（納得させる）こと**」である。

ひたすら自分の言いたいことや伝えたいことをしゃべり続けても、相手が「なるほど、この学生はうちで活躍してくれそうだ」と感じてくれなければ意味がないのだ。ということは……

1．どういう話（その背景にある価値観や考え方）、どういう話し方、どういう態度なら面接官が「なるほど」「やるな！」と思うのか

2．ほかの学生が、どういうことを言うのか

を、ある程度把握しておかないと、面接で有効なコミュニケーションはできない。

これはまさに、きみが受けようとしている会社が常日頃から考えていることと同じである。すなわち、

1．どういう商品やサービスをお客様は喜んでくれるのか

2．他社はどういう商品やサービスを提供しようとしているのか

ということだ。

さらに面接では、その場その場で面接官が自分に感じていること、考えていることを見抜き、そして、それに基づいて面接官の目からウロコを落とすことを、言葉や態度で伝えていくことが必要なのだ。

面接官は、きみの「素の部分」を見ている

面接で求められるレベルは、難関企業になればなるほど「なるほどね、素晴らしいね」レベルを通り越して、「ほぉーっ、やるなあ」「確かにそうだな。一つ勉強になったな」と、言わしめるレベルであるのだ。

自分の価値観、学生で通用してきた価値観だけでなく、大人の価値観、その会社で活躍している人の価値観、面接官の価値観で自分の考えを吟味していく必要があるのだ。

話の内容だけをチェックすればいいということではない。

人間の価値観や考え方は、その人の言動すべてに表れる。エントリーシートのレイアウトや一つ一つの文字はもちろん、顔つき、表情、目つき、態度、声、服装、髪型、しゃべり方、間の取り方と、頭の先からつま先まですべてに表れるものだ。

したがって、表面だけ、例えば面接で話そうとすることだけを、チェックすればいいということではない。きみの「素《す》の自分」が問われると思っておいてほしい。

より身近な人間。例えば、親や恋人に対する話し方、態度に、その人間の「素」が表れることが多い。中には、友達やクラブやアルバイト先の先輩や後輩にはちゃんと接しているが、親や恋人には20歳を過ぎても、反抗期の延長のように子供のように接している学生や、その逆で単にイエスマン、尽くすだけのお利口さんになってしまっている学生は今どき少なくない。

単刀直入に言って、甘えているのだ。ほとんどの場合、「それでも許されることで愛を感じたい」という甘えから、大人になり切れず、反発やいじめなど、相手を悲しませるような不誠実な態度をとってしまっているのだ。あるいは、「嫌われたくない」から、「もっと愛されたい」から、ひたすら甘いだけの態度、真に相手のために厳しく諭すことのできない態度をとってしまっているのだ。

外づらが完璧であれば、バレないかもしれない。しかし、面接官は外づらでなく、本音はどういう人なのか、**隠そうとしている「素のその人」を必死になって見抜こうとしている**ことを忘れないでほしい。それが面接官のプロとしての仕事なのだ。

●面接官の先入観を分析し、裏をかこう

自分を客観視することの重要性という意味から、「伝える」ということについて、もう少し述べておこう。

実は、きみは面接される前から、面接官にかなりの偏見、先入観を持たれていると思っていいだろう。

きみが面接室のドアを開ける前から、エントリーシートや履歴書に記載された様々なスペックから、

「次の学生はきっとこんな学生だろう」

と思われているのだ。

面接官が先入観を持つスペックとは、おおむね次のようなものだ。

- **学校名、学部名**
- **現役、浪人**
- **留年経験の有無**
- **大学の成績**
- **大学時代のゼミ名（活動内容）、ゼミの役職名**
- **大学時代のクラブ、サークル名（活動内容）、役職名**
- **大学時代に一生懸命に取り組んだことの内容と程度**
- **留学や海外在住経験の有無**
- **転校経験の有無**
- **趣味、趣味の幅**
- **写真の顔つき、髪型、表情、目つき**

・語学
・その他のスキル
・高校時代のクラブ名（内容）、役職名
・一人暮らしか家族と同居なのか

別に悪い先入観とは限らない。「東大」や「全国○位」という文字や「○○委員長」という肩書で、過大評価されているかもしれない。僕がここで言いたいのは、「面接官の先入観の裏をかき、面接官を『ほぉーっ』と唸《うな》らせよう」ということだ。面接官に驚きや発見を味わってもらうのだ。

人は誰もが、驚いたり、発見したりした時に目が覚める。頭が冴え、感性が鋭くなる瞬間だ。面接官の目からウロコを落とさせるのだ。

そのためには、まずはきみ自身が、「自分のスペックは、面接官（特に活躍している人）に、どういった先入観を与えるか」を把握する必要がある。自分のスペックを大人の視点で客観的に分析する必要があるのだ。

背伸びしても、取り繕っても意味がない。自分がどう評価しているかではなく、面接官がどう評価するのかを考えるのだ。そして、その**先入観だけではない部分を伝えていく**のだ。

●面接官には予想できない一面を見せよう

例えば、こういうことだ。

仮に、高校時代は野球部、大学は体育会ソフトボール部のレギュラーで、全国大会で準優勝経験もある早稲田大の教育学部の学生A君がいたとしよう。

面接官の先入観は、きれいごとではなく、おおむね次のようなものと推測できる。

・何で教育学部なのか。やっぱり多くの学生がそうであるように、とにかく早稲田に行きたかったのかな。二浪して政経学部を狙うという目的意識や執着心はなかったのかな。それとも教育に強い興味があったのかな
・スポーツをしながら何とか早稲田には行きたかった学生なんだろうな。それなりに頑張り屋なんだろう
・なぜ大学でソフトボールを選んだのだろう。野球は早稲田で通用しないと見切ってしまったのかな。執着心はそれほどでもないのかな。地味な種目だから、目立ちたがり屋ではないのだろうな
・しかし、ソフトボール部では結果を出している。きっとソフトボールはかなり一生懸命やってきたのだろう
・ポジションはセカンドか。あまり我《が》が強いほうではないのかな。地道な実力を大切にするタイプなのかな
・後輩指導係か。リーダーシップはそれほどでもないのかな。後輩を大切にする愛情の厚い人なのかな
・こつこつまじめにやるけれども要領のよさはどうかな
・ソフトボール以外には特に打ち込んだものはなさそうだな。ソフトボールに打ち込んだけれど、体育会の学生にいがちな視野の狭い学生なのかな。勉強はそれほどしていないのかな。社会の動きにはうとい学生なのかな。問題意識はあまりない、言うことをよく聞くタイプの学生なのかな
・頑張り屋だけど発想力は乏しいのかもな
・きっとソフトボールがウリで、面接でもその話ばかりするのだろうな

そういった先入観を面接官は無意識にせよ、持っているはずである。

実際には、そこまで辛口に見ないかもしれないが、シビアに見られると思っておくべきだろう。

そこで面接では、ソフトボールで勝つために頑張った的な根性話は、**あえてサラッとしか話さない**。

そんなことは面接でわざわざ詳しくしゃべらなくても、面接官はもう十分に分かっているはずだ。

勝つために考えたユニークなトレーニング方法のアイデアなども悪くはないが、あえてソフトボールのことはそれだけ結果が出ているのだから、自分からは話さなくてもよいかもしれない。ソフトボール以外のことで自分が興味を持って勉強してきたことや、社会の動きについての自分の考えなどを中心に話を展開していく。

先入観だけでは予想できなかった一面を見せてあげるのだ。

面接官に対して、サービス精神を発揮しよう

面接官の先入観の裏をかく――そう言うと、何だかだまし合いをしているようだし、言葉の響きに意地悪な印象があるかもしれない。

「相手がどう感じているか」

それぱかり考えよ、ということでもない。それで自分らしさを失ったり、自分で自分の本音が見えなくなったりするようでは元も子もない。媚びてしまってもいいわけがない。

むしろ逆だ。

自分を効果的に伝えるための基礎的なクレバーな戦術であり、実はそれ以前に「サービス精神」でもある。

面接官が面接に飽きないように、予想の上をいく展開をしてあげることで、驚かせ、発見をさせてあげ、目を覚まさせてあげ、楽しませる。その結果、自分にも好印象を持ってもらうのだ。

このように、**伝えるとは「すべてをぶっちゃける」ということではない**。すべてをぶっちゃけても当然選ばれるに足る実力をつけておくことはもちろんだが、5分や10分、せいぜい20分から30分程度の短時間で伝えるのだから、四角四面にセオリーどおり「一番一生懸命だったこと」をひたすらしゃべればいいということではない。

相手が自分を選ぶように、大人であり、面接官である相手が楽しむように、相手に驚きと発見を感じてもらえるように、その結果、自分にいい印象、すなわち使える人であり、**一緒に働きたい人**だという印象を持ってもらい、自分を必ず選ぶように伝えるものなのだ。

伝えるということについて、やや詳しく述べたが、今きみはそのことばかり考える必要はない。マーケティングに執着する以前に、大人の価値観、活躍する人の価値観、自分の目指す大人の価値観を含め、自分自身の〝実体〟を磨くことに執着すべきだ。

見られ方ばかりに気をとられると、実体を磨くことが必ずおろそかになるものだ。うまくかわすことにばかりに気をとられ、考え方がセコくなり、人間が小さくなり、自信も持てなくなるだろう。

第5章 まとめ

・就職活動に勝つためにすべきことは、たった4つ。
①自分を知る ②人間性と能力を高める ③自分を伝える ④会社研究と会社選び
・自己分析とは正解探しではなく、自分のものさしを持つこと。
・まず自分をさらけ出せるかどうかが最初のカベだ。自分を取り繕ったり、ごまかしては「自分を伝える」ことはできない。
・「就職における大人とのコミュニケーション」で目指すのは、ズバリ「自分がいかにその会社で使える人材かを、上手に相手に感じさせること」である。
・人間の価値観や考え方は、その人の言動すべてに表れる。エントリーシートのレイアウトや一つ一つの文字はもちろん、顔つき、表情、目つき、態度、姿勢、声、服装、髪型、しゃべり方、間のとり方と、頭の先からつま先まですべてに表れるのだ。

第6章
採用・内定に必要な「できる人」になる方法

「現状のチェックリスト」と「できる人材の本質30ヶ条」

これらで、理想へ近づくためにすべきことを明確にしよう。

どれも社会人として重要なことだ。

至らないところは、この瞬間から変えればいい。

面接ではどんな人が採用されるのか

会社にとって採用したい人とはどんな人なのだろう

我究館では、各企業の人事採用担当者たちが学生のどんなポイントを見て採用するのか、調べている。

・意欲があるか。バイタリティがあるか

・前向きか。チャレンジ精神があるか。積極性があるか。行動力があるか

・自分のポリシーを持っているか。自分の意見を言えるか。本音で語っているか

・好奇心旺盛か。自分で考える力はあるか。頭の回転が速いか。創造性があるか。柔軟性があるか

・明るいか。元気か。素直か。誠実か。協調性があるか。我慢強いか。責任感が強いか。人を育てられるか。結果を出せるか

いろんな企業の採用担当者が、自分のことは棚に上げて、好き勝手なことを言う。

しかし、実際の採用試験（面接や論文、筆記）で、これらのポイントを一つ一つチェックしていくわけではない。

「どんな学生を採用するのか」は、どの企業においても、その会社の採用担当者の統一見解があるわけでもないし、採用担当者自身が一人一人明確な見解を持っているわけでもない。最終的には役員面接で役員が〇か×

かを決めるのである。

選ばれる学生は、たいていその会社の、どの面接官（採用担当者）が見ても選ばれるし、落ちる学生は、どの人が見ても落ちる。面接官一人一人は、厳密には「何となく」選んでいるのだけれど、**「いい学生」は、誰が見ても「いい」のである。**

僕は企業戦略としての人材開発や採用を研究し、また実際に数多くの企業の人事採用担当者に接して調査・分析してきた。

その結果、採用する学生すなわち「内定を出す学生」の決め手というものを明確にすることができた。きみは「勝つため」に認識しておいてほしい。

絶対内定する人とは

「将来、その会社で大活躍できる人」

かつ

「面接官をはじめ多くの人に好かれる人＝一緒に働きたいと思われる人」

「将来、その会社で大活躍できる人」をもっと嚙み砕くと、

「その会社のカルチャーの中で、将来仕事が抜群にできる＝実績をあげる（と思われる）人」

これである。

各会社には、それぞれのカルチャー、個性がある。業種・職種ごとに求められる能力にも違いがある（詳細は後述）。その中で十分に力を発揮して、「会社に大きな利益をもたらしてくれる人」ならば、会社は何が何でもその人が欲しいのだ。

●答えは簡単。「できる人」になればいい

したがって、きみは、

「その会社で、将来仕事ができる人間になってしまえばいい」

ただそれだけ。

極めてシンプル。分かりやすい。落ちる人は運が悪かったのではなく、将来その会社で仕事が抜群にできる人ではなかった。抜群にできる人は必ず通る。面接がどうの、筆記がどうのという前に、そのことをわかっておいてほしい。また、結局は人が人を選ぶのである。面接官も人間だ。見落としもあるし、自分から見て好きな学生を選ぶのは当然のことなのだ。

「落ちた人イコール、仕事ができない人ではない。人に好かれない人ではない」ということ。ただ単に、「その業界や会社では仕事ができる人ではない（と思わせてしまった）」あるいは、「もっとできる人がほかにいた（と思わせてしまった）」ということにすぎない。

2 できる人とはどんな人か　その1

業界・業種ごとに、「できる人材」の能力・キャラクターに若干違いがあることは前に述べたとおりである。しかし、「できる人」の人間的な「本質」は、どこに行ってもほとんど同じである。僕は仕事や遊びを通じて、いろんな業界の人たちと接してきたが、マスコミにおいても、商社においても、金融においても、音楽業界においても、芸能界においても、「できる人材」の「本質」は同じだと痛感している。その傾向は、この数年、

ますます顕著である。それは、一言で言ってしまえば、

「できる人材=自分のものさしで主体的に生きる自立した人。かつ人間的に優れた魅力ある人であり、新しい価値（仕事）を自分でつくり出せる人」

である。仕事を、「やらされているもの」ではなく「自分から取り組むもの」として主体的にとらえている人で、しかも人格的に優れた魅力ある人で、さらに新しい価値を自分からつくり出す頭とハートと体と行動力を持っている人である。

「主体的に生きる自立した人」について考えてみよう

分かりやすく言えば、「給料をもらっているから、その分、仕方なく仕事をする」のではなく、義務でなく権利として、「前向き」に仕事に立ち向かう、**精神的に自立した人**である。そしてそれが、気持ちだけでなく行動に表れている人である。

そういう人は、**仕事に気持ちが入っている**。魂を込めて本気で仕事をしている。気持ちが入っている本気の仕事はうまくいくことが多い。結果として、給料の何倍も稼ぐ。実績をあげる。気持ちが入っていない仕事は、どんなに一生懸命やったふりをしても、ほとんどうまくいかないものだ。学生時代の遊びやサークルなどでもこのことは言えるので、きみにも何となく分かると思う。

また、本気で仕事をするからといって、会社にすべてを捧げている人とは違う。彼らできる人は自分のために、そして社会のために仕事をしているのだ。自分の夢の実現のために仕事をしているのであって、会社のた

めだけにしているのではない。

もちろん愛する仲間のためという思いもあるが、会社のためが第一ではない。そういう思いも含め、自分の思いに正直になることが、結果的に会社のためにもなっているのである。

会社の**仕事の延長線上に自分の夢がある**。だからこそ、一生懸命仕事をするのである。すなわち、「自分のやりたいこと＝自分の夢」と会社の利益が、全部または一部重なっているのである。したがって、そういう人はどんなに仕事をしようと心底苦にはならない。逆に仕事が本当に楽しい。もちろん、困難も苦痛も伴うが、それでもやりたいからやっている。やりがいを感じるからこそ、情熱が湧き出してくる。

実際の社会人で「自分のものさしで主体的に生きている、精神的に自立した人」は、僕の知る限りでアバウトに言えば、メーカーで全体の約3パーセント。商社や金融で5～10パーセント、マスコミでも30パーセントだろう。

どこの人事も、社員の大多数を占める「主体的でない人」「精神的に自立していない人」、すなわち「会社に飼われている人」「会社にぶら下がっているような人」は、これ以上欲しくないのだ。

次に「人間的、人格的に優れた魅力のある人」についてはどうだろう

優れた人間性も、ほとんどの仕事において活躍していくために必要不可欠である。仕事とは、人と人との触れ合いの中で行っていくものである。自分勝手に自分の都合で自分のことだけ考えてガリガリやっていても、誰もついてはこない。アルバイトや派遣社員ではなく、部下を持ち、また会社の将来を、経営を担う人なのだ。学校で個人の成績を上げることや、個人技を磨いていくことと、仕事で実績をあげていくこととは、頑張

るということでは共通であるが、心の持ち方が違うのである。ミーイズムでは通用しない。できる人とは頑張りだけでなく、人間性においても尊敬されるような人物なのである。

しかし実際には、尊敬されるような人物でない人も活躍していることがある。なぜだろうか。

突きつめれば、それは会社が利益を求める集団であるという側面を持っているからである。たとえ人間的にできた人物でなくとも、大きな利益を生み出すことで会社に貢献しているのであれば、貢献度が高く活躍している人として評価されてしまうのである。利益を上げればよいという価値観に染まっている一部のベンチャーや外資金融、金融のディーリングなど仕事が属人的な分野、SEやITエンジニアなど技術力が高い人ほど評価される分野、一部のマスコミなどアイデア力が勝負の分野に、そういった傾向が見られる。

「人間的、人格的に優れた人こそが活躍できるものだ。人間的にできた人こそが、利益も生み出せるものだ」と本当は言い切りたい。また、きみにはそういう志で社会に出ていってほしいと思っている。

しかし、残念ながら、現実はそうとは限らない。

マスコミの報道で知っているとおり、いや実はそれ以上に、僕たちが生きている社会は、そこまでクリーンでない部分が少なくないのが実態なのだ。どんなにイメージがいい業界でも、残念ながら汚い部分が必ずあるのが現状なのだ。驚くほどモラルの低い会社も少なくない。

問題の本質は、さらに突きつめれば、「自己利益（＝自分にメリットがあるならばやる）という価値判断で多くの人が動いてしまう」ということにある。

業界や会社によって大きな差はあるが、良くないことだとわかっていても、自分や自分たちにメリットがあれば、ついついやってしまうという人や「こと」が多いのが現実の社会なのだ。

高いモラルに改善していこう

実は、僕もそういうシーンに出くわして、自分たちがやろうとしていることに疑問を感じて嫌になったことが何度かある。しかし、それに関わる多くの人たちはその行為に疑問さえ持たなくなっているものだ。社会でもまれているうちに、それまでの習慣で当たり前としてしまっているのだ。

それが人間社会だと言ってしまうのは簡単だが、それを少しでも改善していく使命を、僕たち若い世代が担っているのではないだろうか。政治や企業の上層部にそれを期待するより、自分たちから変えていくという意識と行動を僕はきみたちに期待したい。

そういう意識を持って、きみには社会に出ていってほしい。

汚い部分があるから、社会から逃避するのではなく、その中に飛び込み、自分から改善していってほしい。

社会に出る前に、そういう意識をしっかりと持っておいてほしい。

それが、きみのためだけでなく、混沌《こんとん》の中から抜け出そうとしている日本社会が世界の中で生き残り、世界にいっそうの貢献をすることができる存在になっていくためにも、間違いなく必要なことの一つでもある。

1980年代までは、日本のビジネス界には、モラルや誠実さが間違いなく存在した。90年以後、グローバリゼーションで、アメリカ的資本主義が世界を飲み込む中でそれらが崩壊し、日本の社会も短期的に成果を出すことに走ってしまった。

改めて、本来あるべきモラルを、日本から世界に発信、浸透させていこう。世界をよりよい方向へリードする存在たるべき使命が、きみたちにあるのである。

これまで何度も述べてきたが、もう一度押さえておく。

名だたる一流企業でも、今話題の人気企業でもモラルの低い企業があるのも事実。そういう社員が少なくないのも事実。

しかし、特に難関であればあるほど、モラルが高く人間性の優れたできた人材しか、内定はできない。モラルが高く、人間的に素晴らしい人材を求めているのである。その上で高い能力が求められているのである。それができる人間なのである。

3 自分から新しい価値をつくり出すとはどういうことか

●既存のワク組みを越えて発想できるか

学校の授業のように、与えられた問題に、求められている正解にできるだけ近いものを答える能力でなく、「与えられた問題も解けますが、本当に重要なのは、その問題ではなく、この問題ですよ」と、より重要な問題を見つけ出す能力だ。

仕事でいうなら、前任者のいるポジションに入って、自分も先輩に負けないよう一生懸命成績を上げるという発想ではなく、新しい仕事をつくり出す能力だ。

就職でいうのなら、求めている人材は何かを把握して、そのワクにきれいに入ろうとするのでなく、「もっとこういう人材のほうがいいんですよ」と感じさせられることだ。

既存の前提から新しいものを構築できる能力のことだ。

実際、就職において、**「こういう人材が欲しい」と望まれているとおりの人材では、難関企業では落ちる。**「〇〇な人材が欲しいと思っていたけど、それ以上にこういう人材が欲しいのだなあ」と採用担当者の常識を覆せる＝目からうろこを落とさせる人材であるべきなのだ。採用する側としては、思っていた範囲内の人材だったら、不十分なのだ。そういう会社は年々増えている。

●アイデアを実現する力が求められている

自分から新しい価値（仕事）をつくり出すということ。

このことも極めて重要である。

どんなに意識の面で自立していて、行動力があっても、さらに人間的、人格的に優れていても、それだけで「自分から新しい価値（仕事）をつくり出せる」わけではない。

何が必要か。

「社会の動き、社会が潜在的に求めているものをとらえていること」と「創造性があること」、さらに「結果を出せること」である。

新しいことを考え出せること（アイデア）、さらにそれが社会に浸透できる的を射たものであること、すなわち誰かに評価されることで価値を持つ「考え＝アイデア」であること。さらに、それが**「考え＝アイデア」**

で終わるのではなく、現実のもの（カタチ）にすることができること。そういう「力」が求められているのである。

就職活動という観点から、もう少し分かりやすく述べよう。

1．新しいスタンダードになるアイデア（クオリティの高い企画）を出す力があること

2．実際に新しいスタンダードになり得るクオリティの高い企画を、すでにいくつか持っていること

3．具体的な企画を現実のものにできる力を持っていること。あるいは近い将来、それだけの力を必ず持てそうであること

この3つが、「主体的で自立した人間」であり、「人に好かれる魅力的な人間」であり、「誤解なく自分を伝えられるコミュニケーション能力を持った人間」であることに加えて必要なのである。

「クオリティの高い」とは、会社においてはズバリ「できるだけ多くの利益を生み出せる」ということである。単発のアイデアではなく、その後それが常識になること。それこそが多くの利益を生み出せるということだ。

また、具体的な企画をたくさん持っていればいいというわけではない。1で言わんとしていることは、「今後も出し続けられる人であること」である。

面接において企画を聞かれて答えられればいい、ということではないことに注意してほしい。

面接というコミュニケーションを通じて、「企画はありますか」という質問以外のところからも、創造性がある人かどうかはチェックされるのである。しかも、それが単にアイデアで終わるのでなく、それをカタチにできる人なのかどうかを重視している。

●より多くの利益を生み出せる人が採用される

ここ数年、**特に「企画力」と「カタチにする力」を、どの業界でも求めている。**すべての業界において提出を求められる傾向にあるエントリーシートにも、まずそれが間違いなく尋ねられているし、実際に面接でも、

「入社してどんなことをやりたいですか。具体的な企画があったら教えてください」

と聞かれることが本当に多い。

マスコミに限ったことではない。本当にどの業界でも必ず聞かれるものだと思っておいたほうがいい。

特に、事業をつくり出すことを「業」としている総合商社では、

「あなたが企画したその事業は、何年後に、どれぐらいの規模のビジネスになりますか」

というレベルまで求められている。

自分で用意しておいた企画についてだけではない。

「あなたは、もし食品部に配属されたら、どんな事業を考え出しますか」

「その実現のために具体的に、まずどんな行動に出ますか。その後、どんな行動に出ますか」

というレベルまで求められるのだ。

用意しておけるものだけでなく、本当に的を射たアイデアをその場で考え出せる力、さらに、その**アイデアを本当にカタチにできる「実現力」が求められている**ことを知っておいてほしい。

我究館でも、企画について、とことん考えている。様々な情報を持っていなければ、社会の動きをとらえていなければ、的を射た企画はできない。学生だけでなく、現役の社会人、商社パーソン、金融パーソン、テレビパーソンなどとともに、具体的にどんな企画がこれから「あり」なのか、とことん議論する。さらに、その

企画の将来性、実現のための方法、具体的なステップ、実現のために乗り越えるべき問題、さらに、その後の展開方法についても、とことんリアルに具体的に考えまくっている。

すでに第1志望の会社に入社して、名刺を手にした気になって、リアルに考えることが必要だ。自分で仕事をつくり出さなければ、給料はもらえない――それぐらいの意識でリアルに考えるべきだ。

会社によっては、研修や配属先の先輩などがいろいろと教えてくれるところもあるが、それはあくまでも基本中の基本の知識についてだけだ。基本中の基本以外は、すべて自分で考え、自分で盗みとっていかなければ何もないと思うべきだ。

商社やマスコミに限らず、どんな職種や部署を志望するにしても、自分で新しい価値をつくり出せる人が本当に求められているのだ。そういう人でないのならば、社員にする価値はないのである。指示されたことをしっかりとやってくれるアルバイトでも派遣スタッフでもいいのだ。

ボーナスも出し、社会保険料などのコストも含め、アルバイトや派遣スタッフ以上のコストをかけて、社員として雇うのであれば、「より多くの利益を生み出すために、何らかの工夫をしてアイデアを自ら出し、自ら現状を改善していける人」「その人の言動や存在がより多くの利益を生み出すことに貢献する人」でなければ採用するに値しないという現実をしっかり把握しよう。

ではもう一度整理しておこう。

「自分から新しい価値をつくり出せる人」の3つのポイントとは、

1.「創造性がある」＝ワク組みを越えた発想ができること。新しいこと（アイデア）を考え出せること

2.「社会の動きを敏感にとらえられる」＝社会に浸透し、的を射たものにできること

3.「結果を出せる」＝現実のもの（カタチ）にする（実行する）ことができること

4 あらゆる面接官に好かれるためにはどうすればいいか

●自分より優秀でない人材を選んでしまうという事実

何とも失礼な表現だが、これは現実にあることだ。人格的にも、意識的にも、創造性や頭のキレといった能力的にも、失礼ながら「?」という先輩だっていらっしゃる。

受験者が多い会社では、人事の人間だけでなく一般の社員も面接官になる。特に初期段階においては、若い社員がリクルーターとしてジャッジをする。

その際、特に注意すべきことがある。

一般にリクルーターなどは、「自分の部下（後輩）として一緒に働きたいか」という観点でジャッジするのだが、その場合、

「自分の後輩として使いやすい人材＝自分の言うことを聞きそうな人材＝自分がハンドリングしやすい人材＝自分より優秀でない人材」を無意識に選んでしまう人が少なくないのも現実だ。特に、若く、まだ実績を出せていない人は、ついついそうなりがちである。

本来は、会社の利益のために、「自分より優秀な人」こそ採用すべきところなのだが、そういう人は、リクルーターにとって自分の存在意義を失わせてしまう可能性があるため、鼻につくという印象であっさりと落と

してしまったりすることがあるのだ。現に、人事の面接まで進んだ会社ではトップレベルで内定する人物が、別の会社ではリクルーターにあっさり落とされるというケースは少なくない。

実際、人気企業でこの傾向は強い。受験者が多いため、初期段階で、たった一人の人物がジャッジするケースが多いからだ。また、業界上位の会社では内定するが、下位では優秀すぎて扱いづらいため落とされるということも少なくない。

先輩は立てながら、盛り上げよう

ここで、求められることは、

「能ある鷹は先輩を立てながら爪を上手に見せる」ということだ。

「自分よりはるかに優秀だ。こういう後輩がいたら本当に心強い」

という印象を与えることができなければ、コミュニケーション能力に長けているとは言えない。本当に優秀な人、できる人ではないということだ。

実際に、入社後、優秀なできる人材ほど、年齢の近い先輩から煙たがられることが多い。現実として、役員や部長、課長など上の人から見れば、その先輩より後輩のほうが優秀なため、かわいがられてしまうからだ。先輩がスモールな人でなくても、自分より後輩のほうが明らかに期待されている状態では、面白くないと感じてしまうものだ。

どんなに先輩を立てようにも、先輩も優秀でなければ限界があるものだが、だからこそきみには、先輩も自分が育て盛り上げていくという気概を持ってほしい。

「先輩は使えないからしょうがない」とあきらめてしまうのではなく、先輩に学ぶべきものを見つけ、学び、先輩を立てながら、先輩にいろいろ教えてあげて盛り上げていけるような人間であってほしい。そういう人物なら、初期段階のリクルーターなどの面接で落とされることはない。

できる人材に不可欠なことは、結果で証明すること

「アイデアを本当にカタチにできる人なのか」を知るために、面接官はついつい過去の実績を気にしてくる。「じゃあ実際に、これまでにどんなことができたのか」と。この傾向は当然の流れだと言える。

片やリストラを実施し、クビを切っている一方で、新しく人を採用しているわけだから、将来の可能性に期待するなどと悠長《ゆうちょう》なことを言っていられない状況があるからだ。

確実に結果を出せる人、まず間違いなく期待に応えてくれる人材が欲しいのだ。

そういう現状の中で、就職においては、

「これからこうしようと思っています」

「必ず頑張ります」

という未来への宣言だけでは、すでに通用しなくなっていると思うべきだ。

どんなに心の底からの思いで宣言しようと、どんなにしゃべっていることや考えが立派であっても、実際にすでにやっている人のほうが確実だし、やれる人ならすでにやっているだろうと思われるものなのだ。

今後、新卒の採用は、よりいっそうスペックや実績を重視してくるだろう。

英語やITのスキルにしても、アイデアをカタチにした経験にしても、実際にすでに身につけている人、やってきた実績のある人を求めるようになる。

アクションすること、実際にやっていることが大事

「宣言したりプランを練っている暇があったら、着手しろ!」

僕は、学生に口が酸《す》っぱくなるほど言っている。

もちろん、プランを練ることや宣言することに意味がないということではない。宣言したり、考えたり、プランを練ることは大変重要であるが、それだけでは意味がないということだ。

実際には、学生にも社会人にも、プランは素晴らしいが実行が伴っていないという人は本当に多い。しかし、実行が伴っていないプランも宣言も、それだけではまったく意味がないということを本当に肝に銘じてほしい。

これからも何度も述べるが、アクションすること、実際にやっていること、**結果で証明すること**、それができる人材に不可欠なことであり、それは学生でも同じことが言えるということを押さえておきたい。

一人一人ができる社員になることが望ましい

できる人について整理しよう。

できる人とは、会社で活躍する人、すなわち実績をあげる人のことである。では実績をあげるのは、どういう人かというと、主体的に取り組み自立していて、かつ人間的、人格的に優れた人であり、かつ自分で新しい価値をつくり出せる人、すなわち自分のアイデアで実績に貢献できる何かを実現できる人のことなのである。

活躍する。**結果を出す**。**実績をあげる**――なんて言うと、ガツガツ利益にこだわるせせこましい人、というイメージがあるかもしれないが、人間的に優れたできた人、**人格者**でないと、実は人を動かし、実績をあげる

ことはできないばかりか、たとえ実績をあげることができたとしても、それで心から納得でき、ハッピーになれるわけではないと僕は考えている。

中には、天才的な才能で数字をあげることのできる仕事もあるし、顧客や取引先を次々と取り換え、だましたりそれに近いことなど、モラルの低いことをやってでも利益を出すこと（短期的に）を良しとしている志の低い業界、会社、仕事もある。あるいは、ノリと勢いとマーケティングだけで利益をあげることができるため、それを良しとしている業界、会社、仕事も実際にある。

それもまた現実ではあるが、ほとんどの会社において、そんなことでは経営は成り立たない。利益をあげ続けることはできない。これまではそれで通用していたが、**これからは違う**。いや違うようになっていかないと、日本はますます取り残されていってしまうだろう。すでに、その兆候が随所に見られているように、世界の中での日本という国の運営が成り立たなくなっていくだろう。

そもそも会社とは何のために存在するのか。個々の会社の経営者の考えによっても違うものであろうが、きみも考えてみてほしい。

僕は、本来会社とは、社会と社員（経営者自身や社員の家族も含む）、株主を「幸福」にするために存在するものだと思っている。

大きな利益をあげる会社が、あたかも素晴らしい会社だともてはやされる風潮があるし、実際利益をあげることばかり考えているような会社も少なくない。しかし、利益とは、投資することで会社を回転させ、社会と社員に幸福を与える影響力を拡大していくために存在するものであるはずだ。利益をあげることは大切なことであるが、実はそれは「手段」であり、そもそもの「目的」ではないはずだと僕は考えている。

そういう意識を社員一人一人が持っているべきなのである。それは、会社に依存し甘えることとは対極にある。一人一人が「私が（社会と社員、そして自分のために）引っ張っていくのだ」という認識を持ち、できる社員として活躍するのが望ましいのだ。

5 できる人とはどんな人か その2

● 主体性のない子供社員はもう必要ではない

「できる人」について、もう少し説明しよう。

会社、特に大企業に行くといろんな人がいる。一握りの「主体的に生きる、自立したできる人」の裏側には、終身雇用・年功序列という幻の制度の恩恵を受けて会社にぶら下がっている人たちが、どこの会社にも今も大勢いる。

言われたことしかできない。言われたことをやればいいと思っている。前例のあることしかできない。自分では何も新しいことはできない。役職名がなければ人をひきつけていくことができない。そういう人が大勢、会社の中にのさばっている。無名の大衆として、会社というぬるま湯の中に浸かっている。

与えられた目の前の仕事に夢中になっているだけでは、本人が気づくことなく子供のままでいてしまう。「お利口に仕事をこなしていくことが大人になることだ」と錯覚したまま、子供のままで歳をくっていくのだ。そして定年がくると、あるいは定年を前にして、使えない存在であることが判明すると、ぶら下がってきた社員たちは、会社という親に一気に切り捨てられる。そして目が覚める。この社会のシステム（からくり）

に、きみには今、気がついてほしい。

バブル期以前、すなわち経済の右肩上がりの成長期においては、このような主体性のない子供社員も会社にとっては有効であった。子供社員でも、マニュアルどおりのことをきちんとやってくれるマニュアルレイバーとして使い道があったのである。マニュアルどおりにやっていても、それなりに仕事がこなせ、存在価値があった時代だったのである。したがって、特に意識の面で「何でこんな人が」という人が、大勢、歳をくっているだけで平気で管理職になっている。超難関といわれる企業にも大勢いる。

しかし、いつの時代も、実際に会社を動かし、会社の明日をデザインし、支えてきたのは、彼らのような子供社員ではない。言うまでもなく、**ほんの一握りの「目の覚めた大人社員」**が支えてきたのだ。

時代は変わった。

業界によって、全員とまではいかないまでも、マニュアルレイバーとして会社にぶら下がる子供社員は、会社にとってほとんど必要がなくなった。今、会社が求めているのは、経営者や管理職に限らず、平社員にいたるまで、前例のないところで創意工夫し、切り開いていける力を持った、目の覚めた本当の大人なのだ。マニュアルを次々に作り替えて実行できる人。会社を頼りにしてぶら下がろうとするのではなく、アイデアと行動で明日の会社を時代のニーズに合わせて作り替えて（＝リストラクチャリング）くれる、**主体性のある自立した人間、新しい価値をつくり出せる人材**を求めているのである。それが**「できる人材」**なのである。

就職活動とは、いわば子供から大人への脱皮だ。就職活動を始めようとするきみの今の段階は、ほとんどの場合、親の保護のもと、金を払って、学校へ行く子供なのである。受験も定期試験も、与えられた範囲の中から、どれだけ正解を多く出せるかが問われた。成績は出席率と試験の点数で評価された。言われたとおりに勉強し、正解を多く出せて、校則などの決まりをきちんと守れる人が優等生として褒められ、認められてきた。

しかし、就職活動をはじめとして社会という大人の世界では学生社会の優等生だけではダメなのだ。

大人の社会で求められている人間像は、ほとんどの業界で学生社会といくつかの点でまったくと言っていいほど逆なのである。学生社会でどんなに優等生でしっかりしている学生であっても、大人社会では単に「普通の人」にすぎない。そのままで「できる人」として通用する「大人」は、僕の見てきた限り一人もいない。

「大人」の学生が「本当の大人」になる

面接官たちは、その会社の中でも、「目の覚めた大人の社員」が選ばれている(もちろん全員とは限らないが)。彼らはぬるま湯の状況を引きずったままの会社に危機感を抱いている「大人」なのだ。そんな彼らが選ぶ学生は、その会社を受けに来る多くの「子供たち」の中で、今までの通念を打ち破って跳び上がってくる、「**目の覚めた大人の学生**」である。

学生社会に浸り切ったきみが、まだ子供なのは仕方ない。ノホホンと普通に学生の日常を過ごしてきたのだとしたら無理もない。

しかし、そんなきみが目を覚ますことは不可能なことではないのだ。何といっても下準備はできている。頭(知能)も、体も、そして経験さえも、十分に「大人」になり得るだけのものを持っているのだ。あとは心(ハート)だ。大人としての心構え、人間としてのあるべき姿、大人社会で活躍するための考え方をまず身につけよう。そして、それを行動に移そう。

「本当の大人」になる可能性を持ったきみが、より本物になるために、後述の「できる人材の本質30カ条」とワークシートをやり抜き、行動を伴わせることで我究を重ねよう。そして、大人社会のからくりを認識すると同時に、自分の本質を高め、大人として目覚めよう。その上で就職活動に臨もう。行動しよう。

ただし、注意しなければいけない大切なことがある。目の覚めた大人になるということは、**目の覚めていない人たちを否定することではない**。どの会社にも大勢いる目の覚めていない方々とうまくやっていける人、さらにその上で刺激を与え、育んでいける人でないと目の覚めた大人とは言えない。考え方が極端になりすぎて、トガリすぎて排他的になってしまうようではできる人材とは言えないのだ。彼らにも感情移入し、どうしてそうなったのかを理解し、包み込む大きさが必要である。

できる人材は「課題」と「人」への取り組み方が違う

これまで述べたことを整理しておこう。

学生社会のいい子ちゃん（優等生）と大人社会のできる人とは、「対・課題（一人でできること）」への取り組み方も、「対・人」の問題への取り組み方も違う。

「対・課題」への取り組み方

「言われたことを言われたとおりにやる」のがいい子ちゃんなのに対し、「言われたことに問題意識を持ち、そもそも何のためにやるのか、目的を再確認しながら、やり方を工夫し、期待されている以上のことをやる」のができる人。

それだけではない。それをやって当たり前のこととしてこなし、それに加えて、言われていないのに自分から新しい価値をつくり出していくのだ。それができてこそできる人材なのだ。

アルバイトなどの多くは、言われたことを言われたようにやることを求められたりする。したがって、それが仕事だと思ってしまいがちだが、そういうものではないことを押さえておきたい。それは作業にすぎない。**自らつくり出してこそ仕事**なのだ。

「対・人」への取り組み方

「みんなと仲良く、ぶつからないように」、そう多くの先生は生徒に期待する。それをきちんと守るのがいい子ちゃんなのに対し、「人とぶつかることを恐れない」。しかし、ぶつかるといっても感情的にではなく、接し方を心得た上で、ぶつかっていくことができる。嫌われることを恐れることなく、しかし嫌われないようにぶつかることができ、**ぶつかってなお強い絆を築くことができる**。それができる人材なのだ。

相手のために、全体のために、自分のために、言うべきことを誤解を招かないようにうまく伝えることができ、議論できる。また、相手の言うことを受けとめられ、議論できる。そして、より深い信頼関係を築くことができる。それができる人材なのだ。

6 面接官はどこをポイントに見ているのだろうか

・面接官が見る5つのポイントとは

「面接官は学生のすべてを見抜く」

「面接官は学生の将来性を含めた本質そのものを見る」

と言ったが、具体的には「どこ」を見るのか。これも面接官自身が明確には意識していないことであるが、僕の分析の結果、大きく分けると4章でも挙げた次の8つである。

1. 自信
2. 価値観・人間性
3. 能力①（思考力）
4. 能力②（人間関係力・リーダーシップ）
5. 能力③（文章力・面接力・センス）
6. 容姿・雰囲気
7. 実績
8. スペック

この8つについて、自分自身を究め、人格を磨き自価を高めるしかないのだ。その上で、目指す会社の求める「モノ」について研究し、身につけていくしかない。

面接において「しゃべる内容」とは、高められた自分自身の上に存在するモノである。面接官は「しゃべったこと」の向こう側にある、**学生の「中身」「本質」を見ているのだ**ということを忘れないでほしい。

もし仮に、【用意してきたしゃべった内容】で合否が決まるのであれば、内定した先輩とまったく同じことをしゃべればいいわけであるが、実際にはそれで内定するわけがないことは明らかだ。それ以前に、面接とは質疑応答ではなく、人間対人間、ハート・トゥ・ハートのコミュニケーションなのである。では、

「頭が良くて、人間性が素晴らしくて、体力があれば絶対内定するのか」というと、そうではない。その業界、業種、職種ごとに特有の必要とされる頭（能力）があるし、人間性だって、業種、職種ごとに求められるものが違うのだ。また、同じ業種、職種でも、各会社によっても求められるもの（特に性格・キャラクター・志）が少しずつ違うのが現実である。

面接官は、素材としての人材を見ている

僕のように、毎年大勢の学生の就職活動に接していると、「この学生は三井物産向きだ」「電通向きだ」とか、「こいつは伊藤忠向きだ」「博報堂向きだ」「ゴールドマン向きだ」といったことが分かる。実際、三井物産向きの人は業界順位がずっと下の会社に落ちても、三井物産には受かるものだ。

さらに面接官は、頭にしろハートにしろ、その学生の現在のレベルを見ているのではない。その学生の「将来性」までも見ている。

頭やハートを総合的に数値化することは困難（SPIなどでそれを試みてはいるが）だが、もし仮にできたとして、2人の学生が同じレベルにあるとしたら、より実績があり成熟度の高い学生を選ぶものだ。面接官は素材としての人材を見る。同時に、必ず結論を出してくれる学生を選ぶのだ。

面接官は、少なくともそのうちの何人かは、学生を何百人と見てきた面接のプロだ。**人を見抜くプロ**なのだ。必ずどの会社にもそういう人がいる。その面接官が本気で、気合を入れて面接するのだから、間に合わせ

に武装したところで、たとえマニュアルを1冊丸暗記したところで、内定できるほど甘くない。そう思っておくべきだ。

要は中身、人格。頭とハート。そして本音のビジョン。

「まな板の上の鯉」になって、

「脳波と心電図をとられ、頭の先からケツの穴まですべて見られる」

「普段の行動がこっそりビデオに撮られて見られている」

それぐらいの心構えでいてほしい。

面接官はしゃべった内容で決めるのではない。人間で選ぶのだ

ここ数年、いろんな就職のためのマニュアルが出回って、学生たちの間に決定的な誤解が生じてしまった。

それは特に面接において、「自己PR」や「志望動機」など、

「面接官の質問に対し、何と答えるかで合否が決まる」

という誤解である。前述のとおり「具体的な企画」も確かに重要ではあるが、そのクオリティで合否が決まるわけではない。

ここではっきりと言っておこう。

「面接官は学生の【用意してきたしゃべった内容】で合否を決めているのではない」

あえてわかりやすく言うなら、

「**【用意してきたしゃべる内容】よりも、【しゃべっている人】そのものを面接官は見ている**」

のである。【しゃべっている人】とは、まさしくその学生の本質そのもの。繰り返し述べているとおり、

「学生の人間そのもの、顔つき、しゃべり方、表情、しぐさ、服装、髪型、声、姿勢、雰囲気、人格、考え方、頭、さらにこれまでの実績、将来性など、頭の先から足の爪の先まで、外見も中身もすべてを見抜いて、この会社で将来活躍できるかどうか。実績をあげられるかどうか」で選んでいるのだ。実際には、すべてを見抜けない面接官も少なくないが、そういうものだと思って臨もう。

【用意してきたしゃべった内容】はあくまできっかけとして、【用意できないこと】を引き出し、その向こう側にある学生の本質、将来活躍できるかどうか、大人としての素材を見て選んでいるのだ」

採用する側に立って考えてみよう。企業にしてみれば、**人を一人採用するということは、5億〜8億円の買い物をするのと同じなのだ**。２００万円の車を買うのとはわけが違う。

社員にはいろんな人がいる。会社に何百億という利益をもたらす人もいるし、一方で1円の利益も生み出さず、いるだけで損、いないほうがまし、そういう人材もいるのだ。

「生涯給与だけで4億円。保険など諸経費を含めれば、その倍近い額」もの投資をして人材を採用するのに、一日二日で準備して身につけたような口先のテクニックで選ぶわけがない。

面接官は、「将来性、可能性を含めた人間すべて」を見て**「活躍する人」を採用する**のである。

しゃべる内容と本質はどういう関係にあるのか

面接官は、きみの本質を見ている

面接官は学生に様々な質問をする。

「あなたの長所は何ですか」（自己ＰＲ系）
「学生時代、一番一生懸命だったことは何ですか」（自己ＰＲ系）
「一番つらかったことは何ですか？　一番楽しかったことは」（自己ＰＲ系）
「なぜ当社に入ろうと思ったのですか」（志望動機系）
「当社で、どんなことをしたいのですか」（志望動機系）
「10年後、あなたはどうなっていたいですか」（志望動機系）

などの基本的なものをはじめ、バリエーションを加えると何百種類もの質問がある。しかし、何度も同じことを言うが、どの質問にせよ、面接官が見ているのは、それらの質問に対する答え（しゃべる内容）の奥にある、「**できる社会人の卵としての本質**」である。したがって、本質が見えてくるまで、

「それはなぜですか」
「なぜそう思うのですか」
「なぜそうしたのですか」
「なぜ○○というふうには考えなかったのですか」

と、突っ込んでくる。

もし【しゃべる内容】が誰かの受け売りであるならば、「なぜ?」と突っ込まれても、その先は「単なる理由」や「深みのない適当なこと」しか出てこない。

学生にしてみれば、どんなに「もっともらしく答えられた」と思っていても、面接官から見れば「ホンモノでないこと、重みを感じさせないこと」としか受け取れない。それでは学生の本質は見えてこない。要するに、いかなる質問にせよ、それに対して、**自分の確固たる本質に基づいた自分の考え**をしゃべらなければ意味がないのだ。面接官はまさにその「確固たる本質＝コア」を見ているのであり、最終的に出てきた【字面としてのしゃべった内容】ではないのだ。しゃべった内容や視線、表情、態度の中で、「キラッと光る一瞬の輝線」で、確固とした本質を感じ取り、判断しているのだ。

すなわち、きみは我究によってきみの「本質そのもの」を高めないと、たとえ何をしゃべろうとまったく意味がないと思ったほうがいい。

【用意できないしゃべった内容】とはきみの本質なのだ

【用意できないしゃべった内容】を導くために、面接官が使う手(質問)は大きく2種類ある。

1つは、先に挙げたような【用意してきたしゃべった内容】に対する突っ込み質問。

「なぜそうしたのですか」

「どうしてそう思ったのですか」

「その時○○しようとは思わなかったのですか」

「○○という考え方もあるけれど、どう思いますか」

これらは、我究していればまったく心配はない。思ったとおり率直に答えればよいのだ。

2つ目は、本当に突拍子もない質問だ。

「自分を動物に例えると何だと思いますか」

「1億円あったらどうしますか」

「無人島に行くとしたら、何を持って行きますか」

というような一見くだらない質問。あるいは世間話。実際に聞かれる頻度は少ないが、現実としてこれまでも、全業界まんべんなくこの手の質問があった。これらの質問に対しては、とっさに自分で答えられないように感じると思う。しかし、実際には何のことはない。動物に例えて、ペンギンだろうが、ライオンだろうが何でもいいのだ。ペンギンはOKで、シマウマはバツというわけではない。1億円を貯金しようが、馬券にしようが何でもいい。面接官はきみの「答え」により、合否を決めているわけではないのだ。

重要なのは、なぜそう思ったか。何のためにそう思ったか。要するに、我究した上での自分の考え方、思ったことを、そのまま伝えればいいのだ。しかし、もし我究していなければ、マニュアルを参考にどんなに立派な自己PRを用意していたとしても、しゃべればしゃべるほどボロを出すだけなのである。本人はうまく切り抜けたつもりでも、面接官にはすべて見透かされているのである。

結局、**【用意できないこと】**を引き出すための、ありとあらゆる質問は、**実はすべて我究により用意できる。**手を替え品を替え繰り出してくるどんな質問にも、我究という**「高めた自分の考え方」**は万能なのである。

8 面接官の見抜き方のポイントはどこか

優秀な面接官は、頭（能力）、ハート（人格、人間性、自信、意識など）、カラダ（体力）、行動力、物事に取り組む姿勢、すべてを見抜くというが、どうやって見抜くのだろう。

面接官一人一人が独自の明確な視点を持っているわけではない。面接官とて人間である。きみが人を見る時と同じ。特に年下の後輩を見る時とよく似ている。きみと少しだけ違うところは、彼らは百戦錬磨の経験があり、選び抜かれた人であるだけに、

「本音はどうか」
「本当はどういう人か」
「どの程度の能力があるか」
「将来どのように伸びていくか」などを短時間で見抜く能力に優れているというだけだ。

学生のほとんどが、「しゃべる内容が重要」と思い込んでいるが、それよりも重要なものがある。

それは、

- **顔つき、目つき、姿勢、立ち居振る舞い、雰囲気**
- **しゃべり方、声の出し方、間合い**

である。

もちろん、しゃべる内容も大切だが、それよりも、見た目の雰囲気やしゃべり方のほうが重要であること

を、絶対に心に留めてほしい。気の小さい学生ほど、しゃべる内容に意識が集中してしまい、肝心な雰囲気に意識がいかなくなるものだ。しゃべる内容よりもはるかに大事なのが、見た目やしゃべり方、それが醸し出す雰囲気なのだ（詳細は『絶対内定２０２５面接』を参照してほしい）。

見抜き方のポイントとは

これまでにどんなことをやってきたかという実績もさることながら、面接官に接する態度や顔つき、しゃべり方、緊張の度合い、コミュニケーション、さらに物の考え方からも、それがただのハッタリでないのかどうかを見抜く。物事に取り組む姿勢についても、中途半端な人か、きっちりと魂を込めてやる人か、筋を通す人か、適当にすます人かは、本当にすぐに必ずバレる。

様々なことにチャレンジし、多くの人とぶつかり、自分を伝え、さらに共感をしてきた人かどうか。そんな経験のある人なら、面接で物怖じすることはないはずである。どんな圧迫感のある雰囲気にも、それなりに慣れているはずである。

「自分はやってきたんだ」という自信があるのなら、堂々としていられるはずなのである。

このように、きみの頭もハート（人間性）もカラダ（体力）も行動力も、実は面接における質問に何と答えたかではなく、顔つきや態度、しゃべり方、コミュニケーションのとり方に表れてしまうものなのである。

ある調査結果がある。人間が初対面の人に対し、その人が一体どういう人であるのか、どんなことから判断するのかを調査したものだ。なんと、**55パーセントは、顔つきや表情、態度、髪型、服装、雰囲気など「目で見えるもの」から。38パーセントは、しゃべり方や声の表情、間のとり方など「耳で聞けるもの」から。そし**

て、7パーセントが、「話の内容」だという。

もちろん面接においては「話の内容」も極めて重要であることは言うまでもない。

また、それ以外にもエントリーシートの文章やスペック（大学・高校名や所属組織名、役職や趣味、実績などのデータ）も重要な判断材料ではある。

しかし、きみにここでわかっておいてほしいのは、質問に上手に答えることだけでは繕い切れない「本当のきみの実力」をジャッジされるということだ。少なくとも優秀な面接官には、「すべてお見通しになってでも当然選ばれる実力」を培っておくことが必要であるということだ。

容姿について

見逃しがちだが、極めて重要なファクターだ。

目、顔つき、顔色、肌のつや、声の張り、歩き方など。

履歴書の健康欄に何と書こうと、不健康そうだったり、体力がないと思われたらまず落ちる。

学生のきみにはまだピンとこないかもしれないが、社会に出ると、まず睡眠時間が一気に減る。組織で働くのだから、人によって差はあるがストレスもそれなりに溜まる。おじさんみたいで言いたくはないが、カラダはいつまでも若くはない。そうなってくると、体力のある人とない人では仕事の出来がまるで違ってくる。

「**体力のない人に仕事のできる人はいない**」と言っても過言ではないのだ。

「ルックス」には2つある。

1つは生まれ持ったもの。

純粋に「見栄え」からくる好印象はもちろんだが、ルックスのいい人は自分に自信を持っていることが多く、人間好きであることが多いからでもある。会社や職種によって差はあるが、現実としてそれは事実だ。

もう1つは、**ハートや生き方からにじみ出てくるルックス**。顔つきも、姿勢も、しゃべり方も、ハート次第でまるで変わってくる。我究されたルックスであれば本当に問題はない。ルックスに自信がなくても、だからといって、「生まれ持ったものは、どうあがいても仕方がない」と、あきらめてはいけない。我究し、明確な目的と決意を持っただけでも顔つきは全然違う。その上で、ダイエットや腕立て伏せ、あるいは服装や髪型、化粧などで、できるだけよくすればいいのだ。

また、好印象を与える顔に競技スポーツをやってきた人の顔というのがある。汗をかいて生きてきた人が見せる、すがすがしくて正々堂々としたタフな顔つきだ。

今までスポーツをやってきていない人や、しばらく遠ざかっている人は、できれば今からでも競技スポーツにチャレンジしてほしい。もし、時間的な余裕が本当にないのなら、せめて汗をかくこと。ジョギングなど、自分で目標タイムを決めるなどして、本気で開始してほしい。

実際には、競技スポーツと勝ち負けのないジョギングやスポーツジム通いなどでは、ずいぶんと違うものだ。また、日焼けして精悍な顔つきになることだけでも、実は極めて有効だ。

体力同様、顔つきというのは本当に重要な要素なのだ。

9 現状レベルをチェックしよう

内定のために必要なものを一覧してみよう

231ページの「現状レベルセルフチェックシート」で、内定のために必要なものを一覧してみよう。全体像を把握するのだ。

これは、我究館で模擬面接の際に使用しているロールプレイング・メモとほぼ同じものである。これらの項目一つ一つを一定のレベルまで引き上げることができたら、きみは間違いなくトップ内定できるはずだ（超難関に内定する学生は、面接直前の段階では、僕が判断して、どの項目も9点以上がつくレベルだ）。

我究前のきみがすべてにおいてハイレベルでなくてもいい。我究前だからこそ、できるだけ等身大にセルフチェックしてみよう。誰に見せるわけでもないから、カッコつける必要はまったくないはず。自分で正直にチェックしてみてほしい。親友や恋人、親など、きみのことをわかってくれている人にチェックしてみてもらうのもいいだろう。

超難関企業に限らず、数多くの学生から厳選する面接においては、本当に文字どおり抜群である必要がある。「飛び抜けた長所なり能力なりがあれば、ほかの部分は多少は大目に見てくれる」というものではないことを、僕はここで断言しておきたい。

ついつい自分では、自分を過大評価（最高評価）してしまいがちである。自分の持つ要素の中で、最も高いレベルを自分のレベルだと思ってしまいがちなのだ。学生同士でもそういう目で見ることが多い。だから、学生同士では、

「何であいつが内定しないのか」と感じることも少なくないことであろう。

しかし、面接官は違う。もっとシビアに見る。

「うちの会社は学生のいいところを見る」という会社も中にはあるが、現実的にそれはほとんど建前である。ハイレベルの争いでは、ほとんどあり得ない。「いいところ」同様、「弱いところ」も見抜こうとする。

どんなにいい部分があっても、「この部分が弱いな。こういうところが分かってないな、できてないな、幼いな」と判断された（読み取られた）ら、落ちてしまうのが現実だ。すなわち現状レベルセルフチェックシートの一つ一つの項目のうち、どれか**著しく低いものがあれば落ちてしまう**のである。

それぐらい面接は本当にシビアであり、就職戦線もシビアな争いであることを分かっておいてほしい。

だからこそ現段階では、自分に正直にチェックすることが必要なのだ。何もかも、これから身につけていけばいいのだから。

現段階でチェックするのはもちろんのこと、我究を進めながらも時折チェックしてみてほしい。

ここで注意したいのは、自分の弱いポイントを「身につけなければいけないこと」だと思わないこと。

自分の目的（夢）を確認することで、「身につけなければいけないこと」ではなく、「**ぜひとも身につけたいこと**」であることに気づくことだ。

義務感を感じながらでは決して楽しくないし効率も悪い。

主体的になれるよう発想を転換することが大切だ。

worksheet

Date　　/　　/

現状レベルセルフチェックシート

現状の自分のレベルについて自分自身でチェックしてみましょう。

		0点〜10点	特に足りないと思うもの
人格	パブリックインテレスト		
	野心		
	保守的だが変革恐れない		
	虚勢を張らない本物の自信		
	自信から来る余裕		
	必要なときに全力を出せる		
	モラル		
	品格		
	器の大きさ・キャパの広さ・包容力		
	線の太さ・腰の据わり・大物感		
	ダイバーシティ・幅		
	自分への厳しさ・芯の強さ		
	主体性		
	執着心		
	思いやり・気持ちを汲む力		
	共感力		
	協調性		
	人にもまれた強さ		
	打たれ強さ		
	覚悟・逃げなさ		
	冷静さ		
	情緒安定性・成熟度		
	明るさ・ハツラツさ・のびのびさ		
	素直さ		
	愛嬌		
	興味の幅・遊び心		
	実利主義と快楽主義のバランス		
	愛嬌・チャーミングさ・嫌味のなさ		
	信頼感・コミット力		
	忍耐力		
	自分の客観視		
人間形成・リーダーシップ	リーダーシップ		
	人望・人をひきつける魅力		
	誰とでも良好な関係を築ける		
思考力	本質をとらえる力		
	問題意識		
	論理的思考力		
	スピード		
	全体構造把握		
	新しいコンセプトを作る力		
	ストーリーを作る力		
伝え方・センス	感性の鋭さ		
	説得力のある文章・書類作成力		
	第一印象のよさ		
	雰囲気・存在感		
	さわやか・上品・知的なビジュアル		
	分かりやすく説得力のあるしゃべりの力		
	間合いなどのコミュニケーション		
実績	先入観を覆す実績		
	実行力		
総合	ポテンシャル		
	現状レベル		
	業界・職種の適性		我究度　　(%)

10

人格と自価を向上させるにはどうするか

最も重要な要素は人格、特に自信だ

①人格、②能力、③容姿、これらの3つのうち、**まず①人格を向上させること**が何よりも先決であると僕は考えている。

なぜかというと、大人の社会で活躍するための心の持ち方、考え方が、学生のきみにはまだまだ身についていないと思うからだ。活躍する人としての心の持ち方ができれば、あとは行動力がついてくることで（それができない人が本当に多いのだが）、ほかの2つ、②能力や③容姿を向上させる努力ができるからだ。

ここでは特に人格、考え方について、どこの業界のどの職種においても「絶対内定する学生」、すなわち「できる人材」になるために必要な項目を「できる人材の本質30カ条」として次の項で挙げておこう。

仕事で活躍するために、実績をあげるために、最も重要な要素が、ずばりハート（人間性や心の持ち方、考え方）であるからだ。頭もカラダも重要であるが、まず何よりも人間性あってのものである。その中でも特に重要なのは自信である。頭の切れも、人格も、実は、自信のレベルと比例している。自信がなければ頭も冴えない、人間性も狭量になってしまうものなのだ。

今現在のきみに、すべてが備わっている必要はまったくない。僕自身も常に意識していることであるが、すべてが備わっているわけではない。また、いったん身についたと思っても、自分を磨くことを怠れば、すぐになくなってしまうものばかりだ。まずは考え方として身につけよう。決意とまではいかなくとも、意識して心に留めて生活する＝実際に行動することで、「きみの本質＝人格と自価」は高まっていくのである。

自価を向上させることは、つけ加えることだ

「自価を高める」とは「自分を変える」ということではない。まだまだきみは若いのだから、これからどんどん変わっていく。それはある意味で紛れもない事実だが、無理に「自分を変えよう」とすることはない。

僕の言う自価を高めるとは、今までの自分に、違う考え方、物の見方、感じ方、行動などをつけ加えていくということである。

235ページの図を見てほしい。人間はラーメン屋にあるような割り箸入《ばし》れみたいなものに例えられる。甘えている自分。臆病な自分。怠惰な自分。好きなことには打ち込める自分。好きなこと以外にはなかなか打ち込めない自分……。人によって、いろいろな要素（＝割り箸）があって、それが束になって割り箸入れに入っていて自分という人間があるのではないか。

これからきみがやろうとしている「自価向上」とは、そんな自分の様々な要素をいちいち否定することではない。その逆に**全部認めてあげる**ことだ。自分をごまかさず、今の自分を認め、受け入れることだ。その上で、これも欲しいと思える要素（＝割り箸）を、きみという割り箸入れにつけ加えていくことだ。

これまで述べてきたことも、これから述べる「30カ条」も、僕がきみに大人になることを強いているように

受け止められるかもしれない。

しかし僕は、誰もが「子供のままの部分」をいつまでも残しておいていいと思っている。子供のままの部分をいつまでもとっておいたほうがいっそう魅力的だし、そのほうが幸せなのではないかと僕は思っているのだ。新しい割り箸をつけ加えることと、その出し入れができる意志を持つこと。そして、その出し入れのタイミングを読めるようになること。それが大切なのではないか。

人間は意識さえ変われば、本当に別人のように輝き出す。

いい人だけど甘ったれの、みんなからかわいがられる人が、みんなから頼られる人になっていく。自分のことにはがんばり屋でも人望はあまりない人が、みんなから頼られる人になっていく……といったケースを僕はこれまで何百と見てきた。

自分で何とかしようという意識が変えていく

意識が変われば行動が変わり、それによって**周りの人間の接し方が変わっていく**。

「面白くないことが次から次へと起こる」という環境から、なぜかしら「面白いことが次から次へと起こる」という状況に、自分の意識が変わることで、環境が変化していくのだ。そうなるとますます、態度も顔つきも、しゃべり方も雰囲気も変わってくる。成長の順回転が起きていくのだ。

きみには、次のようなことは当てはまらないだろうか。

・グループで何かをやる時、うまくいかないことがあったり面白くないことがあると、すぐに文句を言い、人

人生は割り箸入れだ

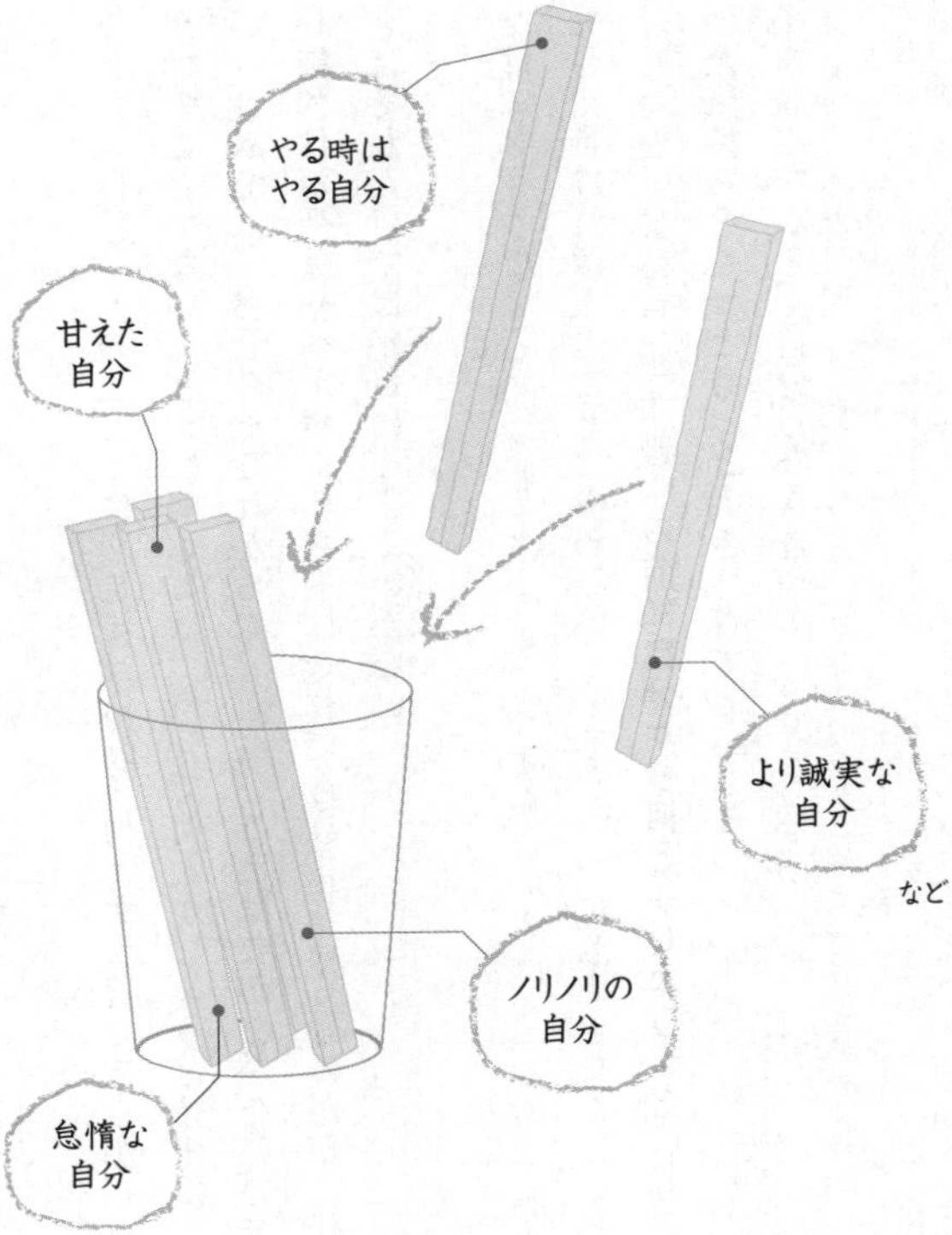

自分を否定することはない
新しい割り箸をつけ加えていこう

のせいにしたり、環境のせいにしたりする。しかし、自分でその集団を何とかしようと動くことはしない
・人が自分に面白くないような態度で接してきたら、自分も仕返しとばかりに相手につらくあたったりする
・陰で人の悪口を言っても何も始まらないことは何となくわかっていても、それでも人や環境の悪口を言って、その時だけちょっぴりすっきりして、でもそのあとで余計に気分が悪くなったりする

このような意識、すなわち「自分一人のこと」に関しては自分で何とか改善できるが、所属するグループや関わる人間など「自分だけのことでないこと」に関しては、自分で何とかしようとせずに文句を言ったり、あきらめてしまったりという意識では、おそらくこれから先、面白いことはなかなかないのではないか。点をとりさえすれば評価される受験やペーパーテストはそれでもうまくいくものだが、仕事や人間関係、家庭など、人生のほとんどはそれだけでは絶対にうまくいかない。

「何で自分ばかりこんな目にあうのだ」「どいつもこいつも、つまらない人ばっかりだ」の繰り返しだろう。人のせいにする。自分さえ良ければ人のことは構わない……そういった意識をなくしてゼロにせよとは言わない。しかし、それだけじゃない気持ち、「非難する前に**自分から何とかしよう**」という意識をつけ加えてほしい。そして、そういった気持ちをもっともっと大きく育てていこう。

これから始まる30カ条を読みながら、自分と向き合っていこう。

11 「できる人材の本質30カ条」とは

第1条　強烈な夢・志・目的・目標を持つ
第2条　発展途上の自分に自信を持つ
第3条　過去から現在を肯定する
第4条　人と違う考え方や行動をとることを恐れない
第5条　人や環境のせいにしない
第6条　自分の意見を持つ
第7条　否定されてもめげない。あきらめない
第8条　何事も主体的に情熱を持って取り組む
第9条　これというものに対しては適当にすまさない、ごまかさない。全力で徹底して取り組む
第10条　超プラス思考
第11条　実際に行動する
第12条　自分で自分をノセていける
第13条　自分を磨くことを怠らない
第14条　悪魔をも味方にして結果を出す

第15条　人に対し徹底して誠実に接する
第16条　素直さと聞く力を持つ
第17条　人を受け入れ、包み込む広く大きな心を持つ
第18条　人を信じる力を持つ
第19条　堂々としていて、物怖じしない
第20条　全体最適の立場に立つ
第21条　人にプラスの影響を与える
第22条　感性を磨く
第23条　問題意識を持つ
第24条　自分や社会、物事を客観視できるバーズアイを持つ
第25条　深く多面的に見る目を持ち、考えや物事の本質をとらえる
第26条　考え方や物事を構造的にとらえることができる
第27条　アイデアを出すことに自信を持つ
第28条　魅力的でいられるよう、ビジュアルを磨く
第29条　心から思いやれる自分の師、素晴らしい仲間（先輩・後輩）、愛し合える人を持つ
第30条　親を大切にする

この「できる人材の本質30カ条」の各項目について、次項で詳しく述べていこう。

第1条　強烈な夢・志・目的・目標を持つ

自分の心からの夢や目標がなければ何も始まらない。目標を持たないと本気で頑張ることはできないばかりか、情熱を持つことすらできない。何となくの思いではなく、**強烈な思い**であることが重要だ。

身近な就職活動でいえば、まずは今現在、自分の「仕事を通じて実現したいこと」がまだ分からなくとも、

「自分の夢の実現に向かって、生き生きと生きていくのだ。私は自分の力を発揮し、自分の望むフィールドで大活躍するのだ」

という強い気持ちがなくてはいけない。そして我究していくうちに、実現したいことや行きたい会社が見えてきたら、さらに一歩進んで、

「あの会社で、近い将来あの仕事で大活躍する」

という、より具体的な思いを、この数カ月のうちに持つのだ。

その際、注意したいのは目先の目標にとらわれすぎないこと。**内定することが目標ではない**。仕事を通じて実現したいこと（夢）など、もっと先の、より高い目標を常に見失わないようにすることだ。第1章で述べたように、やりたいことや欲しいものなど、「自分の手に入れたいもの」＝Havingだけでなく、「社会に対する影響」＝Givingなど社会に対する思い、すなわち志を持っていないと、自分に寂しさを感じて、おそらく多くの人が思い半ばで意欲を失っていくだろう。

第2条　発展途上の自分に自信を持つ

自信のない人は、たいてい仕事もできない。仕事ができない人を企業が欲しがるはずはない。

逆に、何の裏づけもないのに自信満々な学生もいるが、たいがいは勢いだけの表面的なものであり、面接官から見れば1分もあれば見破ることができる。

「自分なりに努力した。将来のビジョンに向かってこれからも頑張る」

という**事実と決意の裏づけに基づいた自信**が必要なのだ。

薄っぺらなハッタリや自己満足ではなく、自分と向き合い、自分の欠点を認めた上での決意に基づく「発展途上の自分に対する自信」こそが本来の自信であり、それを得られるようにすべきである。

成績が悪くて自分に自信がない人は落ちるし、落第していても自分に自信がある人は受かる。もちろん自信の有無がすべてではないけれど、自信はないよりあるに越したことはないのだ。実際に、努力した量ではなく、**自信がある人ほど内定する**ものなのだ。

なかなか自信の持てない人にも分かってほしいのは、「今の、今日現在の自分の能力や人間のレベルに自信を持てと言ってるんじゃない」ということ。

まだ学生の身で、社会のことも仕事についてもよく分かっていないはず。それは当然のことだ。分からないからこそ不安なのもよく分かる。しかし、世の中において、今はちっぽけな存在であっても、

「今後努力し、将来できる人材になるのだ」

「大きな人間になるために努力するのだ」

という本気の決意があるのなら、そしてその上で実際に努力をしている（自分に勝っている）のならば、たとえ客観的な結果がまだなくとも、発展途上の自分に自信を持てるはず。**要するに覚悟なのだ。**

たとえ今の自分にダメなところがいっぱいあっても、本気の決意と努力（行動）があれば、自分に勝つことで「発展途上の現状の自分を認められる」はずだ。

もう一つ、自信が持てない理由として考えられるのは、我究が足りないということ。自分のしてきたことや考え方など、まず自分自身を洗いざらい、さらけ出し切れていないのだ。自分自身のことについて、自分の嫌な部分について、どこか目をつぶろうとしている人は、自分を肯定することはできない。したがって、本当の自信を持つことは、いつまでたってもできないだろう。**自分をごまかして自信を持つことができるだろうか。**考えてみてほしい。

思い出したくない過去や自分の嫌な部分は、誰にだって1つや2つはあるものだ。そんなものから逃げていては始まらない。過ぎたことは過ぎたこと。いいも悪いもすべて認めて、今日から再スタートしよう。

第3条　過去から現在を肯定する

「天職を獲得した」と言える人は全員、自分に対してプラス思考ができる人である。誰もが一人でいくつもの仕事はできない。

世の中に何十、何百という仕事があるにもかかわらず、「今の仕事が自分の天職だ」と言い切るには、過去から現在を肯定する力がなくてはならない。今までの自分が自分なりに納得でき、さらに現在の延長線上の未来に自分の夢の実現を信じることができるからこそ天職なのである。

過去から現在を肯定するには、プラス思考が不可欠である。

「つらいことや大変なこともたくさんあったけど、こんないいこともあった。つらかったからこそ、こんなことが身についた」と、イイトコロを見つけ出す力があるのだ。

「あんなことしなきゃよかった」

「あんな大学行かなきゃよかった」

「別のサークルに入っときゃよかった」

と後悔ばかりしている人は、プラス思考ができない人であり、そのままでは、

「この会社に来なきゃよかった」

と思うことだろう。そして、決まって仕事のできない人になってしまう。実際、

「自分の大学生活は面白くなかった」

と否定する学生は多いが、もしきみも今そう思っているとしたら、そのままでは絶対に内定できないことを覚えておこう。

もし今まで本当に大したことをやっていないのなら、それは、「これから**無限の可能性がある**」ということではないか。下手にいろんなことに手を出して、自分の限界を勝手につくってしまっているよりずっといいではないか。自分のこれまでの人生のイイトコロを見つけ出し、自分の大学生活を肯定できないといけないのだ。

「自分の大学生活は最高だった。自分は○○大学で納得のいく学生生活を過ごした」

とまで思えるようでなければ、超難関の企業には内定できないということを覚えておいてほしい。卒業までにまだあと丸1年以上ある。今からでも大学生活を最高のものにするために、計画を立て、できることを実行（アクション）していこう。

思いどおりにうまくいった時も、そうでない時も、**すべて自分のこととして認め、肯定していく力**を身につけよう。「肯定する」とは、単に能天気にそれでよしとしてしまうことではない。反省すべきところは反省し、次に生かしてこその肯定であることを押さえておく。

第4条　人と違う考え方や行動をとることを恐れない

いつも右へ倣《なら》えのステレオタイプでは、自分の頭で考えることを鈍らせる。人と違う考え方をしたり、さらにそれを行動に移すのには、孤独に耐え得る自信が必要である。そういうある種の緊張感を与えられる状況に身を置く経験が、さらなる「深い考え」「行動」をもたらし、結果、さらなる自信を与えてくれるのだろう。

スポーツが練習だけでなく、試合という本番を経験しないと上達しないように、頭も心も、緊張感のある本気を強いられる状況を経験していかないと鍛えられないものなのだ。

人と違う考え方、人と違う行動をとれる自信、あるいは勇気と言ったほうが的を射ているかもしれないが、そもそもそれがないと、仕事においても、提案をしていくことはできないのだ。誰かの言ったとおり、あるいはみんなと同じようにしか考えられず行動できないのでは、いつまでたっても埋もれた存在から脱することはできない。

第5条　人や環境のせいにしない

うまくいかない時、それを人や環境のせいにしていたのでは、向上していかないばかりか、自分がどんどん嫌な人になり、自己嫌悪に陥るだけだ。さらに、人の悪口を言うのも言語道断。そういう人は何をやってもうまくいかない。

面接でうまくいかない時、それは面接官が悪いのではなく、その学生自身に力がなかったのだ。飲み屋で愚痴をこぼしているビジネスパーソンにできる人がいないのと同じだ。

組織で働く場合において、何事も人のせいにする人は最低の人として誰も寄りつかない。人や環境のせいにした瞬間、自分に力がつかなくなるばかりか、誰からも相手にされなくなるものだ。

僕自身がこのことを強く認識したのは、社会に出て何年もしてからであるが、「人や環境のせいにしない」という考え方は、自分を強く大きくするために不可欠であると思うし、特に**就職に勝つには本当に有効な考え方**であると自信を持って言える。また、

「疲れたから」

「忙しかったから」

「連絡がつかなかった」

「面接官と合わなかった」

などの言い訳をする学生も内定はできない。これらを言い訳にして面接をはじめ社会人訪問のアポイントメント、業界研究などのための読書、筆記対策の勉強などを、きちんとやらない人は内定はできない。

社会は厳しさを持っているものにとっては楽しいところだが、厳しさを持っていないものにとっては甘くない厳しい世界なのだ。学校や家族と違って、言い訳は通用しない。

とはいえ、いつも「自分のせい」にばかりしていると、それも苦しい。そんな時は、

「誰のせいでもない、神様のせいだ。次にうまくいくための神様のおぼし召しだ」

と、思えるくらいの心のゆとりが必要である。

僕の場合は、学生の就職活動が思うようにいかない時、学生が「受かる」と思っていた会社に落ちた時、人間関係で悩んだ時、人を傷つけたり、迷惑をかけてしまった時、ビジネスパーソン時代は、これぞと思った企画が通らない時、あるいはレコード会社に出す曲や出版社に出す原稿が通らない時、納得できるものが書けな

い時など、つらい時は、いまだに二十数年前の浪人時代に、駿台予備校の故・伊藤和夫先生に教わった言葉を思い出すようにしている。

「**逆境また愛すべし**」

逆境こそ自分を強くする最大のチャンスだ。

また、それでもつらくてしようがない時は、大学時代に一人乗りのディンギーで遭難した時のことを思い出す。いきなり昔話が出てきて、まやかしっぽくて変だが、極度の疲労と根性の限界で意識を失いそうになった時、僕は荒れ狂う海の上に亡霊（？）を見た。本当の話だ。おばけを見たのは、その1回だけだが、そのボヤッとしたおばけは、僕にしゃべりかけた。言葉自体は鮮明ではないのだが、

「あきらめるな、意識を失うな」

というメッセージが耳元に強烈に伝わってきた。

死にかけたあの時に比べれば、

「この世のあらゆることが大したことはない」

と思えるから、本当に貴重な経験をしたものだ。

人や環境のせいにしないということは、**自分が責任者であるという意識を持つ**ということでもある。自分がリーダーであろうとなかろうと、たとえ新人であろうと、自分が関わるものは、何としてでもうまくいかせるのだという意識が必要なのである。

大学生活も社会人生活も、「環境は自分でつくる」という意識で行動するのだ。そうしない限り、面白い会社も面白い仕事も、ハッピーな人生もあり得ないのだ。誰かが楽しくしてくれるのではない。**楽しくするのは常に自分**なのだ。

第6条　自分の意見を持つ

どんなに素直であっても、**自分の信念**を持っていないとお話にならない。調子の良さだけで就職活動には勝てない。できる人材にはなれない。

自分のこと、学校に関する身の回りのこと、社会のこと、世の中のこと、情報としての知識とは別に、しっかりと自分の意見、主張を持とう。

論文にしても、面接においても、事実としての情報を並べて得意になっていても何にもならない。ただ単に「よく知ってるね」で終わってしまう。そういう人は「お勉強はできても仕事はできない」という典型的な人で、内定もできない。就職活動や仕事は学校の勉強や試験とは違うのだ。知識や情報をたくさん持っているに越したことはないが、その上で自分の意見を持っていないと何にもならない。

時事問題に限らず、新聞や本で覚えたことを並べるのではなく、自分の考えが大切なのだ。普段から、日にするもの耳にするものに対し、自分の意見を持つ癖をつけよう。

第7条　否定されてもめげない。あきらめない

第1章で述べたとおり、自分の夢や目標、「どうしてもあの仕事をしたいのだ」という意志と情熱を持ち続け、そのために自分を磨く努力（アクション）を続けることができる精神的な強さ、自分の可能性を信じ続ける執着心（タフなハート）は絶対に必要だ。

ちょっとしたカベに負け、途中であきらめたり、妥協してしまう人には本命に受かる資格はない。もし、ま

ぐれで内定しても、そういう人は活躍できない。会社は頑張れる人が欲しいに決まっている。がんばり続けられる人だけが仕事ができる人になれるのだ。

就職活動を通して、一番しんどいことは、「どうしても受かりたい」と思っていた会社に落とされた時だ。

特に、これまで受験や恋愛などで負けた経験がない人、優等生として先生に褒められてきたような、順風満帆でそれなりに自分に自信を持っていた学生にとっては、自分を完全に否定された気がしてショックが大きい。

うまくいかずにつまずいて落ち込んでいる時に、自分の気持ちを前に向かせ、

「**もう一度頑張るんだ**」

と、次に向かって自分を立ち向かわせるのが、この強い心だ。

そのことは忘れて次に向かうのではなく、何がいけなかったのか原因を分析し、それを身につけるにはどうすればいいか考え、実行していくのだ。

また、人間関係においては、相手がどんなに親しい人であれ、時として、「違うものは違う。できないものはできない」と主張する戦う力も必要だ。やさしさと甘さを混同することなく、他人に対する厳しさも持つことだ。これもタフなハートがあってこそなのだ。「**タフなハート**」**はすべての原点**ともいえる力なのだ。

タフなハートを最初から持っている人などいない。カベにぶつかった時ほど、身につける絶好のチャンスだ。カベにぶつかった経験、カベから逃げずにぶつかって突破したり、挫折したりの経験が人を強くするのだ。そう簡単に身につけられるものではないが、何としてでも自分のものにしたい。

強い心を持続させる方法

自分の思いを実現に向けて持続させるためには、「**目標設定**」をするに限る。仕事にも達成目標（予算などと呼ばれる）があるように、就職活動においても、達成目標の設定が必要なのだ。

さらに最終的な達成目標（最終目標・ゴール）に到達するためには、最終目標にいたるまでのステップ目標をいくつか設定していくことが大切だ。最初のステップ目標をクリアするためには何をすればいいのか考え、それを実行していく。**ちょっとの頑張りで達成できるステップ目標を次々と突破していけば、最終目標に到達するという仕組みづくり**だ。

第1章で述べたように、自分の夢、きみのビジョンを実現させることが就職活動における最終目標だ。単に、どこどこに内定するということを目標にするのではないことが肝心だ。

その上で、「それを実現するためのファーストステップとしてベストの会社で活躍すること」を最初のステップ目標とする。この目標は一見、具体的なようで、実はまだ漠然としている。この目標は掲げて眺めていただけでは、いくら念じていても何も始まらない。

そこで、さらに細かいステップ目標が必要になる。

きみが今この本を読んでいるのがどの時期かわからないが、まずは、この本を読んで、「確かにそうだな」と思ったことがあるのなら、それをすぐにでも実践していくことが第2のステップ目標だ。

さらに、その上で、要するに、日々の行動を改めつつ、第8章の**我究ワークシートの「ステップ0」から「ステップ6」まで取りかかることだ。目安は1週間。**最初はサラッとでもいい。実際に取りかかり、やり抜いてみることだ。

やってみることで気づくこともたくさんあると思う。もっと自分が身につけるべきこと、日々の行動の中に落とし込んでいくべきことも見えてくるだろう。それらの「行動」を通して、自分のものにしながら、すなわち自価を高めながらワークシートを繰り返していくのだ。

我究ワークシートの具体的な進め方や、その他の活動の具体的な進め方は、第7章、第9章に詳しく載せてある。

就職活動には、急な呼び出しや面接などの予期せぬ出来事もある。しかし、それらに振り回されることなく、**効率的な的を射た努力**を自分から主体的にやらなければいけない。きちんと目標を設定し、スケジュール化して進めていこう。それにより強い心を持ち続けることができるし、また、そのことがまさに「強い心を持つ」ことにほかならないのだ。

就職活動は本当に仕事によく似ている。強い心を持ち続け、就職に勝てる人は仕事もできる人なのだ。

タフなハートを持つための方法

タフなハートを持つための具体的な方法の一つが、「**最後まで絶対にあきらめないこと**」だ。

あきらめた瞬間、何もかもが終わる。面接の途中でも、筆記試験の途中でもそうだ。特に面接などいじわるな質問にうまく答えられず、その場であきらめてしまう学生が本当に多い。いじわるな質問も、いじわるな態度も、すべてきみの心の強さを見るためにあるのだ。

ある外資系投資銀行では、面接官が学生に「僕はきみみたいな考え方が一番嫌いだ」とまで言うことがある。これは面接官が本当にそう思ったから言っているのではない。そんなことを言われてもへこたれない、あきらめないタフなハートを持っているかどうかを試しているのだ。

実際、僕の友人の面接官の中にも、そういったことを言う人がいる。でも、そんないじわるなことを言う人に限って、本当はすごくやさしくて思いやりのある方だったりする。**わざと言っているのだ。**

また、よく面接のあとで「あんな面接官のいる会社なんてまっぴらだ」などと言う学生がいるが、その程度のことでその会社で働きたいという情熱が冷めるなら、その程度の情熱しか持っていないなら、そこで働く資格はない。選ばれる資格はない。その程度のことで冷めてしまう情熱では仕事はできないことを知っておいてほしい。どんな理由であっても、途中でめげる人はできない人なのだ。

第8条 何事も主体的に情熱を持って取り組む

いまさら言うまでもないが、就職活動に限らず何事も、自分のものとして主体的に取り組もう。ゼミの進め方、卒論の進め方、サークルの新入部員の勧誘から飲み会など、何事においても、「誰かが決めるだろう」という受け身な姿勢はやめよう。自分が関わっていることなのだから、単に参加するだけでなく、建設的に意見を出し、主体的に取り組もう。

就職活動も仕事も、誰かの命令でやらされているのではないのだ。**自分がやりたくてやっているのだ。**何も就職しなくったって、フリーターをやったっていいのに、自分からやっていることなのだ。社会人訪問も面接も同じ。先輩や会社から、「受けてくれ」と頼まれて受けているのではないことをもう一度確認しよう。

主体的に取り組まずして、うまくいくことは社会においてはまずない。

主体的に取り組むとは、当然ながら「でしゃばること」ではないことをつけ加えておく。

第9条　これというものに対しては適当にすまさない、ごまかさない。全力で徹底して取り組む

何度も述べてきたことだが、一番大切なことだ。ある意味で能力やスキルよりもはるかに大切なことだ。

仕事も手を抜こうと思えばいくらでも抜けるもの。勉強も遊びも恋も何だってそうだ。手を抜いたり、バレないからと適当にすましたり、表面だけ取り繕ってごまかしたりしてうまくいくことなどない。その時はたとえバレなくとも、取り繕えても、ごまかせても、必ずツケが回ってくる。本当に必ずだ。人生はすべてそういうものだろう。**努力なくしてハッピーなどあり得ない**。

いつでも何でも全力投球――なんてことを言っているのではない。それでは身が持たない。「これは!」ということに関しては、徹底してやることだ。

「一生懸命だったことは何ですか?」

面接で最もポピュラーな質問だ。面接官はどの程度全力でできる人なのか知りたいのだ。そういう人でないと一緒に働けないのである。

きみがやろうとしている仕事において、どの程度「徹底して全力でやること」が求められるか想像してほしい。そのレベルで取り組める人になっていることが必要なのだ。

余談だが、仕事ができる人ほど、不倫など異性関係においてモラルの低い人が多いのは、このことが原因になるケースも少なくないと僕は思っている。仕事に徹底して打ち込んでいる分、ストレスもプレッシャーもかかり、どこかでいい加減でないとバランスが取れないのだろう。もう一枚強くありたいものだ。人として心底

気持ちよく生きていきたいものだ。

●第10条　超プラス思考

プラスに考える力が有効なのは言うまでもない。しかしそれだけではダメだ。ただのポジティブ思考は、アマチュア感覚丸出しのおめでたいノー天気君と同じだ。

「本当にこの程度でいいのか？　いいはずないじゃないか？」と、勇気を持って自分自身に対してとことんシビアに客観的に現実を見つめる目と責任感が絶対に必要なものである。

プラス思考だけでは甘さに通じる。「超プラス思考」とは、「客観視」と「責任感」をあわせ持つことだ。もっともっとよりベターなものを探し続ける姿勢が、必要なのである。

できる人材とは、意外に思うかもしれないが、実は**例外なく心配性でもある**。心配性といっても「ヤバイ、ヤバイ」と、うだうだエモーショナルに悩んで、生産性のない時間を過ごすのでない。暇さえあれば、具体的に頭を使いながら行動していく、**生産的な心配性**だ。クールに、もっともっとレベルアップするべく、居残り練習していないと気がすまない人でもあるのだ。

人間性や能力、すべてを支えるカギである自信とは、不安と表裏一体にしか存在しない。ギリギリまでやるべきことをとことんやった上で、最終的に「絶対にできる」と信じるのである。

就職活動でも同じ。難関に内定する学生は、面接前夜の深夜までとことん問題意識を持ち続ける。不安を隠さず、自分をごまかさない。ギリギリまでより高いものを目指し続ける。仕事もまったく同じである。

第11条　実際に行動する

頭で分かっていても行動できない人は、仕事もできないし就職活動も勝てない人だ。順風の時は誰でもフットワークがいい。**肝心なのは逆風の時**だ。

「社会人訪問は早ければ早いほどいい」と分かっていても、ぐずぐず言い訳をつくってやろうとしない。みんなが始める頃になってやっと始める。また、数社に落ちて自信をなくして、大事な時期に家に閉じこもってしまう学生もいる。

誰でも慣れない行動や逆風に身をさらす行動をする時は億劫になるもの。しかし、尻込みをする自分をコントロールできなければ、就職活動にも、社会に出てからも勝っていくことはできない。

億劫なのは、僕も同じだ。僕はそんな時、とにかく考えずにカラダを持っていくことにしている。謝罪に行く時や、遅刻してヒンシュクを買っているとわかっている中待ち合わせの場所に行く時など、極端な話、背中を向けて目をつぶってでも、とりあえず現場にカラダを持っていく。言い訳など考え始めると、ますます行きたくなくなるだけだ。

行動する前は、億劫で尻込みしたくなるけれど、やってみると楽しかったり、すっきりしたり。何でもそんなものだ。特に就職活動は、我究さえしてあれば、本当に楽しくさえなるものだ。

「**大変だけど、自分が成長していくのが分かって楽しかった**」

きれいごとでなく、勝った学生はみなそう言っている。きみも、この本を読むだけでなく行動してほしい。ワークシートに実際に着手してほしい。そして、机上で考えるだけでなく行動してほしい。

第12条　自分で自分をノセていける

自惚《うぬぼ》れともナルシシズムとも自画自賛とも違うが、自分のことを好きになってあげて、自分を励ますだけでなく、ノセていけることが大切だ。

最初は意識して自分を励ましたり、頑張っている自分をこっそり褒めてあげたりすることも必要だろう。しかし、そのうちに意識しないでも勝手にノッていけるようになりたい。仕事だろうと遊びだろうと、何かに集中して打ち込むうちに、頭も感覚も冴えてくる状態を容易につくれるようになるのだ。

まさにスポーツやバンドやダンスと同じ感覚だ。ノリノリになっているのに、頭は冷静で周りが見えている。その結果、驚くようなプレーができている。集中しているため時間がたつのも忘れてしまう。仕事もそういう状態でやってこそ本当に面白くなるのだ。

面接でも同じことが言える。

「用意していないことを聞かれているのに、自分でも信じられないほどうまく伝えることができた」

「自分でも信じられないほど相手と心を通わせることができた」

そういうレベルの面接が、特に超難関企業では求められる。

面接で突然それをやろうとしてもできるものではない。自分で自分を励まし、ノセることから始まって、**極めて集中したノリにノッた状態になる**ことを、今、目の前の就職活動や学生生活で実践していくことだ。

第13条　自分を磨くことを怠らない

優れた人格も、感性も、自信も、ビジュアルも、様々なスキルも、磨き続けなければ現状維持もできない。

特に人格的なものや自信は顕著だ。あんなに光り輝いて魅力的だった人が、数カ月もすると、まるで魅力のない人になっていたりする。

憧れのスターやスポーツ選手がスターダムから消えてしばらくすると、別人のように冴えなくなっていることがよくある。逆に、伸びていく時は本当にキラキラ光っている。

さらなるより優れたものを目指して自分を磨き続けることだ。

人間の魅力は自転車のライトのダイナモのようなものだ。走り続ければ光る。ゆっくり走れば光は弱まり、止まれば消える。自分を磨くことを怠っては、どんなに素晴らしい実績があっても光らないのだ。過去ではなく**今、磨いていること**が大切なのだ。

第14条　悪魔をも味方にして結果を出す

いったんやると決めたら、「悪魔の力を借りてでも実現する＝何が何でも結果を出す」という意味。もちろん、あくどいことをやってもいいということではない。言いたいことはその真逆だ。悪魔さえもがひれ伏すほど高潔に、そして強い意志を持てという意味だ。

「できる人材」とは頭が人よりキレる人ではない。人と変わらない場合も多い。体力だって、優れているわけではない。生まれ持ったものは人並みだ。ただ、「やると決めたらやる」という根性の据わっている、ケツをまくって突っ走っている人なのだ。それができる人ができる人材なのだ。

それは何も仕事におけるビッグプロジェクトに限ったことではない。日常の小さな仕事においても、また就職活動そのものにも、面接にも、できる人材とできない人材ははっきりと違いが表れる。

第15条　人に対し徹底して誠実に接する

簡単なことではないが、できるだけ実践していこう。自分がもっと好きになるはずだ。毎日がもっと楽しくなるはずだ。

自分を磨くことがおろそかになっている時、目的を見失い怠惰になっている時、自分にだけでなく他人に対してまでいい加減になってしまうものだ。あるいは、自分のことに一生懸命になるあまりに、人の気持ちが見えなくなってしまうこともある。

どこまで自分が他人に対し徹底して誠実であるか、自分でチェックしてみよう。人が見ていない時こそ、人にバレない時こそ人に対して誠実になってみよう。

一人じゃない時は常に明るく、元気に、さわやかに

これも当然。クラい人と一緒に働きたい人はいない。クラい人は周りまでクラくする。

逆に、クラくなっている人を勇気づけたり、明るくしてあげられるような人が会社は欲しいのだ。

誰にでも落ち込むことはあるが、そんな時は、たった一人の時にこっそり落ち込め。あるいは本当に甘えられる人（恋人・親友など）の前だけでこっそり落ち込め。

社会人になると、学生時代はクラかった人も、人前では明るい人に変わるものだ。クラい性格のままでは、会社や社会という組織の中では仕事をやっていけないのだ。

もし、きみが今、「自分はクラいかも」と思っていたら、今のうちに根性で直そう。とにかく明るく振る舞ってみよう。どうせ社会に出たら自分で直すことになるのだから。最初は気が張って疲れるだろう。しかし

徐々にタフさを身につけるうちに、それが**自然と自分のものになっていく**はずだ。

誰に対しても思いやりを持つ

前述したけれど、他人を思いやり、うまくやっていくことができなくては組織で働くことはできない。組織内に限らず、人を大切にしない人には人脈は築けない。したがって仕事はできない。内定はできない。基本中の基本で言うまでもないけれど、本当に他人を思いやる力を身につけておこう。

自分の気持ちに余裕がある時は、誰でも思いやりの気持ちを持てるもの。学生を見ていて思うのは、僕から見て、「今は自分のことで精いっぱいだろうに」という時にも、**人の心配ができるような人ほど本命に内定している**。きれいごとではなく本当の話だ。面接官は、そこまで見抜けるのだ。

ここで言う「思いやり」とは、上っ面の「気遣い」などとは違う。「気を遣う」ことと「思いやり」を混同している学生がいるが、よく「気を遣う」学生ほど「思いやり」が足りない人だったりする。「思いやり」とは、相手が気づこうと気づくまいと、本当に相手の立場に立ち、思いやる気持ちだ。ときに厳しく接することを含めての思いやりだ。単に気を遣うことや甘さだけではなめられるだけだ。

この「思いやり」は一見どの学生もそれなりに持っているように見えるが、実際にはそのレベルに雲泥の差がある。例えば、友達にはどんなにいい人でも、自分の気に入らない相手には意地悪な人。学校ではいい人でも、親にはワガママな人などは、今のうちに絶対に、絶対に直しておくこと。

「就職には関係ない」

と思うかもしれないが、**実は大いに関係している**。

「そんなの、バレないようにうまくやるから」

と言いたくなるのもよく分かる。しかし現実にはゾッとするかもしれないが、面接官には確実に見破られる。**思いやりのない人は仕事で最も必要な〈信頼関係〉を築けない人**なのだ。見破られないはずがない。その前に、まず面接官から好かれない。

また、自分の主張を通したり、自分の考えを実現するための説得力も、「思いやり」があってこそのものである。どんな主張にせよ、判断するのは常に相手である。真に相手の立場に立って考えることができなければ、誰も説得できはしない。誰も動いてはくれない。

きみには親友が何人いるだろうか。自分を犠牲にしてでも、いざという時は、そいつのために何でもしてあげられる友人。きみが困った時に、きみを助けてくれる友人。相手のためには、どんなにきついことも言い合える友人。厳しいことも言い合える友人。そういった本当の親友が多い人ほど、内定できるのも事実である。逆に、内定できない人は、たいがい本当の親友がいない人だ。

約束は必ず守る

できる人は会社や組織の看板だけでなく、個人としての信用がある。締め切りや待ち合わせなどの約束は何が何でも守る。死んでも守る。組織のためではなく、**自分と相手のため**だ。

万が一、守れない時は事前に連絡する。しかし、その場合は、提出するレポートにせよ、企画書にせよ、数段クオリティの高いものでなければならない。したがって、さらに自分の首を絞めることになる。信用が得られなくては、どんなに能力が高くともできる人材にはなれない。

第16条 素直さと聞く力を持つ

人のアドバイスや意見を素直に聞けないと、自己満足の小さな自分で終わってしまう。伸びることはできない。「自分の強いこだわり」と問題意識を持ちながらも、他人の意見に耳を傾ける「素直さ」を持つことだ。

目上の人の意見がすべて正しいわけではもちろんない。しかし、どんな他人であっても、自分より優れた部分は必ず持っているはずだ。友達や親、先輩や恋人の助言やアドバイスを素直に聞ける力がなくては、きみがどんなに優れたモノを持っていても大きくはなれないのだ。

「他人の言うことをすべてうのみにしよう」と言っているのではない。

「そうかなあ、そういう考え方もあるのかな」と、聞く耳を持つことが大切なのだ。

この本に書いてあることもそうであるが、人から言われたことのうち、自分でよく考え、また調べた上で、いくつかを取捨選択し、なるほどと思ったことを自分のものにしていけばいい。

人からのアドバイスは貴重だ

就職活動も同じ。同じ社会人を訪問しても、「素直さ」を持っている本気の学生には懇切丁寧にアドバイスしてくれるものだ。逆に「素直さ」がないばっかりに、同じ先輩に冷たくあしらわれる学生もいる。「あいつばっかりずるい。平等じゃない」と文句を言ったところで始まらない。世の中すべてそういうものなのだ。そんなところで損をするのは、あまりにもったいない。

就職活動においても、社会に出てからも、先輩に限らず人のアドバイスは本当に貴重である。言われた時はムッとしたとしても、落ち着いて考え、それらを**素直に謙虚に聞ける力**をぜひとも身につけよう。もっといいアドバイスをもらえるはずだ。その上で取捨選択、決断すればいいのだ。

自分が完璧なはずはないのだから、他人の言うことは、ありがたいと思って謙虚に聞くに限る。

よく中学、高校、大学と成績優秀で、一流大学に通う優等生的な学生に多いのだが、自分の考え方に妙に頑固で、人のアドバイスを聞けない人がいる。自分の考え方と違う場合に、ムッとするだけでなく相手を否定してしまったりする。今まで先生や親に褒められて生きてきた人、模範的な学生で通ってきた挫折を知らない人に多い。子供社会で認められてきたばっかりに、大人社会における今までとは違うアドバイスを謙虚に聞く力がないのだ。

頑固とは、決めつけること。相手のことも自分のことも。自分の思い込みを否定する勇気のなさや心の小ささが、何かにしがみつきたくさせるのだろう。そのままでは良好な人間関係も築けなければ、自分自身の殻を破ることもできない。本当に頑固な人は、かわいそうだ。

我究した上の「確固たる信念」は別にしても、学生社会という子供社会で身につけた、ちっぽけで薄っぺらな思い込みやプライドなどかなぐり捨てよう。他人の意見、アドバイスに対して素直になると同時に、自分に対して、さらに環境に対しても素直さを持とう。

第17条 人を受け入れ、包み込む広く大きな心を持つ

面接やディスカッションなど、就職活動はもちろん仕事においては、正しいことを主張するばかりが正しいことではない。いくらきみが確信をもって正しいことを主張したとしても、それによって相手との人間関係が崩れてしまうようでは、きみの主張は正しかったとは言えないのだ。目先の論争で**大きな目的を見失ってはいけない。**

ディスカッションでは、こんなケースがある。

A君は与えられたテーマについて、たまたま自分がよく知っていることだったので、ほかの学生の間違いを誇らしげに指摘し、正しいことを自信満々に主張した。みんなを納得させることができ、そのディスカッションはA君の独壇場となった。すっかりいい気分になっていたA君だったが、なぜか落とされた。そのかわり間違ったことを主張していたB君が内定した。

A君が落ちたのは当然である。正しいことを主張することは、もちろん悪いことではない。しかし、その主張の仕方により、ほかの人を不快にさせてしまってはいけないのだ。正しいことを知っていたからといって威張れない。それはただ単に「知識があった」にすぎない。知識や情報はパソコンをたたけば、いくらでも出てくる。それよりも、ほかの人の気分を悪くさせ、やる気を削ぐことで、彼らの能力を発揮させられないようでは、何人かで話し合う意味がなくなってしまう。A君1人でやっているのと同じことで、

「知恵を出し合って、よりよい方向性を見いだそう」

という組織のメリットがまったく生かせなくなってしまうのだ。

ディスカッションに限らず、相手が取引先やお客様であっても、先輩であっても、後輩や学生同士であったとしても、相手の立場やメンツを十分に考慮し、相手をシュンとさせたり、プライドを逆撫《さかな》でしたりしないように説明する「配慮」が必要なのだ。

それでも分かってもらえそうにない、認めてもらえそうにないと判断した場合は、そんなことで人間関係を壊し、全体としての目的が遂げられなくなるよりは、時には相手の主張が間違っていたとしても、受け入れてあげたほうがいい場合もあるのだ。

もちろん、ことによっては人間関係が壊れても主張を譲ってはいけない時もある。相手を不快にさせ、人間関係が壊れたように思えても、結果としてはあとで相手が納得したことにより、信頼関係がよりタイトになることもある。

要するに、大切なのはどんなに自分が正しい時でも、相手の立場を思いやる配慮と目的を見失わず、小さいことでガタガタ言わない**寛大さ**である。きちんと他人の感情に配慮しながら、主張できる人が欲しいのだ。

人を見下さない、切り捨てない

ダサイ人やサエない人、自分のためにならないと思っている人を、見下したり、切り捨ててしまう人がいる。そこそこの自信を持っていたり、ラベルにパワーがあるほど、そういう人は少なくない。大学名や社名などのラベルで判断し、見下す人もいる。

非常に寂しいことだ。誰にだって素晴らしい長所がある。そこを見るのだ。自分よりはるかに素晴らしい部分を持っていない人など存在しないだろう。

また、切り捨てること、縁を切ることも同様に寂しいことだ。

時として、ある期間それをすべきこともあるのかもしれないが、永遠に縁を切るべき人物はいないはずだ。たとえある時期、許し難いことがあったとしても、人間は変わるものだから、いつまでも根に持っているようでは、心の寂しい人生になるのではないか。

安易に仕返しをしない

目には目を的な発想の人もいる。何か嫌なことをされたら仕返しをしてやるという発想だ。これも寂しい。ハッピーの逆の気持ちになるだけだろう。嫌なことをされたら、なぜそんなことをされたのかを考えよう。

まったくの誤解でそうなることもあるだろうが、たいていの場合、自分にも誤解を与えてしまったなどの非があるはずだ。

自分のことなら我慢できても、自分の身内や後輩などのこととなると、ついカッときて仕返しをしようとしてしまうものだが、本当にすべきことなのか、いったん考えるべきなのではないか。

人の弱い部分、醜い部分、卑《いや》しい部分にも心を開く

誰だって弱い部分を持っている。心の醜い部分や卑しい部分、またスケベな部分、野次馬《やじうま》的な部分も持っているものだ。それをすべて許そうということではなく、そういう部分を誰もが持っていること、それが人間であることを忘れないように。

特にテレビなどマスコミは、自分自身が潔癖であるのはもちろん、他人も自分と同じように潔癖でなければ許せないような人は通用しない。報道番組もあれば、スケベな番組もあるように、人間にはいろんな部分があることに心を開くのだ。時折、まじめ一本、正義の味方的な面接をやろうとする優秀でまじめな学生がいるが、それでいいかどうか、考えてみてほしい。人間の弱さや醜さ、卑しさを分からずして、テレビ番組制作に限らず、「表現」ができるものなのかどうか。「表現」に限らず、人をまとめていくことはできないのではないか。

第18条　人を信じる力を持つ

自分を信じる力はもちろん、**他人を信じる力**も必要である。互いに自分をさらけ出し合え、何でも本音で語り合える親友や恋人を持っている人には、自然に身についていることであるが、他人を信じる力を持っていない学生も中にはいる。

人を信じられなくて、人から信じてもらうことはできない。人を信頼できない人は、誰からも信頼されない人だ。仕事をする上で最も大切なものともいえる「信頼関係」を身につけるためにも、ぜひとも人を信じる力を身につけよう。

もちろん安易に信じよ、ということではない。「信じる」とは「疑う」ことでもある。しかし、疑って初めて心から信じることのできる人になれるのではないか。人を本気で信じてみよ。覚悟が必要なのだ。

●第19条　堂々としていて、物怖じしない

自分に自信があるから、自分は自分の目的を持っていて、日々それにまい進しているという自覚があれば、誰に対してもビビッたりはしない。どんなに目上の人に対しても、偉い人に対しても、自分は発展途上の人間として、物怖じせず堂々としていられる。逆に、力むこともなく、常に自分らしくいられる。

しかし人間とは不思議なもので、どんなに頑張ってまい進していても、自分で納得できていたとしても、客観的評価が伴わないと、自信を持つことがなかなかできなかったりする。また、「カラ自信」とでも呼べるような、どこか虚勢を張ったり、「私はおまえには負けない」的な卑屈さを伴ってしまったりもするものだ。

特に、試験に合格したなどの客観的評価があっても、親友がいないとか、愛されていないとか、人間として認められていないと、カラ自信だけになってしまうものだ。

要するに、突きつめれば、自分で「現状の自分を明らかに認められない部分」がある状態では、なかなか人に対して物怖じせずに、常に堂々としているという状態にはなれない。

もし、現状では人から評価される結果（資格試験合格やＴＯＥＩＣ®スコア、体育会でのレギュラー、業績など）がなくとも、**今からつくれる**はずである。また自分次第で、ほかから愛され、認められる存在になることはできるはずである。

自身の評価（納得）と他人からの評価。この両者を得ることで、常に堂々として物怖じしない人になってほしい。常に自分らしくいられる人であってほしい。入社後の仕事上に限らず、面接においても、それは間違いなく問われることである。

たくさんの学生を見てきた経験の上から言わせていただくが、最初のうちは虚勢であってもいい。無理していてもいい。とにかく自分以外の人がいる時は、できるだけ「カッコよく」振る舞おう。

僕は、毎年新しい学生に会うとまず言っている。

「カッコよく振る舞え。死ぬまで物怖じするな。絶対に人に媚びるな」と。

一人の時以外は、悩む時でさえも「カッコよく」悩もう。人に相談する時も「カッコよく」相談しよう。さらけ出すとは甘えることではない。プライドをかなぐり捨てるとは、甘えん坊のダメな人に成り下がることではない。涙を流す時も、涙に勝手に流れさせてあげよう。自分で自分のイメージを作り、アジャストさせていくのだ。

つらいことにも、耳の痛いことにも耐え得る強さを失わずに、ギリギリのところまで耐える強さが、きみを堂々とした物怖じしない人にしてくれるはずだ。タフな自分としての「自分らしさ」を常に失わずにいられるはずだ。

第20条　全体最適の立場に立つ

「自分にとって何が都合がよいか」ではなく、「全体のためにどうすることがよいか」の観点でものを考えることだ。

「全体のための視点で考える」ことが体に染みついている人は、何でも思いどおりになりやすい。逆に、「自分にとって都合のいいように」考えている人は、たいてい自分の思いは実現しない。あたりまえだ。

替天行道（たいてんぎょうどう）。天に代わって道を示し行うこと）。君子たるもの、自分のためでなく、みんなのために本当はどうあるべきか、どうすればよいかを、天の視点でいつも考えられるようになろう。それができるものこそが、みなに愛され、影響力を持ち、リーダーとなるにふさわしい人だ。

正しきものは強くあれる。

調子よく自分を主張しようとするのではなく、**フェアネス（公平さ）を自分の中に持つべきだ**。フェアとは言い換えれば客観視。勝つべき人が勝ち、リーダーをやるべき人がやり、幸せになるべき人が幸せになるべきだとは思わないか。

だからこそ、僕たちがやるべきことは、己の人格を磨くこと、全体のためにものを考え行動すること。そして「何が正しいことなのか」という人類の永遠のテーマに勇気を出して立ち向かうことだ。

第21条　人にプラスの影響を与える

「**人にプラスの影響を与える力**」をぜひとも身につけたい。そういう人は会っているだけで楽しくなったり、うれしくなったり、勉強になったり、またじっくり話し合うことで時に感動したり、やる気になったり、力が湧いてきたりと、喜びを感じることができるものだ。

後輩に限らず、友人たちや先輩、面接官も、取引先も、お客様も、恋人も、そういう人には引きつけられる。

そもそも仕事とは、サービス業に限らず、直接的にあるいは間接的に、**誰かの役に立つ**（誰かにプラスの影響を与える）ことで対価が支払われているものなのだ。

できる人材になるためはもちろんのこと、お金を払って通う学生（消費サイド）から、お金をもらう社会人になるのならば、人や世の中にプラスの影響力を与える人間（生産サイド）になることは不可欠だといえる。

問題はそのレベルだ。どれだけのプラスの影響力を与えられるかだ。

第22条　感性を磨く

仕事は頭と根性と行動力だけでやるものではない。遊びや恋愛などほかのものと同様、感性が求められる。

例えばマーケティングなども、学問上の理論で通用するものではない。

一番大切なものは**感性**だ。もっと分かりやすく言えば**感覚**だ。

レイアウトデザインなどビジュアルのセンス。コトバのセンス。コトバのリズム。ビジネスパーソンにも高い感性レベルが求められる時代なのだ。僕は理系だったが、研究に最も大切なものも感覚だと思っている。音楽でも仕事でも同じだ。

学問や理論を軽視するつもりはないが、感性を鋭くすること。感覚を大切にすること。

では、感性を研ぎ澄ますためには、どんなことが有効か。いくつか挙げてみよう。

①心の奥の良心と対話する
②自分に厳しくすることで、ノリノリの気分にする
③情報のシャワーを浴びる
④遊ぶことでノリノリの気分にする

また、仕事上で、特にマーケティングの面での感性を磨くのであれば、社会の大まかな動きをとらえ、また生活者の気持ちをとらえること。その種の情報のシャワーを浴びることが有効だ。

僕は次のようなことをしている。非常に有効な手段だと自信を持っている。

・流行の曲をザッと聞いて感じて分析する
・最新の情報が集められているＷｅｂサイトをザッと見て感じて分析する
・人気のアプリをザッと使い感じて分析する
・ネットニュース、新聞、週刊誌、マンガなど、興味がない分野もザッと目を通し感じて分析する
・本屋で流行の本のタイトルをザッと見て感じて分析する
・渋谷、青山を歩く。デパートの中を歩く
・学生、社会人としゃべる
・そのほかギターを弾く、好きなアーティストの音楽を聴く、バイクに乗るなどしてノリノリにさせる
・サーフィン、スノボなど自然と戯れる

●遊びを生活に組み込むこと

「遊び心を持つ」などという生やさしいものではない。遊ぶこと。**遊びを生活の中に取り入れられる力**が必要

である。

受験などの正解の存在する試験勉強では、四六時中テンパッても、適当に息抜き、リフレッシュさえできていればいい結果を出せる。しかし、仕事はそうはいかない。面接もそうだ。人間対人間の触れ合いなのだ。遊びからくる余裕を持っていないと人は魅力的になれない。人間同士の楽しい空間はつくり出せない。

では、就職活動中に、具体的にどんな遊びをすべきか。結論から言えば何でもいい。学生時代に自分がやってきたことを、そのまま継続すべきだ。

早稲田大のE君は、就職戦線の真っただ中でもライブ活動をやり続け、超難関の音楽業界数社に内定した。成城大のT君もほぼ週1回のペースで合コンをメイクし続け、また個別にデートもし続け、予定どおり広告Hに内定した。明治大のY君や神戸大のT君は、中断していたナンパ活動やストリートライブを再開したことで勢いづき、それぞれ志望の会社をゲットしていった。慶應大のラブハンターとの異名を持つK君も、真夜中に熱く商社の未来を語りながら、複数の女性へのアポ入れも欠かさなかった。

あえてここでやや脱線する。遊びといえば、合コンやナンパの話ばかりが出てくるのは本意ではないが、そもそも異性にモテないようでは広告、テレビ、総合商社などの超難関企業の内定は難しいということを認識しておいてほしい。現に、そういった会社で活躍している人はほぼ間違いなく、異性に（同性にも）モテる人なのだ。我究館の学生たちを見てもそうだ。一対一になれば、必ず口説いてみせるというぐらいの人物が、そういった会社に内定していくものだと認識しておいてほしい。

まじめだけでは活躍する人間にはなれない。どんな人でも、就職活動中、悲壮感が漂いかける時が一度はあるが、積極的に遊びを取り入れ、そんな暗さを払拭していってほしい。

第23条 問題意識を持つ

自分の意見を持つためにも、物事の本質をとらえるためにも、問題意識を持つことは不可欠である。そもそも世の中には完璧なものなんてない。常に、**より良いものが**あるはずだ。

仕事にせよ、何にせよ、先輩の話や、やり方を素直に吸収することは必要ではあるけれど、ただうのみにして提案ができないようならば、きみはマニュアルレイバーへの一途をたどってしまうことになる。

また、自分がやっていること、やってきたことに対し、完璧を目指してストイックになりすぎるのも考えものだが、大満足で慢心するのはさらに先が危うい。

例えば我究館は1992年に創業以来、幸いにして納得のいく結果を出せているが、自分たちのやってきていることに100点をつけたことは一度もない。

「これでいい」と思った瞬間、発展はおろか現状維持もあり得ない。

「成功は将来の衰退原因である」という考え方のもと、常に革新を図るべく、全力を投入し続けている。実際に、運営方法もカリキュラムも、同じことをやったことは一度もない。常に目的を明確にし、問題点を洗い出し、改善すべく協議を重ね、実行に移している。

自分の考えを否定することも含めて、問題意識を持ち、目指すゴールイメージ（目的）と現状のギャップ、そして問題点を明確にしていかないと、改善はおろか改善するための解決方法の提案さえできないのである。

第24条 自分や社会、物事を客観視できるバーズアイを持つ

矛盾するようだが、自分の前にあることにのめり込みすぎると、かえって自分や状況が見えなくなってしまう。また、悩んだり、心が疲れてしまう。自分の中に、「もう一人の自分」を常に持ち、自分がやっていること、やろうとしていることを客観的に見ることを心がけよう。

「もう一人の自分」は、きみの最大の理解者であり応援者である。きみ自身が熱くなっている時も、「もう一人の自分」は常に冷静である。落ち着いて、客観的にアドバイスしてもらったり、励ましてもらおう。ワークシートをやる時も、自分を第三者的に見て取り組むことで、「**自分を客観視する**」クセをつけよう。

バーズアイとは「鳥の目」である。自分の歩もうとする人生における自分の現在地を、鳥の目で見るつもりで客観的に俯瞰《ふかん》して上から眺めてみる。

自分の目指す目標に向かって、自分は正しい方向に歩いているか確認できるはずだ。

また、目の前のちっぽけなカベ（例えば就職活動など）でつまずき、立ち止まっている時も、バーズアイで見れば心に余裕も生まれるし、目の前のカベが長い人生においては本当にちっぽけなものであることを認識できる。大局的に物事をとらえてみることにより、冷静で客観的な判断ができるはずである。

僕が24歳の時、『私の彼はサラリーマン』という曲がレコード会社に認められて、プロ契約をしようとしたのだが、勤めていた会社が認めてくれなくて、大いに悩んだことがあった。そんな時、たまたま横浜から成田までヘリコプターに乗る機会があった。ヘリコプターから見た会社は本当にちっぽけで、まるでマッチ箱のように見えた。そうやって上から眺めていくうちに、

「そもそも俺の人生の目標にとって、あの会社がすべてじゃないな。せっかくのチャンスだ。やってみよう」と覚悟ができ、胸のつかえがスッとなくなっていったのを覚えている。その時のヘリコプターの料金は確か2万円だった。たかだか2万円程度（当時）で、バーズアイの考え方を身につけることができて本当に良かったと今でも思っている。

もちろん、自分の人生に限ったことではない。**視野、世界観を広げること**にも通ずる。

自分のことに夢中になるのはいいが、視野が狭くなって、周りが見えなくなっていないか。就職戦線に躍起になっている一方で、本当の戦争に巻き込まれている人たちがいることや、国内でもまた海外でも、様々な問題を抱えている社会の現状が頭の中から抜けてしまってはいないか。

常にとは言わないが、バーズアイで自分のことに限らず、世の中、世界を意識できるように、また世界の中の自分を見られるようになってほしいと思う。

何かにどんなに夢中になっていても、自分のことだけでなく、社会を、世界を、冷静に見続ける目を持ってほしい。

地球の中の日本、**地球の中の自分**を意識することだ。

このことは自分の未来像を描く際にも大いに関係してくることである。ある業界のことしか分からなくて、自分のやりたいことが分かるのか。日本社会、世界の中の日本社会が分からなくて、それで自分が社会の中でどうかかわっていくかを描くことができるだろうか。

ちなみに、我究ワークシートを進めていけば、いや応なくバーズアイが身につくようになっている。

第25条 深く多面的に見る目を持ち、考えや物事の本質をとらえる

自分自身について考えることはもちろん、世の中のあらゆる物事をとらえる時、「深く」「様々な角度（視点）」から見る目が必要である。そうすることで物事の本質が見えてくるはずである。

少し難しいので具体的な例で考えてみよう。

〈例1〉きみがサッカーサークルの幹事長で、きみの友人が副幹事長だったとする。きみがサークルのOBOG会の設立パーティの準備に奔走して、猫の手も借りたいほど忙しかったとしよう。その時、きみの忙しさを知っているはずの友人は、何も手伝ってくれなかったばかりか、溜まり場にも顔を出さなかったとする。さて、このケースにおいて、友人は副幹事長として不適格だろうか。

感情的には、幹事長をサポートしない副幹事長の友人は「使えない人」になってしまうかもしれない。

しかし、本当にそうだろうか。そう言い切れるのか。なぜ、友人は手伝ってくれなかったのだろうか。

もしかしたら、きみがそんなに苦労していることを友人は気がついていなかったのかもしれない。きみがパーティの準備で忙しくしていた時に、きみの知らない間に持ち上がった1年生の女子と2年生の女子の対立問題を解決すべく、友人は連日のように話し合いの場をつくっていたのかもしれない。彼女にフラれそうになって周りが見えなくなってしまっていたのかもしれない。

あるいは、追試が思うようにできず留年しそうで、それどころじゃなくなっていたのかもしれない。きみの強引な運営の仕方にサークルが分裂の危機にあり、それを食い止めようと必死になっていたのかもしれない。もしかしたら、きみの強引な運営の仕方に彼自身が前々から疑問を持ち、嫌気がさし、サークルをやめようと

思っていたのかもしれない……。

要するに、この場合、彼がどういう状況にあるのか。友人と直接コミュニケーションをとるなり、友人や自分自身のことを、もっと深く様々な視点から見つめてみるなりしないと、一概には何とも言えないのである。短絡的に彼を責めることはできないはずである。

〈例2〉やっとのことで実現したOBOG会。OBOGが少しでも多く来てくれて喜ぶようにと、金曜日の夜に大学の近くの中華料理店で開いたとする。ところが、いざ当日になってみると、参加者は事前に往復ハガキで確認していた人数の半分にも満たなかったとする。さて、OBOGたちは薄情だと言えるだろうか。

この場合も感覚的には、「何で来ると言っておきながら来ないんだよ」と、OBOGに対し、ついつい憤りを感じてしまうものだろう。

しかし本当にそれでいいのだろうか。

もしかしたら、月末の金曜日で、営業の先輩たちは忙しく、残業でやむなく来られないのかもしれない。また、ハガキに店の地図が載ってなくて、多くのOBOGが場所が分からなくて迷っているのかもしれない。同じ名前の違う店に行ってしまっているのかもしれない。多くのOBOGが、直前になって行けないことが分かったけれど、連絡先がハガキに載ってなくて連絡できなかったのかもしれない。ハガキが雑だったこともあり、自分一人ぐらい行けなくなっても問題はなかろうと、多くのOBOGが思ってしまったのかもしれない。そもそも、「来られそうな方は参加に○をつけてください」ということだったので、「暇だったら行こう」という意識だったのかもしれない。

問題解決の手順

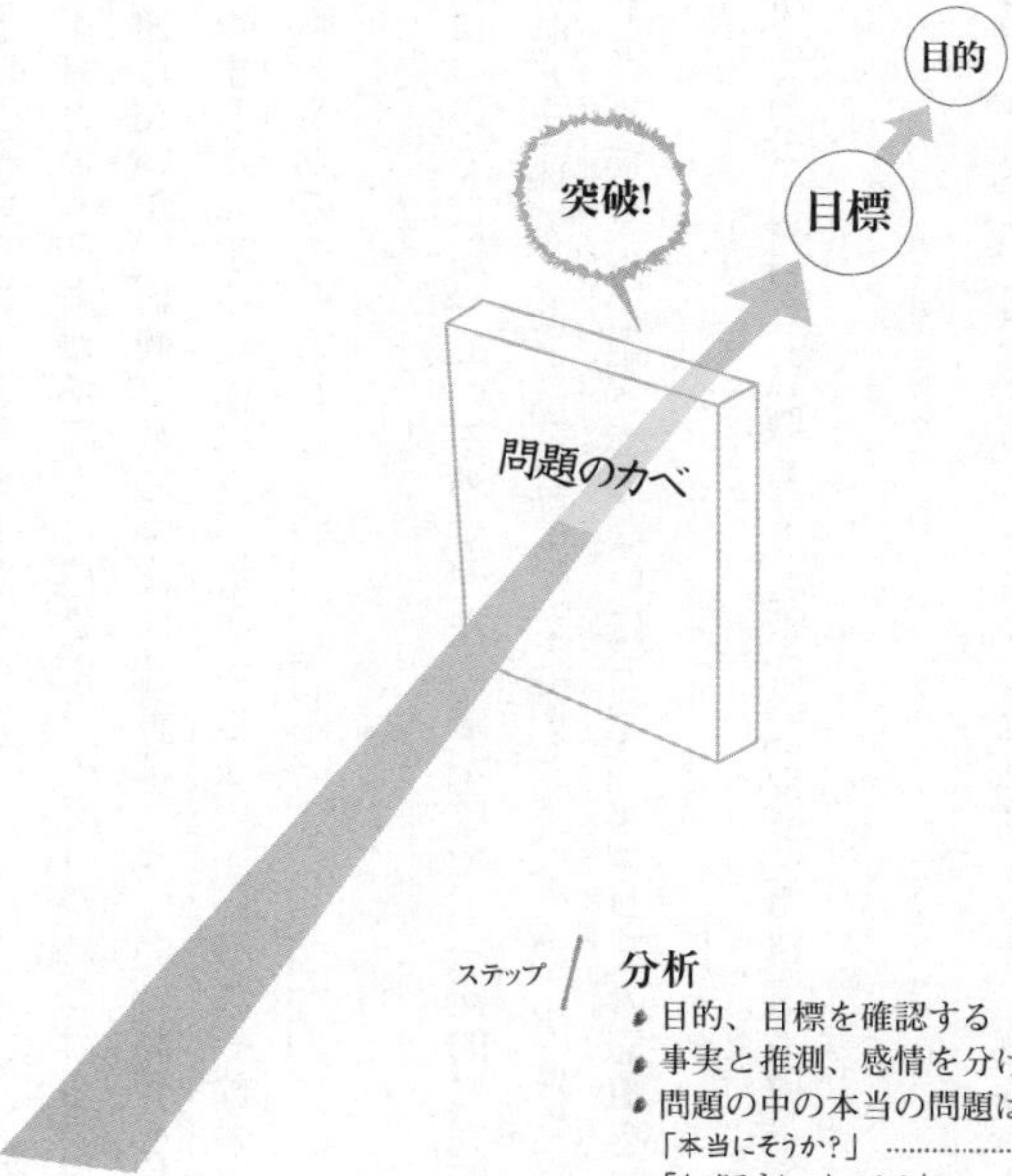

ステップ1 **分析**

- 目的、目標を確認する
- 事実と推測、感情を分ける
- 問題の中の本当の問題は何なのか

「本当にそうか?」 ………………… もっと調べる
「なぜそうなったのか?」 ……… 原因を調べる

↓

ステップ2 **提案**

- 解決策を練る

「ほかに方法はないか」 ………… ほかの考え方を探す
発想の転換をしてみる

↓

ステップ3 **実行**

- Just do it ! & Do more !

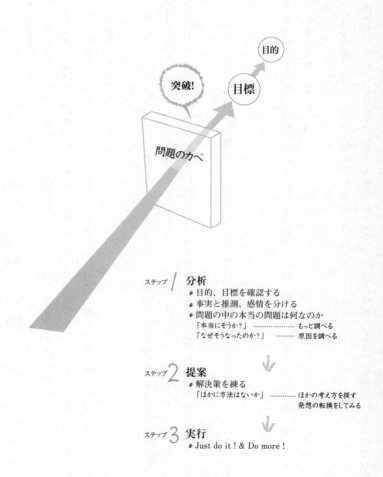

この場合も、単に来てくれなかったから薄情だと決めつけるのは危険なのである。

〈例3〉新興宗教は若者にどういう影響を与えるか。

新興宗教＝危険・悪影響という印象があるが、感覚だけでそう決めつけるのは危険である。僕は個人的に興味がないので詳しくは知らないが、新興宗教の中には若者にとっていい影響を与えるものもあるのかもしれないし、人を殺したり、だましたりする集団に良いも悪いもないが、それぞれの宗教の教義には、もしかしたら部分的には納得できるものもあるのかもしれない。

詳細を知らないものについて、知っているわずかな知識だけで、一元的に判断してしまうことは本当に危険である。実際に学生と話していて、あるいは社会人と話していても、考えが浅い人は少なくない。特に学生は、ほとんど全員浅いと言っても言い過ぎではないほどだ。マスコミの報道を見ても、表面的な現象をとらえた報道が少なくない。

単に、「何かについての自分の意見」に限らず、何かの問題を解決する時にも同じことが言えるので、少し詳しく述べておきたい。

時事問題や身の回りのことなど、何かについて自分の意見を持つ時、あるいは何か問題がある時、ムカついたり、困ったことがあった時、まずは、

「**本当にそうなのか**」

と自分の感情に問題意識を持ち、冷静に事実と推測をきっちりと分ける。

たいていは事実を知らずに、自身の思い込みと推測だけでムカついたり困ったり、感情的になったりしてい

るものだ。

そして、自分が知らないことをできるだけ調べ、できるだけ事実を知ること。

次に、

「どうしてそうなったのか」

と原因を冷静に掘り下げること。そのためにも、さらなる知識、調査、取材が必要である。

事実をできるだけ把握した上で、改めて自分の考えを持つ。トラブルの場合は、さらに解決策を練る。

解決策についても、

「ほかの考え方はないか」

と、別の切り口を見つけ出すこと、考え出すこと、発想の転換を自分でしてみること。

それができれば、ほとんどの問題は自分で解決できる。悩みを解決する糸口を自分で発見できる。

このステップを踏むことが、事実をとらえ、本質をキャッチし、ベストの解決策を見つけ出すために必要なのだ。できる人は、それを面倒くさがったりサボったりしない。そこに**執着心を発揮する**。安直な薄っぺらい意見ですまさない。

忙しすぎて心が疲れすぎてしまっていなければ、それでほとんどの問題が突破できるはずである。簡単なことではないが、マスコミや難関企業を狙う人は、このことを必ず、しかもハイレベルで身につけてほしい。

第26条　考え方や物事を構造的にとらえることができる

自分の考えや物事を構造でとらえられないと、なかなか問題は明確にならず、その結果、解決の糸口がつかめないものだ。目の前のもやもやとした雲は、いつまでももやもやした雲でしかない。いったいなぜそうなっているのか、そもそもどういうことなのかを把握するために、構造的な理解力が求められるのだ。

構造的な理解をするためには、レベルの違いを判断できること、レベルを合わせること、**論理的に考えること**が必要である。そのあたりはSPIでも問われることだが、現実はSPIより難しいことが多い。数学の幾何で鍛えられる分野である。

第27条　アイデアを出すことに自信を持つ

「アイデアを出すことに自信がありません」

という学生がいるが、ありとあらゆる仕事にはアイデアを出す力が求められる。

仕事は与えられたことちゃんとやればよいといった多くのアルバイトとは違う。与えられたことをやった上で、さらに自分で創意工夫して提案していくことが求められるのだ。

安心してほしい。誰もがアイデアパーソンになれると僕は確信している。これまで何百人とアイデアに自信がない人をアイデアに自信がある人に変えてきた。

アイデアを出す本質とは何か。

それは、
①**努力すること（もっとないか、もっとないかと、風呂の中でも、寝ながらでも考え続けること）**。
②**大衆性。多くの人が喜ぶことはどんなことか、感覚的に分かること**。
この2つだ。
②の大衆性は、ワイドショーをチェックする、雑誌を読む、街を歩くといった努力で身につけることができる。ということは、突きつめれば、努力できる人なら、誰もがアイデア力を身につけることができるのだ。

本当に身につけたいと思ったら誰もが努力を努力と思わずにできるもの。すなわち、アイデアを出せる人間になりたいと心の底から強く持つことができれば、誰もがアイデアを出せるように本当になるのだ。

最初はとんちんかんでもいい。②の努力を続けながら、ほかにもほかにもと何十も何百も考える習慣をつけることだ。たいてい、数カ月でアイデアのコツをつかみ、1年ほどでアイデアに自信が持てるようになるものだ。

第28条 魅力的でいられるよう、ビジュアルを磨く

体を鍛えること。余計な脂肪をとり体を引き締めること。また、ファッションなどにもある程度気を遣い、ビジュアルを磨くことは、仕事に関係ないようで実は非常に大切なことだ。

実際のビジュアルもさることながら、ビジュアルを磨こうとするそのメンタリティが、そして磨かれたビジュアルであることによるメンタリティが大切なことなのだ。このあたりを、絶対におろそかにすべきではないことを強調しておく。

第29条 心から思いやれる自分の師、素晴らしい仲間(先輩・後輩)、愛し合える人を持つ

何よりも自価を高めるのに有効なことは、きみ自身の経験、特に素晴らしい人たち、先輩、仲間、恋人との交流である。表面的ではなく、包み隠さず、自分のことや経験をさらけ出して語り合うことだ。

「朱に交われば赤くなる」もので、人間的に大きな先輩、仲間、**できる人たちに囲まれていれば自然と自分も磨かれる**。逆に、つまらない連中とばかりいたら、自分もつまらなくなってしまう。

実際、学生たちはつるんでいるグループによって本命にどんどん内定していく集団もあれば、そうでない集団もある。さらに、そのつるみ方がタイトなグループ、すなわち自分をさらけ出し合える「親友同士のグループ」ほど内定する集団である。

我究館の学生が実績を残せるのは、ワークシートを使って本気で頑張ったからでもあるが、同時に素晴らしい講師陣、仲間同士の**〈本音の交流〉**があるからだと確信している。

できれば、「こういう人になりたい」と本気で思える先輩、心から尊敬できる先輩を見つけ、一緒に遊んだり、いろんなことを本音で語り合ってほしい。先輩の考え方を参考にし、吸収してほしい。先輩の意見を「テニスの壁打ちのカベ」として、自分の意見をぶつけ、返ってくる先輩の考え方を吸収しながら自分の考えを明確にしていこう。

就職活動中だって、そういう出会いはたくさん転がっている。

社会人訪問をして、その先輩を気に入ったら、とことん仲良くなってしまおう。先輩を飲みに誘ったり、遊びに行ってもいいのだ。それを言い出すのは少し勇気がいるけど、先輩にしてみたら、誘われて嫌な人など一人もいない。これは僕が保証する。その会社に就職しようがしまいが関係ない。

大手広告会社Dに行った早稲田大のY君は、Dの面接を前に、落ちたHを受けた時に出会った先輩社員のIさんと、Dに内定するための戦略を練った。

H勤務のIさんは、社会人訪問でたまたま知り合ったY君を、彼が自分の会社に来る来ないには関係なく、「ガッツもあるかわいいヤツだ。それに見どころがある。何とかしてやりたい」と思ったのだ。だからこそ、相談にのるだけでなく、業界の資料を見せてあげたり、Dに勤める友人を紹介したりと、彼にできることは何でもしてあげたのだ。まさに、一緒に就職活動を乗り切ったとさえ言えよう。

もちろん、どの先輩社員もIさんのような人ばかりではないし、Iさんだってどの学生にも同じように対応しているわけではない。Y君にやる気があっただけでなく、きっちりと我究し、自分の意見を持っていたからだ。さらに、気取ることなく、**自分自身をさらけ出せる人**だからこそのことである。自分をよく見せようと自分と相手の間に見えないカベをつくってしまう学生はこうはいかない。

しかし、こういった話は決してまれなケースではない。我究館の学生のほぼ全員に、ごろごろ転がっている話なのだ。

我究館では、学生の成長に合わせ一人一人に可能な限り行きたい会社のできる社員を紹介している。最初の出会いはスタッフを介してセッティングすることもあるが、二度目以降は、僕やスタッフとは関係ないところでメシをおごってもらったり、飲みに連れていってもらったりしながら相談にのってもらったり、他社の社員を紹介してもらったりしているのだ。もちろん、その社員にお金を払っているわけでも何でもない。すべては「その学生がどれだけ本気になっているか、どれだけ自分をさらけ出せるか」で、相手は学生のために可能な限り動いてくれるのだ。

社会人訪問におけるせっかくの出会いを就職活動だけにとどめるのはあまりにももったいない。気を遣わずに一生つき合えるような先輩後輩になってしまおう。

第30条 親を大切にする

親との関係は良好ですか。
親を大切にしていますか。

生まれてからこれまで、特に思春期に、互いにどんな誤解を与え合い、どんな侮辱を与え合ったとしても、かけがえのない親子の絆が尊くないはずはない。

幼い頃に感じてしまった誤解を忘れて、大人として、今一度親と接していこう。

親も人間だから、頑固になったり、欠点ばかりだったりするもの。

しかしそれでも、今度は子供としてでなく、大人としてきみが親に主体的に接して差し上げるのだ。

生んでくれてありがとう。

これまで育ててくれてありがとう。

そういう気持ちを込めて、ほんの少しでも気持ちの良い関係が築けるといいなと期待して。

関係の劇的な改善は期待してはいけない。むしろつらくなる。精神的に自立できればそれでいい。言葉を交わせただけでもそれでいい。それぐらいの気持ちで、少しずつ。

人間とはおかしなもので、30歳を過ぎ、40歳を過ぎ、50歳を過ぎようとも、親との関係が自分を深い深い部分で支えるもののようだ。お父様、あるいはお母様が天に召された方の場合は、あるいは、一度もお会いしたことのない場合は、空に向かってチャネリングでつながることだ。それだけでも違う。

根拠のない自信とは、**実は**、**親に圧倒的に愛された記憶からくる**ものなのである。今、親を大切に思うことで、彼方に消えた圧倒的に愛された記憶を、どうかたっぷりと思い出してほしい。

12 僕が考える「人を引きつける方法」について話そう

ここで僭越《せんえつ》ながら、僕なりに考える「人を引きつける方法」について述べようと思う。

一言で言うと、

「時として、自分のことはどうでもいいから、相手にとってプラスになることだけを考え続け、行動し続けよ」ということだ。

・人との絆について考えさせられた、2つの事件

このことに気づいたのは僕が28、29歳の時で、愛していた恋人にフラれたことと、会社を辞めて独立後、超重要なスタッフの一人が辞めてしまったことがきっかけとなっている。「人を引きつける方法」について考えた結果、得られたことではない。**夢中になっている過程で、結果的に分かったこと**である。

今思えば、それまでの僕は、自分のことが無性にかわいかったのだろう。いい車やバイクも欲しくて、実際、手に入れた。いいマンションにも住みたくて、広い部屋に実際に住んでいた。また、子供の頃から恥ずかしがり屋なくせに、かなりの目立ちたがりであったし、自分が人気者であることと、「これは！」ということに関しては、何をやっても一番じゃないと気がすまなかった。実際には一番ではなかったが、そのための頑張りは苦にならなかった。また、さらに質《たち》の悪いことに、自分では、自分のことばかりでなく他人に思いやりもあるやさしい男だと思っていた。今思えば恥ずかしい限りだ（今でも実はそんなに変わっていないのかもしれないが）。

そんなお調子者で勘違い野郎の僕が、生まれて初めて思いっきりフラれた。ショックだった。

フラれたこともショックだったが、愛している人の心をひどく傷つけたことはもっとショックだった。それまでにも恋愛に限らず、人を傷つけたことは数知れずあったけれど、この時ばかりは本当につらかった。ショックというよりも、じわじわ心を締めつけられるつらい日々が続いていた。

フラれた理由、彼女が傷ついた理由は差し控えるが、その後かなり長い間、

「よりは戻らなくてもいいから、彼女には元気になってほしい、ハッピーになってほしい」

と心の底から思っていた。

彼女は会ってくれるはずもなく、当時の僕は彼女に対し、なす術《すべ》は見つからなかったが、ただ一つ、「相手が誰であれ、人の信頼を裏切り、心を傷つけることだけは、もう絶対にするまい。フラれた理由、傷つけてしまった理由である自分の短所を何としてでも直してやる」と心に刻み込んだ。

今思えば、その気持ちさえ驕《おご》りだったのかもしれない。単に、人との信頼、信用が断ち切られることで、人の信頼を裏切ることで、自分がつらい思いをすることが怖かったのかもしれない。

その後スタッフの退社……。

ともかく、この2つの事件以来、僕は、

「自分の損得はどうでもいい。また、時として嫌われてもいい。みんながプラスになってくれればいい。自分のできることは自分の可能性を信じて全力で突き進むだけだ」

と、少しは思えるようになった（と思っている）。

つい長々と、お恥ずかしいことを書いてしまったが、その後の人間関係を見るに、このことが結果として、「人との絆」を築く有効な方法の一つであるばかりか、自分にとっても得られるものが大きいことだと、僕は思っている。参考にしてほしい。

第6章●まとめ

・絶対内定する人とは「将来、その会社で大活躍できる人」かつ「面接官をはじめ多く人に好かれる人＝一緒に働きたいと思う人」、つまりできる人のことだ。

・できる人材とは、自分のものさしで主体的に生きる自立した人。かつ人間的に優れた能力のある人であり、新しい価値（仕事）を自分でつくり出せる人。

・自分から新しい価値をつくり出すということは、常識や通念を大人として把握し、その上で新しい常識をつくっていく能力のことをいう。そのためには「考え＝アイデア」に終わるのではなく、現実のものにできることだ。

・就職活動において「自分から価値をつくり出すこと」とは、①クオリティの高い企画を出す力があること。②実際にクオリティの高い企画をすでにいくつか持っていること。③具体的な企画を現実化できる力を持っていること。あるいは、近い将来必ず持てそうであること。

・企画力とカタチにする力より多くの利益を生み出せる、「実現力」が求められている。

・できる人は、言われたこと、期待されている以上のことをやる人。また、人とぶつかることを恐れず、そこから固い信頼関係を築ける人。

・全体像を把握するために「現状レベルセルフチェックシート」で内定に必要なものを一覧してみよう。

・さらに「できる人材の本質30カ条」で具体的にチェックしよう。

第7章 ワークシートでキャリアデザイン、自己分析をする

我究とは何か。
就職活動や人生にどう役に立つのか。
どう進めていけばよいのか。
それらをここで理解しよう。

「我究」とは、いったいどういうものなのか

我究とは、ただの自己分析ではない

我究とは、「過去、現在、未来の自分について、自分と向かい合い、等身大の自分と自分の本音を把握する。ちっぽけな自分も、同時に無限の可能性を持つ自分も、弱みも強みも価値観も実感として把握する。そしてどんな自分になっていきたいか、心から望んでいることを把握し、それを実現するために行動力をつけていく」ことなのだ。

きみが就職活動をしようと、しまいと、どんな業界を受けようと、変わらない自分の軸を明確にする。過去から現在においても。未来への思いについても。

例えば心理テストで、強みや弱みが正確に分かったとしても、**分かっただけでは、ほとんど意味がない**。分かったとしてもそれで自信がつくものではない。それで何かが変わるわけではない。

分かる過程の**自分や他人と向き合うことに意味がある**。また、強みや弱みを「実感として感じること」に意味がある。心の底から気づいてこそ意味がある。そうであれば、気づきながら必ず自信を持つことができる。**自分と真っすぐ向き合っている自分**に。

未来のビジョンも同じだ。

「あなたに適性がある職業はこれです」と心理テストで与えられても、ほとんど何の意味もない。気づきのヒントとしての役目？　しかし気づくことと実現することはまったく違う。また重要なステップを飛ばして安易に気づけば、成長の大きなチャンスを失うだろう。

美しいキャリアをデザインしても魂が込められていなければほとんど意味はない。そういうのを絵に描いた餅、あるいはたわごとという。「これだ！」と確信を持ててこそ、初めて意味を持つ＝実現できるものなのだ。

「我究」の目的

目的1　自分のコア（追い求めたい喜び：大切にしたい価値観）の把握

・過去から現在まで、無意識に、どういう喜びを追い求めてきたのか。どういう価値観を大切にしてきたのか。
・これからは、どういう喜びを追い求めていきたいのか。どういう価値観を大切にしていきたいのか。

未来のコアを見出すために、過去から現在までのコアも把握する。

過去から現在までのコアと未来のコアは多くの場合共通するが、まったく同じとは限らない。あくまでも自分の本音を把握することに意味がある。

目的2　望む未来（ライフビジョン・キャリアビジョン）の把握

一度しかない人生をどのように過ごしたいのか。

「我究」の概念図

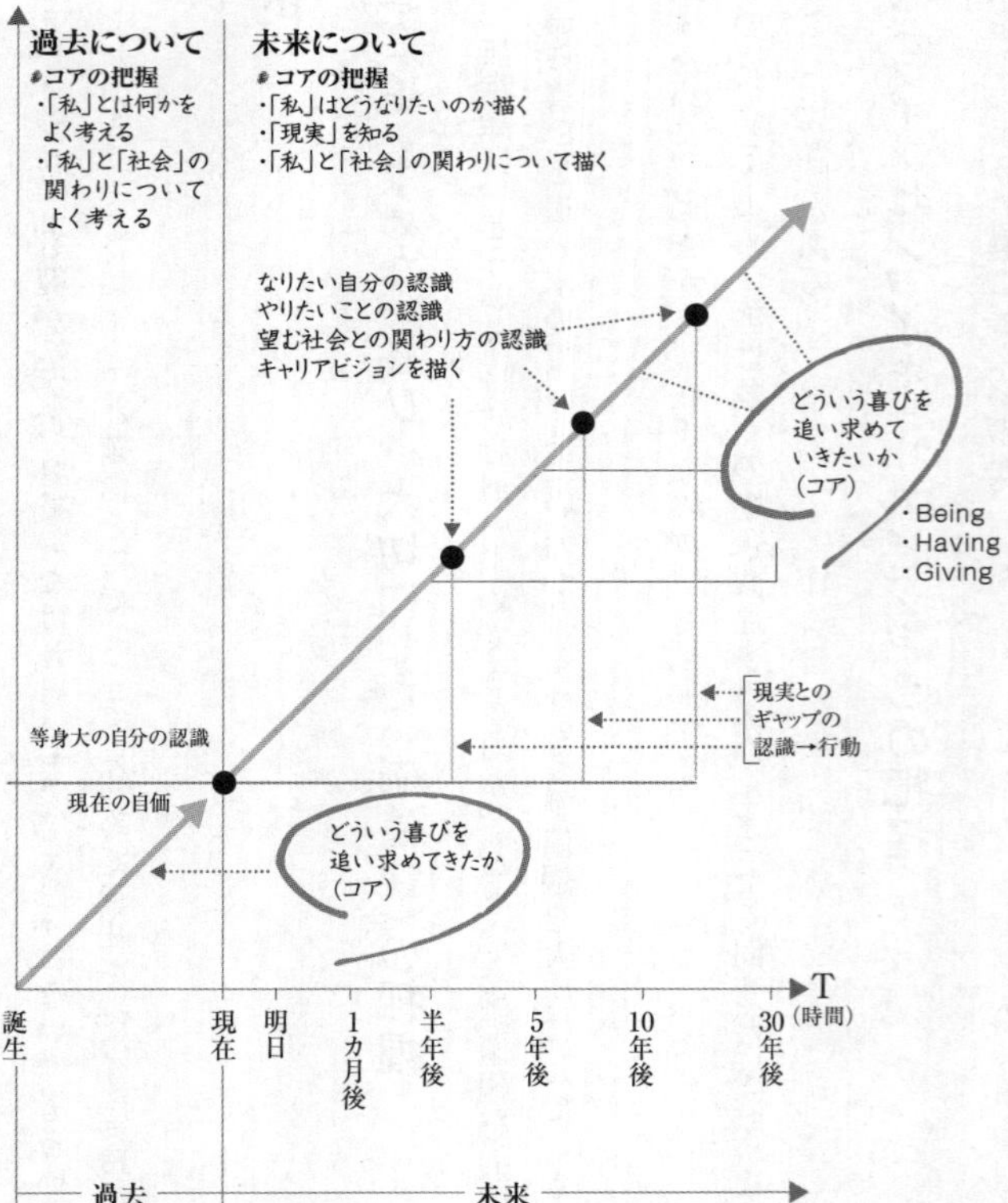
過去について
●コアの把握
・「私」とは何かをよく考える
・「私」と「社会」の関わりについてよく考える
未来について
●コアの把握
・「私」はどうなりたいのか描く
・「現実」を知る
・「私」と「社会」の関わりについて描く
なりたい自分の認識
やりたいことの認識
望む社会との関わり方の認識
キャリアビジョンを描く
どういう喜びを追い求めていきたいか(コア)
・Being
・Having
・Giving
現実とのギャップの認識→行動
等身大の自分の認識
現在の自価
どういう喜びを追い求めてきたか(コア)
T(時間)
誕生
現在
明日
1カ月後
半年後
5年後
10年後
30年後
過去
未来

①どんな人でありたいか……Being
②手に入れたいものは何か……Having
③社会に（どんな人たちに）どのような影響を与えたいか……Giving
④①〜③を実現すべく、どんなことをやってみたいのか……Doing

この4点について、自分の本音を明確にする。そしてその思いをもっともっと強いものにする。さらに、何歳の時にどうなっていたいのか、大まかに年代ごとに自分のイメージを明確にする。

目的3 等身大の自分の把握＝客観的視点を入れた自己分析

・強み
・弱み
・足りないもの

超クールに客観的に自分を分析する。客観的にとは、他との比較や他人の分析、あるいは他人からの分析も含むということである。

目的4 自分の向上

望む未来を実現するために、まず自分のあるべき姿を自覚し、自覚したその日から実践することだ。

等身大の自分と理想の自分を知ることで自覚はできていく。それを日常の行動の中で実践していくのである。例えば家族や友人との接し方やゼミへのコミットの仕方、授業への姿勢、ノートの取り方といったレベルで変えていくのである。

●きみの人生の暫定的完成図＝我究図をつくろう

我究とは要するに何なのか、文章だけの説明では少し複雑に感じる人もいるだろう。

要するに、**きみの本音の思いの絵を描き、その上でその実現のための道筋を明確にする**ということだ。第8章に載っているワークシートを見て、その数の多さに引いている人もいるだろう。

ここである人（!）の「我究の暫定的完成図」を紹介する。字が汚くて恐縮だが、まずはこのような図を完成させることだ。

294ページの図は実在するT・Sさんが、30代半ばにして留学を決断した際の本物の我究の図である。「何だ、こんなのでいいのか」という声が聞こえてきそうだが、そうなのだ。魂が入っていれば、それでいいのだ。

このように、一目で見て**自分の気持ちが整理できる図**を完成させることだ。未来を見据えつつ、迷いなく目の前のことにまい進できるための図をつくり上げるのだ。その手助けのためにワークシートは存在している。本音に忠実な絵が描け、ある程度以上自分を客観視でき、さらにそれを1枚の図に描けるのなら、きみにとってワークシートは、ステップ6を除き不要なものなのだ。

我究の図は自分にとって分かりやすく、自分がすっきりできるものであればいい。何が抜けているとか、形式は気にする必要はない。気づいたときに修正・加筆すればいい。自分が心の底から静かに燃えてくるものであればいいのだ。

T・Sさんは30代半ばでこのレベルでの描きができている。言い方を換えれば、30代半ばなのにこのレベルの描き方しかできていない。それでいいのだ。自分の人生をどうしたいのか、なのだから。

あえて未来の具体的なステップをフィックスさせていないところにも注目してほしい。思いを実現する「方法」は、それが数年も先のことであるならば、あえてきっちり決めてしまう必要はないのである。

大学生のきみが、ここまで明確に未来を描くことは非常に難しい。しかし、これから我究をしていくことで自分が何を目指して生きていくのか、方向性と最初のステップ、さらに途中のステップのイメージも描けるようになる。きみが社会に出て経験を重ねることで、図は少しずつ修正され、また、詳細を明確にしていくものである。

思い切って**自分がワクワクする未来を描く**のだ。

「我究」は就職だけではなく、人生のあらゆる場面で役立つ

我究は、資格試験のための勉強や、仕事そのもの、ありとあらゆることに有効だ。

自分の夢にとって、何のためにこの仕事をやっているのか、この勉強をすることで、どんないいことがあるのか。仕事であれ勉強であれ、その先のビジョンや目的をはっきり自覚しながら取り組むことができる。それは精神的に落ち着けるだけでなく、取り組む姿勢に違いが出てくる。要するに「**本気**」**で取り組める**のだ。

実際僕も、留学のためのＴＯＥＦＬ®の勉強時、我究が本当に力になってくれた。当時使っていた文法用のノートやリーディングのテキストを開くと、端っこに、もっと簡単な1分で描ける我究の図がいくつも描かれている。実力のなさに愕然としてあきらめかけるたび、自分のビジョンの図を描くことで、目的を再確認し本音を確信し、自分を奮い立たせたものだ。

我究は、そして我究図は、動機づけを明確にして、**不安をエネルギーに変えてくれる**のである。誰が疑おうとも、自分が自分を信じる力を与えてくれるものなのである。

T.Sさんの我究図

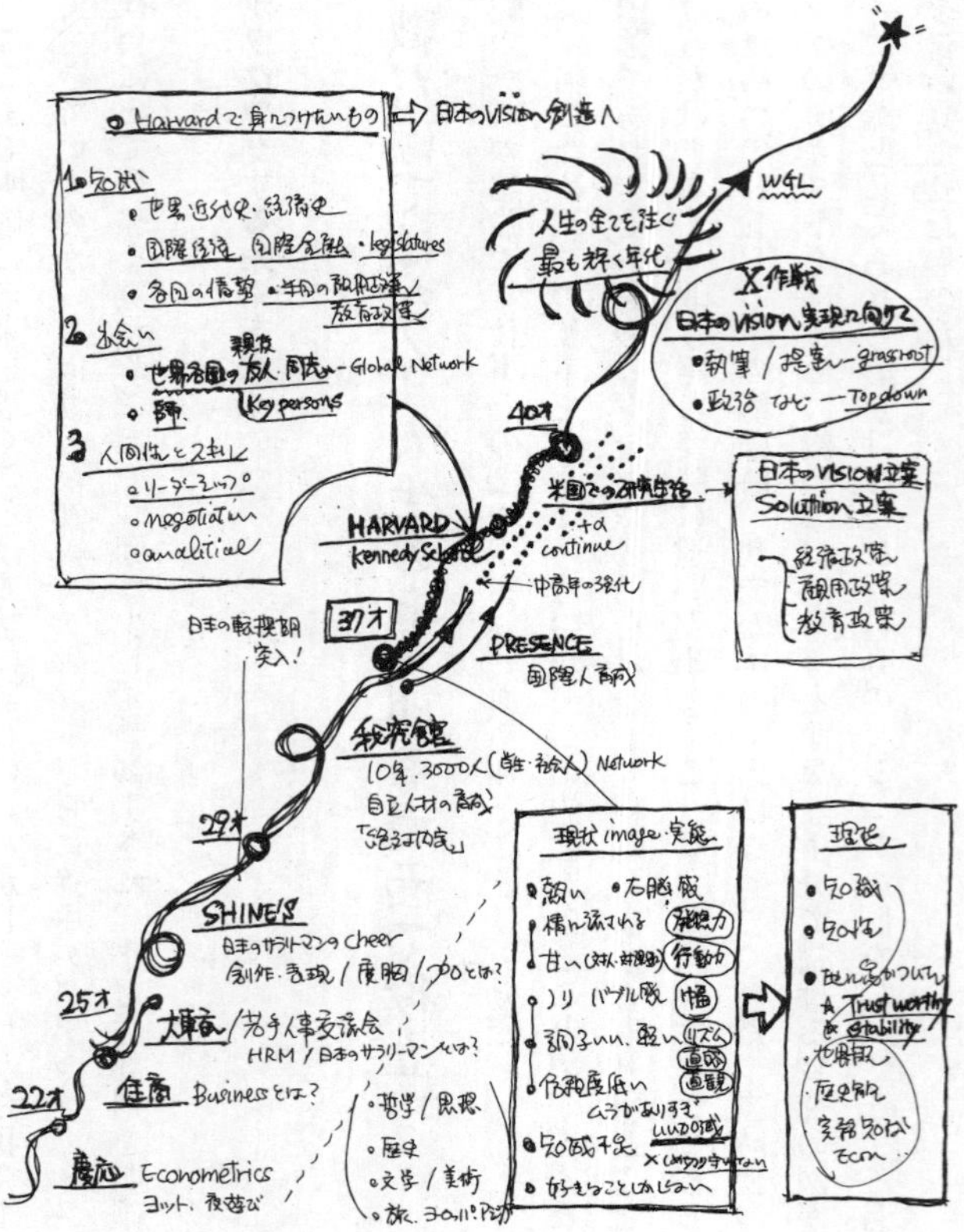

Harvardで身につけたいもの
日本のVISION創造へ
1. 知識
世界近代史・経済史
国際経済　国際金融・legislatures
各国の情勢　各国の雇用政策　教育政策
2. 出会い
世界各国の友人・同志　Global Network
師　Key persons
3. 人間性とスキル
リーダーシップ
negotiation
analitical
人生の全てを注ぐ
最も輝く年代
WGL
X作戦
日本のVISION実現に向けて
執筆／提案 grassroot
政治など Top down
40才
米国での研究生活
日本のVISION立案
Solutionの立案
経済政策
雇用政策
教育政策
HARVARD
Kennedy School
+α
continue
中高年の活性化
37才
PRESENCE
国際人育成
日本の転換期
突入！
我究館
10年、3000人(学生・社会人) Network
自立人材の育成
「絶対内定」
29才
SHINE'S
日本のサラリーマンのcheer
創作・表現／度胸／プロとは？
25才
大東京　若手人事交流会
HRM／日本のサラリーマンとは？
22才
住商　Businessとは？
慶応　Econometrics
ヨット、夜遊び
哲学／思想
歴史
文学／美術
旅、ヨーロッパ、アジア
現状image・実態
弱い
右脳・感
横に流される
甘い
ノリ　バブル感
調子いい、軽い
危機意識低い
ムラがありすぎ
知識不足
好きなことしかしない
理想
知識
知性
Trustworthy
stability
歴史観

また、我究は一度やってしまえば二度とやらなくていいものでもない。我究館に来ている学生の多くは、内定後、再我究を行っている。社会人も転職や進学などの進路が決定後、再我究を行っている。僕も今でも年に2回はきっちりと腰を据えて我究している。

我究した上で行動していく中で、新しい情報を吸収したり、新しい人との出会いがあったりする。新しい刺激を受け、何度も目からウロコが落ち、また自分で考えることを通じて、自分の考えや自分の価値は刻々と変化するものである。したがって、我究の効果は、資格のように合格すればいつまでも保持できたり、勲章やお金のように金庫にしまっておけばなくならないものではなく、実力や自信や愛のように育み続けなければ色あせていくものなのである。

我究が「思いを実現していくため」に有効な手段であることは間違いないが、**実はそれだけではない**。

どうしたいのか、どうすべきなのか、どうありたいのか、どうあるべきなのか、自分の本音を感じながら、それに正直に生きていくこと。魂を注いだ生き方をすること、自分と自分以外のものに対して誠実に生きること。生きることに一生懸命になることとは、新しい自分の能力や資格、自分の感情、そして仲間たち友人たち、他人への依存や社会そのものさえも、これまで感じていた以上により強くリアルに感じながら生きていくことでもある。

すなわち、自分や他人の言動や他人との関わり方に限らず、例えば社会で起きていることや季節の移り変わりや街路樹の葉のつき方の変化など、自分とは直接関係のないように思えていたことや日常のちょっとしたことにも、感動したり敏感になったりすることである。

本音で生きることとは、生きることによりリアリティを感じることである。強さを身につけると同時に、敏感な感性を持つことなのである。

ぜひ、就職などの進路の岐路に限らず、我究をしてほしいと思う。今後も迷った時、「何か違うのでは？」と感じた時はもちろんのこと、順風満帆で進んでいると感じている時も、人生において何度も我究していってほしいと願う。

「自分の人生を自分で築きながら生きていること」を体中で感じながら、長いようで短く、短いようで長い一度しかない人生を、より深く味わいのあるものにしていってほしい。

人生のどのタイミングにおいても、常に今が、そして今自分がいる場所が、「自分らしい生き方」をスタートさせるための、最高の時であり最高の場所であるはずなのだから。

●「我究」は過去を変える力がある。真実を見よ

例えば、両親の離婚など、幼いその日に経験したつらい思い出を、その時の認識のままで今も引きずっている人は少なくない。大人でも同様だ。心が傷ついた経験を、それから何年たってもその時の認識のままでいるのである。その部分だけ子供の感情のままで。

小6の秋、父親が愛人をつくって離婚したとしよう。母親から父親の悪口を聞かされたとしよう。幼いきみはそれをうのみにし、父親を恨んだだろう。そして今もなお父親を憎んでしまっているとしよう。

しかし、果たして真実はどうだったのだろうか。いったいどんな事情があって父親は愛人をつくったのだろうか。父親だけでない、母親にも、いったいどんな事情があって、何が起きたのだろうか。

幼かった当時、母親が教えてくれた情報だけを信じていては、真実は見えない。

今、大人の目で、客観的に、包み込む気持ちで過去を振り返るのだ。真実を少しでも想像するのだ。それぞ

れの事情、取り巻く状況を客観的に見て、それぞれの立場に立ち、慮り、想像するのだ。その過程で、父親を許すことができ、また母親をいっそう大切に思えるようになるかもしれない。

誰もが人間なのだ。理想どおりにはいかないのが人間なのだ。完璧な人などいない。親であっても。きみの中の過去はきみの認識の中でのみ存在する。認識が正しい保証はどこにもない。過去の嫌な思い出も、憎んでしまった思い出も、我究を通じて今一度、真実を知るのである。本当の過去を初めて振り返ってみるのである。

我究にはそういう力があるのだ。

●「我究」は自分を根幹から強くする。柔軟に見つめよ

父親の家出など、過去の出来事を、きっとこうだったのだと断定的にとらえるのではなく、柔軟に、

・母にはこういう事情があったのかもしれない
・父にもこのような事情があったのかもしれない
・あの頃私は進学塾に通っていて、教育費がものすごく大変だったはずだ

と柔軟に見方を変えていくこと。徐々に真実が見えてくるだろう。

この柔軟なものの見方を身につけた時、我究は自分を根っこの奥から強くしてくれる。

特に親子関係、および兄弟含めた家族関係を我究し直すことだ。

もしきみが、親に十分な愛情を持って育てられなかったと感じているなら。

もしきみが、現在の親子関係に問題ありだと感じているなら。

前にも述べたが、人間とは不思議なもので、20歳を過ぎても、30歳を過ぎても、40歳を過ぎても、たとえ親が他界していたとしても、**幼児期、親との関係が良好だったかどうか、現在良好かどうかが、その人の心の奥に大きな影響を与えるものなのだ。**そのことを僕はこれまで7000人以上のアセスメントを通じて確信している。

仮に幼い頃に親の愛情を十分に感じられなかったとしても、我究をすることで、十分に感じられる。気づくことができる。

なぜあの時親は、自分のほうになかなか気を回せなかったのだろうか。どれだけの忙しさと、目に見えない事情を抱えていたのだろうか。きみが幼い時に心に刻んだ思い込みに振り回されずに、当時世の中で何が起こったかといった年代史とともに、柔軟に振り返ってみるといい。

あの頃親は毎日どんな気持ちで仕事や子育てや家事を頑張っていたのか。親のことをもっともっと分かってあげるのだ。

親の事情が分かってくると、実は親は精いっぱい、きみに対しても相当の愛情を注いでくれていたことが想像できるようになるだろう。

そうすると、**情緒が安定する**。自信があるとかないとか、そういうレベルではなくて、自信がない時でも持っていられる自信、それを手に入れることができる。根拠のない自信が根拠とともに持てるようになる。どっしりと落ち着いていられる。

想像だけで足りないなら、親に会いに行くといい。すぐ、久しぶりに親父やお袋と語ってくるといい。

親に愛された記憶

幼い頃、親からどの程度愛された記憶がありますか?

現在、親との関係は健全、良好ですか?

-10〜+10で評価すると、

親はどのような時代背景の中、家庭を持ち、仕事をし、家事をし、
どんな思いできみを生み、育ててきたか。
当時の社会の動き、親の事情について調べ、また想像すること。

ただし注意も必要だ。親も人間、欠点だらけで当然だ。急速に最高の関係を築くことはできないものだ。ゆっくりゆっくり。まずは少し話ができただけでも素晴らしいことだ。今必要なのは、愛してもらうことではなく、自立した大人として親を包み込んであげることだ。

2 我究ワークシートがなぜ効果的なのか

● 我究ワークシートが内定に効果的な理由

いよいよここからが我究の実践である。

我究は、「書く」「聞く」「話す」の3つのアプローチで構成されているが、その中でも基本中の基本は「**書く**」こと、すなわち「我究ワークシート」を進めていくことである。

なぜ我究が内定のために極めて効果的なのか。それは我究のメカニズムを分析すれば明確なことである。

1. 自信が持てる

自分ととことん向き合い、弱点や恥部も見つめることで、ごまかそうという気持ちがなくなる。等身大の自分を自覚し、無限の可能性も自覚することで、自分にも人にも虚勢を張らなくなり、自信が持てる。また本音のビジョンを持つことで気持ちにブレがなくなる。

さらに、ワークシートの意見交換を通じ、仲間と本音で語り合い、全面支援し合える絆を築くことができる。

この全力で取り組む姿勢と絆もまた、**自信（自分の可能性を信じる力）**を育むのである。

2. 自分と向き合った上での本音を把握することができる

受ける会社に合わせるのではなく、あくまでも「自分がどうしたいのか」を中心に据えて就職活動をしていくことができる。

コア（大切にしたい価値観）もビジョンも、就職云々関係なく自分のウソ偽りのない本音を把握していくことで、相手に合わせたような薄っぺらい面接をすることは一切なくなる。志望動機も**自分の本音**を中心に据えて述べることができるようになる。何度も考え、書き直すことで、揺るぎなき本音が出てくるのだ。

3. 本気になれる

自信を持った状態で、心から望むビジョンがあれば、誰でも**本気モード**になれる。就職活動をするのではなく、心から望む未来への活動をすることが可能になる。

4. 本質をとらえる力を養うことができる

紙に書き、また、他人と意見交換をしながら何度も書き直すことで、深く、多面的に見つめる力を、効率的に養うことができる。

5. 「できる人材の本質30カ条」のうち、納得できるものについて、考え方や意識がいつの間にか身につく

そういう工夫がワークシートにされている。

6. 面接で尋ねられることに対し、すべて「事前」に考えられるようになっている

質問に対するきみの考え方のエッセンスだけでなく、具体的な質問に対する考えも、事前に深く多面的になっていくように、ワークシートの「問いかけ」の切り口は作られている。

●ワークシートを何度も繰り返すことで「迷い」がなくなる

我究とは、たかが就職だけのものではない。社会において、できる人になるために不可欠のものであるばかりか、「納得できる人生」を送るために必要なものでもあると思っている。我究館の特別講師でもある尊敬する那珂通雅氏の言葉をそのまま借りれば、

「**人生は我究の連続である**」

読んだだけで十分とはもちろん言えない。学生のきみにとっては、厳しいことばかり書いてあるかもしれないが、読み返しながら厳しさに慣れていってほしい。第8章については、ワークシートは自分で作り、自分で実際に書き込んで、さらに何度も書き直していってほしい。

このワークシートは就職活動に勝つために、そして社会に出てからもハッピーに活躍できるよう、極めて効率的に我究できるよう開発したものである。多くの学生、社会人の実績からも自信を持っているものだ。

考えて書き込む作業は自分一人でできるものだが、それを見直す際は、一人では限界がある。別の視点や大人の意識で振り返ることは、大学生にとって、そう簡単なことではない。

ぜひ、友達と互いにチェックし合って、語り合いながら、また大人の先輩に見てもらい意見をもらいながら進めることをおすすめする。

自分のことはクールに振り返ることができなくても、人のものなら冷静に見ることができるものである。それができるようになれば、自分のものも自分で振り返り、別の視点で見られるようになるものである。効率的にやりたいのであれば、ぜひとも大人とも語り合いながらやることをおすすめする。

我究ワークシートに取り組もう

第1志望のトップ内定をゲットしていった我究館の先輩たちに続いて、今度はきみが我究ワークシートに取り組むのだ。先輩の例も載せておくので、どのレベルまで考えるのか参考にしてほしい。

ワークシートをＡ４判サイズに拡大コピーしてもいいし、**ワークシートの切り口でノートに書いてもいい**。ワードやテキストアプリを使う方法もある。

前述のとおり、実際に書いてみないと、いくら考えたとしてもほとんど意味はない。書けば間違いなく力がつく。さらに行動をすることで、数カ月後には必ず結果が出る。

勝負は面接の出来・不出来で決まるのではない。今日からのがんばりの積み重ねで決まると思ってほしい。内定後、入社後までも含めた未来への頑張りの積み重ねて決まるのだ。

本気になってやるしかない。ワークシートの目的と構造、進め方を理解したら、いざスタートだ。

3 ワークシートの構造はどうなっているのか

ワークシートは大きく2つのパーツで構成されている。1つは我究編、もう1つは就職対策編だ。

そして、我究編はさらに次のステップで構成されている。

●ワークシート我究編

ステップ0「我究を始める前に」

きみは何のために我究しようとするのか。その目的や今現在の未来に対する思いを整理してみる。

ステップ1「一晩でできる我究」

ほんの数時間で、自分の長所やこだわり、そして弱みを把握する。めんどうな我究が苦手な人でもこの数枚のワークシートはできるだろう。

我究は自分をポジティブにしていくことであることを感じてほしい。

ステップ2「過去を振り返る」

これまでの人生を、いったん詳細に振り返ってみる。

自分を過大評価しようというのではなく、自分の経験をあたかも他人のアルバムを見るように、客観的に振り返ってみてほしい。あの時、いいと思って行動したことなどが、今振り返ると、そこに甘えた意識があったことなどに気づいていくだろう。

ステップ3「現状を整理する」

現時点での自分の強み、弱み、自分らしさ、価値観などを整理する。

我究を進めていく過程で、きみはどんどん成長していくだろう。したがってステップ2の内容も、どんどん書き換えられていくはずである。時間をおいて繰り返しながら、自分の成長を感じ取っていってほしい。

ステップ4「社会と自分の未来を考える」

自分の望む生き方について、これからの社会、自分と社会の関わりについて自分の思いを描いてみる。就職活動する人も、目の前の就職活動や志望業界などにとらわれることなく、自分の本音を吐き出してみる。

自分の望むものすべてを満たす業界も会社もあり得ない。

ほとんどの学生が、自分の受ける会社に合わせて、半ば自分をだまして表面的な思いを描きがちであるが、「自分の本音は自分が分かっている」という状態にもっていくことがポイントだ。

自分の本音と現実のギャップをしっかりと認識して志望していくことが大切なのである。

本音をごまかさずに就職活動を展開していかないと、あとで必ず、就職活動の途中で「自分の本音が分からない」という状況に陥り、悩むことになるだろう。

ステップ5「自分の向上」

ステップ2で振り返った自分のこれまでの人生を、客観的に見るだけでなく、さらに客観的に評価してみる。

自分を過大評価することは決して悪いことだとは思わないが、いつまでも過大評価するだけでは的外れになりかねない。いつまでも「甘ちゃん」であり続けることになりかねない。夢は追いかけてはいるけれど、それがなかなかリアルなものになっていかなくなる。

中には気の進まないワークシートもあるだろうが、あえてここで、今後のさらなる飛躍のために、クールに自分を採点してみるのだ。

本当にどういうところが優れていて、どういうところが今一つなのか、しっかりと把握した上で、自分の価値を高めるための、さらにその延長として、自分の夢の実現のための行動を促す「現状突破のアクションプラン」で、このステップは締めくくられる。

もちろん、机上の空論を描いているだけでは何もリアルになっていかない。**きみが本当に行動すること**を含めての「我究」なのだ。

●ワークシート就職対策編

ステップ6「就職対策」

このステップは就職活動をする人のみが取り組めばいいものだ。

一人で考えるだけでなく、調べることなど行動も促せるようにしてある。

大人の視点でも自分について見ることができるように、そしてその上で大人である面接官に対して、自分を効果的に伝えることができるように工夫してあるつもりだ。

ステップ1から6まで進めていくことでエントリーシートが記入できるようにも工夫してある。

4 ワークシートの進め方はどうすればいいか

No.0—1から順番に着手しよう

1回目だけは、ワークシートをとばして次に進んでしまわないように。1つずつ順番にやることで、初めて深く我究できるようになっている。自己PRと志望動機に着手したい気持ちはよく分かる。そこをぐっとこらえてNo.0–1から取り組もう。それが内定への近道なのだ。

自己PRや志望動機から考える学生は、なかなか我究できない。良く見せようとしたり、深く掘り下げないままの表面的な思いしか出てこないからだ。それどころか確固たるやりたい仕事がいつまでたっても見つからなくなってしまう。無理やり見つけた第1志望は途中で必ずぐらついてしまう。

「どうやったら本当にやりたい仕事が見つかるのですか」

そういう学生の相談を手紙や電話で今まで何度受けたことか。この本を買うのが遅くなり、**1週間後に面接が迫っているとしても、必ずステップ0からやる**こと。やりたいこと、志望企業が明確であっても同様だ。

また、ワークシートは、どんな面接も突破できるように網羅的につくられている。360度、どこをどう見られてもいいように「抜け」をつくらないようにしたい。

ワークシートによる「我究」が万全であることを信じて取り組もう。

1回目はざっと短時間でやろう

一つ一つにじっくり時間をかけていたら何年かかっても終わらない。短時間で、汚い字でもいいから、まずステップ4まで、ざっとやり通そう。

各ワークシートの目的を考えながらやろう

ワークシートはドリルではない。一つ一つについて頭を使って、何のためにやるのか考えること。

ステップごとに見直そう

ステップを一通りやり終えたら、次のステップに進む前に、もう一度、問題意識を持ってサラッとでも見直そう。きみの頭が前に考えた時より、より深く考えられるようになっているからだ。

途中でやめないようにしよう

最初のうちだけちょこっとやって、やめてしまう人が少なくないと推測する。

過去を振り返るよりも、未来を描くことにより大きな意味があるのだし、また何度も見直すことで初めて効果を発揮するものなのだから、途中でやめないでほしい。

自己分析というと過去のことばかり振り返る人が多いようだが、そもそも未来を描くためのものであり、これからの生き方のための我究であることを忘れないでほしい。

すべてやり終えたら、何度も見直そう。書き加えていこう

一通りやり終えたら終わりではない。それでは、その時点での自分の整理にすぎない。

我究を深めていくためには、**何度も繰り返してやらなければいけない**。ちなみに我究館の学生たちは、「数え切れないぐらいやり直した」と真顔で言っている。全部を数え切れないぐらい見直すというのではない。**自分が必要だと思ったものを繰り返し見直す**のだ。**確かにそうだと思うところに蛍光ペンを引いたり、考えが深まったら、上から書き加えたりするのだ。**本当に大切なことだ。

また、繰り返す時、自分の書いた自分の考えを一度疑ってみること。安直に決めた思いや考えは、何度自分に思い込ませ言い聞かせたところで薄っぺらなものであることが多い。何度も自分に問いただし、少しずつ自分の考えを深めていくのだ。

そもそも自分である時期つくった、その時の自分の理想に縛られること自体ナンセンスである。自分が成長するに従って、またよりいっそう社会を知るにつれ、理想も変わっていくものだ。進化していくものだ。自分の決めた自分の思いを、勇気を持って自分で壊し、新たに創造していくのだ。

そうすることで、自分の本音、社会の中で客観的にリアルたり得る思いを確立していくのだ。そして、その思いさえも、ある時期、自分の本音ではなくなっていくことであろう。

このようにして、自分の思いを壊し、自分でつくったオリを打ち破っていくことを体で覚えてほしい。

事実と自分の本音を記入しよう

ワークシートは面接官に見せるために書くものではない。自分を見つめ、我究し、人格と自価を高めるためのものだ。面接官はきみの「しゃべったこと」ではなく「本質」を見るのだから、本当のことを書き込もう。自分の過去について振り返る際、きれいごとを並べていても自価を高めることはできない。面接官に見透かされるのがオチだ。

ちなみに各ワークシートごとに載せている先輩の例は、あくまでもその人だけのもの。先輩と同じ考え方をしようという意味ではまったくない。また、あえて素晴らしい例ばかりを載せてはいない。僕からの一口コメントとともに、きみはどの程度の深さまで考えるべきなのか参考にしよう。何度か自分で繰り返した上で、先輩例を見て、じっくり比較してみてほしい。

特に1回目。**赤裸々に**自分の考えの実態を書くこと。

1回目を考えながら書いていくうちに、「理想の自分の考え方」が見えてくるだろう。

また、先に述べたように、自分の本音を書きながら繰り返しているうちに、人格と自価が高まっていくうちに、過去の自分や現在の自分に不甲斐《ふがい》なさを感じざるを得なくなることもあるだろう。乱暴に言ってしまえば、それでいいのだ。

「もっとこうしておけば良かった。今までの私はこう考えたけど、本当はこういうふうに考えるべきだったな」

「私は思っていたほど大した人間じゃない。まだまだないじゃないか」

「一生懸命だったつもりだが、中途半端だったな」

また逆に、

「ああ私は、あのことからこんなことを学んでいたんだな」

「今考えれば、あれで良かったんだな」

そんなふうに思うこともあるだろう。

どっちにしても「新たなる気づき」である。自分で自分の目からウロコを落とすことができるのだ。自分の主観（認識）が少しずつ現実や実態（客観）に近づいている証拠である。きみが自分を客観的に見つめ直すことで、まさに我究が進み、自価が向上しつつある証拠なのだ。自分のあるべき姿、できる人材としての考え方が見えてきたのだ。

そうなったら、照れることなく、**「理想の自分」の考え方**を書くのだ。

さらに、理想を理想で終わらせないために、書いた時から、「**理想の自分として行動する**」ことが肝心だ。頭で理解したことを、本当に自分のモノにしていくために、描いた「理想の自分」として行動しよう。

等身大に認識できるようになることこそ、大人になることだともいえる。いわゆる「見えてきた」のだ。それは、今まで守ってきた「個」を失うような厳しいことであったり、悔しいことでもあるだろう。だからこそ、その悔しさを今からの行動で爆発させていけばいいのだ。現実に合わせて、現状の自分やそんな思いを抱く自分を卑下したり、あきらめたりするのではなく、実態すなわち現状の自分を理想に近づけるべく、日々行動していけばいいと僕は考える。

もちろん、それを長続きさせることが容易なことだとは思わない。しかし、それをやれるだけのパワーさえもが「夢を描く」「書く」「語り合う」という作業によって培われるとも思っている。

「今日から理想の自分として行動する」

我究して、気づいた時から実践しよう。

集中して考えよう

時間をかければいい考えが浮かぶというものではない。短時間に集中して深く考える癖をつけよう。

何日か時間をおいて、頭をクールダウンさせた上でもう一度考えてみると、さらに深く考えられたり、違った観点で考えられたりするものだ。

互いの成長を本気で応援し合える友達と、一緒に進めよう

ワークシートは一人でもできるが、ぜひ友達とも一緒にやってみよう。互いに自分の書いたことを発表し合い、鋭い質問、突っ込んだ質問をし合おう。相手のために、できるだけ遠慮せずに意見を述べ合おう。

我究館では5~7人のグループで進め、みんなの前で発表する。さらに学生同士で質問攻めをし合う。

「なぜ、何のために、その時、そうしたの?」

「なぜ、その時、そう感じたの?」

「その時、○○のようにしなかったのはなぜ?」

その上で、僕たちも質問する。そうしていくことで自分の考えをより深め、よりシャープにしていくという方法をとっている。質問や意見交換は自分とは違うモノの見方を発見したり、自分の考えをよりクリアにする

絶好のチャンスなのだ。

自分のことは分からなくとも、イイトコロも甘えた部分も、人のことならよく見えるもの。互いにアドバイスし合おう。

友達同士で質問をし合う場合、自分が面接官になったつもりで、相手の本音や心の奥の考え方を引き出すことを心がけよう。

さらに、忘れてはいけないことは、「**言いたいことが伝わったかどうか**」である。一生懸命に何かを語っていても、言いたいことが伝わらない学生は本当に多い。

「**言いたいことは何なのか。一言で言うと何なのか**」

いいことも悪いことも、気づいたことを相手のため、自分のために正直に言ってあげよう。

大人と意見交換しよう

できれば志望する業界などで活躍している先輩や面接官経験者とも意見交換したい。

厳しさも、やさしさも、甘さも、世界によって全然違う。難関といわれる世界ほど厳しい。

求められているレベルの分かっている大人と意見交換することは本当に貴重なことだ。自己満足だけでは不十分。独り善がりにならないために、目からウロコが落ちる発見があるように、ぜひとも彼らとも語り合ってほしい。同様に、人を見抜くことのプロであり、たくさんの学生を実際に見て、選考してきた面接官経験者の意見も参考にしたい。

ワークシートが中途半端であっても、社会人訪問などはどんどんやっていく

「我究が中途半端なままでは社会人訪問するべきではない。エントリーシートを書くべきでない」などと勝手に思い込み、行動しない人がいるようだ。

それはもちろんナンセンス。

行動しないと見えてこないことがあるばかりか、社会人訪問もエントリーシート提出もやるべき時にやっておかないと機を逸する。

「しまった。やっておけばよかった」と、後悔することは目に見えている。

なお、我究には終わりがない。「現時点でのベスト」は完成しても、完璧にすることなど永遠にできないのである。ワークシートは本当に意味があることだが、行動なき机上の我究では意味がないのだ。

5 ワークシートの注意点

なぜワークシートは繰り返しやる必要があるのか

ワークシートを一通りやっただけでは、「自分の表面的な考え方の整理にすぎない」ことは先に述べたとおりである。

また、「できる人材の本質30カ条」でも述べたとおり、「モノゴトは『深く多面的な目』でとらえていかない

と本質は見えてこない」。だからワークシートのように、とらえるべき対象が自分の時も同じことなのだ。自分の未来についても同様であることは先に述べたとおりである。安直に決めた理想に縛られることなく、自分の描く本音の理想像を見つけ出してほしい。

いったん、自分が書いたワークシートを読んでみてほしい。そして2、3日してから、もう一度冷静になって客観的に見つめ直してみるといい。もっと深く、あるいは別の考え方が湧き出てくるはずである。

毎年、多くの学生のワークシートを1回目のものから数十回目のもの（学生によって繰り返す回数には差があるが）までをいくつか見せてもらい、問題や意見を突っ込ませてもらっているが、繰り返せば繰り返すほど、同じ人物の書いたものとは思えないほど、書き手の考え方や考えるポイントそのものが**成長していく**。深くなっていたり、幅広くなっていたり、前向きになっていたり、思いやりが深くなっていたり、自分しか見えていなかったのが周りが見えるようになる（周りの人の気持ちがわかるようになる。独り善がりではなくなる）など余裕を感じさせるようになっていたり、粘り強さ、落ち着きを感じさせるようになっていたり、熱くて勢いはいいが冷めやすいだろうな、すぐに気が変わっちゃうんだろうなという薄っぺらな思いから、じっくりと腰の据わった太くどっしりとした思いになったりして、書いている人物そのものが、いい意味での大人になっていっているのが、手に取るように伝わるほど変化していくものであることをいつも感じている。

そういう過程を経た上での自己PRは、最初に書いたものとは雲泥の差があるほど、できる大人の考え方に、一緒に仕事をしたい人間の考え方に、変化していっている。

文章とは、書き手の人物像、考え方、行動の仕方など、その人そのものが如実に表れるものなのだ。

ワークシートのどれか1つを読んだだけで、どういう人か、一緒に働きたい人か、どれぐらい仕事ができる人か、想像がついてしまうものなのだ。だからこそ、テレビ局などマスコミに限らず、エントリーシート選考や論文などの文章選考があるのだ。

面接をしなくても「その人」が分かってしまうのである。

ワークシートを繰り返して我究度を上げよう

やや脱線するが、文章についてもう少し触れよう。僕は毎年、テレビ局のアナウンサーをはじめ出版・新聞・広告さらにコンサルティングなどの一般企業のエントリーシートも、希望する学生については下書き段階で事前にチェックさせてもらっている。学生が書いたものを見て、「これでいこう。これなら通るはずだ」と、僕が太鼓判を押したものは、**まず間違いなく通る**。100パーセントとは言わないが、我究を十分した上でのものは通るのだ。我究の進み具合を、僕は「我究度」という言葉で客観的に表しているが、僕がチェックして我究度90以上をつけたエントリーシート・論文で落ちたものは過去2件しかない。

もちろん我究度は、ワークシートを繰り返した回数と比例するものではない。最初から我究度が高いレベルにある学生もいる。著しく低い学生もいる。これまでに経験してきたことも、生まれ育った環境も、一人一人違うのだから当然である。

しかし、現状のレベルが他人と比べてどうであれ、ワークシートを繰り返し、行動することで、我究度をアップさせていってほしい。後述するように、より深く、より多面的な見方で、自分のしてきたこと、考え方、将来のビジョンを何度も見つめ直していってほしい。

「より深く、より多面的に自分を見つめること。そしてそうすることで、自分について、自分の未来について、自分の信念ともいえる確信を持った考え方（これを僕はコアと表現している）を持つに至ること」

それがワークシートを繰り返すことの狙いである。

ちなみにコアは、次の3つに分けられる。もうすっかり頭に入っていることだろう。

①どんな人でありたいか……Being
②手に入れたいものは何か……Having
③社会に（どんな人たちに）どのような影響を与えたいか……Giving

ワークシートで過去→現在→未来を見つめよう

ワークシートは、自分の過去→現在→未来、そして自分と社会の関わり方を、様々な切り口から効率的に見つめることができるようにつくられている。

その効果を証明するのが、単に内定することのみならず、その後も明らかに異彩を放って活躍している先輩たちの実績である。

しかし、受験生さながらに黙々と取り組めばいいというものではない。時に集中して取り組むことは必要だが、あくまでも経験＝行動（アクション）に裏打ちされた考えでないと頭でっかちになったり、自己嫌悪に陥ってしまったりするだけである。例えて言うならば、人を全身で愛したり、全身で愛されたりしたことがない人が恋愛について語っているようなものになってしまう。それで我究が進むというものでは決してない。

ワークシートを使った我究は、行動（アクション）と一対になって初めて機能していくものなのである。

したがって、**ある程度時間をかけて繰り返してやってほしい**のだ。

すなわち、「私の長所」なり、「将来の夢」なり、「大学生活で得たもの」なり、「何のために働くのか」なり、ワークシートのすべての視点（問いかけ）について、頭のどこか片隅に残しておきながら、日常生活を前向きに目的を持って送ってほしいのだ。

そういった日常を過ごしながら、もう一度ワークシートに立ち向かった時、きみは前回とは違ったモノの見方・考え方ができることだろう。

ワークシートで過去→現在→未来を螺旋《らせん》状に繰り返し考えていく。その過程においても、きみは日常を目的意識をもってアグレッシブに過ごしていく。そうすることで、きみの我究度も飛躍的にアップしていくだろう。

6 ワークシートを繰り返す際はどう考えればいいか

これまで何度も述べてきたように、「より深く、より多面的に」考えていってほしい。

具体的に考えてみよう。

●ワークシートNo・2―20「私が一生懸命だったことについて」の場合

明治学院大のU君の1回目のワークシートNo・2―20はこうだった。

「一生懸命だったこと」の欄の1つに、まず「慶應大学の受験」を挙げた。「その理由」として、「一浪後、この大学（明治学院大学）に入ったが、俺が求めたものは、この大学にはなかったため」と書いている。「得られたもの」として、「しかし失敗した。努力はしたが、『楽しく努力すること』はなかった。これが原因だろう」と書いている。正直言って、我究度はかなり低い。

このケースの場合、「より深く、より多面的に」考えるとしたら、どういうアプローチがあるだろうか。思いつくままに、ざっといくつか挙げてみよう。

・俺が大学に求めたものは何だったのだろうか
・どうしてそれを求めたのだろうか。何のために求めたのだろうか
・それがどうして明学にはないと思ってしまったのだろうか。慶應には本当にそれがあるのだろうか
・慶應を受験しようと思うまでに、明学で俺は何をしただろうか
・俺のモノゴトの見極め、判断は表層的ではなかったか。その後はどうか。今はどうか
・あの時の俺の考え方は受け身だったのではないだろうか
・なぜ明学に行こうと思ったのか（二浪を決意せずに入学したのか）
・慶應の受験に失敗してから、明学で、あるいは明学の学生として、俺は何をやってきたか
・明学のイイトコロ・イマイチなトコロはどんなところか
・慶應にあって明学にないものが何か存在するのか。存在するとすれば、それは何か

・明学にあって慶應にないものは何か存在するのか。存在するとすれば、それは何か
・大学とはどういうところなのだろうか。俺の大学観はどういうものなのだろうか
・明学をより良くしていくためには何が必要か。それを明学が備えるためには具体的にどうすればいいのか
・明学をより良くしていくために、俺は何かやったか
・明学の歴史の中に、俺という存在は何かを残すことができたのだろうか
・今では受験に失敗したことをどう思っているのか
・受験勉強における努力は、正直どの程度のものだったのか
・受験に失敗した悔しさは、どういうカタチに表れたのか。それがバネとなって何をやったか
・受験している時、明学はなぜ辞退しなかったのか。落ちた時のリスクヘッジだったのか
・本当に受かるつもりで勉強していたのか
・なぜ受験の時、「楽しく努力すること」ができなかったのか。どうすればできたのだろうか
・その後、俺は「楽しく努力すること」をしただろうか
・「楽しく努力すること」を具体的にどんなことで経験しただろうか
・そもそも「楽しく努力すること」とは、いったいどういうことなのか
・「楽しく努力すること」で、俺は具体的にどんな結果を出せただろうか
・俺にとっての「楽しい」とは、どういうことなのだろうか
・今、自分は楽しく努力することを実践しているだろうか
・受験に失敗する前と後では、自分自身何が変わっただろうか

などなど、ざっと挙げてみたが、まだまだ突っ込みたい切り口はたくさんある。さらに、これらの観点で書

いたことに対しても、突っ込みたい切り口が広がっていくはずだ。

このように、自分が書いたものを客観的に「より深く、より多面的に」見つめ直し、さらに書き進めていくことで、**考えの奥行きも幅も、まるで変わってくる**ものなのだ。

その後、U君の「一生懸命だったこと」は「慶應大学受験」ではなくなっていた。あくまでも「受験失敗」はキッカケにすぎなかったことに気づいた。それをキッカケとして、その後に始めたラグビーチームでの活動こそが、彼が一生懸命になったことであることに気がついたのだ。ちなみに彼は、就職活動中もラグビーをやり続け、すり傷だらけになりながらも面接を受け、本命の商社を突破していった。

自己分析がうまくできない人の、よくある3つのパターン

第0章の「絶対内定」するために知っておきたいことでも紹介したが、自己分析がうまくできない人がいる。次の3つを確認し、本音・本気で自己分析をしようとしているのか、今一度自分自身に確かめるといい。

□分析の目的を間違えている

自分の弱み・強み・価値観を客観的に把握するためではなく、「面接で何を言うか」「エントリーシートにどう書くか」ありきで分析してしまっている。特に多いのが、「望む生き方や価値観」ではなく、「やりたいこと」を探そうとして見つからない人。

□自分の弱さを見つめ切れない

自分の弱さやつらかった過去を見つめるだけのエネルギーがない状態のため、「人に言える表面的な自分」

だけを分析しようとしている。

その結果、その表面的な作業をやればやるほど、自信がなくなっていく。

□「一生懸命だったこと」、「つらかったこと」など、点でしか過去を振り返っていない

これまでの人生を流れでとらえていないから、価値観が把握できない。したがって、未来が描けない。

時間がない時に、最低限アプローチしてほしいワークシート

ワークシートを見てすぐに分かるとおり、忍耐力、努力なしには取り組むことはできない。しかも、そのいくつかを繰り返しやるには、相当な忍耐力を要する（とはいっても大学受験の時とは比較にならないくらい少ない作業量だが）。感性を研ぎ澄ましながら集中して取り組んでほしい、というのが僕の本音である。

また、1週間後に面接が迫っているといった場合には、すべてを繰り返していれば、薄っぺらなものしかできないだろう。

そこで、これで十分だとは決して思わないけれど、まずとっかかりとして、我究へのゲートウェイとして、最低限やってほしいワークシートのナンバーを列挙する。それを何回か繰り返すことで、ワークシートを使った我究に慣れていってほしい。そして、気持ちに余裕ができたり、忍耐力がついてきたら、残りのワークシートも含めて繰り返しやっていってほしい。

・**まずはＳＴＥＰ０と１**

これは全員できるはず。

さらに、

・**ＳＴＥＰ２すべて**

・**３－３「私の長所・短所」**

・**４－９「30歳の私、40歳の私」**

・**４－15「私のコア…人生のテーマ・野望」**

・**４－16「死ぬまでに実現したいこと」**

・**４－17「我究の整理『私のビジョン』」**

・**５－１「30カ条セルフチェックシート」**

・**６－１「○○パーソンに求められる資質・能力」**

・**６－17「○○業界・○○分野の課題と提案」**

・**６－22「○○パーソンの仕事とは」**

・**６－23「企画と提案」**

・**６－24「志望動機チェックシート」**

もう一度、繰り返すが、これで十分だとはとても思えない。ましてや、これだけを1回やればいいということでもない。繰り返しやらなければ本当に意味がない。たとえ一度でも、やったほうがよい。そして、ぜひ勢いをつけて、すべてのワークシートにチャレンジしていってほしい。

第7章　まとめ

・自分の願いを実現していくことで、ハッピーな人生を送る。そのために有効な手段が我究である。

・我究の4つの目的。①自分のコア（追い求めたい喜び：大切にしたい価値観）の把握　②望む未来（ライフビジョン・キャリアビジョン）の把握　③等身大の自分の把握＝客観的視点を入れた自己分析　④自分の向上

・我究というワークは、就職や転職だけに有効なものではない。あらゆる人生の場面で役立つ。

・ワークシートは、自分を知り、自分を高め、自分の未来を描くために書くのだ。本音で書かなければ意味がない。

・ワークシートに取り組むのが苦手な人は、そのままでは内定は難しい。面倒くさいとか、嫌だとか、意味ないんじゃないかとか、甘えたことを言う前に、まず本腰を入れてやってみよう。

第8章

実際にワークシートを書いてみよう

ワークシートがすんなり書ける人はそういない。
逃げたくなる。その気持ちはよくわかる。
まずは1周。内容にこだわらず、やりきろう。
その先に、成長の道が必ず見えてくる。

僕はワークシートをこう利用した

広告会社D内定・Y君（東海大・文・現役）

私は我究館に足を運ぶ前から、志望は広告業界に絞っていた。しかし、やりたいことは決まっていたが、自分の強みは何なのか、分からなかった。

私の性格上、形式的なものは苦手で、ワークシートに直接書くと、どうしてもストレートな気持ちを表現できなかった。最初の頃、気負って書いていた。ワークシートは、本当の自分ではない飾った自分であることにある時、気づいた。

そこで私は、人に見せることを意識せずに市販のノートに、自分の目標、やりたいこと、エピソード、不安など、ワークシートの内容をすべて書き写し、個条書きや図式にして、できるだけ普段の自分らしさを出すように心がけると、スラスラと書くことができた。机の前でどっしり座って書くより、寝る前にあれやこれやと考えていることを日記のように書いたり、小さいノートを持ち歩き、電車の中で思い出したことをその都度メモするといい。

情報サイトを読んだり、社会人に会ったりして感じたことを、ありのままに書き綴っていく。1日ノート2～3枚で十分だ。書き終わったあと、各センテンスごとに区切って、自分の文章に「どうしてそう思うのか?」と次々と突っ込んでみて、その理由をノートの脇に書いていくと、矛盾がなくなり、論理的ですっきりした内容になっていく。

いちばん大切なことは、自分の書いたものを繰り返し見直し、100パーセントのハートに近づけていくこと。

そういうふうに書いたワークシートを改めて見直してみると、どれも同じことを書いていることに気づいた。同じフレーズ、単語が何回も何回も出ているのが分かる。

それが自分の切り札の「言葉」だ。

就職活動に必勝法は存在しない。どれだけ継続して努力できるか、だ。

ワークシートは、終わらせればいいというものではないことを忘れてはいけない。自分という人間がどんな人間か、徹底的に問いつめる場なのだ。

あまり形式にこだわらず、とにかく繰り返し繰り返しやって、本当の自分を見つけられれば、第1志望の内定レベルまで高めてくれる。

私の勝因は、3月末までワークシートを50～60回繰り返し、自信を持って面接を迎えられたことだ。

1パーセントでも可能性がある限り、自分の意見を貫き通し、頑張ろう。

STEP 0
ワークシート【我究編】
我究を始める前に

我究編

No. 0-1

我究の目的

今、きみはいったい、何のために我究しようとしているのか。

「やったほうがいい」と言われているからやるのではなく、自分の頭で考え、自分の心で感じた自分の我究の目的を、ここで確認してみよう。

ワークシートの量は、はっきり言って多い。

生半可な気持ちでは、たぶん途中で挫折することだろう。やるならば、ある程度以上の決意を持って取り組もう。

これからどんな気持ちで我究ワークシートに取り組むのか。ここで所信を表明してほしい。

もちろん、物事はやってみて初めて分かること、得られることも多いのだが、ワークシート一枚一枚についても、自分なりに目的を考えて、取り組んでみてほしい。

広告代理店志望・J君(青学大・経済・一浪・就職留年)

・ぶれないため

自信過剰なのかもしれないが、自分自身、人間の一個人として結構何でもできると思っている。しかし、自分の第一優先事項のものぐらいぶれないで、突撃したい。世の中には職業に限らず、やれることはいくらでもある。その中の「一番」のために、今、そして今後頑張るために、自分の中のいろいろなものを整理して、鋭くしていたい。ようは浮気をしないためである。

・ガソリンをきらさないため

つまらないことが痛手になる時もある。でも好きなことのためだから、頑張れるのである。ある種、自分の使命である(ちなみに自分で勝手に決めているのだが)もののために、がんばるのである。そのためにも、決意を含めて自分のことを考えていたい。何かを捨てなければいけないときでもがんばれるか? 1日30時間くらいでも働けるか? 寝なくても、恋人を失ってもと様々なことを考え、それをも上回る思いがあるものであったらいいと思う。(いいのか?)

・今をしっかり生きるため

上記のような思いがあっても人間だから必ずサボる。サボらないまでも、今の生活を続けていくため、目の前の仕事をこなしていく上で、できないことが増えていくと思う。そんな時、再び思い返して、ビジョンをはっきり認識したい。今日、明日のことではない。10年後、20年後のために今日、明日をいかに過ごすかを考えていたい。

・たまには本気になるため

何もしない時期が長すぎた。学生として大いに楽しみ、学んだと思うが、何も還元してない。そろそろ本気になった自分を見てみたい。いつも扶養され、守られてきた学生生活。そろそろそれに終止符を打ちたい。しかし、そんな生活の中でもいつも全国区、世界規模の勝負をしてみたいと思っていた。いよいよ、その時がきたと思う。スタートを切るために、全身全霊のスイッチを入れる時がきたと思う。そして自分を試してみたい。そのスイッチを入れるための我究である。

本気の決意を持って我究に取り組もうとする姿がある。「数え切れないぐらいやった」J君は、夏以降の就職活動時期を誰よりも充実させた一人だろう。キー局内定も当然である。

我究の目的

なぜ我究(=自分研究)を始めるのか、現状やこれまでの生き方などを踏まえて、
今の心境や抱負を素直に書き出してみましょう。行きづまった時、
あきらめそうになった時はいつでもこのワークシートに戻ってきましょう。
初心を確認することで頑張り抜く力が出てくるはずです。

No. 0-2 今の夢と憧れの人物

いろいろ考える前に、今、どんな夢を持っているか、どんな人に憧れるのかを挙げてみよう。

多くの学生が、就職活動を始めると、夢がなくなる。本音が分からなくなってしまう。

受ける会社にすり寄った偽物の夢を夢とするようになりがちである。

我究とは、自分の本音に気づくことである。会社生活ではあり得ないことでも、ビジネスパーソンの型にはまらないことでも、今の自分からは遠く離れているように思えることでも、何でもいい。きみの本音に気づくことだ。

どんなことでもいい。本音を吐き出そう。

テレビ局志望・Iさん（慶應大・法・現役・就職留年）

- 【30代】ドキュメンタリー製作で賞をとりたい。
- 医療行政を勉強しにケネディスクールに行きたい。
- できれば留学中に結婚したい。
- 【40代】ロシア語圏に住みたい。あと…ブルガリア／ポーランド／チェコ／タジキスタン／イラン／ナイジェリア／インド／南米とか、マイナーな国に取材しに行きたい。
- 【?代】アメリカにも住みたい。
- 語学を極めたい。どんな環境の中ででも生きていけることを証明したい。
- 【?代】ダンスを極めたい。
- タップ／ハウス／ジャズ／ラテン
- 【死ぬまでに】世界全国を訪れたい。
- 世界中に友達が欲しい。
- 【70代〜】ヒマな老人になりたくないから、緒方貞子みたいに、国境を渡り歩いてガンガン仕事していたい。
- 【よぼよぼになったら〜】小説を書きたい。
- 後世に自分の人生の遺産を残したい。
- 【＋α】→子供も欲しい！　でも育てるヒマがないのかも。それでも背中を見て育っていってほしい。

憧れの人物	どんなところにひかれるか
沢木耕太郎	抜群の感性と表現力、いくつになってもおとろえない冒険心。
シェリル・サンドバーグ	女性のキャリアの限界を押し上げていっている点。
緒方貞子	化石のようになっても、バリバリと国連で働くパワフルさと、クールな大人としての存在感には敬服する。
櫻井よしこ	どんなに怒っていても、絶対にクールな物腰を崩さない。その意志の強さ、勇気と情熱。

パッションが噴き出している。一見ばらばらにも見えるが、実は彼女の思いは、ある方向に向けられている。冷静さ、落ち着きを身につけたIさんは、キー局をゲットした。

今の夢と憧れの人物

今、「死ぬまでに実現したい」と思うこと、やってみたいこと、野望などを、
時系列や難易度、想いの強弱、仕事・遊びなどのカテゴリーを気にせず、
思いつくまま挙げてみましょう。具体的ではないものがあってもOKです。

・
・
・
・
・
・
・
・
・
・
・
・
・
・
・
・
・
・
・
・

憧れている人物を挙げ、どんなところにひかれているかを書いてみましょう。
架空の人物でもOKです。

憧れの人物	どんなところにひかれるか

STEP 1 ワークシート【我究編】

一晩でできる我究（コア探しと自分の客観視）

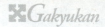

好きなこと・楽しかったこと（コア探しのヒント）

好きなこと・楽しかったこと・うれしかったことを、
できるだけたくさん挙げてみましょう。
誰に見せるものでもないので、恥ずかしいことでも何でもOKです。
また、どうしてそれを好きなのか・楽しかったのか・うれしかったのか、
その理由も書いてみましょう。

好きなこと 楽しかったこと うれしかったこと	なぜ好きなのか 楽しかったのか うれしかったのか
・体を動かすこと（球技？？）	・

20以上

好きなこと・楽しかったこと・うれしかったことの共通点
＝これからどんな喜びを追い求めたいのか

悔しかったこと・満たされなかったこと

今までの人生で、悔しさや寂しさなど満たされなかったことを挙げてみましょう。
自分に正直に挙げてみましょう。

悔しかったこと 満たされなかったこと コンプレックスに思うこと	なぜ悔しかったのか 満たされなかったのか コンプレックスに思ったのか
・	・
・	・
・	・
・	・

悔しかったこと、満たされなかったこと等の共通点
＝これからそれを満たすべく、追い求めたいと思えるか

・ ・
・ ・
・ ・

私の好きなところ・嫌いなところ

自分に正直に書き出してみましょう。
誰かに見せるものではないので、自分に正直になって挙げてみましょう。

好きなところ	具体例
1.	1.
2.	2.
3.	3.
4.	4.
5.	5.

5つ

嫌いなところ	具体例
1.	1.
2.	2.
3.	3.
4.	4.
5.	5.

5つ

私の弱点

自分に正直に、自分の弱点を書き出してみましょう。誰かに見せるものではないので、
自分に正直になって挙げてみましょう。
勝つためのファーストステップ。それは自分の弱点を知ることです。

弱点／対・課題（何かに取り組む姿勢について）	具体例
1.	1.
2.	2.
3.	3.
4.	4.
5.	5.

5つ

弱点／対・人間関係	具体例
1.	1.
2.	2.
3.	3.
4.	4.
5.	5.

5つ

worksheet
No.1-5 Date　/　/

Gakyukan

「私の長所」と「短所の推測」

ワークシート1-1を見直して、長所はどんなところだといえるでしょうか。
また、そのような長所がある人は、一般的にどのような短所があると推測できますか。
短所の推測は、自身の短所ではなく、一般的に「その長所を持つ人」には、
どんな短所があるかを考えて挙げてみましょう。

A. ワークシート1-1から見た、
長所・こだわり

・
・
・
・
・
・

B. そのタイプの人に
ありがちな短所

・
・
・
・
・
・

＋

ワークシート1-1

C. 短所の見直し

対・課題

・
・
・
・
・
・

対・人間関係

・
・
・
・
・
・

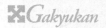

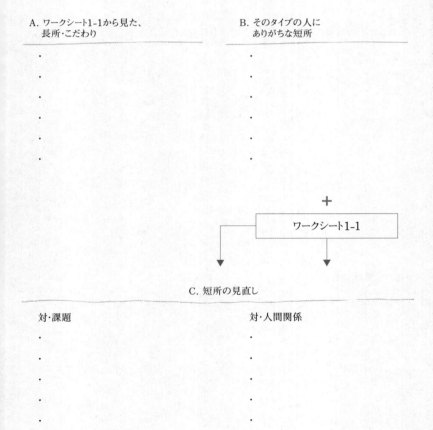

STEP 2

過去を振り返る

ワークシート【我究編】

我究編

No. 2-1 親に愛された記憶

きみは親からどの程度愛されていたか。思い出してみよう。

前にも述べたが、何歳になっても、たとえ親が亡くなっていても、**幼児期、親との関係が良好だったかどうか、現在良好かどうかが、その人の心の奥に大きな影響を与えるものなのだ。**

仮に幼い頃に親の愛情を十分に感じられなかったとしても、親の当時の事情を思いながら我究をすることで、十分に感じられる。気づくことができる。

親の愛に気づけば情緒が安定し、不動の自信が得られる。

メーカー志望・Sさん(早稲田大)

幼い頃、親からどの程度愛された記憶がありますか?

父母にとっては初めての子、父母の両親つまり祖父母にとっても初孫だったので、とにかく可愛がられた。
それゆえ、あまり怒られた記憶がない。幼い頃は、家ではわがまま放題だったように思う。父に叱られた記憶はない。
ただ、心配性の母が「あれをするな」「危ないからダメ」と過保護な部分もあり、もっと自由に遊び回りたかった。

現在、親との関係は健全、良好ですか?

-10〜+10で評価すると、 7

親はどのような時代背景の中、家庭を持ち、仕事をし、家事をし、どんな思いできみを生み、育ててきたか。
当時の社会の動き、親の事情について調べ、また想像すること。

高校時代のクラスメートだった父と母。3人姉妹の末っ子だった母に、父が猛烈アタックして結婚したという。父が今の会社に就職して半年で結婚、20代前半での結婚でお金もなかったので、新婚当初は狭いアパート暮らしだったそうだ。私が生まれてすぐ、母を安心させるために父は家を建てたのだとか。母が妊娠中は「産まれてくる娘のために頑張る!」が父の口ぐせだったらしい。

親に愛された記憶

幼い頃、親からどの程度愛された記憶がありますか?

現在、親との関係は健全、良好ですか?

-10〜+10で評価すると、

親はどのような時代背景の中、家庭を持ち、仕事をし、家事をし、
どんな思いできみを生み、育ててきたか。
当時の社会の動き、親の事情について調べ、また想像すること。

我究編

No. 2-2 学生生活マトリクス1

今のきみがあるのは、大学生活ももちろんだけど、それ以上に大学に入る以前の経験によるところも大きい。

物心ついてから現在に至るまで、きみがどんな人生を歩んできたのか。大きな転機があったりもしたはずだ。ここでいったん振り返ってみよう。

「自分史」をつくるつもりで、よく思い出して、真剣に取り組んでほしい。カッコつけず正直に書いてみよう。特に親との関係は丁寧に振り返ろう。

総合商社志望・T君（関西学院大・一浪・一留）

	幼児・小学校時代	中学校時代
勉強	特に一生懸命取り組んだという記憶はない。夏休みの宿題も最後にまとめてしまうことが多かった。	目立ちたくなってくる年頃だが勉強で目立つことはなかった。しかし、受験の時、先生から「絶対受からない！」と書かれてくやしかったので、猛勉強し見返してやった。
成績	中の上	中の上
クラブ／サークル	町内のソフトボールチームでエースで4番だった。一番自分の思いどおりの野球をできていた頃。休みの日は一日中、外で何らかのスポーツをしていた。	野球部。練習態度が悪い（自分ではそう思わなかったが）という理由で、いつも試合でピッチャーだったにもかかわらずエースナンバーはもらえなかった。この時の思いが高校生になってから活かされたと思う。
趣味 遊び 恋愛	外でよく遊んでいたタイプ。P.M.6時を過ぎて家に鍵を締められるのが一番怖かった。一度家を出るとなかなか帰ってこないのは今でも変わっていない。淡い初恋は4年生の時。恥ずかしくて告白できなかった。	相変わらず外に出ていって遊んでいた。時折帰るのが遅くなってこっぴどくおこられた。夜、家を出ることが理由もなく楽しく、自分の知らないものがあるような気がしていた。3年生の時に本気で好きな子ができた。告白してOKだったが1カ月しか続かなかった。
友人関係	比較的年上の友達が多く、いつもくっついて遊んでいた。同じ年の友達よりも多くのことを知っているので楽しかった。よく泣かされた。	同じクラブの友達が中心。友人と呼んでよいかわからないが、3年生の時に行った塾の先生は、よく私のことを可愛がってくれ、何でも話せる関係だった。
家族関係	父親が少年野球のコーチをしていたのでよく連れていってもらった。3つ上の姉とはよく喧嘩したが、男の私が姉に手を出すことは強く禁じられていた。	母親は私に手を焼いていた（ずっとそうだが）ようだった。しかし、辛抱強く見守ってくれていたおかげで、曲がったことだけはしなかった。
影響を受けた人	ソフトボールのチームメイト。 親友ができた。	付き合った彼女。 自分より大切に思う人とはじめて出会った。
当時の夢	プロ野球選手	プロ野球選手

愛情豊かに育てられ、友人にも恵まれ、自信を持ったのびのびとしたT君が出来上がっているのがわかる。まず両親に感謝すべきだろう。愛情豊かで心がリッチであることもわかる。打ち込むことの素晴らしさ、楽しさも知っている。商社はおそらくT君にとってピッタリのステージであろう。勉強の面白さはどの程度知っているのだろうか。

学生生活マトリクス1
小・中学校時代編

今までの生活を振り返り、どのように過ごしたか思い出してください。
まずは中学卒業まで。
特に親との関係は重要です。

	幼児・小学校時代	中学校時代
勉強 成績		
クラブ／サークル		
趣味 遊び 恋愛		
友人関係		
家族関係		
影響を受けた人		
当時の夢		

我究編

No.

2-3 学生生活マトリクス2

高校、浪人時代という多感な時期に、きみはどんなふうに過ごしてきただろうか。無駄に思える日々も、実はきみにとって貴重な経験だったはずなのだ。

人材業界志望・M君（立教大・法・現役）

	高校時代
勉強	高校受験に失敗し、偏差値40台の学校に入学。大学受験には失敗しないよう1年時から勉強に励む。家計の都合により塾には通えなかったので、分からない箇所は先生に質問をすることで身につけた。
成績	3年間オール5
クラブ／サークル	バスケ部部長。バスケの強い高校を志望していたが、入学した高校は3年間1回戦敗退の弱小校だった。指導者もおらず、頑張れば非難される環境で完全に浮いてしまう。1年時は公式戦で1勝もできずに終わる。2年時には、赴任してきた有名なコーチの指導もあり、都300位から32位に駆け上がる。練習はハードになったが、チームメイトに働きかけ続けた結果1人も辞めることはなく、関係も劇的に良好になった。「人は誰もが可能性を秘めていて、開花させられるかどうかは指導者が鍵を握っている」と考えるようになった。
趣味 遊び 恋愛	趣味はトレーニング。バスケが上手になるよう、自主練習をするのが好きだった。 遊びではドラゴンクエストの通信プレイを友人と徹底的にやり込み、すべてのステータスを最大にした。 恋愛では、数年間付き合っていた人と価値観の違いにより、半年間悩み続けた結果別れる。相手を受け入れられない自分に対して強い嫌悪感を抱き、「あらゆる価値観を受け入れられるようになりたい」と考えるようになる。
友人関係	1年時はバスケ部内で浮いてしまっていたが、クラスメイトとの関係は良好。2年時以降は、同学年の誰とでも気軽に話せる状態で、学校に通うことが楽しかった。
家族関係	良好。部活動に励む私をいつも応援してくれた。進路についても何一つ口出しせず、私の考えを尊重してくれた。頑張れる環境を与えてくれた家族に対して何も返せていなかったので、今後恩返しをしていきたい。
影響を受けた人	親友A。彼は通っていた偏差値40台の高校の中でも最下位クラスの成績だったが、早稲田大学を目指していた。並外れた向上心と反骨精神に刺激を受けた。 バスケ部のコーチ。常に部員の可能性を信じて、本気で叱り、本気で褒め、熱く向き合ってくれた。
当時の夢	小学校から抱いていた「プロバスケットボール選手」という夢は、全国優勝校との練習試合等を経て、自分には実現できないと考えるようになった。具体的な次の夢はこの時点では描けていなかったが、「この高校から這い上がり、大学では社会で役立つ何かに熱中したい」、「バスケ部のコーチのような人間になりたい」と漠然と考えていた。

M君の「人の可能性を信じる」という力強いコアを形成した体験が詰まっている。また、随所にM君が「自分の弱さと向き合う強さを持っていること」を感じさせる記述があり、人としての成熟を感じる。

Gakyukan

学生生活マトリクス2
高校・浪人時代編

先ほどと同じように、高校時代、浪人した人は浪人時代について、
どのように過ごしたか思い出してください。

	高校時代	浪人時代
勉強 成績		
クラブ／サークル		
趣味 遊び 恋愛		
友人関係		
家族関係		
影響を受けた人		
当時の夢		

No. 2-4 大学生活マトリクス1

今は、面接のことを意識しすぎずに、きみの大学時代を、それぞれのフェイズについて思い出してみよう。

総合商社志望・T君（早稲田大・政経・就職留年）

	大学1年	大学2年	大学3年（留学）
勉強	授業は、出席はしていたが、試験も一夜漬けで何とかなると気づいてから、試験前以外はあまり勉強しなくなってしまった。	興味のある国際政治において、世界で最も権威のある大学への留学を決意。高校生からの関心事だった、このテーマの勉強に身が入り始める。	アメリカへの名門大学へ留学。留学したからには良い成績を取りたいという思いがあり、膨大な課題と向き合い、猛勉強した。大学に入って初めて勉強が楽しいと感じた。
成績	A7個　B3個　C2個	A8個　B3個　C1個	A10個
クラブ／サークル	美術創作サークルに所属。絵を描いていたが、先輩に毎日のように飲みに連れて行ってもらい、お酒の飲み方を覚えた。	他大学の美術サークルと合同で展覧会を企画する等、人間関係も広がった。楽しかったが、このままゆったりと過ごして良いのかという思いが生まれ、留学を決意した。	留学先では自転車部に入部した。大学間対抗レースに出たくて、ハードな勉強時間の合間を縫って自主練習をしたのは良い思い出となっている。
アルバイト	小学生相手の塾講師。集団授業に加えて保護者の前でのプレゼン等大変だったが、今思うと色々と任せてもらえて良い経験をしたと思う。	色々なアルバイトを経験したくなり、工事現場でも働いてみたが、長続きはせず。飲食店と家庭教師の掛け持ちに落ち着いた。	日本発のNPO組織の立ち上げを行った。現地で無名のNPOを売り込むのは苦労したが、多国籍の友人とこれを実現したプロセスには多くの学びがあった。
趣味遊び	この頃はまだ第一志望の大学に落ちたことから斜に構えていて、人間関係を広げられなかった。	サークルの活動を通して、交友関係が広がった。一方で、一人で映画を見に行ったり、自転車を乗ったりする時間も好きだという自分の一面に気づいた。	留学先では、今まで自分の周りにいなかった種類の人々と付き合い、多くの刺激を受けた。この時からもっと明るく、社交的になった気がする。
友人関係	サークルの友人や高校の友人と過ごしていた。中高一貫校に通っていたので、新しい人間関係ができるのが新鮮だった。	サークルの同期との仲が深まっていった。素を出して、どんな話もできる相手はかけがえもないものだと感じた。	留学先で同じ時間を過ごした友人は特別で、この先もずっと関係が続くと感じている。また、同世代で心から尊敬できる先輩・親友と出会った。

留学を決意してからの「ケツまくり感」が伝わってくる。やるからには最高の成果を追い求める姿勢や、経験を通して自分の人間性を変えていこうとする姿勢が素晴らしい。一方で、チームワークの経験が少ないように感じるのが不安なところである。

大学生活マトリクス1

大学時代を振り返り、どのように過ごしたか
できるだけ具体的に詳細に思い出してください。
留年の場合は自分で欄をつくるように。

	大学1年	大学2年	大学3年
勉強 成績			
クラブ／サークル			
アルバイト			
趣味 遊び			
友人関係			

我究編

No. 2-5 大学生活マトリクス2

「恋愛」についても赤裸々に書いてみよう。片思いでも、告白直後の失恋でも何でもいい。人を好きになるという感情は、何の制約もないピュアな本音だ。もし、「人を好きになったことがない」としたら、なぜ好きになったことがないのか考えてみよう。

「読書」については、本棚を見ながら思い出そう。心に残って二度読みしたものなど、ジャンルは問わない。映画でもいい。読んだもの、見たものをすべて書いてみよう。

読書は社会を知るツールとして、極めて重要なものの一つだ。足りないと感じる人は今日からでも読もう。

就職留年を機に人生が大きく動いている。視野の広さ、家族関係、自分への問題意識など、あらゆる面で劇的に成長している。挫折経験を、自身の人生の糧にできているところがさすがだ。

ネット業界志望・R君（慶應大・経済・現役・就職留年）

	大学1年	大学2年	大学3年	留年
恋愛	男子校出身がゆえ、彼女とのキャンパスライフに飢え、合コンに異常な意欲をみせていたが、人生初の合コンで一目惚れし、その子にアタックし続ける。	約10カ月に及ぶアタックの末、見事彼女をGET。付き合い始める	左に同じ	就職活動に失敗し、一時自暴自棄になるが、支え続けてもらった。
旅行	サークルの合宿以外で遠くに出かけることがほとんどなかった。	左に同じ	左に同じ	米国西海岸に留学し、シリコンバレーの躍動感を肌で感じる。世界の広さ、異文化を肌で感じる。今まで、海外に行かなかったことを後悔する。
家族関係	中学時代は受験、受験といわれ続けてきたので、非常に反抗的であったが、大学に入り縛りがなくなり、これまでより会話をすることが多くなった。	弟の受験が始まり、家が騒がしくなっていた自分の経験を踏まえ、周りの声を聞きすぎないこと、妥協はしないことをアドバイスしていた。	就職活動を前に、資格を取れなど、英語を勉強しろ、と言われる。（それに何の意味があるのか、を言わずに、頭ごなしに言う親に嫌悪感を抱いていた）	就職活動の失敗から、親と言い合いになる。これまでの育て方、接し方など不満に思っていたことをすべてぶちまけた。しかしながら、お互いがこれまで思いつつも、言えなかったことを知り、腹を割れた気がした。
読書	文字だけのものを見るだけで眠くなっていた。それがゆえ、ほとんど読書をしていなかった。その代わり、ありとあらゆる漫画を読んでいた。漫画喫茶に一日中こもっていたりもした。	左に同じ	就活を前にロジカルシンキングの本などを読み始める。これまで本は大部分が小説だと思っていた自分にとってスキル系の本は新鮮であった。読むたび自分が成長している感覚が得られた。	就職活動を経て、読書の必要性を強く感じた。読むだけで満足してはいけないことも感じていたので、それをいかに日々の生活に生かせるかに意識を置くようになった。大学3年の時の読書スタイルが広く浅かったのに対し、狭く深く、を意識するようになった。
その他	この頃は、何をするべきか分からず、サークル、アルバイトなど周りの友達がしていることを真似してやることが多かった。		大学3年の頃から自分の力を試したい、高めたと思うようになり、インターンや、サークルでの役職の仕事など、自分から行動することが多くなってきた。	

大学生活マトリクス2

先ほどと同じように、大学時代を振り返り、どのように過ごしたか
できるだけ具体的に詳細に思い出してください。留年の場合は自分で欄をつくるように。

	大学1年	大学2年	大学3年
恋愛			
旅行			
家族関係			
読書			
その他			

我究編

No. 2-6 対人関係マトリクス

このシートの目的は、自分が自分以外の人と、どのような関係を築いてきたかを自分で把握することにある。

また、それによって幅や深さとともに、これからどんな対人関係を築いていきたいか、という自分の思いを把握することにもある。

親をはじめ、友人、恋人、先輩や後輩と、どれぐらいの距離でつき合える人なのだろうか。ぶつかれる関係か、ぶつかって離れてしまう関係か、ぶつかってなお互いに尊重し合いながら信頼関係を築いていける関係か。甘えすぎてはいないか。頼りすぎてはいないか。自分で振り返ってみよう。

また、親しい友人ばかりでなく、その周りの友人たちとの関係はどうだろうか。親しい人には思い切り親しく、そうでない人は、ほとんどどうでもいい感じにはなってはいないか。決してきれいに見せようとせず、問題を発見するのだというつもりで赤裸々に書いてみよう。

親も、友人も、先輩も後輩も、自分が接してきた人は、ある意味で自分の鏡であると僕は考えている。良好な関係でないことを、その人のせいにしても解決はしない。自分がその人と良好な関係を育むことができないということだ。自分にも何かが足りないということだ。

自分のこれまでの対人関係を振り返ることで、自分に足りないものが見えてくるはずである。今からでも遅くはないはず。「あの時、あいつに甘えっぱなしだったな」と思えるのなら、何かアクションを起こしてみよう。また現在の人間関係にそれを生かしていこう。

対人関係マトリクス

これまでの生活を振り返り、対人関係はどうであったか思い出してください。

	幼児期	小学校	中学校	高校	大学
父親					
母親					
兄弟姉妹					
祖父祖母など					
親友					
その他友人など					
先輩					
後輩					
恋人					
先生					

我究編

No.

2-7 私の恋愛

家族と同様、恋人の前での自分が素の自分だったりする。

家族関係と同様、大いに我究できるポイントである。

恋愛が長く続かない人は、なぜそうなのか、ふられた人は、なぜふられたのか。自分自身について、相手に対する接し方について、見つめ直してみよう。

特に、長く続かない人の場合、恋愛で顕著に表れがちな自分自身が、無意識に接し方を分けているつもりの、恋愛対象以外の人との関係でも、実は深い部分で出てきてしまっているものなのだ。

また、恋愛に対する姿勢そのものに、自分自身の何かに向かう姿勢が表れているものだったりする。

テレビ局志望・J君（青学大・経済・一浪・就職留年）

個人的に恋愛は顔を合わしている時間が何よりも重要だと思っているので時間を空けることを意識している。

接し方としては、かなり甘えていると思う。彼女以外では兄さん的な態度を多くとっているようで、ギャップがあるとよく言われる。素の自分がどちらだか自分でもわからないが、両方で自分なのかな？　と思う。改めて考えてみても思いっ切り甘えていると思う。

感謝していることといえば、よく飽きもせず付き合ってくれることと、話を聞いてくれること、そして黙って見ていてくれることくらいだろうか？

どんな気持ちを抱いているかといえば、月並みだが空気みたいだなと安心感を抱いている。まったくの緊張感がない。物凄く楽である。妹的な存在感が守ってあげたいとも思わせる。

▼

接し方としては、特に変わらずにつき合っていきたいと思っているが、これからは生活が激変してしまう。上記にも書いたが、恋愛は会っている時間がものをいうと思うのでこれからが不安だ。学生時代は比較的時間の余裕があった。何かあっても埋め合わせが好きな時間にできた。社会人になるにあたって、これから10年は思いっ切り仕事に燃えてみたいと思っている。自分の優先事項の一番に据えたものに、それを置きたいと思っている。できる限りのことはしたいと思っているが、どうしても無理ができない状態になると思うので、飽きられそうで不安である。これからは今まで以上の要領が求められている……。

読まれることを意識して照れもあったのか、すべてが語られていない印象があるが、大切に思う気持ちは本物だ。ずっと良好な関係だったのだろうか。長いつき合いに、すでに夫婦の余裕が感じられる。

私の恋愛

恋人にどのような接し方をしてきたでしょうか。
どのようなことに感謝しているでしょうか。
また、どんな気持ちを抱いているでしょうか。

↓

恋人への接し方はこれまでのままでいいのでしょうか。
今後どのように接していくべきなのでしょうか。

我究編

No. 2-8 経験マトリクス1

小・中学校時代について、それぞれの切り口で、どんな経験をしたか、いくつも挙げてみよう。

すごい経験である必要はない。自分なりに当てはまると思うものを思い出してみよう。

特に挙げられる経験がない場合には、「その時期、そういう経験がなかった」ということに気づいていこう。

たくさんいろんな経験をしたほうがいいと言い切るのも乱暴であるが、いろいろな経験を経て人間は成長していくのではないか。

製薬業界志望・Sさん（東京薬科大・薬学・現役）

	小学校時代	中学校時代
私が一生懸命だったこと	6つの習い事。両親に成果を見せられるようにコツコツがんばった。	吹奏楽部。音楽が好きだったのと、みんなで演奏する時間が好きだった。
楽しかった経験	バス通学だったので、待っている間に、スポーツやかけっこをしてとびまわってた。	忙しいながらも、みんなで合奏している時間は楽しかった。メンバーも好きだった。
苦しかった経験	両親が小学校教員だったので、周りの友達と違い、なかなか学校の行事に来てもらえなかった。	部活で部長に「お前いらない、来なくていいよ」と何度も言われたこと副部長としての立場がなく苦しんだ。
挫折経験	得意の書道で、賞を2つ取れなかったったこと。	「お前は気に入られているから選ばれたんだ」と部長に言われて、自分の能力のなさに気づいたこと。
感動経験	ファンタズミックを見た時、“これは僕の夢なんだ”と立ち向かうミッキーに11歳ながら涙した。	カナダで今まで見たことない大自然をみたとき。言葉が通じなくてもつながれることがうれしかったことは今でもおぼえている。
プライドを満たした経験	同級生20名以上の書道塾で一番に最上位の段を取った。	中学校はじめのテストで30番代だったが2年生後半からは1ケタをキープした。
頭角をあらわした経験	リーダー性があったわけではないが、先生、友達、後輩と幅広く何かと周りから頼られることが多かった。	部活において、1～3年時すべての学年で重要なパートをまかせてもらった。
リーダーシップをとった経験	進んでではなかったが、地域の活動や学校の班活動やクラブではリーダーに推薦されていた。	部活でパートリーダーをやった。ひっぱっていくよりはメンバーに協力してもらい、一緒にやろうタイプだった。
みんなで何かを創った経験	ゲーム機を持っていなかったので、みんなで人だけで遊べるゲームをよく考えていた。	部活、演劇、太鼓隊などいろいろな場で、みんなと協力して1つのものをつくっていた。
独自のアイデア経験	周りに笑ってもらいたくて、よく変顔や自分でコントをしていた。	吹奏楽部は上下厳しい部活だったが、私のパートは休けい時間をよくとり、一緒に遊びにいったりもしていた。
異種との交流経験	地域の距離が近く、おじいちゃんとおばあちゃん世代と話すことが多かった。かわいがられてうれしかった。	部活や留学で他校の生徒と会う機会が多かった。自分とは違う背景や日常を送る人たちがおもしろかった。
影響を受けた経験	浅田真央ちゃんに憧れていて、1人でリンクに立ってお客さんに感動が与えられる姿を見て自分もそうなりたいと思った。	留学では、海外に怖さを抱いていたけど、行ってみると新たな発見があったし、むしろ大好きになった。やってみようのハードルが下がった。
影響を与えた経験	朝、たびたび不登校の子のことを待って一緒に学校へ行った。少しずつ来てくれるようになったことはうれしかった。	部長と対立していたけど、相手に向き合って行動を変えようと努力したおかげか部長と和解し、「俺も変わると」言ってもらえたこと。

会った人を魅了する彼女の人柄が形成された2つの背景がわかる。一つは、小学校時代、人を愛し、人に愛されてきた経験。もう一つは中学校で、仲間とぶつかりながらも逃げることなく困難を乗り越えた経験だ。

経験マトリクス1
小・中学校時代編

今までの生活を振り返り、どのような経験をしてきたか思い出してみましょう。
まずは中学卒業まで。同じ経験が重複してもOKです。

	小学校時代	中学校時代
私が一生懸命だったこと		
楽しかった経験		
苦しかった経験		
挫折経験		
感動経験		
プライドを満たした経験		
頭角をあらわした経験		
リーダーシップをとった経験		
みんなで何かを創った経験		
独自のアイデア経験		
異種との交流経験		
影響を受けた経験		
影響を与えた経験		

我究編

No.

2-9 経験マトリクス2

高校・浪人時代についても思い出してみよう。

忘れていることが、自分自身にとって意外と大きな経験であることも多い。

一年一年をじっくり思い出してみよう。

1つの項目に1つの経験を埋めればいいというものではない。思いつくものすべてを出してみよう。

外資系コンサル志望・K君(中央大・総合政策・二浪)

	高校時代	浪人時代
私が一生懸命だったこと	高校から入部したバレーボール部で、レギュラーの座をつかむこと。	受験勉強。
楽しかった経験	友人と夜中にバイクで走り回り、朝まで語り合っていたこと。	小論文の勉強。他の科目と異なり、自分の意見が求められたから。
苦しかった経験	2度の入院と手術。	友人の死。白血病だった。
挫折経験	部活でやっとつかんだレギュラーの座をバイクの事故で外されたこと。	一浪目の受験に失敗したこと。
感動経験	入院中、遠いのに多くの友人がお見舞いに来てくれたこと。	薬害エイズ運動に参加して、HIV感染者の前向きな生き方に。
プライドを満たした経験	生まれて初めて女の子に告白されたこと。	全国模試で3度成績優秀者リストに名前を載せたこと。
頭角をあらわした経験	2年生の夏にバレー部で初めてレギュラーに選ばれた。	予備校の小論文の添削で大学院レベルという評価をもらった。
リーダーシップをとった経験	クラス、学校行事などで、よく委員長をやっていた。	予備校で皆が仲良くなるための飲み会を企画していた。
みんなで何かを創った経験	特に、2年時の文化祭は、本当にクラスが一つになっていたと思う。	小論文の自主ゼミ。みんなで互いの論文の良し悪しをディスカッション。
独自のアイデア経験	下記の経験から社会の授業でディベートを行うことを考案し、受け入れられた。	上記のゼミは、僕が考案し、実行した。
異種との交流経験	アメリカンスクールの学生とのディベート大会。自分の意見を持ち、伝えることの大切さを知った。	この時代は特になし。
影響を受けた経験	落合信彦の本。とくに『狼たちへの伝言1〜3』	代ゼミの「平尾始」先生(小論文担当)。本物の知識・教養を感じた。
影響を与えた経験	勢いで学校をやめようとした友人を説得したこと。	途中で受験をやめようとした友人をふたたびやる気にさせたこと。

友情に厚く、明るく人なつっこい人柄。いつもどこかで誰かと熱く意見を戦かわせていたK君が目に浮かぶ。浪人時代も楽しそうだが、一浪目の失敗の時のことは我究しておきたい。

経験マトリクス2
高校・浪人時代編

先ほどと同じように、高校時代、浪人した人は浪人時代について、どのような経験をしたか思い出してみましょう。

	高校時代	浪人時代
私が一生懸命だったこと		
楽しかった経験		
苦しかった経験		
挫折経験		
感動経験		
プライドを満たした経験		
頭角をあらわした経験		
リーダーシップをとった経験		
みんなで何かを創った経験		
独自のアイデア経験		
異種との交流経験		
影響を受けた経験		
影響を与えた経験		

我究編

No.

2-10 経験マトリクス3

大学時代もあっという間。いろんな経験をした人もいれば、何となく過ごしてきた人もいるだろう。経験の幅や深さが足りないという人は、客観的に書くことで気づいてほしい。

総合商社志望・Y君(立命館アジア太平洋大・アジア太平洋学部・現役)

大学時代	
私が一生懸命だったこと	一つ所に留まることなく、常に広い世界を見て、心から納得できる目標を一つ一つ超えること。
楽しかった経験	世界100カ国以上、1200人が生活する学生寮で毎晩、異国の友人と生活をともにしたこと。
苦しかった経験	社会人経験が豊富なメンバーのNPOに参加。現場で全く通用せず、自分に専門性がないことを知った経験は苦しかった。
挫折経験	大学を休学して参加したNPOで、担当した助成金審査に落ち続け、予算1000万円以上の事業を中止に追い込んでしまったこと。
感動経験	パリの国際生地見本市を訪れた際、商社が日本のメーカーを取りまとめ、世界の名だたるブランドへ売り込んでいる光景を見たとき、日本の価値や強さに感動した。
プライドを満たした経験	現代アート作家の事業発信をゼロから手掛け、海外代理店と契約を結び、展示会を始め世界20カ国以上で作品に触れる機会をつくり出した経験。
頭角をあらわした経験	商店街の「叩き売り」にスカウトされ、歴代最速の3日間でかまぼこ13000本を売り切った経験。
リーダーシップをとった経験	ベトナムでのコンサルティング会社でのインターンシップで、日本人2人とベトナム人2人をまとめ、化粧品マーケティング調査を行い、1週間で具体的な商品提案までを行った経験。
みんなで何かを創った経験	震災復興事業のため、現地の必要とする声と、大学、企業スポンサーの力を結びつけ、1年半以上続く仮設住宅の空き地を農園にする事業を形にした経験。
独自のアイデア経験	大学の飛び級制度を活用し、2年で単位を取り終え、身につけた知識が社会で通用するかを試した経験。
異種との交流経験	漁師さんが代表を務めるNPOへ住み込みでインターンすることで、人とのつながりを何よりも大切にし、互いに助け合う人情に生きる姿を見せつけられた。
影響を受けた経験	毎日停電するインドの農村から留学してきた友人の実家を訪ね、不満を持ちながらも、安定した電気を地域に届けたいと前向きに勉学に励む、友人のモチベーションの根源を目の当たりにした経験。
影響を与えた経験	人とは違う進路選択をすることで、本当に自分のしたいことを体当たりで探し、追求する私の姿を見て、学生時代に接した後輩たちが、決められた進路に疑問を持ち、各々の覚悟を持って選択した進路の近況報告を入れてくれる。

ユニークな経験を多くしている。能力も高いし、人間的魅力も感じる。一方で、謙虚さや自分への問題意識はどうか。華やかなエピソードの裏にある、失敗や自分の弱み、それを克服するためのアクションプランまで我究しておきたいところだ。

経験マトリクス3
大学時代編

先ほどと同じように、大学時代について、
どのような経験をしたか思い出してみましょう。

	大学時代
私が一生懸命だったこと	
楽しかった経験	
苦しかった経験	
挫折経験	
感動経験	
プライドを満たした経験	
頭角をあらわした経験	
リーダーシップをとった経験	
みんなで何かを創った経験	
独自のアイデア経験	
異種との交流経験	
影響を受けた経験	
影響を与えた経験	

我究編

No. 2-11〜No. 2-19 大学生活マトリクスのBreak Down

Ｎｏ・２－４、２－５の大学生活マトリクスを見ながら、自分にとって特に印象的だったことについて、さらに考えを深めてみよう。これは面接に直結してくるが、面接官に見せるためでなく、自分のためにやろう。

「学生時代、何をやってきたのですか？」

「サークルで、最も印象的だったことは？」

「成績が良くないけど、勉強はどうでしたか？」

それらの質問に対し、「起こった出来事や事実」だけを面接官に伝えても、何の意味もないのだ。実際、そういう学生が多いが、それでは面接官に、「自分の内面がどういう人なのかは想像してください」と言っているようなもの。

「その時、きみがどのように感じ、何を考え、何を得たのか、さらに今そのことをどう思っているのか」

それを自分で認識していないことには、自分を伝えることはできない。その上で、語る中から面接官は、「きみが本当にどういう人なのか、将来、大活躍してくれる人かどうか」を見ているのだ。自分で書いたことに安易に満足せずに、問題意識を持って、ワークシートの問いかけにそって深く考えてみよう。

面接官に何を聞かれても自信を持って答えられるように、Ｎｏ・２－11〜Ｎｏ・２－19の各項目すべてについて考え、書いてみよう。１回書いて満足せずに、大量にコピーし何度も何度も読み直し、考え、納得できるまで書き直してみよう。

大学生活マトリクスのBreak Down

勉強 について

最も印象深かった経験を切り取り、
次の切り口で深めてみましょう。箇条書きでOKです。

概要

↓

どのように楽しかったのですか　どのように頑張ったのですか
どのように苦しかった／つらかったのですか

なぜそうしたのですか／そう感じたのですか

↓

今になって感じていること（○○が得られた、○○を学んだ、等前向きに考える）

No.2-11 勉強について

製薬業界志望・Sさん（東京薬科大・薬学・現役）

概要

終末期医療の患者さん（末期がん）の最期から、患者さんの治療の意思決定支援について考える。

どのように楽しかったのですか　どのように頑張ったのですか
どのように苦しかった／つらかったのですか

ベッドでずっと寝ていて、抗がん剤の投与をつづける。副作用も多く、家族とコミュニケーションもあまりとれない。この患者さんにとって今、生きている意味は何かと疑問に思った。いま生きることを楽しみ、充実できるような治療があればいいのにと思った。

なぜそうしたのですか／そう感じたのですか

自分がいま生きていることを楽しめている、何かに向かっている、そういった意志を持てていないことが、患者さんにとって幸せなのかと疑問に思った。「治療」というものはただ命をのばすことではなく、患者さんにとって今を楽しく生きるためのサポートであり、患者さんが何を望むかが重要だと思ったから。

今になって感じていること（○○が得られた、○○を学んだ、等前向きに考える）

・現状の医療をよりよくしたいと思ったきっかけだった気がする。それもただ効果が高い薬というのではなく、副作用が少なく、患者さんが病気と向き合い、いま熱中していること（仕事や趣味など）に没頭するためのサポート手段としての治療が行われる必要もあると思った。

・実務、実習に行ってみると効果と副作用の軽減を両立する治療の壁の高さを実感した。また、パーキンソン病の患者さんが「急になっちゃったんだよ。治らないんでしょ？　どうして自分がなっちゃったんだろう」と言っているのを聞いて、治療の幅が広がらなければ、意思決定の幅も狭まってしまうと感じた。

大学での学びから、将来彼女が実現したいことへの想いを感じられる。多くの人が理想を掲げても、このように目の前の状況や困難な課題に打ちひしがれ、あきらめそうになる。彼女もその一人だが、社会人として解決策を見出すために、日々研究と就職活動に励んでいる。夢の実現に向けて自分なりのアイデアを考えぬいてほしい。

No.2-12　クラブ・サークルについて

人材コンサルティング会社志望・Iさん（関西大・総合情報・現役）

概要

大学3年の夏休み、1カ月半の間、ゴルフ場に住み込みでキャディーのアルバイトをした。日の出から夜中まで仕事の時間以外はすべて練習にあてた。まるで研修生のような生活だった。

どのように楽しかったのですか　どのように頑張ったのですか
どのように苦しかった／つらかったのですか

結果が思うように出ず、精神的につらかったし、真夏だったため体力的にもつらかった。毎日、自分と闘っていた。だが努力のかいあってスコアを飛躍的に向上させることができ、本当にうれしかった。

なぜそうしたのですか／そう感じたのですか

・ゴルフ同好会の幹部をしており、自分の存在感・発言力を強めたいと思った。そのためには、「ゴルフに打ち込む姿勢」と「結果」が必要だと思った。

・ゴルフを真剣にやっている人がいないと後輩がついてこないと思った。

・ゴルフに打ち込めるのは人生の中で今しかない、と思ったので、思い切って実行した。

今になって感じていること（○○が得られた、○○を学んだ、等前向きに考える）

・自分でも、よくやり抜いたものだと驚いている。自分の「熱さ」と「体力」と「とことんやる性格」に初めて気づかされた。

・体力と精神的なタフさが身につき、自分に自信がついた。まわりの評価も変わり、「人に影響を与えるのは言葉よりも行動だ」と体で実感した。

人柄の良さは伝わる。頑張ったことも、その結果、大きなものが得られたことも分かるが、周りへの存在感、発言力を強めた上で、何がどのようにできたのか、そこが重要なのではないか。目標に目がいきがちだが、その先の目標もしっかり心に留めておかないといけない。自分よりも、周りがどう良くなったか、周りにどのような影響を与えることができたのか。要、再我究。

No.2-13 アルバイトについて

A　ゼネコン志望・T君（一橋大・社会・現役・就職留年）

概要

深夜にガードマンとして工事現場で働いている時、近所に住むおばさんが、「うるさい！　じいさんが病気なのに眠れない」とどなり込んで来た。

どのように楽しかったのですか　どのように頑張ったのですか
どのように苦しかった／つらかったのですか

自分は会社の責任者ではないし、現場で働く労働者の一人にすぎない。にもかかわらず感情的になったおばさんに10cmの距離で30分程説教された。自分としてはただひたすらおばさんに頭を下げるしかなかった。その工事の効用を受けるのが、そのおばさんだという疑問を持ったまま。

なぜそうしたのですか／そう感じたのですか

言葉でおばさんに反発したらことが大きくなる気がした。そうなるよりも、まずは感情を抑えてもらうことが先決だと思った。私の考えどおり、時間の経過とともにおばさんの怒りは治まり家に帰って行った。しかし、工事がただの近所迷惑なわけではなく、より電気の供給しやすい、より住みやすい町をつくるためのものだとは理解してもらえなかった。

今になって感じていること（○○が得られた、○○を学んだ、等前向きに考える）

次回このようなことがあった場合、初めは感情を抑えてもらうためにひたすら頭を下げ、相手の方が冷静になってからは、その工事の効果などを説明していきたい。そうすることで相互理解を深めていくのが、一番良い方法だと思う。

A　その後、工事現場の責任者とはこの件について話をしただろうか。T君の意見も、その場での対処の方法としてももっともだが、これからのことを考えて、「より近所の住民に理解を得られる工事の進め方」について、自分が責任者になったつもりで考えてみよう。さらに実際の責任者と話してみよう。

B　隊員への愛情、リーダーとしての責任感、大きさ、行動力を感じる。そのアイデアがカタチになるまでの過程をもう一度思い出してほしい。隊員の心の変化を詳細に思い出してみてほしい。ややアバウトな印象。要、再我究。

C　深い愛情を持った女性である。悩み、頑張った末、彼のため自分のために別れを選び、行動し、その後も彼を大切に思う気持ちは続いている。クールな視点を持ちながらも、決して彼のせいにしてはいない。恋愛から我究している。問題から逃げないで、自分から切り開いていける女性である。人を愛するためには強さが必要なのだろう。人を愛することで強くなれるのだろう。彼女がこのことを機に、さらに強くなっているであろうことが想像できる。

No.2-14　趣味・遊びについて

B　広告会社志望・I君（同志社大・法・一浪）

概要

ボーイスカウトのリーダーとして、ハワイのボーイスカウトとの交流キャンプを企画し引率したとき、いつもの明るい隊員達が、語学力不足から自信を失っていたときの出来事。

どのように楽しかったのですか　どのように頑張ったのですか

私達は、隊員達に一生に一度の最高の思い出を作ってもらおうと考え、プログラムを企画してきたが、その企画が隊員達を苦しめていることがとてもつらかった。それゆえ、「いったい、何が今隊員達に必要なのか。何を私達はしてあげられるのか」を必死になって考えた。そして、彼らの十八番である歌や踊りを現地の隊員達に教えたり、彼らの企画でキャンプファイヤーをやったりといったプログラムを急遽予定を変更して入れていった。

なぜそうしたのですか／そう感じたのですか

とにかく隊員達の喜ぶ顔、楽しむ顔が見たかったから。そんな隊員達の顔を見ることで、自分が楽しめることを知っていたから。

今になって感じていること（○○が得られた、○○を学んだ、等前向きに考える）

あきらめずに何らかの手を打てば、状況は好転していくものだと感じた。止まっていては何も得られない。大袈裟だがリーダーとして学んできたこと、15年の活動の中で学んできたこと、22年の人生で学んできたことを総動員してことに臨めば、いい方面に進むことを学んだ。そして、その方向に向かうためには、こうありたいという理想をはっきりと描き、そうなれることを信じることが必要だと学んだ。

No.2-15　恋愛について

C　ネット広告代理店志望・Hさん（慶應大・商・一浪）

概要

大学時代、3年程つき合った彼に私から別れを告げたこと。

どのように楽しかったのですか　どのように頑張ったのですか

毎日のように一緒にいて、私の親友であり兄弟のようであった彼を失うことは、私の一部をもぎとられるような気がした。でも、私がそれを乗り越えなければ2人とも幸せになれないと思い、「強くなろう、強くなろう」と自分自身に言い聞かせ、彼に依存していた自分と決別しようと頑張った。

なぜそうしたのですか／そう感じたのですか

つき合っていくうちに、お互いの立場に立って考えることや、お互いを信頼し合うことができなくなってしまった。お互いの幸せを素直に喜び合えなかったり、絶対に彼は私の味方だという安心感がない付き合いはfakeだと感じた。fakeな関係を続けるより、彼も私もそれぞれ束縛をとって自分らしく生きる方が、より生き生きと輝けると感じたから。

今になって感じていること（○○が得られた、○○を学んだ、等前向きに考える）

彼を大事に思うが故に彼を甘やかし過ぎたこと、彼の望む女になろうと本音を隠してしまったという面で、私自身に原因があったと思う。相手のことを思えばこそ、時に、相手を突きはなす“強いやさしさ”が必要だと感じている。そして、相手のことを本当に思って行った行為は、それがたとえひどいことだと第三者からは見えても、2人の間では絶対に分かり合えるし、私達も、今までよりもっと深い部分で理解し合って、お互いの幸せを考えられるようになったと思う。

No.2-16 友人について

新聞社志望・I君（横浜国大・経営・二浪・一留）

概要
R大学に在学中、中学時代の友人Mを交通事故で亡くし、その通夜に行ったとき。
どのように楽しかったのですか　どのように頑張ったのですか Mの関係者がMの亡骸のそばで号泣している姿を見て、ようやくMの死を実感するほどショックだった。関係者はMが参加していた手話サークルの人達だった。Mに魂というものがあって自分が死んだということを教えられたらどう感じるだろうか、そして自分が生きている意味は？　と考えていくうちに、自己嫌悪におそわれた。

なぜそうしたのですか／そう感じたのですか
当時の私は仮面浪人を続けようかどうか迷っていた。そのまま投げ出そうかと思っていた。しかし、Mの死によって、人間にはこんなに簡単に死が訪れるということ、そして死によって自分のやりたいことすべて、中断させられたMの無念さを考えると、やりたいことをやれる、生きていることで、それが、保証されているのに悩んでいる自分がぜいたくで情けないものに思えた。
今になって感じていること（○○が得られた、○○を学んだ、等前向きに考える） その後、仮面浪人を続け、今の大学に入った。人は生きて、何かをできるということに喜びを感じなければならないのではないだろうか。今を納得できるように生きていかなければならない。そのためには、“できるorできない”で判断するのではなく、“まずやってみる”という姿勢が基本になると思う。今すぐ死んだとしても悔いのない人生であるように生きていきたい。

何も言うことはない。I君の決意は、就職留年の末、ゲットした本命の内定に表れている。日本一のジャーナリストになってほしい。

No.2-17 旅行について

テレビ局志望・Y君（関西大・経済・一浪・一留）

概要
氷点下25℃、全身の体温を一気に奪ってゆく強風の中、極度の疲労と睡眠不足で意識朦朧となりながらもアフリカ大陸最高峰キリマンジャロ（5895m）に登頂。
どのように楽しかったのですか　どのように頑張ったのですか “山のド素人”のみならず、中学・高校のクラブ活動さえ、まともに続けることのできなかった私が、ノリと気合と根性だけで、凍傷にかかりながらもあきらめることなく世界に名を轟かせるキリマンジャロに挑んだ。そして頂上に立ち、アフリカの大草原から昇ってくる、神々しいばかりの朝日を見て思わず涙した。

なぜそうしたのですか／そう感じたのですか
普通に生活を送っている限り、経験できないことは“山”ほどある。 それなら時間があり余る大学生の間に、山ほどある経験できないことに少しでも挑戦して、いわゆる“人間の幅”を広げるのもいいのでは、と考えた。そこでまずは手始めに文字どおり“山”から入ってみるのも悪くはないなと、安易な発想に至った……。
今になって感じていること（○○が得られた、○○を学んだ、等前向きに考える） キリマンジャロ登頂の他、世界最高峰エヴェレスト・ベースキャンプへの登山、韓国自転車縦断走破など一見無謀とも思えることに挑んできた結果、学んだことがある。 それは“何か困難なことに挑戦し、それを成し遂げるのに、最も障害となるものは「自分にはできないだろう……」と思い込んで、自分の可能性を自ら否定してしまうこと”。 私は多くの困難に自ら挑み、驚異のねばり腰で成し遂げてきた結果、どんな困難なことでも自ら道を切り拓く自信がついた。

これほどのことをやれてしまう男、それだけでも十分魅力的であることが推測できる。計画、実行、達成の過程において、どんな人とどんなつながりがあったのかも思い出しておきたい。

No.2-18 家族関係について

外資系金融志望・Mさん(東大・経済・現役・就職留年)

「何でそんなにもったいないことをするの?　私は悔しい」 私が進路を変更した時の母の言葉だった。私は国家公務員試験のために1年留年をして、我究館に来た。我究するうちに、自分の目指すものが、公務員ではないのではないかと思い始めた。母は世に言う一流企業や官庁に行き、エリートになることを私に望んでいた。母の気持ちもよく分かる。子供の私が言うのも何だが、母は非常に切れ者で、根性もあり、私よりよほど成功できそうな人だ。けれど、若くして私を産んだ母に、その才能を生かすチャンスは与えられようもなかった。期待を託して育ててきた私が、成功への近道の切符を手に入れているのに、それをむざむざ捨てるような真似をするのは、母にとって、どれほどか悔しいことだったに違いない。私の心は揺れた。私にとって、母をはじめ、家族は何より大事なものだったからだ。自分の望む会社を訪問しても、逆に母の望む会社を訪問しても、何かが心に引っかかってしまう。頑張りたいのに頑張れない。こんなことは初めてだった。
・誰よりも敬愛していた人から、自分の大切なもの、価値を置くものを否定されたこと。 ・今まで何でも相談して指針を得てきたのに、その指針、応援がなくなってしまったこと。 ・100%の想い、力を投入して頑張りたいのに、頑張らなければいけないと分かっているのに、頑張れなかったこと。結果的に母のことを言い訳にしてしまったこと。

・できることなら、母や家族の期待に沿って生きていきたかった。小さい頃いじめられていた私は、人に認めてもらいたいという気持ちが強い。多分、自分にとって大事な人から肯定されることで、自信を持とうとしていたのだろうし、最後の最後での逃げ場を確保しようとしていたのだろう。しかし同時に、そんな甘い自分に嫌気も感じていた。
それまで、母は私にベストソリューションを与えてくれた。私の一番の理解者であり師であった。しかし、それは母への「依存」「甘え」であったと思う。誰に認められなくても、頑張ること、それをできるだけの強い思いを「夢」というのではないか。母と衝突してから、初めてそれを意識した。誰に望まれているわけでもないことをやるのは、自分との戦いだ。けれども、その戦いに打ち勝つことができてこそ、本当の自信が生まれる。今はまだ衝突してばかりだけれど、いつか母を包み込んであげられる人間になりたいと思っている。

愛情ゆえの結果として子離れ、親離れできにくいケースはMさんだけではない。大人になろうとしている。大人同士の信頼関係を必死に築こうとしている。

No.2-19 読書について

国家公務員志望・F君(東京大・理系大学院・現役)

『三四郎』　夏目漱石著
立場が変わると見えるものが変わることを実感した。
高校生の時にこの本を一度読んだ。その時は「何でどうでもいい内容しか詰まっていないんだろう」と思い、途中で読むことを止めてしまった。大学生になり、選考の先生がなぜか量子論の授業中に三四郎について(夏目漱石について)語り始めたので、気になって再び読んでみた。今度は主人公に感情移入ができる。「なんて面白い小説なんだ!」と180度、感想が変わってしまった。
立場、年齢で見えるものや出来事は、同じものでも全く変わるのだと思った。

文学を通して、自己成長を確認できている。一見、就職活動に関係ないように感じるかもしれないが、文学を通して人としての「徳」や「幸福」について考察することを強くおすすめしたい。

我究編

No. 2-20 No. 2-21 経験マトリクスのBreak Down

今度は経験の種類別に掘り下げてみよう。

あの時、きみの過去のある時点で感じたことは、時が経過した今振り返ってみると、別の見方をすることができるはずだ。

あの時に感じたことを、その時の気持ちになって思い出すだけでなく、それを今はどのように感じられるか。自分を客観視しながら、過去の自分のお兄さん、お姉さんになったつもりで振り返ってみよう。

できれば友達や先輩などに見せて、第三者の視点で、どのように感じるのかも聞いてみよう。

また、きみも友達のものをできれば見せてもらおう。自分のワークシートはなかなか客観的に見られなくても、友達のものであれば、客観的に見えてくる。

その後、再び見てみると、自分のものも違った視点で見えたりするものだ。

経験マトリクスのBreak Down

私が一生懸命だったこと について

最も印象深かった経験を切り取り、
次の切り口で深めてみましょう。箇条書きでOKです。

経験

↓

どのように楽しかったのですか　どのように頑張ったのですか
どのように苦しかった／つらかったのですか

なぜそうしたのですか／そう感じたのですか

↓

今になって感じていること（○○が得られた、○○を学んだ、等前向きに考える）

No.2-20 私が一生懸命だったことについて

外資系金融志望・Mさん(早稲田大・政経・現役)

私が一生懸命だったこと について

経験

留学先の大学で、唯一の日本人として少人数制ディベートクラスに参加。自己成長かつチームの勝利のために日々努力を惜しまなかったこと。

どのように楽しかった／どのように頑張った
どのように苦しかった／つらかったのですか

自分以外のほぼ全員が英語を母国語とする中で、言語の壁にぶつかり、意思疎通が取れない時期が続いたこと。コミュニケーションもままならず、当然のことながら信頼関係を築くこともできなかった。一時期はあきらめようとしたものの、自分の成長のため、チームの成長のために最後までやり遂げて結果を出すことを決め、まずは英語の徹底的な学習から始め、地道な努力を毎日続けた。

なぜそうしたのか／そう感じたのか

①日本でできたことを海外でできない理由はないと思ったから。
②何のために海外まで来たのかを考えた結果、逃げたら何も変わらないし何よりも後悔することを自覚していたから。

今になって感じていること(○○が得られた、○○を学んだ等、前向きに考える)

以下の3点を学んだ。
①結果に執着することの大切さ。結果を出すためには、最後までやり抜く姿勢をどこまで持ち続けられるかにかかっているということ。
②英語を第二言語とする外国人が、どうやったらうまくコミュニケーションを取れるのかを観察したりする等、日々の積み重ねや準備によって、成果だけでなく自分だけの経験を得られること。
③個人の努力なくしてチームの成功は成し得ないこと。英語がネイティブ並みに話せなくても、自分の役割を探さなければ何も始まらない。

結果を出すために、やれることは全て挑戦する姿勢がとても良い。できない理由ではなく、やれる方法を考える姿勢は社会人になってからも必ず生きてくるだろう。

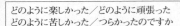

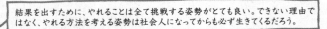

No.2-21 苦しかった経験について

広告代理店志望・J君（青学大・経済・一浪・就職留年）

苦しかった経験 について

経験

就職活動の第一本命&業界に落ちたこと。

どのように楽しかったのですか　どのように頑張ったのですか
どのように苦しかった／つらかったのですか

ある企業の最終面接後、携帯は鳴らなかった。その後、自分の部屋で、一人寂しく壁に向かって体育座りで1週間を過ごした。そして考え続けた。

なぜそうしたのですか／そう感じたのですか

業界内の会社のみ、最終選考まで残ることができた。短い間だったが、数社の選考を経験し、ステップアップし、いよいよ最終というところで絶対内定できると思っていた。就職活動自体、俺が落ちるわけがない、ほかのヤツに負けるわけがないと自信満々にやっていた。ゆえにショックだった。そして夢をあきらめるわけにはいかないと考え、留年を決意することになる。

今になって感じていること（○○が得られた、○○を学んだ等、前向きに考える）

2年就職活動をやることになり、冷静に自分を見つめ直すことができたし、結局、妥協することなく、夢に向かって頑張ることの、努力の価値を改めて知った。
また留年したこと、我究館に来たことにより、友人の数も倍以上になったし、1年という長い間に様々なことにチャレンジする時間の余裕ができ、経験の幅が広がった。そして何よりも楽しかった。1年くらいの回り道、何てことはない。

このくらい悔しい思いをしてこそ、本気で自分を見つめ直すことができ、小さなプライドを吹っ切って、欲しいものに向かって打ち込むことができるのだ。

我究編

No.

2-22 大学生活で得たもの

大学生活を通じてきみが得た、たくさんのものの中から、最も大きなものを3つ挙げてみよう。

どうしてそれが、「私が得た最も大きなもの」に挙げられたのだろうか。

さらに、それはどんな経験から得られたのだろう。経験はできるだけ具体的に詳しく書いてみよう。

「なぜ?」この質問を繰り返しながら、より深く考えるのだ。

ネット業界志望・R君(慶應大・経済・現役・就職留年)

得られたもの	どんな経験から
結果にこだわること	アカペラサークルで全国大会に出場したとき
	出場する大会では落選につぐ落選を経験したが、自分たちなりの色、個性を武器にして臨んだ学生最後の大会では、全国大会出場の切符を手にすることができた。あきらめず、結果にこだわることがどれだけ大事であるかということを、身をもって感じた。

得られたもの	どんな経験から
劣等感と自分の立ち位置	就職活動で自分より圧倒的に優秀な人達に出会ったこと。
	就職活動を経て自分が今までどれだけぬるま湯につかっていたかを思い知らされた。一方で今後社会に出るうえで自分には何が足りないか、またまだ自分には選択肢がたくさんあることも知れた。

得られたもの	どんな経験から
納得するまでやってみること	2度の就職活動を経て、納得して内定先に行くと決められたこと
	1度目の就職活動では内定をもらいながらも自分が心から行きたいと思える企業ではなかった。周りの友人が次々と就職先を決め、遊び始める中、自分はもう一度、就職活動をするという選択肢を選んだ。正直、非常につらかった。結果的に自分が納得していきたいと思える企業に内定をもらえた今、この選択に間違いはなかったと思えている。

一つ一つの失敗と向き合う強さを感じる。「あきらめない」「納得するまでやる」というのは、言うのは簡単だが、実際にそのように生きることは簡単ではない。就職留年を決めた日のR君の覚悟を感じる。

大学生活で得たもの

大学生活で得たものは何ですか。
また、それはどんな経験から得られたのでしょうか。

得られたもの	どんな経験から

得られたもの	どんな経験から

得られたもの	どんな経験から

我究編

No.
2-23 お世話になった人

親友だけでなく、きみは本当にたくさんの人に支えられてきたはず。両親をはじめ、小学校の担任、中学校の先生、高校のクラブの先輩、予備校の先生・チューター、サークルの先輩、恋人、アルバイト仲間、試験のコピーを文句も言わず回してくれたクラスメイトなどなど。

ほっとくと、何の恩返しや、お礼もせずに忘れてしまう人もいるけれど、彼らのおかげで今の自分がいることを再確認してみよう。

出来上がったら、その一人一人について、どのように世話になったか、力になってくれたか思い出してみよう。

そうすることで、仕事をしていく上で、最も必要な「思いやり」「信頼関係」の基盤を、きみは自分の中につくっていけるはず。

一朝一夕に築けないそれらのことは、面接官に必ず伝わるものなのだ。

出版社志望・Sさん（大妻女子大・家政・現役）

・父	・遠藤成
・母	・田丸博美
・祖母	・高橋裕子
・伊藤陽子	・徳田奈央子
・飯塚可奈子	・高島絵里奈
・秦千夏	・鈴木彩
・岩田麻衣子	・鈴木聡
・磯田雄大	・有賀裕一郎
・石田たかし	・内田直克
・川口裕子	・吉松徹郎
・北神由希子	・山岸さやか
・神東孝城	・後藤宗明
・小井沼玉樹	・藤田武司
・加古藤唯	・島田昌幸
・野田洋美	・杉村太郎
・吉田正之	・秋葉さん
・三宅裕之	・まり子さん
・大前由紀	

お世話になった人

大学時代に困った時に助けてくれたり、力になってくれた人、
協力してくれた人などを、大学生活マトリクスを見ながら思い出してみましょう。

すべて埋まるまで、できるだけ多くの人を挙げてみましょう。

-
-
-
-
-
-
-
-
-
-
-
-
-
-
-
-
-
-
-
-
-
-
-
-
-
-
-
-
-
-
-
-
-
-
-
-
-
-
-
-
-
-
-
-
-
-
-
-
-
-
-
-
-
-
-
-
-
-
-
-
-
-
-
-

我究編

No.
2-24 影響を受けた人

その人たちから何を得たのか、考えてみよう。

知らず知らずのうちに、本当にいろいろなことを学びとっているはず。

自分一人で生きているわけではないことや、人の大切さを本当に理解してほしい。

また、きみもいろいろな人に影響を与えていること、これからも与えていくことを知ってほしい。

教育業界志望・T君(学習院大・経済・現役・就職留年)

1 **友人N(男性)**

7人の最高に尊敬している仲間の1人。「人は努力すれば変わることができる」「目標そしてビジョンを描いて成長してゆくのはつらいけどカッコイイよね」。そんなことを私に教えてくれたのがNだった。この下に書いた2人から受けた影響も、Nとの対話が前提にあったとさえ思う。また、Nには、(上記のような我究Lifeを学ぶとともに)「仲間の大切さ」「人づき合いで大事なこと」など、我究館に入ってから“成長した部分”の大部分で影響を受けたと思う。

2 **父**

故郷で高校の教師をしている。ひねくれ者で、何にでも文句を言いたがる性格。テレビを見ていても「この考え方、変だよな？」とか「お前も何か意見を持て。」と意思を持つことを求められた。昔は嫌だったが、今思うと、この父の生きる姿勢から学んだことは多かったと思う。

3 **我究館のT先輩(男性)**

就職活動を通して本当にお世話になった。私の中に埋もれていた“想い”、“夢”(＝Vision)に気づいたのも、T先輩との会話の中からだった。この過程で、「自分に対する厳しさ」を学んだ。友人Nのところでも書いた「目標を描き達成するつらさ」、それにとことんまで耐え、そして実現していくことの大切さ、素晴らしさ、それを身近で見せ、感じさせてくれたのがT先輩だった。

T君の素直さ、まっすぐさ、やさしさが伝わる。それが大きな成長の原点なのだろう。刺激を与え合える仲間たちの存在がいかに大きいか。「とことん」という言葉が印象的だ。

影響を受けた人

大学時代に影響を受けた人を3人思い出し、
それぞれの人からどんな影響を受けたのか、何を得ることができたのか、
具体的に書いてみましょう。

1

2

3

No.
2-25
インスパイア体験

誰もが、大なり小なり、何らかのインスパイアを受けることで、憧れたり、夢を持ったりするものである。その衝撃は時間とともに忘れてしまったりすることも少なくない。今一度思い出してみよう。

総合商社志望・Y君（立命館アジア太平洋大・アジア太平洋学部・現役）

1

生き方や考え方を特に刺激したもの	時期
『GO』金城一紀	高校一年
どんな影響を受けたか	
朝鮮人学校から日本の高校へと進学するという、主人公が自ら舵をとりながら生きる姿から、マイノリティに生きることで自分と向き合い、覚悟ある選択をするようになった。	

2

生き方や考え方を特に刺激したもの	時期
ゲストハウス	高校2年
どんな影響を受けたか	
初めてした一人旅で、雑魚寝の宿に泊まり、今まで出会ったこともない様々なバックグラウンドを持った人々と接したことで、異なる価値観に触れる魅力を感じるようになった。	

3

生き方や考え方を特に刺激したもの	時期
伝統工芸	大学時代
どんな影響を受けたか	
全国の伝統工芸を支える職人さんと経営者に「日本の価値」を問う旅をし、伝統は決して形を守ることだけではなく、時代の中で変化を積み重ねることでできたものであると気づかされた経験。	

4

生き方や考え方を特に刺激したもの	時期
特殊免許	休学中
どんな影響を受けたか	
NPOで重機や船舶、潜水士の免許を取得して活動したことで、「一見無謀と思えることでも、やってみればできないこともない」という自信をつけることができた。	

5

生き方や考え方を特に刺激したもの	時期
東北の女川	休学中
どんな影響を受けたか	
東日本大震災で壊滅的な被害を受け、街のほとんどが波に飲まれ、瓦礫姿が残る光景を目の当たりにし、自然の強さと、この無に等しい状態で自分に何ができるのかという無力さを感じた。 そして、国や地域を支えるには、自分はこれから何をすべきかを、真剣に考えるようになった。	

Y君がこのインスパイア体験を元に、これから社会に何をアウトプットするかが大切だ。ビジネスパーソンとして、社会のためにできることを模索し続けてほしい。

インスパイア体験

これまでの、見たり聞いたり読んだりした受動的経験の中で、
生き方や考え方を特に刺激したものを挙げ、
さらにどんな影響を受けたのか思い出してみましょう。

1 生き方や考え方を特に刺激したもの 時期
・ ・

どんな影響を受けたか
・

2 生き方や考え方を特に刺激したもの 時期
・ ・

どんな影響を受けたか
・

3 生き方や考え方を特に刺激したもの 時期
・ ・

どんな影響を受けたか
・

4 生き方や考え方を特に刺激したもの 時期
・ ・

どんな影響を受けたか
・

5 生き方や考え方を特に刺激したもの 時期
・ ・

どんな影響を受けたか
・

我究編

No.

2-26 人に聞かれたくないこと

誰にだって人に聞かれたくないことはある。しかし、そのようなことの中に、見られたくない自分のある部分や、実は自分らしい部分があったりするものだ。あの時、人に聞かれたくないこととして自分の中にインプットされていたものも、今、振り返ってみると、それほどでもないものであったりする。

特に、今の自分が好きで、今の自分に発展途上の自信を感じることができている人の場合、「聞かれたくないこと」だと思っていた経験が、今の自分をつくっている大きなファクターだったりもするのだ。

いろいろな切り口で、客観的に振り返ってみよう。

銀行志望・S君(慶應大・経済・現役・就職留年)

クラスメイトをいじめていた経験(小学校)

自分にとって気に食わない動きをしたヤツは徹底してつぶしていた。彼らは何で殴られたか分からないまま、本当につらそうに泣いていた。当時は、絶対自分が正しいと思っていたので、「いじめ」てるという意識はなかった。しかし、今振り返ると本当に申し訳ない。反面、今現在も、小学校の時代の自分を弁護、正当化しそうな部分があり、怖い。

サークルを途中でやめてしまった(大学2年)

実はものすごく頑張っていた。同期とトラブル。ほされる。自分は良かれと思ってやったことも、みんなにとってはそうでないことばかり。これはいかんと思い、客観的な視点で自分を見て反省したりもした。が、どうしても最後に「他人と折り合いをつけることって、そんな大事なのか?　俺は間違ってないぞ」となってしまう。すぐ人のせいにする私と思われそうで怖い。

「スポーツは何やってるの?」みたいなこと

運動することは嫌でもないし、苦手ではないのだが、自信を持って「これが得意です」と言えるものがない。スポーツでアピールできる人(体育会など)に対し、コンプレックスを感じてしまう。

根っこに強いものがあるだけに悩むことも多かったのだろう。今、大学2年生に戻ったら、どうしていただろうか。

人に聞かれたくないこと

聞かれたくないことは何ですか。
なぜ聞かれたくないか考えてみましょう。

聞かれたくないこと

なぜ聞かれたくないのか

聞かれたくないこと

なぜ聞かれたくないのか

聞かれたくないこと

なぜ聞かれたくないのか

No. 2-27 他人から見た長所・短所

自分で認識しているのと、家族や親友などが感じているきみの長所・短所にはズレがあることが往々にしてある。意外に自分よりも他人のほうが、きみのことを分かっていることも多い。

家族や親友、恋人など、きみのために本音で語ってくれる人に聞いてみよう。

また、5人とはいわずに、参考までに、きみのことをそんなに深くは知らない人、例えばアルバイト先の先輩、サークルの後輩、クラスメートなどにも聞いてみよう。

広告代理店志望・Y君(早稲田大・商・現役)

実施日	聞いた人の氏名	きみの長所	きみの短所
1/23	父	・友達づき合いがよい ・面倒見がよい ・まじめ ・物を大切にする	・怒りっぽい ・ねばり強さに欠ける ・自ら率先してやる点が欠けている ・整理・整頓ができない
1/23	母	・思いやりがある ・気持ちの切り替えが早い ・慎重 ・集中力がある	・短気 ・整頓が苦手 ・自分勝手 ・苦労することを嫌う
1/25	友人Y・O	・人を楽しませることができる ・専門的知識について話せる ・流されない ・ポリシーを持っている	・すぐ根に持つ ・見切りをつけやすい ・好き嫌いがはっきりしている ・うざったい
1/25	友人J・N	・物事をよく知っている ・明るい ・一緒にいて楽しい ・かたにとらわれない	・お調子もの ・口だけ ・うざい ・見かけが頼りない
1/28	友人M・K	・健康的 ・博学 ・(一緒にいて)あきない ・おしゃれ	・すぐ怒る ・線が細い ・自分勝手 ・あきっぽい

一緒にいて楽しい個性的な人柄の一方で、粘り弱いところもみんなから指摘されている。長所・短所を知りたいなら周りに聞けばすむことなのだ。我究とは自分を認識することだけではない。それらを認識した上で、自価を高める(長所を伸ばし、短所を克服していく)ことが我究の重要な意義であることを読者も分かってほしい。短気で粘りがなく、苦労をしたがらず自分から何かしようとしなかった(と言われた)Y君は、数カ月後、超人気広告代理店の内定をゲットしていった。

他人から見た長所・短所

家族または親友、恋人など5人に
きみの長所、短所を聞いてきてください。
特に短所はストレートに言ってもらいましょう。

実施日	聞いた人の氏名	きみの長所	きみの短所
/		・ ・ ・ ・	・ ・ ・ ・
/		・ ・ ・ ・	・ ・ ・ ・
/		・ ・ ・ ・	・ ・ ・ ・
/		・ ・ ・ ・	・ ・ ・ ・
/		・ ・ ・ ・	・ ・ ・ ・

現状を整理する

STEP 3 ワークシート【我究編】

我究編

No. 3-1 人間関係ネットワーク

きみには、どんな人間関係のネットワークがあるだろうか。

ほとんどの場合、あるグループにはそれなりに似たタイプの人が集まるもの。年齢、国籍、学校などバックボーンやカルチャー、価値観の違う様々な人々と触れ合っているだろうか。

異種と心を通わせ合い、「共存」「共遊」「共働」していける人になっていってほしい。人と触れ合うことで人間は成長し、人間の幅も、感動の幅も広がり、考えも深くなっていくものではないだろうか。「自分と違う」を排除するようでは、これからの人として寂しい限りである。

いろいろな人と触れ合って、多くの発見と感動を味わってほしい。

テレビ局志望・J君（青学大・経済・一浪・就職留年）

大学サークルの友人	徹底的な遊び仲間。真剣に皆と遊び尽くした。遊び仲間だが、真剣・真面目な奴、夢を持っている奴が多く、何でも話し合える。ジジイになっても遊んでいるだろう。ハワイに女性禁制のマンションを皆で買うのが夢だ。着々と夢を実現していく友人をみて、物凄く良い刺激にもなるし、プレッシャーにもなる。
我究館の同期・卒業生・スタッフ	毎日顔を合わせているんじゃないかと思うほど会っている。お互いの真剣な思いを話し合い、長いつき合いになるであろう友人が物凄く増えた。留年して良かったとも思うし、現金なことを言えば、世代を超えた、各業界に散らばった人間関係ネットワークは、他の人にはない貴重な財産だと思っている。
内定先の同期	初めて会った時から“濃い”なと思う。しかも今までの交友関係にない種類の人間が多く、すごい刺激になる（本当にビックリする）。集まると朝まで飲み、これから日本を動かすプロジェクトを練っている。
大学の友人（サークル以外）	留年したせいで、皆すでに社会人だが交流はある。テストの時にレポートを送ってくれた友人（社会人）には涙が出そうになった。
留学先の友人	自分にとって挑戦だった留学先での出会い。10カ国以上の仲間と朝まで議論したことは今でも大切な思い出。彼らとは今でも連絡を取っている。

遊び友達とも真剣に語り合え、また、様々な世界に語り合える仲間がいる。理想的だ。どこへ行っても深い人間関係を築くことだろう。

Gakyukan

人間関係ネットワーク

どんな人的交流がありますか。

交際のあるグループなど

具体的関係および深さ

交際のあるグループなど

具体的関係および深さ

交際のあるグループなど

具体的関係および深さ

交際のあるグループなど

具体的関係および深さ

交際のあるグループなど

具体的関係および深さ

交際のあるグループなど

具体的関係および深さ

No. 3-2 私の「人生」と「これまでの自分らしさ」

これまで振り返った過去を整理してみよう。ワークシートをやってきたのであれば、もう何となく分かっているだろう。

今の自分の「自分らしさ」は、これまでの生きざまが証明しているはず。

なぜそういう人生だったのかが、自分なりに分かるように整理してみよう。

これまでの自分が、これからの自分ではない。これまでの自分に納得がいかない部分があるのであれば、それがどういうところなのかも押さえておいてもいいだろう。

人に見せる自己PRではない。今日の時点で、きみが把握しておくべき、これまでの自分の整理である。

大手メーカー志望・K君(慶應大・経済・就職留年)

コテコテ

親の仕事の関係で、小学校の頃から3年ごとに住む国を転々としてきた。毎回、言葉も文化も違う中で、いじめられそうになることばかりだった。しかし、その中で最終的にはリーダー的なポジションに必ずなってきたのは今でも自信になっている。

↓

「多様性を受け入れる力」これが身についたと思う。
つねに自分がマイノリティだった。自分の常識と周りの常識が違っている事からくる孤独感や疎外感を感じて育ってきた。しかし、その分、様々な人の気持ちを想像する力が身についた。日本に帰ってきてからのサークル運営でも、声の大きな人の意見だけでなく、それ以外の人の意見を汲み取って活動できたのは、この時の経験が生きていると思っている。

苦しい経験の中で、一つひとつ自分と向き合ってきたのを感じる。K君はその後、大手メーカーに内定をして、世界を舞台に活躍している。

私の「人生」と「これまでの自分らしさ」

これまでの人生を振り返って、何が見えてきたでしょうか。

一言で言うと

↓

「これまでの自分らしさ」はどんなところでしょうか。

我究編

No. 3-3

私の長所・短所

今日の時点での、これまでの自分の長所・短所を整理してみよう。同じようなことを別の表現で挙げてみてもいい。

短所については、現状では物足りないと感じている部分などが挙がってきてもいい。

面接官に提出するものではないのだから、自分に正直になって、これまでの自分について書いてみよう。

長所があまり挙げられない人は、イイトコロ探しの下手な人かもしれない。イイトコロ探しはプラス思考の習得にも結びつく。

一方、短所を挙げられない人は、シビアな視点で自分を客観視することが苦手な人かもしれない。クールな目線で短所も挙げてみよう。

銀行志望・F君（早稲田大・二文・一浪・二留）

長所	短所
・ねばり強いこと	・熱くなりすぎる
・一度決めたら最後までやり抜くこと	・頑固
・絶えず自分のやり方を探し続けること	・マイペースすぎる
・夢を持ち続けること	・あきらめが悪い
・現実が大変だろうが理想を捨てないこと	・自己主張が強い
・Never give up精神	・後先を考えずに行動してしまうことがある
・チャレンジスピリッツ	・物事を調子よく考えてしまう
・可能性に挑戦する気力	・要領が悪い
・集中力	・律義すぎる
・説得力	・人から頼まれると断れない
・ロジカルに物事をとらえられる	・おせっかい
・システマチックに物事をとらえられる	・小心者
・ポジティブ・シンキング	・神経質
・どこに行ってもやれるという自信	・心配性
・自分を信じること	・気持ちのたて直しに時間がかかる
・反骨精神	・そのくせお調子者
・在野精神	・だらしない
	・なまけもの
	・おっちょこちょい

私の長所・短所

長所、短所を思いつくだけ挙げてみましょう。

長所	短所
•	•
•	•
•	•
•	•
•	•
•	•
•	•
•	•
•	•
•	•
•	•
•	•
•	•
•	•
•	•
•	•
•	•

我究編

No. 3-4 長所・短所の理由

長所と短所は表裏一体。

自分はなぜそのような長所・短所を持つに至ったのか。

親との関係など幼児期からの生い立ちを振り返って、今の自分のパーソナリティが育まれた理由を客観的に分析し、等身大の自分を見つめよう。

胸に手を当てて正直に振り返ろう。

総合商社志望・Y君（慶應大・経済・就職留年）

長所	短所
思い切りがいい、切り替えができる	人間関係がクール
発想力がある	恋愛が長続きしない
行動力がある	気持ちにムラがある

長所・短所の理由

転校経験が多かったから、人間関係やしがらみを気持ちの中で切り捨てることができるのだと思う。だから思い切りがいいし、発想も出るが、一方で、人間関係に誠実さや信頼性が足りないのではないかと思う。

しっかり客観視できている。長所を長所としてポジティブに受け止めるだけでなく、その反面を冷静に受け止められている。等身大の自分を受け止めつつある。

長所・短所の理由

長所・短所（他人分析）を3つ選び、
それぞれについて、なぜそう思われたのか考えてみましょう。

長所	短所
	・人間関係が薄い
	・計画立てた行動か てきない

長所・短所の理由

我究編

No. 3-5 私の強み（ウリ＝エッジ）

イイトコロがたくさんある中で、あえてウリを2つ選ぶと、どういうところになるだろうか。

2つに絞り込む前に4つぐらいに絞り込み、その上で、2つにするならばどれを選ぶべきか。バランスを考えて選んでみよう。自分の意外な一面という切り口で挙げてみるのも、自分を把握するためにも、アピールという視点からも有効だ。

まずは自分を把握するためのシートだが、どんな要素を選ぶとアピール力があるのかという視点で、そろそろ考えてみてもいいだろう。

自分を伝え切れず、もったいない印象の人も多い。第三者的な視点で見てみよう。友達や先輩などに見せて、意見を求めてみよう。

外資系金融志望・Mさん（中央大・総合政策・現役・就職留年）

1 しつこいところ、あきらめないところ

海外旅行で大ゲンカした友人と関係修復に努めたこと。不満をつつみ隠さず言い合った後、解決のための話し合いが決裂しそうになっても、絶対にあいまいなまま終わらせず、お互いに納得するまで話した。
入った当初は5人のつぶれかけた勉強会を、「ムリだよ」という周囲を説得して協力を仰ぎ、私がチーフの代の時には35人まで参加者を増やし、勉強会を建て直したこと。
インターンをした時、調査レポートについて何回もダメ出しされながらも、そのたびに勉強し直して、書き直し、最後には、プレゼンテーションの内容を実際の業務への採用に結びつけたこと。

2 責任感のあるところ

飲み会の時には、盛り上げ要員として自分からがんがん飲むが、1人の人はいないか、全員が楽しんでいるか周囲を見渡し、気を遣うようにしている。
ゼミ長として、自分だけでなく皆にとっても楽しく、意義あるゼミを作ろうと新しいことにチャレンジ。地方分権の実地調査や講演会などを催して、ゼミの求心力を高めた。
テニスサークルのタイム・キーパーとして、時間通りにすべてがきちんと進むよう、モーニングコールに始まり、部屋から追い出し、あと片づけなどを一手に引き受けていた。

頑張っているMさんが目に浮かぶ。自分を語るとき全面的肯定、自画自賛調になっている。そのあたりに、やや幼さを感じる。

私の強み（ウリ＝エッジ）

自分のウリはどんなところですか。
具体的な経験例も挙げてみましょう。

○拡張 機械学習を用いた データ分析スキル

◎成長意欲

1

具体的な経験例

- 長期インターンで精度改善
- 学会で受賞
- 海外インターン

○英語力

◎粘る力
↓
コミットメント力

2

具体的な経験例

- 資格取得
- 研究ディスカッション
-

我究編

No. 3-6 その「ウリ」を持っている人が、持っていがちな「弱点」

自分で考えた「私の強み＝ウリ」は、客観的に見てもそうなのだろうか。「自分の」ではなく一般論として考えてみよう。

長所と短所、ウリ＝強みと弱点は表裏一体の関係だ。そこで、自分で考える自身のウリをまず挙げてみよう。そして、こういうウリがある人の弱点は、一般的には○○であろうという具合に考えてみよう。自分にその弱点があてはまるかどうかは気にしないこと。

弱点を挙げた上で、再度、自分で考えた「私の強み」について考えてみよう。

その「ウリ」を持っている人が、持っていがちな「弱点」

「自分のウリ」は何でしょう。
またそれを持っている人は、一般的にどんな弱点を持っているのでしょうか。
自分にあてはまるかどうかは気にせずに、考えてみましょう。

「自分のウリ」		そのウリを持っている人が、一般的に持っていがちな「弱点」
1	→	
2	→	
3	→	

我究編

No.

3-7 私の弱いところ

弱いところをいくつか挙げた上で、さらに2つに絞り込んでみよう。

現象として表れるところだけでなく、その現象が自分の深い部分の、どんなところに影響されていることなのか、本質を探し出すつもりで考え、絞り込んでほしい。

自分を卑下することなく、客観的な視点で取り組もう。弱いところは、それを自覚し、これから補っていけばいいのだ。

若いきみにとって、これから新しい〝割り箸〟はいくらでも入れることができるのだ。

人に見られることを意識せずに書いてみよう。

広告代理店志望・Iさん（慶應大・法・現役・就職留年）

1　**人は人、自分は自分というポリシー**

自分と他人を比較して、自分の持っているものに満足するのではなく、常に他人のもの、姿、考え方を羨ましがる。自分よりも外見、内面の優れた人を見ると、落ち込んで自分がいやになる。
他人に何か他の人と違って見られるようなことをしでかしたいと考えてしまう。結果的に不必要なところで自分を露出し、かえって自分を下げてしまう結果になる。
友達に皆恋人がいて、自分にいないだけで妙な焦りや不安を覚えてしまう。何か欠陥でもあるかのように感じてしまうこともある。

2　**自分に甘い**

大学2年生、体育会系の部活に入っていることを言い訳に、ほとんどまったくといっていいほど、勉強しなかった。
外では品行方正な人間になろうと努力しているが、家に帰ると、仕事を終えて疲れている両親に大したことをしていない。
スケジュールを厳しくすれば、ある程度の雑事を充実した形でこなせるが、スケジュールがないと、まるで何もせず、時間を無為に過ごしてしまう。

強さの裏返しのもろさを感じる。パワーのある人はみんな何らかのもろさを持つもの。逆に、それがパワーの源でもあるはずだから、心から語り合い、支え合える親友を。

私の弱いところ

弱いところはどんなところですか。
具体的な経験例も挙げてみましょう。

1

具体的な経験例

・

・

・

2

具体的な経験例

・

・

・

No.
3-8 私の嫌なところ

自分の嫌なところ、自分の弱点を隠したままでは、どう繕っても自信は持てないもの。
「これ以上ない」という、きみの嫌なところを、すべて書いてしまおう。

国家公務員志望・F君（東京大・理系大学院・現役）

自分自身で最も嫌なところはどんなところですか。

・真面目すぎるところ
・行動し始めるのに時間がかかる
・大グループの中にいると没個性になる
・自分自身を縛るところ
・リーダーシップがない
・長期にわたるビジョンを持っていない

そこがなぜ嫌なのか考えてみましょう。

上記のことはどれも自分らしさの発揮を制限していると思う。心の中ではこう思っていても口に出すのは止めるといったことが多々ある。そのため他人の意見を流すように認めてしまうこともある。自分を縛るというのは、自分にルールを課すことで、これは自分に粘り強さ等を与えてくれる反面、他のことが目に入らない。入ったとしても、今の自分にはやることがあるとして、自分のチャレンジ精神への大きな足かせになってしまっている。

そこを直すにはどうすればいいのでしょうか。
そのままでもいいと思うのであればなぜそう思うのでしょうか。

自分自身へのルールを課す、というのは強みなので、このままいきたい。我究館に入って、毎日新しいことにチャレンジするという課題（ルール）を手に入れることができたのは、「自分のルールを課し」という強みをさらに高めるチャンスだと思っている。没個性はこの1年間で予定しているビジネスプランコンテストとワークショップでの活動を通して、大きな弱みであるリーダーシップの欠如と共に改善していきたいと考えている。

自分の課題がしっかりと我究できている。ちなみに、F君はこの後、ビジネスプランコンテストにおいて人生で初めてリーダー経験をすることになる。個性の強いメンバーをまとめ、見事、グランプリに輝くことができた。現在は、第一志望の中央省庁で活躍中だ。

私の嫌なところ

自分自身で最も嫌なところはどんなところですか。

↓

そこがなぜ嫌なのか考えてみましょう。

↓

そこを直すにはどうすればいいのでしょうか。
そのままでもいいと思うのであればなぜそう思うのでしょうか。

No. 3-9 人間関係　得手不得手

若いうちは、ある一面だけで人を判断しがちである。

人のいろいろな面を知ることで、あるいは探し出すことで、苦手なタイプのいない人になりたいものだ。

得手不得手があるうちは、必ず人間関係で悩むもの。今、学生生活において身近に不得手なタイプがいないとしても、就職活動に限らず、社会に出ると必ず苦労する。

なぜ自分がそういう人を苦手とするのかも考えてみよう。

相手の包容力に依存せず、どんな人とも上手に接するレベルを目指そう。

テレビ局志望・Iさん（慶應大・法・現役・就職留年）

得意：挫折と痛みを知っている人（男女）

40代（女性） 同年代（男・女） 10代（高校生）	不器用で周りから理解されないまま誤解され、自分に自信を失っている人。自分の心に正直に生きるために周りと戦い、自分と戦っている。
70代（男・女）親戚 50代（男・女） 30代（男）	苦労人であるのに、それをひけらかさず、むしろ人の心の痛みを分かり、苦しんでいるさなかの人間を信じてずっと見守ってくれる人。
50代（男）教官 30代（女）バイトの上司 20代（男・女）学生 10代（男・女）生徒	真面目なのが裏目に出て、自分の個性を出せず、冷たいと思われているが、本当は他人と関わりたくて仕方がないのに、その方法がわからない人。

不得意：人の心の痛みに鈍感な人

小学校（女）同級生 大学（男）同年代 大学（女）同年代	表裏があり二枚舌で、信用したくてもできない人。臆病で他人と常に一緒でなければ不安になる。自分の身を守るために人を裏切る人。
アルバイトの上司（40代）男性 アルバイトの上司（40代）女性	常に自分の考え方が正しいと思い込み、気分の上下が激しく、根拠のないことで人に当たり散らす感情的な人。権威主義的で平気で人を見下す人。
高校生（女）先輩・同輩 大学（女）同年代	人一倍努力していることは確かだが、常に自分の考えが正しいということを優等生的に理路整然と主張し、平気で他人の人間性を否定した発言をする人。人と理解し合うよりも、人に勝つことを追求している人。

思い込みや決めつけが強いから。人を表面で判断し、誤解してくるから。

相手の包容力に依存している傾向がある。「決めつけの強い人」とIさんも決めつけてはいないか。Iさんが彼らを決めつければ、彼らもIさんを決めつけてくる。もっと包容力を。

人間関係 得手不得手

どんな人（世代、性別、性格、立場など）との人間関係が得意ですか。

・

具体例

どんな人（世代、性別、性格、立場など）との人間関係が不得意ですか。

・

具体例

なぜその人が不得意なのか。どんな思い込みがあるのでしょうか。

STEP 4

社会と自分の未来を考える

ワークシート【我究編】

我究編

No. 4-1 小さい頃の夢

小さい頃、きみはどんな夢を持っていただろうか。社会が少しずつ見えてきて、知らず知らずのうちに、自分の可能性に天井をつくってしまってはいないだろうか。

学校名や現状の実力など、自分の可能性にブレーキをかけるようなものを取っ払って、夢を描くためにも無邪気だった頃の夢を思い出してみよう。

子供の頃の夢の中には、きみの心の奥深くにある志向が隠れているはずだ。照れることなく書き出してみよう。なぜそう思ったのかも思い出してみよう。

実は、きみはまだまだものすごく若い。今からだったら、どんな夢でも描けるはずだ。可能性の塊であるはずだ。

「やっぱりこれだよな」、そう思えるなら、就職をやめて、そっちに進んでもいいのだ。

政治家志望・U君（上智大・法・三浪）

大学生時代
- 自己を高め、自分が責任のとれる範囲を国レベルまで広げる。
- 日本を日本人が誇れる国家にする。
- 世界各国に友人をつくり、自分の価値観を広げ続ける。
- 小説や処世術の本を書いて永遠に人々に刺激を与え続ける。
- Rちゃんのような美人と結婚して、毎日をルンルン気分で過ごす。

高校生・浪人時代
- 京都大学に入って、官僚になった後、代議士になる。
- 日本を代表する哲学者になる。
- やさしく、気品があり、頭の良い女性と結婚して幸せになる。
- 世界各国を旅行する。
- 学校をつくる。

中学生時代
- 落語家、薬剤師、弁護士のうちのどれかになる。
- かわいいお嫁さんをもらって、娘をいっぱいつくる。
- 知事もやる。
- 世界中に別荘を持つ。

小学生時代
- お医者さんになって難病を治す。
- 弁護士になって、困っている人々を助ける。
- かわいいお嫁さんと楽しく過ごす。
- 家の中で昆虫を放し飼いにする。（特にクワガタ）
- 城を築いてそこに住む。

より良い社会を築きたいという思いが一貫している。現在の夢はそれまで以上に社会とのかかわりに重点が置かれている。迷いを感じない。こうなればしめたもの。方法論を考える段階まできている。U君は卒業後、留学をする。よりいっそう価値観を広げて、大きな政治家になる予定だ。

小さい頃の夢

小さい頃、どんな夢を持っていましたか。
「大人になったら実現したい」と思っていた小さい頃の夢を挙げてみましょう。

大学生時代

・
・
・
・
・

高校生・浪人時代

・
・
・
・
・

中学生時代

・
・
・
・
・

小学生時代

・
・
・
・
・

我究編

No. 4-2 今の夢一覧

仕事のこと、遊びのこと、家族のこと、趣味のこと……。何でも構わない。「思いついたこと」から順不同で書き出してみよう。「くだらないな」と思えるようなことでもいい。人に見せられないものでもいい。あとで見直して、違うと思えば消せばいいだけのこと。まずは直感で、自分の未来の思いを自分で感じるトレーニングだ。

誰かの期待に応えるとか、「こうしなければいけないだろう」とか、「就職するんだからこんなの無理だ」とか、義務感や常識でなく、純粋に自分が勝手に思うこと、感じることを本音で挙げよう。

何度か繰り返しながら、本当に大事なものを1つか2つに絞り込んでみよう。「3つだけ」なら、どれだろうか。

新聞社志望・D君（上智大・経済・一浪）

- バンドをつくりたい
- 録音をするための機材を揃えたい（シーケンサー、サンプラーなど）
- 楽器をうまく演奏できるようになりたい（ベースギター、キーボード）
- 自主制作アルバムをつくりたい
- 自費出版で本を出したい
- 体を常に鍛えていたい
- もっともっといろんなことが知りたい
- 意見を求められるような人間になりたい
- 誰からも信頼されるような人になりたい
- 傷つけてきた人々に謝りたい
- 周囲を盛り上げるような人になりたい
- 友達を大事にしたい
- 常に健康でいたい
- ウソをつきたくない
- 弱々しさと決別したい
- さらにたくさんの友人がほしい
- 一時の感情に流されすぎないようにしたい
- 変にまとまりのある大人にはなりたくない
- 今日1日を悔いのないように生きていたい
- 陰口をたたきたくない
- よく知りもしないのに揶揄したくない
- 自分に自信を持っていたい
- やさしさを忘れたくない
- いつも笑顔でいたい
- つらくても弱音をはきたくない
- いつも成長していたい
- 小さなことにいつも感動できる人間でいたい
- いろんな人とたくさんの有益な議論をしたい
- 刹那的な快楽だけに身を委ねたくない
- 表面的なことだけでなく、物事の本質をとらえられるような人間になりたい
- 大学に入り直したい
- たくさんの古典的名作を読みたい
- おだやかな死を迎えたい
- 美しく年をとりたい
- 人のせいにしたくない
- 後ろを振り返りたくない
- 常に前だけを見ていたい
- 周りのせいにしたくない
- 冷静でいたい
- 何がしか社会に貢献したい
- 自分が生きていたことで、何かが変わったと思えるような人生を生きたい
- 周りのみんなに感謝したい
- 生きていることに感謝したい
- 今までの日々に感謝したい
- これからの日々に感謝したい
- 今この瞬間に感謝したい

ワークシートに誠実に取り組んでいる。自分を磨こうとする姿勢が伝わってくる。彼は意見なり感性なり、自分を表現する人にいずれなることだろう。「人間性」「手に入れたいもの」「社会への影響」に分けてみよう。思いがすっきり整理されるはずだ。

今の夢一覧

今、「死ぬまでに実現したい」と思うこと、やってみたいこと、野望などを、
時系列や難易度、思いの強弱、仕事・遊びなどのカテゴリーを気にせず、
思いつくまま挙げてみましょう。具体的ではないものがあってもOKです。

我究編

No.

4-3 親父とお袋

多くの学生にとって、最も身近にいる大人である親父とお袋。その生き方について考えてみたい。単に共感できるところ、共感できないところを挙げるのでなく、どうして親父やお袋はそうなったのか、どうして自分はそう思うのか、突っ込んで考えてみてほしい。

また、親父やお袋とは、十分コミュニケーションがとれているだろうか。もし仲が良くない状態なら、ぜひこの機会にじっくり話し合ってみてほしい。自分から親に歩み寄るように。大学もそろそろ卒業が近づいてきたのだから、もうそうすべき年齢ではないだろうか。育ててくれた親が年老いたとき、親が頼れるのはきみなのだ。

ゲーム業界志望・N君(愛知大・経済・現役・就職留年)

何が起きたとしても、キゼンとした態度で、最後の最後まで温かく包んでくれるところ
父が突然死した時、ノイローゼ気味になり就職活動がまともにできなかった時、婚約者が私の元を離れてしまった時、母は涙一つ見せず、私をあるべき方向に深い愛情で導いてくれた。
大学1、2年の頃は、そんな母親の愛情にまったく気づかずにいたが、就職活動のため自分で稼いだお金で生活するうちに、ありがたみを実感した。

あまりに甘えさせてくれるところ
それまであまりに守られていたため、自分の頭で考え、行動する勇気がなかなか持てなかった。
特に末っ子だったせいもあるが、時に突き放し、一人でも生きられる強さを身につけられるような工夫をすることも大切でないかと感じた。

▼

直接、手を出すことをなるべくしないで、遠くから深い愛情で包み込む。

愛情に包まれて育っていることがわかる。すでに子供の育て方までが、我究することで考えられている。子供の育て方に限らず、生き方や職業観についても母上と自分の理想を考えてみよう。

親父とお袋

親の生き方に、どんなところで共感できて、
どんなところで共感できませんか。
箇条書きで書いてみましょう。

共感できるところ、自分もそうしたいと思えるところ

共感できないところ、自分はそうしたくないと思えるところ

↓

ではどのようにしたいですか

我究編

No.

4-4 最も大切なもの

一つひとつについてよく考え、最後は無理やりでも順番をつけてみよう。そしてきみが、「なぜそれを重視したいのか」、それを考えてみよう。

きみの今現在の人生観やこだわりを、少しずつ明確にしていくと同時に、社会の規範やルールなどの客観的尺度とは別の、「きみ」の考え方、尺度、価値観を持つための最初の練習だ。

どれも大切なものだから、順番をつけるのは大変だけど、会社選びはもちろんのこと、世の中は、決めにくいことの中から決断していくことの連続なのだ。

1週間後、1カ月後に見直したとき、まったく順序が変わっていたならそれでもいい。

今日の時点でのきみの考え方を整理しておこう。人生において、決断する時はいつだって、「今、その時」なのだ。「今」一生懸命考えて、ズバッと順序をつけてみよう。

カード会社志望・T君(早稲田大・政経・一浪)

1	生き方	ジャンルを問わず、貪欲に何にでもtryする。これが自分の生き方であり、生き方こそが自分自身であると思う。
2	夢	“最高に頼りがいのある男になりたい”という夢があるからこそ、常に積極的でいられると思うし、自分の生き方を貫き通せると思う。
3	恋人・家族	自分が前進している時、恋人や家族のためにと思うことで、150%の力が出せるし、逆に病気やスランプで本当に困った時に応援してくれる。2つの意味で心の支えである。
4	友人	最高の仲間であり、最高のライバルである。友人の頑張りを見ると、自分も負けちゃいられないとやる気がみなぎってくる。
5	時間・金	時間と金がないと考えだけが先走ってしまって、頭でっかちになってしまう。

アグレッシブな「自分のスタンス」が明確になっている。我究が進んでいる。この気持ちをずっと持ち続けるためにも、夢についてはもう少し具体的なものも考えてみるといいだろう。また、これまでの自分と重ね合わせてみるとよい。「貪欲に何にでもトライする」。例えば、どんなことに貪欲にトライしてきたか。T君の考えるトライとはどのレベルのことをいうのかなど。

最も大切なもの

最も大切なものは何ですか。
以下の中から、順に5つ選んでください。なぜ、大切なのですか。

- 家族（両親、兄弟、その他）
- 時間
- 金（収入）
- 地位
- 名誉
- 権力
- 恋人（将来の夫／妻）
- 健康
- 友人（含む先輩、後輩）
- 趣味
- 恩師
- 夢
- 愛情
- 安定
- 生き方
- その他

↓

	選んだもの	理　由
1		
2		
3		
4		
5		

我究編

No.4-5 憧れのワーキングシーン（ビジュアルイメージ版）

これまできみは、あれこれと仕事に限らず様々な切り口で自分の未来を考えてきた。ここではいったん頭の中をクリアにして、自分が「こんなふうになれたらいいな」と思える、仕事に関する憧れのイメージを直感的に描いてみよう。雑誌や本などから1枚の写真をピックアップしてみよう。きみはどんなふうに仕事してみたいのだろう。「いいな」と思える1枚の写真には、実は多くのことが語られているはずだ。まずは直感で写真を選び、その上で、なぜそれがいいと思ったのか、冷静に分析してみよう。友達と意見を交換し違いを浮き彫りにすることで、きみの価値観はより明確になるはずだ。さらに、No．4－10で突っ込んで考えを言葉にしてみよう。単なる憧れから、決意を伴った強烈な目標へと変えていくのだ。

国際公務員志望・A君（慶應大・総合政策）

（写真提供:PANA通信）

どんなところにひかれるか

- ・トップに立つものとして国を動かし世界を動かす責任の大きさ。
- ・大きな期待に応える使命感。全力投球しか許されないギリギリ感。
- ・堂々とはつらつとした態度。
- ・多くの人に注目されること。
- ・多くの人に希望を与える存在であること。

気持ちは分かるし、イメージも分かる。しかし、それが表層的にならないために考えておきたい。国をどう動かし、世界をどう動かしたいのか。社会の目指すべき姿と姿勢について、A君の思想を言葉にしてみよう。

憧れのワーキングシーン（ビジュアルイメージ版）

「仕事に関する憧れ」を象徴するシーンの写真をPICK UPしましょう。
どんなところにひかれるのでしょうか。箇条書きで挙げてみましょう。

どんなところにひかれるか

・
・
・
・
・
・
・
・
・
・
・
・
・

憧れの「写真」を
ここに貼ってください

我究編

No. 4-6 願望と志向のセルフチェックシート1

30歳、40歳、50歳時点での人生について、ここで整理してみよう。どんな仕事をしているのか、どんな願望や志向を持っているのか。今現在の気持ちを書いてみよう。

願望と志向のセルフチェックシート1

今、どんな願望や志向をもっているのでしょうか。
どんどん変わっていく可能性が大ですが、今現在の気持ちを整理してみましょう。

	20代	30代	40代	50代以降
ステイタス／肩書 サラリーマン エリートサラリーマン スペシャリスト（組織内） スペシャリスト（個人） 自営業者　経営者・投資家 作家　芸術家・アーティスト 政治家　有名人 自由業　フリー 主夫／主婦　特にこだわらない その他				
仕事でどんな能力を発揮したいか スペシャリスト（主に知識／ノウハウ／経験） クリエイティビティ（主に企画力／創造力） 感性／センス／才能 人間関係／人望／人間のマネジメント 事務処理能力 その他スペシャリティ 特にこだわらない その他				
仕事のスタイル1 プライベートはほとんどなくてもいい 仕事とプライベートははっきり分けたい 週休2日は欲しい 朝定時に出社 フレックス 早めに帰宅する 特にこだわらない その他				
仕事のスタイル2 エグゼクティブとしてのキチッとした身なり ラク／ラフな服装、私服 制服 特にこだわらない その他				
どんな組織に属していたいか 巨大組織（1000人以上） 大規模組織（1000人未満） 中規模組織（100人未満） 小規模組織（50人未満） 軍団的組織（5〜20人） 一匹狼（自分およびスタッフ／仲間） 特にこだわらない その他				

No. 4-7 No. 4-8 願望と志向のセルフチェックシート2、3

就職に合わせたきみの偽物の夢や偽物のビジョンではなく、本音のきみの思いを確認するために、このシートはある。

とりあえず志望している業界に合わせることなく、あくまでも本音をぶつけてみよう。

worksheet
No.4-7 Date　　/　　/

Gakyukan

願望と志向のセルフチェックシート2

どんな願望や志向を持っているのでしょうか。
どんどん変わっていく可能性が大ですが、今現在の気持ちを整理してみましょう。

	20代	30代	40代	50代以降
経済力／生活レベル 特上 上の上 上（高給サラリーマンレベル） 中レベル 特にこだわらない その他				
生活の拠点 世界各国どこでもいい 日本全国どこでもいい 海外の特定の場所 日本の特定の場所 日本と海外を行ったり来たり 特にこだわらない その他				
活躍のフィールド 世界中を飛び回りたい 海外と関わっていたい 日本中を飛び回っていたい 日本と関わっていたい 海外の特定の場所にいたい 日本の特定の場所にいたい 特にこだわらない その他				
生き方 人にできない人生／偉業を成したい 安定の上でチャレンジしていたい 安定の上で楽しんでいたい 安定していればいい 楽しければいい 特にこだわらない その他				
他人からの評価 人間的に尊敬できる人 仕事人として尊敬できる人 自分らしく生きている人 信頼できる人 親しみのある人 気になる存在の人 特にこだわらない その他				
影響力の範囲（誰の役に立ちたいか） 世界中の人々 世界の特定の地域の人々 世界の特定の層の人々 日本中の人々 日本の特定の地域の人々 日本の特定の層の人々 身の回りの人々 特にこだわらない その他				

Gakyukan

願望と志向のセルフチェックシート3

今、どんな願望や志向を持っているのでしょうか。
どんどん変わっていく可能性が大ですが、今現在の気持ちを整理してみましょう。

	20代	30代	40代	50代以降
影響力の質（どんな影響を与えたいか） 経済的な豊かさへの貢献 文化的な豊かさへの貢献 精神的な豊かさへの貢献 政治的な豊かさへの貢献 便利な暮らしの実現 その他				
知名度／認知度 世界中の人から知られる存在（組織として） 世界中の人から知られる存在（個人として） 日本中の人から知られる存在（組織として） 日本中の人から知られる存在（個人として） 特定の人から知られる存在（組織として） 特定の人から知られる存在（個人として） 特に知られたいとは思わない できれば知られたくない 特にこだわらない その他				
人生を何にかけたいか 仕事 趣味 遊び 恋愛 家庭 生き方 その他				
結婚はいつ頃したいか 20～24歳 25～29歳 30～34歳 35歳以上 特にこだわらない 結婚しようと思わない その他				
配偶者のイメージ サラリーマン 自営業者（会社経営者） スペシャリスト 専業主夫／主婦 フリー 特にこだわらない その他				
最初の子供は自分が何歳の時にほしいか 20～24歳 25～29歳 30～34歳 35～39歳 40～44歳 45歳以上 特にこだわらない 子供がほしいと思わない その他				

No.4-7 願望と志向のセルフチェックシート2

外資系コンサル志望・K君（中央大・総合政策・二浪）

	20代	30代	40代	50代以降
経済力／生活レベル 特上 上の上 上（高給サラリーマンレベル） 中レベル 特にこだわらない その他	上 カネはあって困るものではない。だけどあまり若い時期に大金を手にしてしまうと我を見失うかもしれない。徐々にレベルアップしていくのがベストだと考えている。	上の上		特上
生活の拠点 世界各国どこでもいい 日本全国どこでもいい 海外の特定の場所 日本の特定の場所 日本と海外を行ったり来たり 特にこだわらない その他	日本と海外を行ったり来たり 海外に行くことで分かる日本の良い点・悪い点を常に意識して仕事などにつなげていきたい。			日本のどこか 人生の後半は生まれ育った日本で落ち着いて生活したい。
活躍のフィールド 世界中を飛び回りたい 海外と関わっていたい 日本中を飛び回っていたい 日本と関わっていたい 海外の特定の場所にいたい 日本の特定の場所にいたい 特にこだわらない その他	世界中を飛び回りたい 地球規模、世界規模で活躍したい。 たった一度の人生だ。世界中を飛び回って様々な人・文化と触れ合って生きていきたい。			
生き方 人にできない人生／偉業を成したい 安定の上でチャレンジしていたい 安定の上で楽しんでいたい 安定していればいい 楽しければいい 特にこだわらない その他	人にできない人生 → 失敗しても取り戻せる若いうちに大きなチャレンジをしたい。		安定の上でチャレンジ、楽しんでいきたい 40を過ぎたら幸せな家庭を持った上でのチャレンジに切り替えて生きていきたい。	
他人からの評価 人間的に尊敬できる人 仕事人として尊敬できる人 自分らしく生きている人 信頼できる人 親しみのある人 気になる存在の人 特にこだわらない その他	自分らしく生きている人 → 多くの人と出会い、影響を受け、教わることで、自分を成長させていきたい。		人間的に尊敬できる人 そして、40代以降に成熟した大人として、尊敬される人間になっていたい。	
影響力の範囲（誰の役に立ちたいか） 世界中の人々 世界の特定の地域の人々 世界の特定の層の人々 日本中の人々 日本の特定の地域の人々 日本の特定の層の人々 身の回りの人々 特にこだわらない その他	身の回りの人々　から　世界中の人々　へ まずは自分の親、兄弟、家族など身近な人々の役に立ちたい。その上で、日本中、世界中の人々、社会の役に立つ人間にまで自分を成長させていきたい。			

本音が語られている。世界に飛び出していく手段として、具体的にどんな方法を考えているか。

No.4-8 願望と志向のセルフチェックシート3

メーカー志望・K君（中央大・法・現役・留学1年・就職留年）

	20代	30代	40代	50代以降
影響力の質（どんな影響を与えたいか） 経済的な豊かさへの貢献 文化的な豊かさへの貢献 精神的な豊かさへの貢献 政治的な豊かさへの貢献 便利な暮らしの実現 その他			20代・30代にビジネスに携わることによって得た、経験・実力・人脈・お金をベースにして40代後半以降、政治的に大きな影響力を持って社会に貢献していきたい。	
知名度／認知度 世界中の人から知られる存在（組織として） 世界中の人から知られる存在（個人として） 日本中の人から知られる存在（組織として） 日本中の人から知られる存在（個人として） 特定の人から知られる存在（組織として） 特定の人から知られる存在（個人として） 特に知られたいとは思わない できれば知られたくない 特にこだわらない その他			40代前半までに少なくとも日本の経済界では認知される存在になっていたい。	50代以降、自分の目標が達成できていれば自然に世界中で認知されているはず。
人生を何に懸けたいか 仕事 趣味 遊び 恋愛 家庭 生き方 その他	仕事がメイン。たまの休みには家族と一緒に過ごしてリラックスしたい。でもそれ以外はとにかく仕事。			
結婚はいつ頃したいか 20～24歳 25～29歳 30～34歳 35歳以上 特にこだわらない 結婚しようと思わない その他		仕事上でも実力がつき、ある程度の収入もある30代前半がいい。20代は自分自身の実力をつけることだけで精いっぱいだと思う。		
配偶者のイメージ サラリーマン 自営業者（会社経営者） スペシャリスト 専業主夫／主婦 フリー 特にこだわらない その他		専業主婦または家でできる仕事を持つ人がベスト。でも普通に働いていても自分より忙しくないのであれば問題ない。		
最初の子供は自分が何歳の時に欲しいか 20～24歳 25～29歳 30～34歳 35～39歳 40～44歳 45歳以上 特にこだわらない 子供が欲しいと思わない その他		結婚と同じで実力も収入もある程度あり、子供をきちんと育てられるという自信がつく30代前半がいい。		

内に秘めた野望を感じる。すでに自分の中に明確な目標もあるようだ。入社前にもう一度思いを確認しておこう。

No. 4-9 30歳の私、40歳の私

30歳は本当にあっという間。30歳の時に理想の自分になっている人は、30歳の理想の自分をはっきりと持っている人だけだ。

40歳はイメージしにくいかもしれないが、具体的な人を何人かイメージしながら、自分の思いを少しずつ明確にしてみよう。

未来を描く生き方は打算的な生き方とは違う。自分の目指す自分に向かってパッションを燃やし続けていく生き方だ。

歳を重ねていくにつれ、理想も変わり得る。

今の時点での思いを書いてみよう。

教育業界志望・S君(早稲田大・文・二浪)

私が30歳になるのは、	私が40歳になるのは、
2025年12月25日 ＝ 7年後	2035年12月25日 ＝ 17年後
1.家族 「この人だっ!」と思える人と結婚している。うーん、かなりロマンチスト。	**1.家族** 子供2人の4人家族。
2.仕事/地位/世の中への影響 教育業界Z社で、新時代に対応した教育事業を立ち上げている。	**2.仕事/地位/世の中への影響** 独立して新時代に対応した教育企業を立ち上げている。
3.経済面(年収) 年収は1000万円。共働きで多少の余裕がある。	**3.経済面(年収)** 年収は2000万円。
4.居住地 都内で、新宿副都心が一望できるような2LDKのマンションに住んでいる。	**4.居住地** 東横線沿線あたりで、一軒家に住んでいる。
5.趣味 英会話、映画観賞、ギター、旅行、空手、花火観賞	**5.趣味** ジャズ、盆栽(老後、庭師になるための準備)、旅行、カレーづくり
6.ライフスタイル アウトドア。週末には海や山へ出かける。学生時代からのカンボジアへのボランティアを続けている。	**6.ライフスタイル** 結婚するときに妻と約束した「世界一周豪華客船旅行」に出かける。

Gakyukan

30歳の私、40歳の私

30歳、40歳の自分がどうなっていたいのか、現時点で考える自分の理想像をできるだけ詳しく具体的に書いてみましょう。

私が30歳になるのは、

年 月 日 ＝ 年後

1.家族

2.仕事／地位／世の中への影響

3.経済面（年収）

4.居住地

5.趣味

6.ライフスタイル

私が40歳になるのは、

年 月 日 ＝ 年後

1.家族

2.仕事／地位／世の中への影響

3.経済面（年収）

4.居住地

5.趣味

6.ライフスタイル

我究編

No.
4-10 憧れの人物

著名な人に限らず、実在の憧れの人物を持っていたい。できるだけ実際に会うことで、よりリアルな衝撃を覚えたい。

人に会うことによるインスパイアは何よりも大きいものだ。会うだけで目が覚め、勇気が湧いてくるものだ。

ぜひ、いろいろな場に足を運び、自分から会いに行こう。

さらに、タイミングを見て、ぜひ一対一で語りたい。最初は気後れすることもあるかもしれないが、そこで得られる衝撃は、本当に何年も持続するほどに大きいはず。勇気を振り絞って会いに行こう。

全面的に憧れる必要はない。どんな部分にひかれるのか。どんな部分が自分の目指すものとはちょっと違うのか。

外資系コンサル志望・K君(中央大・総合政策・二浪)

大前 研一

経営コンサルタントとして、相手にクライアント先を訪ねられて、「マレーシアです」と、国家名が口から出てくるスケールの大きさ、グローバルに活躍しているところ。	一見、近寄り難いオーラが出ているけど、話してみると非常に気さくでユーモアにあふれていた。趣味もモーターバイクからスキューバダイビングと多彩で、人間としての幅の広さを感じた。

杉村 太郎

商社→芸能活動→我究館の設立、と常に挑戦し、エキサイティングに生きているところ。また、著作や講演を通して、この混迷した時代に生きる多くの人に元気・活力を与えているところ。	目の輝き、顔、雰囲気、声、生き様、とにかくすべてがかっこいい。39歳には絶対に見えない。人間として、男として、本当に憧れる。また、人との接し方、礼儀、気配りなど学ぶべきことも実に多い。

川村 翔

元電通社員。定年退社後に国際政治を学びにアメリカへ留学。60歳を過ぎても人生を能動的に楽しみ、新しいことに挑戦し続け、学び続けようとする姿勢。	60過ぎの男性には見えないし、思えない。目は少年のようにキラキラと光り、頭のキレ、回転の速さは会うたびにアップしているように感じる。

どんどん会いに行っている。いろいろなインスパイアを受けている。良い面ばかりが強調されている。僕のことは買いかぶりすぎ。身近な僕の例で、イマイチなところを指摘してみよう。待ってる。

憧れの人物

実在する人物で憧れる人物はいますか。それは誰ですか。
もし実在する憧れの人物がいないのなら、あるいは会ったことがないのなら、
ぜひとも見つけ出しましょう。そして実際に会いに行きましょう。
お会いしてどんなふうに感じたのか書いてみましょう。

実在する憧れの人物 1

どんなところに憧れるのですか

お会いした時の感想

実在する憧れの人物 2

どんなところに憧れるのですか

お会いした時の感想

実在する憧れの人物 3

どんなところに憧れるのですか

お会いした時の感想

No. 4-11 未来のビジュアライゼーション

30歳、40歳、50歳、未来の自分について考えてみよう。言葉や文章で考えるのをいったんやめて、未来の自分はどんな人間で、どんな暮らしをしているのか。目を閉じて、映像でイメージしてみよう。より具体的なイメージが浮かんでくればなお良い。住んでいる場所のイメージ、服装、職場のイメージなど何でもいい。何かイメージできたものをメモしていこう。

静かな場所で目を閉じ、ゆっくり深呼吸し、イメージするのだ。

Gakyukan

未来のビジュアライゼーション

30歳、40歳、50歳の自分はどんな人間で、どんな暮らしをしているのでしょうか。
目を閉じて、映像でイメージしてみましょう。それを言葉にして書いてみましょう。

30歳

40歳

50歳

No. 4-12 希望年収と使い道

30歳、40歳、50歳時点での人生について、さらに具体的に考えてみよう。きみが望む未来の自分の人生には、いくらぐらいの収入（お金）が必要なのだろうか。お金の使い道や目的まで具体的に考えてみよう。学生である今の段階では、具体的な数値はあげにくいかもしれない。しかし、社会に出て2年目になったら、具体的な数値目標を設定することをおすすめする。

もちろん、お金がすべてではない。だが、大切なお金があってこそ実現できるものも少なくない。自己実現のためだけでなく、愛する人を守るため、社会貢献していくためにも、お金は非常に大切なものであることを、このワークシートを書くことで実感してほしい。

希望年収と使い道

自分の描いた人生は、いくらぐらいの収入が必要でしょうか。
30歳、40歳、50歳時点での自分の人生について、算出してみましょう。

	いくらぐらいの収入が必要か	お金の使い道・使用目的
30歳		
40歳		
50歳		

No. 4-13 人生のこだわり

自分の志望業界などに関係なく、こだわりを自由に書いてみよう。自分の思いが志望業界から離れない人は、それだけ思い入れが強いのかもしれないが、受け身な発想になってしまっている可能性もある。

仕事も人生も、自分でつくり出すものであるはず。

「そんな仕事はこの世にない」

そう言われてもいいじゃないか。自分でつくり出せばいいのだから。

自分の本音を好きなように、自由に現在の実力など関係なく書いてみよう。必要な実力はすべてこれからつけていけばいいのだ。義務感を感じることなく自分の人生を描いてみてほしい。

優先順位をつけることで自分にとって何が大切なのか、見えてくるはずだ。

総合商社志望・K君（慶應大・大学院・就職留年）

社会のインパクト →世の中の仕組みを作るような仕事がしたい。 →理不尽や矛盾などのできるだけ少ない世界を創りたい。 →アメリカへの留学時に学校の制度改革をしたのが忘れられない。大きな枠組みから世の中を変えて行くことに強い動機を感じる。 1	財力／権力 →プライドが高いほうなので、人よりは多いほうが良い。 →やりたいことを実行するために必要な権力は欲しい。 →既得権者が人を搾取する構造を改善したいので、自分がそうならないようにいつもハングリーでいたい。 3
2 人間関係 →人との出会いをチャンスととらえるようにしている。出会った人と、その場限りでなく、その後も続くような人間関係にできるよう、心がけてきた。国籍や性別、権力の有無にかかわらず、これからもそのスタンスで生きていきたい。	4 家族 休日の過ごし方 趣味など →結婚はしたい。世界を活躍のフィールドにしたいので駐在などにも進んで行きたい。何かと苦労をかける可能性が高いので、明るい人が良い。まずは彼女探しか。 →休日はいらない。今でも時間さえあれば読書や自己研鑽に精を出しているので、ONとOFFの境界線はほとんどなくて良いと考えている。

我究ができている。やや傲慢さや自分の力を過信しているところも感じるが、目指している仕事と生活がしっかりと想像できているのでブレを感じない。自分の「弱さ」や社会で通用する「強み」を考え、過信している部分を調整すれば、ほぼ完成なのではないだろうか。

Gakyukan

人生のこだわり

現時点における、人生に対する「こだわり」を箇条書きで書き出してみましょう。
4つの箱の中心に優先順位をつけてみましょう。

社会のインパクト	財力／権力
人間関係	家族 休日の過ごし方 趣味など

我究編

No.
4-14 周囲の期待

誰もがいろんな人と関わって、支えられて、助けられて、また誰かと支え合い、助け合って生きている。自分勝手に生きられるとは限らない。

自分勝手に生きようと思っても、周囲の期待を無視したままでは、心の奥深く自分の気づかないところでブレーキがかかってしまうものだ。

僕はここで、「周囲の期待にすべて応えて生きていこう」と言っているのではない。特に若いうちは、どうしても応えたくないのなら応えなくてもいいとさえ思う。ただ、応えるにせよ、応えないにせよ、周囲の期待を無視するのではなく、いったん確認しておこう。無視するなら、確認した上で堂々と無視してほしい。いずれにしても、心の引っかかりから目をそらさずに自覚してほしい。

きみの思いを思いだけで終わらせないためにも、この作業はぜひともやっておくべきだ。

新聞社志望・D君（上智大・経済・一浪）

父親から

父は高卒ということもあって、大卒の自分には社会で大きな役割を担う人材になってほしいと考えているのではないか。いわゆるビジネスエリートというものになってほしいと考えているように思える。それは自分には、時に多大なプレッシャーとなってのしかかる。気にする必要もないのかも知れないが、さらにそれ以上のところを目指そうと、つい自分を追い立ててしまい、そして疲れ切ってしまう。

母親から

安定した職についてほしいと考えているのではないか。家庭を持ち、平凡でも幸福な生活をつつがなく送ってほしいと考えているように思える。親として、当然すぎる考えであると思うし、ほとんどの親御さんが自分の子供に対して持つ考えではあると思うのだが、自分には、いささか退屈すぎる人生のようにも思う。「そんな人生、何の意味もない」と声高に叫ぶほど、嫌悪する考えでもないけれど。

友人から

個性を活かした、人とは違う道を歩んでほしいと考えているのではないか。大学時代、音楽や編集などの活動をしていたこともあり、そういった何かクリエイティブな仕事に就いて、世に名を成してほしいと考えているように思える。そうして生きていくことに憧れた時期もあったが、犠牲にしなければならないものの大きさの前に怖じ気づいてしまった、というのが本当のところではある。

ご両親、特に父上の期待に応えたいという思い。ご両親の愛情そしてD君のご両親への愛情と甘えを同時に感じる。大人のオトコになっていく過程を見る思いだ。いったん社会に出ることで、おそらく彼は今以上の強さと大きさを持つだろう。さらなる自信と勇気を持った時の姿が想像できる。非常にポテンシャルが高い。

周囲の期待

自分の生き方や人生そのものについて、
家族や友人など周りの人からどんな期待をされていると思いますか。
箇条書きで書いてみましょう。
自分の意志とギャップがあるなら、
どんなところがギャップなのかも書いてみましょう。

・ から

・ から

・ から

No. 4-15 私のコア…人生のテーマ・野望

使命というとやや大げさだが、人として、生きる者としての責任感も、我究を進めていくうちに芽生えてきているはず。

使命もテーマも野望も、どの切り口も重く感じる人もいるだろうが、肩に力を入れずに、まず書いてみよう。

これから何度か見直し、書き直していくうちに、自分の心からの思いが見えてくるはずだ。

志望する業界に合わせることなく、また背伸びすることもなく、自分の本音の思いを書いてみよう。

きみの思いは、就職先によって振り回されるものではないはずだ。

テレビ局志望・Iさん(慶應大・法・現役・就職留年)

人間として 自分が支えられて今まで生きてこられた分のお返しをしていきたい。
家族に対して 親には生んでよかったと思ってもらえる人になりたい。もしも結婚して子供ができたら、背中で語る母親になりたい。
社会に対して 社会に忘れられている人や出来事、埋もれた問題を見つけ出し、1人でも多くの人が住み、生きるのが楽しい社会をつくりたい。

人の心に伝導する熱

立場や国、宗教、思想を越えて、自分とは異なる人々と出会い、理解し、彼らとともに社会問題、個人的な悩み、夢、挫折、痛み、悲しみを乗り越え、幸せと温かさを生み出していきたい。それができるように、いつでも適温で燃えていたい。

特派員

幼い頃から異なる国に住み、立場、国、宗教・思想を越えて人々と心を交わし合いながら生きてきた。自分の個人のアイデンティティー、日本人としての意味、人間としての生きる使命をもっとクリアにしたら、もっと深いレベルで自分と異なる人々と理解し合えると思うから。

日本のテレビ局の特派員でいいのか。もっと大きな思いがあるようだが。さらに、その先の野望について、もう一度考えてみよう。

Gakyukan

私のコア…人生のテーマ・野望

どんな使命、人生におけるテーマ、野望を持っていますか。

人生における使命を一言で言うと

人間として

・

家族に対して

・

社会に対して

・

人生において何を追い求めていきたいのか(コア)

詳しくは

野望を一言で言うと

なぜそのような野望をもつに至ったのでしょう

No. 4-16 死ぬまでに実現したいこと

どの切り口でも、きみの本音を書いてみよう。何度も見直すうちに、きみの本音も変化していくはず。

たびたび出てくることだが、「本音」の思いを持つことが就職のためにも大切なこと。もちろん就職そのものよりも、きみの思いのほうが大切なことなのだ。その意味で、就職も仕事も、実は手段と言い切ることさえできるはず。

面接とは全部の思いをぶちまけることではない。本音に基づいて、言うべきこと、相手が「なるほど」と感じることを伝える行為だ。

そのためにも、まずはきみの人生において何を達成したいのかという「本音の思い」が大切なのだ。

テレビ局志望・Tさん（成城大・文・現役）

家族に関すること

人としても尊敬・信頼できる恋人のような夫とめぐりあいたい。お互いの仕事・気持ちを理解し、尊敬し合っている。

仕事に関すること

夫の収入に頼らなくても自分の生活レベルは維持できるくらいの収入（おいしいものを食べ好きなモノを買える）があり、子供や将来お店を持つために貯金している。

遊び、趣味に関すること

少ない時間を利用して夫と大きな絵を描くこと。楽しく信頼できる仲間に囲まれ充実している。ゴルフ、テニス、スキー、スポーツも積極的にしている。

その他

駅から歩いて3分の陽当たりのよいマンション。犬OKのマンション。実家から車で30分以内の場所。世田谷近辺。

死ぬまでに実現したいこと

次の各項目において、人生において、
死ぬまでにどうしても達成したいことは何ですか。
できるだけ具体的に、詳しく書いてみましょう。箇条書きでOK。

家庭に関すること

仕事に関すること

遊び、趣味に関すること

その他

No. 4-17 我究の整理「私のビジョン」

これまでの我究の総まとめだ。

自分がどういう人間なのか。自分は最終的にどういう大人になりたいのか。内定するとかしないとか、そんなちっぽけなことからは離れて、自分の究極の夢を思う存分描こう。

総まとめ

その夢を実現するために仕事があるのだし、そのために就職はあるのだ。就職しなければいけないというルールなんかどこにもない。まず仕事ありきではまったくもって本末転倒。そんな考えを捨て切って考えよう。

「この夢さえ実現できるのなら、会社なんてどこでもいい。仕事も何でもいい」

それぐらいの心境になれることが肝心だ。その上で、ベストな仕事をチョイスしていくのだ。

総合商社志望・J君（上智大・経済・現役・就職留年）

私

一言で表すと　挑戦者

「挑戦」をテーマに生きてきた。留学も、映画製作も、スポーツも、迷った時は「自分にとって厳しい道」を常に選ぶように決めている。その分失敗する事も多いが、そうやって生きてきて反省はすることは多いが後悔はしていない。

夢

Being　一言で表すと　可能性に懸ける人

どんなに難しい状況でも、仲間と力を合わせれば絶対に成果が出せると信じてきた。「できない」ではなく「どうしたらできるか」を考え続けることで、今まで困難を突破してきた。

Having

- 互いを尊敬し合える仲間
- 30歳で年収1000万円（見栄っ張りなので、これくらい欲しい）
- 都内のタワーマンション

Giving　一言で表すと　世界中のニーズを満たしたい

6カ国の人と、「全ての国籍の人から見ても面白いコメディ映画」を製作するリーダーを経験した時にこれを思った。製作段階でつらいこともあったが、上映した時に多国籍のクラスメイトが爆笑している姿を見た時の感動は忘れられない。人が求めているものを、ビジネスを通してモノやサービスで提供できる人であり続けたい。

仕事

一言で表すと　チームで成果を出す

具体的にやりたいこと　商社の営業
留学中の映画製作のように、文化や価値観が違う中で、全体最適を考えてビジネスを進めて行く仕事がしたい。お互いの利害調整ができた時に、チームが一丸となる瞬間が、自分にとっての最大の喜びである。

自分の大切にしている価値観への納得のレベルの深さは一流である。彼は内定した後も、精力的に活動を続けて、社会に出るまでに、いくつものプロジェクトを成功させてきた。ここまで我究を深める事ができたメンバーは必ず本命をゲットしている。逆に、そういう学生以外で本命をゲットした学生はいない。

Gakyukan

我究の整理「私のビジョン」

私

私はどんな人間か（エッジ、コア、こだわり）

一言で表すと……

夢

Being（どんな人間になりたいか）

一言で表すと……

Having（何を手に入れたいか）

肩書き、ステイタス、名誉、家族、ライフスタイル、収入など

Giving（世の中への影響。どんな人たちに、どんな影響を与えたいか）

一言で表すと……

↑

仕事

私が選んだ仕事（業界、職種など）

一言で表すと……

具体的にやりたいこと

自分の向上

STEP 5 ワークシート【我究編】

我究編

No. 5-1 30カ条セルフチェックシート

第6章に載せた「できる人材の本質30カ条」が、今のきみにどれだけ意識されているのかチェックしてみよう。

実際に、自分のものになっているかどうかは二の次。心の持ち方として、納得できるか、意識しているか、じっくり見てみよう。ただし、特に足りないものについては、より強く意識する必要がある。なぜ特に足りないのか、どうしたら身につくのか考えてみよう。

30カ条のうち、どうしても納得できないものがあるのなら、どんなふうに納得できないのか、いろんな角度から考えてみよう。

実際には、どの項目も重要であるがゆえに、最終的に納得できるまで、とことん考えること。

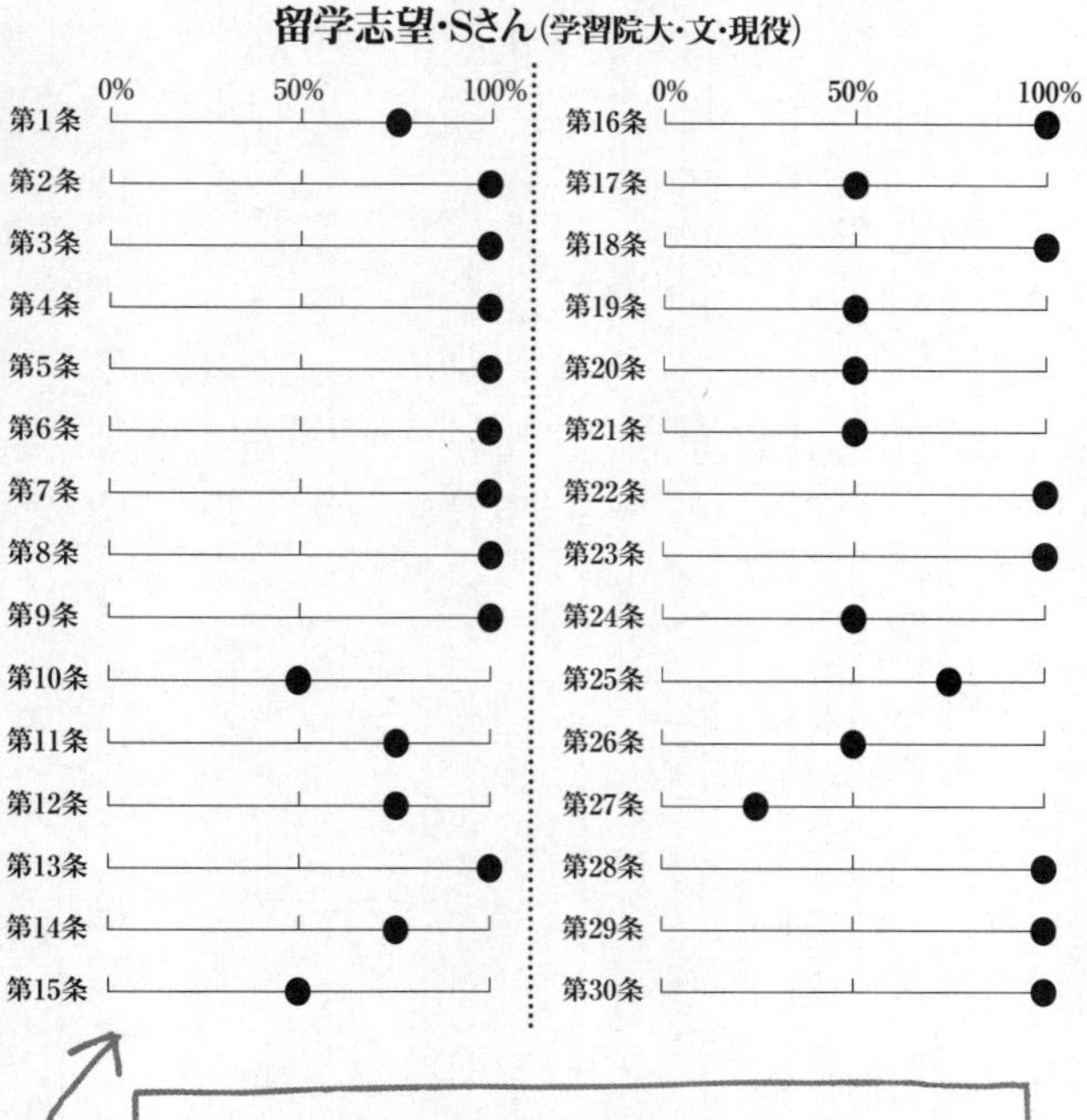

数多くの項目で100%という自己評価はいかがなものか。

30カ条セルフチェックシート

これらが今、どれぐらい身についているでしょうか。
各項目について読み返した上で、じっくり考えてみましょう。

		0%	50%	100%
第1条	強烈な夢・志・目的・目標を持つ	0%	50%	100%
第2条	発展途上の自分に自信を持つ	0%	50%	100%
第3条	過去から現在を肯定する	0%	50%	100%
第4条	人と違う考え方や行動をとることを恐れない	0%	50%	100%
第5条	人や環境のせいにしない	0%	50%	100%
第6条	自分の意見を持つ	0%	50%	100%
第7条	否定されてもめげない。あきらめない	0%	50%	100%
第8条	何事も主体的に情熱を持って取り組む	0%	50%	100%
第9条	これというものに対しては適当にすまさない、ごまかさない。全力で徹底して取り組む	0%	50%	100%
第10条	超プラス思考	0%	50%	100%
第11条	実際に行動する	0%	50%	100%
第12条	自分で自分をノセていける	0%	50%	100%
第13条	自分を磨くことを怠らない	0%	50%	100%
第14条	悪魔をも味方にして結果を出す	0%	50%	100%
第15条	人に対し徹底して誠実に接する	0%	50%	100%
第16条	素直さと聞く力を持つ	0%	50%	100%
第17条	人を受け入れ、包み込む広く大きな心を持つ	0%	50%	100%
第18条	人を信じる力を持つ	0%	50%	100%
第19条	堂々としていて、物怖じしない	0%	50%	100%
第20条	全体最適の立場に立つ	0%	50%	100%
第21条	人にプラスの影響を与える	0%	50%	100%
第22条	感性を磨く	0%	50%	100%
第23条	問題意識を持つ	0%	50%	100%
第24条	自分や社会、物事を客観視できるバーズアイを持つ	0%	50%	100%
第25条	深く多面的に見る目を持ち、考えや物事の本質をとらえる	0%	50%	100%
第26条	考え方や物事を構造的にとらえることができる	0%	50%	100%
第27条	アイデアを出すことに自信を持つ	0%	50%	100%
第28条	魅力的でいられるよう、ビジュアルを磨く	0%	50%	100%
第29条	心から思いやれる自分の師、素晴らしい仲間(先輩・後輩)、愛し合える人を持つ	0%	50%	100%
第30条	親を大切にする	0%	50%	100%

No. 5-2 私の「足りないもの」

自分の足りないものが何なのか、自分で正確に把握できる人はほとんどいない。ましてや就職という、会社によって求められているものがあり、さらにそれがあるレベル以上に求められるという場合にはなおさらだ。

自分ではあまり重要でないと感じることが求められていたり、自分ではそこそこあるだろうと思っているものが、ほかの受験者と比べてみると足りていなかったり。

だからこそ就職には、特に難関を目指せば目指すほど、客観的視点が必要になってくるのである。

友達、大人、目指す業界のできれば面接官経験者などの意見も参考にしたい。

総合商社志望・Yさん（立命館大・経済・現役・就職留年）

・安定した精神状態→極端に悪い時と、地に足がつかないほど浮わついている時をなくしたい、落ち込まないようになりたい。

・継続力→思いつきはいいが、最後までやりきったものが少ない。

・家族への思いやり→外では愛想が良くていい子なのに家では甘えている。

・安定した自信→過去の失敗と向き合い切れていない。我究あるのみ。

・要領の良さ→優先順位のつけ方が甘い。やりたいことをいくらでも先にやって、いつもやるべきことがギリギリになってしまう。

・リーダーシップ→今まで一匹狼で生きてきたので、チームを引っ張ることに苦手意識がある。

・クールさおよびTPOに合った自分の演出→生き生きしているのはいいが、特にそれが軽薄にとられ誤解される。オーバーアクションを少し控えめにしたほうが自分の本当に理解してもらいたい「味」が出る?

・知識→自分の視点でものをとらえ、それを人に分かりやすく伝える力。

・苦手なタイプと上手くつき合う「大人」→セクハラする人、あからさまに自分を嫌う人と、「上手」にコミュニケーションをとれるようにしたい。

・計画性→気分で予定を変える。お金をあるだけ使う。そのせいで人に迷惑をかけるところを直したい。「気分屋」なのが課題。

しっかり分析できている。内容から、やや幼さを感じる。安定性を持つために、どのようなことをしているか。

私の「足りないもの」
理想と現実のギャップ

現状の自分、これまでの自分に「足りないもの」はどんなことでしょうか。
正確に把握できないケースも少なくありません。
客観的な視点も取り入れて把握してみましょう。

・

・

・

・

・

・

・

・

・

・

・

・

・

・

No. 5-3 現状突破のアクション

現状を突破するために、いったい何をすべきなのか。自分の未来を考えていると、今自分がやるべきことはたくさんあるような気がして、机上の空論で終わってしまう恐れもある。

焦らずに、今やるべきこととして「今日からできる小さな第1歩」を1つか2つ考えてみよう。それもできるだけ難しくないことで。

今の自分の殻を突き破ることができたら、あとは継続するのみ。小さな1歩は未来への大きな前進に必ずつながるのだから。

Gakyukan

現状突破のアクション

現状を突破するために、やるべきことがたくさんある気がするでしょう。
まずその第一歩として、今の自分の殻を突き破るために
「今日からできる難しくない、小さな第一歩」を1つか2つ考えましょう。
そしてそれを継続しましょう。

今日から続ける、現状突破のアクション

No. 5-4 現状突破のアクションプラン

理想の自分になっていくために、具体的にどうするのか、どんなことをやっていくのか、方法はいくらでもあるはず。

自分の、心からやろうと思うことを、やって楽しめることを、挑戦している自分をさらに好きになれるようなことを、ワクワクしてくるようなことをプランニングしよう。

ストイックに自分を苦しめるようなことばかり挙げても、おそらく実行は難しいだろう。

また、たとえやっても、毎日がつまらなくなるだけなら逆効果だといえよう。

欲張り過ぎず、やりたいことを無理のないスケジュールで。

総合商社志望・N君（成城大・経済・現役）

一言で言うと 「世界に通用する男」。それは……

・自分の意思をしっかりと伝えられるレベルの語学力を持っていること

・自分がしたいと思うことがあれば、必ず実行して結果を出す力

・どんな人たちの前に出ても、臆せずに発言できるだけの度胸

▲

8月　アメリカに渡り、現地の企業でインターンシップをする

9月　ハリウッドで活躍している日本人とコンタクトを取って実際に会ってくる

11月　TOEIC®で900点取得

実際にN君はこれを実行に移して、本人の想像以上の成果を手にして帰国した。帰国後のN君の自信にあふれた表情を見れば、その後の本命ゲットも当然のことだろう。

Gakyukan

現状突破のアクションプラン

現状を突破するために、具体的なアクションプランを考えましょう。
くれぐれも楽しみながらやるように。自分を縛りすぎないように。

理想の自分

↑

そのためのアクションプラン

／

／

／

／

／

／

／

我究編

No. 5-5

自らの課題図書

就職関係の本は、『絶対内定』シリーズ計5冊＋筆記試験対策で十分だろう。あとは、売れているものを「こんなものが売れているのか」と参考程度に立ち読みするくらいで十分。あるいは広く社会を知る本、世界観を広げる本。

ここで言っているのは、志望業界がよくわかる本、業務に直結した知識を習得するための本などのことだ。会社案内だけでは絶対に不十分。より詳しいレベルで押さえておかないといけない。

次々とたくさん読むよりも、これと決めた本数冊を、ボールペン片手にじっくりと二度読みしよう。

マスコミ志望なら、ベストセラーになった話題の本は、一通り押さえておく必要がある。本に限らず、テレビ、雑誌、多岐にわたって世の中の動きをつかんでおくために、情報に敏感でなくてはいけない。

総合商社志望・Y君（立教大・経済・一浪・就職留年）

	不可欠な知識など	本のタイトル／著者	いつまでに読むか
1	世界の未来に目を向ける	ワーク・シフト／リンダ・グラットン	12月1日
2	日本人の価値観を学ぶ	武士道／新渡戸稲造	毎週日曜日、3週連続で読む
3	日本人の価値観を学ぶ	坊ちゃん／夏目漱石	9月30日
4	最新のキャリア論	ライフ・シフト／リンダ・グラットン	10月31日

1～4ともに必要なものをチョイスしている。バランスもとれている。4でマクロ経済の全体像をつかんだ上で、具体的なビジネスアイデアも見つけられるような読書に取り組もう。

自らの課題図書

これから具体的に就職活動を進めていく上で不可欠な知識その他と、
それを得るために読まなければならない本を3冊あげてみましょう。

	不可欠な知識など	本のタイトル／著者	いつまでに読むか
1			
2			
3			

例	親との関係を見つめ直すため	インナーチャイルド	明後日まで（12／31）

No. 5-6 裏切れない人たち

人というのは、ついつい自分に甘くなりがちだ。

そんな時に思い出してほしいのが、自分に期待してくれている人たちのことだ。誰にでも、この人だけは絶対に裏切れないという人がいるはずだ。

日々の頑張りを近くや遠くで見てくれていて、誰よりも自分に期待してくれている。そんな人たちの存在は、くじけそうな時、自分との戦いに負けそうな時、何よりの励みになる。

Gakyukan

裏切れない人たち

やろうと決めたことを継続して実行していくために、
自分の日々の頑張りに期待してくれる人たちを思い出してみましょう。
そして、どうしても裏切るわけにはいかないという人は誰か、
その人は自分の何に期待しているのかについて書いてみましょう。

No.1

人物名……

自分に期待していること

No.2

人物名……

自分に期待していること

No.3

人物名……

自分に期待していること

就職対策

STEP 6

ワークシート【就職対策編】

No. 6-1 ○○パーソンに求められる資質・能力

○○パーソンとして活躍するために、どんな素養（資質）や能力が求められるだろうか。想像するだけでなく、実際に人に会い、取材して調べてみよう。イメージからは思いもつかない資質・能力が求められたりするものだ。それがどんな時に求められるものなのか、生の声として聞いてこよう。

さらに、今のきみがそれらの素養や能力を、どの程度持っているのか。どうやったら身につけられるかについても、考えてみること。

広告代理店志望・K君（上智大・大学院・理工・現役）

広告パーソンに求められる資質・能力

〈社会人訪問を通して〉

・バランス感覚

クライアントの考えを十分に理解し、それに基づいて生活者に伝えてゆく。そのために、クライアントにも生活者にも両方に寄らず離れず。そんな感覚。

・プロデュース能力

広告会社は自分自身で広告を作ることと同時に、外に注文を出すことも多い。そこで、その時間管理やまとめる能力。

・体力

朝から晩まで働き、その後飲む。毎日がその連続で、体力がないと仕事を続けられない。そんな強靭な体力。

〈私なりに考えて〉

・分析し実行する能力

考えること。そしてそれを実行に移してゆくこと。これは広告だけに限らず、どんな仕事でも求められている資質だと思う。

・トロの法則を実行する能力

例えば、広告パーソンとして、マグロを一本、人に伝えるとしたら、その中でも、最もおいしいトロを切り出して、相手に提出できる能力。つまり、1つ目に、必要なことを言い、余計なことは言わない能力。2つ目に、いかにしたら相手が快適に思うかを考え、それに合わせたモノを提出できる能力。

社会人、仲間等のコメント

さらっと書いているが、ポイントは押さえている。生活者に寄ることとは具体的にどういうことか。また、プロデュース能力についてもっと突っ込んでみてほしい。具体的な業務でリアルにイメージアップしてほしい。身につけておくべき能力がもっと見えてくるはずだ。

○○パーソンに求められる資質・能力

現在志望している○○パーソンが活躍していくために、
どんな資質／能力が求められるのでしょうか。
新入社員当時だけでなく5年後、10年後、20年後のことも
想像して書いてみましょう。箇条書きでOKです。
どんな仕事にも外からでは分からない苦労があるものです。
社会人訪問などを通じてできるだけ多くの情報を入手しましょう。
また、自分なりに考えてみましょう。

社会人、仲間等のコメント

No. 6-2 望む仕事でのアピールすべき「ウリ」

自分の強みを、やってみたい仕事から考えてみよう。いったいどんな「ウリ」を持っている人が、きみが望む仕事では、活躍できるのだろうか。「ウリ」が分かると、自分はどの程度そのウリを持っているのか、どのレベルに達しているのかということが分かる。

そこから仕事への適性や可能性、当面のクリアすべき課題などが明確になってくる。

総合商社志望　Iさん(一橋大・商・現役)

望む業界・仕事	総合商社
その業界・仕事で活躍するために必要な能力・資質(ウリ)	現状レベル
1.多様な価値観を受け入れる力	友人は多いほうだが、この業界で求められる能力はもっと多国籍・多文化の環境下で、商談をする仕事。仲良しサークルで人気者ではあるが、まったく通用しないと思っている。
2.体力	幼少期からテニスを本気でやっていたのでこれには自信がある
3.ストレス耐性	スポーツの大会や大学受験など、プレッシャーがかかる環境でも、逆にそれをモチベーションに頑張ってきたので強いほうだと思う。ただ、ここ一番の場面でミスをしてしまうことがあるので、詰めの甘さには気をつけたい。

望む仕事でのアピールすべき「ウリ」

望む仕事では、どんな「ウリ」を持っている人が活躍するのでしょうか。
それらについて、今の自分はどのレベルにあるでしょうか。

望む業界・仕事

その業界・仕事で活躍するために必要な能力・資質（ウリ）

その業界・仕事で活躍するために必要な能力・資質（ウリ）	現状レベル

No.
6-3 自己PRマトリクス

自分の経験を網羅的に見てみよう。まず、きみはどんなウリを伝えるべきか。

自分の経験の中で、何をどう伝えるのが最もアピール度が高いのか。同じ経験をしていても「何を」「どのように」伝えるかで印象はまったく違う。

働いている人の気持ちや価値観を把握することが不可欠。友達だけでなく大人や面接官経験者の意見も参考にしたい。

メーカー志望・Iさん（慶應大・法・現役・就職留年）

	エピソード	ウリ	得たもの、学んだこと
勉強 ゼミ、卒論	公務員試験に1年間集中して取り組んだ。	適性を見極めるために、とにかく1年間は没頭。	理想や憧れが自分を本当に幸せにするとは限らない。
クラブ サークル	競技ダンス。練習に明け暮れて、1年からレギュラーに。	自分がダイヤの原石だと信じて光るまで頑張る。	人は必ず自分を信じる力によって夢を実現する。
アルバイト	通訳でヨーロッパへ行き、薬害対策政策を取材。	出会う人出会う人が皆、印象的で、心を交わせ合った。	仕事をする中で自分の感情を抑える必要性を学んだ。
趣味	肖像画。1人を描くと、別の人にも頼まれた。	その人の持ち味を引き出すように描く。写すのではなく。	人間には一人一人別の味があり、だから美しい。
旅行	トルコ一人旅。ポーランド一人旅。アメリカ一人旅。	国境を越えた心のふるさとを見つけた。	文化、言語、宗教が違っても、心を一つにすることができる。
特技	自分の知らない環境に飛び込み、適応すること。	恥ずかしくても、自分の考え方を相手に伝える事。	自分と違う考え方をする人間と深く話をできるようになった。
長所 強み、ウリ	しぶとく明るくつらい体育会系のメニューをこなした。	どんなにつらくても山は必ず越えられると信じる。	自分の心の持ち方次第で意欲が生まれること。
短所 弱み	落ち込むと、とことん悲観的になる。	浮き沈みが激しすぎて精神的負担が大きい。	なるべく一定の精神状態を保つ訓練を始めた。
自分らしさ	考えるよりも先に行動してみる。	とことんそれにはまってみる。	自分は荒療治の方が性に合う。
その他 （ボランティア、留学など）	アメリカの大学院に2カ月弱。	現地の客ではなく、現地人になり切った。	大物にも動じずにインタビューする勇気。

プレイヤーとして、とことん頑張れる。飛び出していく行動力、積極性はいい。しかし、他人との関係のとり方、特にリーダーシップについても語りたい。

Gakyukan

自己PRマトリクス

STEP2「過去を振り返る」、STEP3「現状を整理する」を振り返り、
面接で伝えたいエピソード、自分らしさやウリ、得たものや学んだことを挙げてみましょう。
社会人、面接官経験者、仲間等のコメントも参考にして、
より効果的なエピソードを選ぶことが重要です。

	エピソード	ウリ	得たもの、学んだこと	他者のコメント
勉強 ゼミ、卒論				
クラブ サークル				
アルバイト				
趣味				
旅行				
特技				
長所 強み、ウリ				
短所 弱み				
自分らしさ				
その他 (ボランティア、 留学など)				

就職対策編

No. 6-4 本番対策「自己PRの整理」1／10 勉強・ゼミ・卒論について

今までのワークシートを振り返りながら、1から10まで、すべてじっくりとプラス思考で考え記入しよう。プラス思考は、できる人材になるために必要不可欠なものなのだ。自己満足とは違う。問題意識も持ちつつプラスに考えるのだ。

1から10まですべて押さえておくこと。抜けがあってはいけない。あくまでも網羅的に押さえておくのだ。

自己PRは得たことを伝える場ではない。「具体例」と「そこから得たこと」という、型にはまったようなことを言う学生が多いが、自己PRとは自分がどういう人間かを伝えることなのだ。

外資系コンサルティングファーム志望 M君(早稲田大・理工・現役・2留)

面接で伝えたいと思う勉強・テーマ

卒業設計「多様な文化を有する大久保における、難民支援センターの提案」

科目内容と自分の取り組み(初めて聞く面接官にも分かりやすく、興味をひくように)

[概要]
意匠、構造、環境、設備の各専門を持った4人の仲間と、1年かけて練り上げる卒業設計。建築は、単なる見た目の美しさだけではなく、社会においてどんな役割を担っているか、そのコンセプトが重要だと考えた。学生時代の4年間で培った問題意識と、建築物の社会における役割を意識し、実際にあるべき建築物の提案にまとめることに力を入れた。
[背景]
大学在学中、難民問題を扱う国連関係のNPOでインターンシップを経験。
「実際に現場を見たい」という思いから、青年海外協力隊員としてパレスチナの難民キャンプに赴任。日本にも数多くの難民が生活をしていることを知る。
[結論]
仕事はどうするのか、生活場所はどうなのか、文献や実地調査を重ね、結論として東京において外国の方《かた》が住みやすい多様な文化が存在している大久保に、難民の方々を支援するセンターを建設することを提案した。
教授陣からは切り口が大変ユニークという評価を受ける一方、経済的な支援をどこから得るのかなど、厳しい質問も飛んだ。理想と現実のギャップを認識し、それを埋める提案にはなり切れていなかったと実感した。

そこで学んだもの(自分の考え)

一言で言うと 「主張すべきは、自分のための意見ではなく、チームのための意見でなくてはならないこと」だ。
仲間と意見をまとめ、一つの作品を作り上げることの難しさを思い知った。それを実現するためには、自分の意見と相手の意見を十分にすり合わせることが必要であり、それ以前に、自分のことを考えているようではチームで一つにはなれないと痛感した。

その話で伝えたい「ウリ」

一言で言うと 「違った角度で物事をとらえるよう、常に意識していること」だ。
従来の卒業設計にはない、現実の建築物の提案という一歩踏み込んだ作品づくりを心がけたことや、社会問題を建築で解決しようという考え方は、唯一評価をいただいたことだった。

研究テーマも経験も特Aクラス。実現性の観点からみると甘さが目立つが、このエピソードからM君がチームプレーをする際にどんな役割を果たすのか、コアも伺うことができる。事業の継続性を視野に入れたさらなる提案を考えてみてほしい。

Gakyukan

本番対策「自己PRの整理」1/10

勉強・ゼミ・卒論 について

自己PRマトリクスを振り返り、面接で伝えたいエピソード、自分らしさやウリ、
得たものや学んだことを掘り下げてみましょう。

面接で伝えたいと思う勉強・テーマ

科目内容と自分の取り組み（初めて聞く面接官にも分かりやすく、興味をひくように）

↓

そこで学んだもの（自分の考え）

一言で言うと……

↓

その話で伝えたい「ウリ」

一言で言うと……

外資系金融会社志望・D君（立教大・経済・現役・就職留年）

所属していたクラブ・サークル

体育会準硬式野球部

そこで一生懸命だったことを具体的に（目に浮かぶシーンを切り取って）

「好きな野球を心から楽しむこと」
甲子園経験者、高校通算35本塁打、硬式のエリートくずれやズブの素人までいる。そんな人間を一つにするものは何か。百の言葉より一つのボールである。要は野球を楽しめばいいのだ。「楽しい」→非常に無責任な言葉、表現だが、私はスポーツの源がそこにあると思う。

▼そこで得たもの

一言で言うと　人を見る眼、感じる心

「やさしさは時に人を駄目にする」という自分の経験から、こういう考え方を得た。嫌な人になることも、その人間を活かすには必要だ。試合中にもかかわらず、私の罵声になぐりかかってきた後輩のF。そんな彼のファイトする姿に、私も多くの人間も力をもらったことだろう。

▼その話で伝えたい「ウリ」

一言で言うと　助演男優＋演出家

周りが沈んでいるときにバカ騒ぎをし、周りが喜びにひたっているときは次のピンチに備える。ある種あまのじゃく的な男である。スターになれなかったからこそ、誰かにスターになってもらいたいと願うのである。

ゲーム業界志望・N君（愛知大・経・就職浪人）

所属していたクラブ・サークル

愛知大学コント研究会（AUEC）

そこで一生懸命だったことを具体的に（目に浮かぶシーンを切り取って）

・メンバー全員が納得できるまで話し合い、ライブ完成に向けて練習を行うこと。
・お客様が払った料金以上の満足を得られるよう工夫すること。大学2年の終わりに、自分の身勝手さから部が解散することになってしまった。そのため3年生の1年間は、私1人で部を運営することとなった。その間、私は「絶対に部は潰さない」そんな意地だけでライブを制作し続けていた。しかし、ライブは不評。何度も壁にぶつかったが、様々な人と語ることで、少しずつ不評の原因と、自分に欠けていたものを認識するようになり、この2つにとことんこだわるようになっていった。

▼そこで得たもの

一言で言うと　自分が楽しくなれば、本当に楽しませることはできないということ

ライブが不評であった一番の原因は、自分が楽しんでいなかったからだと気づいた。そこで私は、練習中やミーティングの時も楽しい雰囲気づくりを心がけた。元のメンバーも加え部を再結成した。その後もお客様の反応をシビアに想定した上で、厳しいながらものびのびと練習を行った。するとかつての「やらされている」という感じは「笑わせたいから練習する」という空気へと少しずつ変わっていった。

▼その話で伝えたい「ウリ」

一言でいうと　失敗を生かし、目標を達成するため前へ進む人

「人を楽しませることで、不幸な気持ちの人を、1人でも減らしていきたい」その想いばかりが空回りし、仲間の大切さに気づかないまま解散を迎えた。あの時、たった1人になったことで、人のことを前よりずいぶん考えるようになった。今後も、相手ときちんと語り合うことで、1つずつ目標を達成していきたい。

いい経験をしているし、それなりによく考えているのも分かるが、問題が整理されていない。解散させてしまったこと、ライブが不評だったこと、それぞれの原因は何だったのか、それぞれがどう関係しているのか。自分の中で整理していないと相手に伝えることはできないだろう。

本番対策「自己PRの整理」2/10

クラブ・サークル について

自己PRマトリクスを振り返り、面接で伝えたいエピソード、自分らしさやウリ、
得たものや学んだことを掘り下げてみましょう。

所属していたクラブ・サークル

そこで一生懸命だったことを具体的に(目に浮かぶシーンを切り取って)

↓

そこで得たもの

一言で言うと……

↓

その話で伝えたい「ウリ」

一言で言うと……

No. 6-6 本番対策「自己PRの整理」3／10 アルバイトについて

百貨店志望・N君（慶應大・経済・一浪・一留）

面接で伝えたいアルバイト

ガソリンスタンド

そこで一生懸命だったことを具体的に（目に浮かぶシーンを切り取って）

現金会員カード（現金でガソリンを入れると1ℓにつき何円か安くなるカード）の取得に力を入れたこと。お客が実際に1カ月いくら得をすることができるのか、自分で計算した数字を提示した。もちろん接客もしっかりした。

何回か連続して断られると嫌なものだが、「自分ならできる」と強引に思い込み、やり続けた。

▼そこで得たもの

一言で言うと　成績がNo.1になったときの達成感

1カ月間で、成績No.1になると食事券がもらえた。別にそれがどうしてもほしかったわけではないが、やはりもらえるとうれしい。また、自分が気合を入れて現金会員カードを取得していると、一緒に働いている仲間も気合が入ってくるのがわかった。気合が入ると、接客もより丁寧になり、いいことずくめだった。

▼その話で伝えたい「ウリ」

一言で言うと　超負けず嫌いな男

負けず嫌いな人間だと思う。仲間と協調してやっていくが、競争原理が入ると絶対負けたくないと思う。ただ、これでいいと思う。負けず嫌いが自分の器をさらに大きくしてくれると思うから。

「私は私の分はしっかり頑張った」という平社員のレベルにとどまっている。店全体の売り上げ向上のためにN君はどんなことをしてきたか。たとえ新米であろうと店全体を引っ張っていけるような人になっていかないとトップ内定のレベルではない。もっと大きな影響力を持てる男を目指せ。N君ならできるはず。

人材派遣会社志望・Nさん（東京家政大・文・現役）

面接で伝えたいアルバイト

3年間続けたファミリーレストランのアルバイト

そこで一生懸命だったことを具体的に（目に浮かぶシーンを切り取って）

人が嫌がるようなことを率先してやってきた。自分がアルバイトに入っている時は欠かさずトイレ掃除をした。閉店する前の大掃除はもちろん、90分に1回はトイレをチェックし、小さなゴミや髪の毛をひろったり、トイレットペーパーの補充をして、お客様がトイレにいつ入っても綺麗な状態に保った。

また、子供がじゅうたんの上に食べ物を吐いてしまった時、すぐさま新聞とぞうきんを持ち、それを処理した。普段から、自らが率先して行動に表すことを心がけていた。

▼そこで得たもの

一言で言うと　自らが率先して行動すること

後輩がどんどん入ってくる中で、社員から後輩育成を頼まれたりもしたが、その時に自分は、まず自分が行動で示すことを念頭においた。口であれこれ指示するだけよりも、その姿を見てもらい、仕事を覚えてもらいたかった。

▼その話で伝えたい「ウリ」

一言で言うと　仲間との共感（心が通い合うこと）に喜びを感じる人間

トイレ掃除やじゅうたん清掃などを自らが率先してやってきたのは、お客様が気持ち良くお食事できるようにという思いがあり、お客様が喜んでくれる姿を見るとうれしかった。しかし、それ以上に、後輩達と心が通わせることができた喜びのほうが強かった。後輩達もトイレ掃除やじゅうたん清掃など自らかって出てくれるようになった。

また、バスケットボールのサークルを設立したり、朝方まで語ったりなど、アルバイト以外にも仲間と時間を共有することが多くなり、仲間がいるという喜びを心から感じた。

本番対策「自己PRの整理」3/10

アルバイト について

自己PRマトリクスを振り返り、面接で伝えたいエピソード、自分らしさやウリ、
得たものや学んだことを掘り下げてみましょう。

面接で伝えたいアルバイト

そこで一生懸命だったことを具体的に（目に浮かぶシーンを切り取って）

↓

そこで得たもの

一言で言うと……

↓

その話で伝えたい「ウリ」

一言で言うと……

No. 6-7 本番対策「自己PRの整理」4／10 趣味について

料理研究家志望・Tさん(東洋大・社会・現役)

面接で伝えたい趣味／内容を具体的に(目に浮かぶシーンを切り取って)

お菓子をつくること。 お菓子をたくさんつくっては、かわいくラッピングして友人にプレゼントしたり、我が家でお茶会を開いていた。 親しい人の誕生日にはバースデイケーキをつくってお祝いしたりもした。

▼そこで得たもの

一言で言うと　**自分が本当に好きなこと**
就職活動で忙しくて、お菓子づくりをやめていたが、ふとしたことで再開。 お菓子をつくったり、ラッピングしたりする時間が何よりも楽しく充実していることを心から感じた。 それまで就職ということにどこかこだわり、それがすべてであるかのように思えたが、自分にとって本当にやりたいことが何なのか見えたあとは、単なる選択肢の一つにすぎなくなった。

▼その話で伝えたい「ウリ」

一言で言うと　**1.誰かのために一生懸命になれる　2.何かをつくることが好き。しかもこだわり屋**
1.どんなにおいしいお菓子も自分一人で食べたのではおいしくないし、つくっていても楽しくない。食べてくれる人のことを考えて、より喜んでくれるように工夫していくことが好き。そういう準備や手間暇は、これっぽっちも苦ではなく、むしろ喜ぶ顔を考えるとわくわくしてくる。 2.お菓子をつくることはもちろんだけれども、それをいかにかわいく見せるかということで、カードをつくったり、かざりをつくったりするのも好き。つくったお菓子を絵に描いたり、写真にとったりしてレシピブックをつくったりした。そういうつくる作業が好きなのはもちろんだけど心の中では"自分はそういうことに才能がある"と、どこかで信じている。

料理研究家を目指す以上、自分の作品のオリジナリティを追求していきたい。お菓子や料理に限らずいろんなものに触れ、感性を磨いていこう。

総合商社志望・Y君(早稲田大学・文化構想学部・現役)

面接で伝えたい趣味／内容を具体的に(目に浮かぶシーンを切り取って)

空手である。 高校時代は全日本の2位にもなったことがある。留学中も空手部を創設し、最終的には30人の部員を集める部にすることができた。今も道場には通っている。

▼そこで得たもの

一言で言うと　**心身の強さ**
空手で学んだ事は、格闘ではなく心身の鍛錬の仕方だった。練習や試合を通して、自分の弱さから目を逸らさないことや、ここ一番の時に神経を研ぎ澄ますことの重要性を学んだ。留学中に空手部を創設できたのも、和太鼓パフォーマンスを披露してヒーローになったのも、気持ちを強く持つ訓練をしていたからビビることなく実行できたと思っている。

▼その話で伝えたい「ウリ」

一言で言うと　**実現するまであきらめない性格**
自分がやる！ と決めたことに対しては徹底的に実行できる自信がある。プライベートでも、勉強でもそうやって結果を残してきた。

Y君の生き様がしっかりと伝わってくる。個人の頑張りと、チームで頑張る力の両方が見えてくる内容だ。自画自賛な印象を受けるので、自分に対する課題意識をもっと持ちたい。

本番対策「自己PRの整理」4/10

趣味 について

自己PRマトリクスを振り返り、面接で伝えたいエピソード、自分らしさやウリ、
得たものや学んだことを掘り下げてみましょう。

面接で伝えたい趣味／内容を具体的に（目に浮かぶシーンを切り取って）

そこで得たもの

一言で言うと……

↓

その話で伝えたい「ウリ」

一言で言うと……

No. 6-8 本番対策「自己PRの整理」5／10 旅行について

総合商社志望・M君（早稲田大・政経・二浪）

面接で伝えたい旅行／内容を具体的に（目に浮かぶシーンを切り取って）

壁を乗り越えて自信をつけても、より大きな壁が出現して自信を喪失させる。忍者屋敷のように次から次へと迫りくる。挫折への落とし穴。挫折と自信のいたちごっこ。しかし、それが楽しかった。もちろん、自己改革自体に酔っていた、ということもあった。もしかしたら、フェミニストとは限りない向上心の塊とも思った。いずれにしても、受動的な壁よりも、能動的な壁を求めるようになった。小さな人間は変化度数で勝負しようと。「では、どんな壁を?」「旅に出よう。今の生活と対極にある国へ」そしてインドに行った。不幸中の幸いで、強盗に出会いナイフを突きつけられたり、マラリアやコレラに感染したりもした。願ってもない。いつしか逆境を楽しむようになった。あえて下層階級の人々と多くの対話を持ち、スラム街にも泊まったりした。現地の人々と枕をともにすることによって、笑顔と音楽が国境を越えることを知った。大胆、かつ慎重に、そして貪欲に働きかけることによって、自分だけのインドを発見した。

▼そこで得たもの

一言で言うと　大胆、かつ、慎重に

無理だと思うからチャレンジする。そこに成長がある。つけ加えるなら、無茶とは違う。基本的に、石橋をたたかずに渡る私は、アクシデントを常に求めるようになってしまった。言葉の通じない異国の地でアクシデントに対して、自分一人の力で機転をきかせながら対応していく。物事には常にマイナスとプラスの両側面が存在し、どんな逆境でも同様の発想で肯定的に考えられた。超プラス思考である。しかし、アクシデントとハプニングの差違を知るに至り、自分に緻密さが欠落していたことに気づく。アクシデントは身から出たサビであり、愚かさの結晶でもある。だがハプニングは緻密さから逸脱した、味のある苦境である。このことに気づき、大胆、かつ慎重に行動するようになり、コンピュータを搭載したブルドーザーに変化した。

▼その話で伝えたい「ウリ」

一言で言うと　自分が弱いことを知っている。だから強くなろうとしている人間

成長に限度はない。このことが分かるほど疲れることはない。だが、だからこそ面白い。成長した自分を常に自己否定（決してネガティブな方向性ではなく、より上を目指すために）し続け、決して現状に満足しない。常時、新しい目標をつくって前を向き続ける。そして目標を達成する充実感のみならず、壮大な目標を掲げる、いや自分に合った、なおかつ他人の範ちゅうにおさまらない目標を掲げる楽しみも知っている。

彼はインドで自分を鍛え上げた。インドにその力があることは僕も行ってみて実感した。人と組織に揉まれ、人と組織を動かせるようになった時、彼のように個人の力が強い男は最強になる。

ゲームメーカー志望・Yさん（東京女子大・文・一浪）

面接で伝えたい旅行／内容を具体的に（目に浮かぶシーンを切り取って）

大学2年の時に3週間、北京大学の語学研修に行った。中、高生の頃からの念願であった北京に幸運にも研修生でなく、学部生扱いで迎えていただくことができた。中国の朝は早く、6時半に音楽が鳴り響き食堂は6時から始まり、学生は自転車をぶっ飛ばし、ご飯を食べ、あちこちでスポーツに興じる。授業は8時に開始。精読、会話の90分2コマで食堂に急いで行かないと席はない。午後は文化講座、京劇、漫才、雑技等、様々な講義があって休めない。そして予習、復習。ほかの学生がダウンしていく中、授業集中型に切り替えた私は、体調を崩すことなく頑張れた。

▼そこで得たもの

一言で言うと　自分に対する責任、恥をかいてこそ成長する、通じ合えるのはコトバじゃなくて人柄

第1に、自分のやりたいことに対する責任は全うしようと決めた。私は元来面倒くさいことは後回しにし、ドタンバにならないと行動しない。しかしオール中国語の授業で、機を逃すと何が分からなかったのかさえ分からなくなることに気づき、授業中に解決するという恥をかくことに徹した。「昨日のこの解釈が分からない」「先生の辞書の意味が違っているけどどうして?」拙ないコトバで身ぶり手ぶり、筆談に絵……。そして第2は、人との出会いであり、国は違っても人間通じ合えるのはコトバでなく、その人の持つ味やオモシロサである。日本で知り合った室内コーディネーターの毛さん。招待され行ってみると、ピカピカのお城のような部屋だった。彼は「新しいことは若者やそれを運んでくれる人から学ばないとダメ」だと言っていた。それを見ていて日々、挑戦だと思った。

▼その話で伝えたい「ウリ」

一言で言うと　明るくテンションが高い半面、目の前に起こっているコトをあるがままに受けとめる人間

人との交わりの中では明るく楽しく積極的に振る舞っていた気がする。また実際、中国に行って体感することで、本や映像の中で知っていた知識が立体化してきた。短い期間ではあるが、中国人、日本人というものについてイヤでも考えさせられたし、「中国ってやっぱり遅れているよねー」という友人の言葉に少々憤りを覚えながらも、自分もやっぱり日本人の視点が残っていることに気づき葛藤を繰り返しつつ、過ごしていた。

No. 6-9 本番対策「自己PRの整理」6／10 特技について

放送局志望・J君(青学大・経済・一浪・就職留年)

面接で伝えたい特技

女装

内容を具体的に(目に浮かぶシーンを切り取って)

初体験は高校(男子校)の文化祭の中の女装コンテスト。歴代の記録を破り、初の3連覇(高校3年まで)を経験する。メイクを女性に依頼し、バストアップも怠らず、97のDカップと素晴らしいものに完成する。そして周りはラグビー部などの色物だらけの中で、ただ1人、正統派美少女として参戦し、寸劇を披露し見事優勝する。当時気に入っていた女性が審査員になり、少し泣きそうになったこともあったが、圧倒的多数で優勝させていただきました。

▼そこで得たもの

一言で言うと　**優勝商品**
学食カツカレー・1週間分、おソロのブラ&Tバック(純白)。

▼その話で伝えたい「ウリ」

一言で言うと　**いざという時の特技を得たというところと、女性の気持ちが分かった**
化粧品を初めて使うことで新鮮な感覚を得たし、自分が変わることで、ここまで女性はきれいになれるのだと実感した。そして女装は男受けが異常にいいことで、年末隠し芸、宴会、新歓などでは、こまらないだろうと確信する。 そして、この「女装」は必殺のコミュニケーション手段として海外においても役に立った。ある国において現地の人に溶け込むために女装し、民族衣装をまとい輪の中に飛び込んだら物凄い歓迎を受け、現地の男性と結婚式をあげてしまったという伝説を打ち立てることになる。 最後に言明しておくが、女装は「特技」であって「趣味」ではない。

非常に面白い。読み手に伝えるコミュニケーション、我究できている。

No. 6-10 本番対策「自己PRの整理」7／10 長所・強み・ウリについて

外資系金融志望・Mさん（早稲田大・政経・現役）

面接で伝えたい長所・強み・ウリ

どんな状況でも一人ひとりと向き合うこと

それらを最もよくあらわすエピソードのテーマ

中学から続けたオーケストラで120名の想いを一つにしたとき

具体的な１シーン（目に浮かぶシーンを切り取って、できるだけ詳しく）

今でも一番覚えているのは、「もう今週で部活辞めたいです」と後輩に練習後に言われたときのこと。それも後輩だけでなく、約20人も同じことを考えていたことを知ったとき。

全国大会での優勝を掲げ全員で同じ方向を向いて走ってきたつもりだったが、それは全員でなかったことに気づき、この状況をどう打開すべきか毎日悩んだ。結論として私がやったことは、その20人一人ひとりに対し「彼らが本当は何を求めてこの部活に入ったのか」「何を不満に思っているのか」を引き出すために、全員とじっくり話し込んだことだ。そのような地道な努力を半年続けた。

最終的に、全員がオーケストラを構成する一員としてプロ意識を持ち、最高のパフォーマンスを成し遂げ、4年ぶりに頂点に立つことができた。そして「チーム全員が音楽を楽しんで、優勝する」という代表としての目標を達成できたと同時に「個人のパフォーマンスを最大化することでチームのパフォーマンスを計り知れないほど大きくできること」を学び、今でもその学びは活かしている。

リーダーとしてのたくましさを感じる。不満を持っているメンバーを、プロ意識を持った集団にすることは簡単ではなかったはずだ。一人ひとりと何を話し、聞き、伝えたのか、そこにリーダーとしての個性が出てくる。ぜひ聞きたいところだ。

No. 6-11 本番対策「自己PRの整理」8／10 短所・弱みについて

外資系金融志望・Mさん（東大・経済・現役・就職留年）

面接で聞かれたくない短所・弱み

自分に甘く、やる気が長続きしない。自分1人で頑張れない。

それらを最もよくあらわすエピソードのテーマ

私はよく宣言する。そして、その多くは達成されずに終わる。

具体的な1シーン（目に浮かぶシーンを切り取って、できるだけ詳しく）

「ほんとに返事だけはいいんだから」バイト先でため息混じりに言われた時、どきっとした。そう、私は今日も遅刻をしてしまったのだ。怒られるたびに本当にだめだと思う。次こそは、と思い神妙な顔をして「本当に申し訳ありませんでした。もうしません」と言う。4、5回は成功する。けれども、またすぐ遅刻する。自分に甘く、危機感が足りないからだ。

▼

そこで学んだもの

一言で言うと　怠け心を鞭打つ方法

1人ではなかなか頑張れない。だから、人を利用する。頑張っている人と話をすれば、自分もやらなきゃという気になるからだ。また、だめな私をしかってくれる人を側に置くようにもしている。

▼

その話で伝えたい「ウリ」

一言で言うと　常に刺激を求める人間

やる気を起こさせるものを常に側に置く。それは、人と話すことであったり、新しい物事にチャレンジすることであったり、本を読むことであったり……。「自分に甘くなってきたな」と感じると刺激を求めて動き出す。それを「アクティブ」と言う友人もいる。けれどそれは、私の怠け心への鞭なのだ。

安易に自己肯定になってしまっていないか。それで遅刻はどうなったのだろうか。対処策はとれたとしても、深いところでの自覚はできているか。

No. 6-12 本番対策「自己PRの整理」9／10 自分らしさについて

テレビ局志望・M君（慶應大・商・一浪・就職留年）

面接で伝えたい自分らしさ

集団は嫌いでも人が嫌いなわけではない

それらをもっともよくあらわすエピソードのテーマ

半雑居生活

具体的な1シーン（目に浮かぶシーンを切り取って、できるだけ詳しく）

協調性はないし、人とすぐぶつかる性格ではあるものの、孤独が好きかと言われるとそんなこともない。1年前に念願の独り暮らしを始めたものの、わざわざボロくて広い部屋を探して友人3人と協力して、半雑居。彼らにもカギを渡し、部屋代を少しずつ負担してもらい、好きな時に来てもらってワイワイ過ごす。

自分が快適な部屋というのを越えて、来た人が快適な部屋を目指し、10人分の食器やなべセット、豊富な酒を常に用意して、いつでも来て朝まで過ごせる部屋をプロデュース。

芝居の時にはケンカしても、それで嫌い合うのではなく、くつろげる時にはとことん楽しんで、また向かい合える。

そんな空間をつくることに挑戦中であり、もっといい"場"をつくっていきたいと思っている。

まさにそのとおり、分析は的確。気持ち良さを追求してきたM君らしい。どれぐらい感情移入できているか、してきただろうか。そこからの把握力、包容力がつけば恐いものなしになれる。

No. 6-13 本番対策「自己PRの整理」10/10 その他(ボランティア、留学など)について

総合商社志望・Y君(東京大・理系大学院・浪人)

面接で伝えたいと思うこと

ガーナで現地のNGOと協力して食品販売ビジネスの立ち上げ

内容を具体的に(目に浮かぶシーンを切り取って)

現地の国民的食品を地方都市で原材料の栽培から販売まで一貫した流れを構築した。やる気のない農家、トラックの運転手、役人、NGOのパートナーとの半分喧嘩の話し合いを通じて、1カ月で何とか原材料の製造段階までこぎつけた。その後、地元の教会のダンス集会に参加させていただき、音楽に合わせて暴れ回るガーナ人50人に囲まれて協力者を募る決起集会を開催した。

そこで得たもの

一言で言うと　商売が興る瞬間の熱量

商売を立ち上げることを0から1とか言うけれども、私はガーナで0から0.00001ぐらいの経験をすることができた。そんなちっぽけな経験でも、商売を立ち上げることの大変さを垣間見た。何度も騙されたり、何度も予定をすっぽかされたりする。企業に支援をお願いして、鼻で笑われる。感情的になってパートナーと喧嘩したりもする。本当に面倒くさい。何とか話がまとまり販売までこぎつけたときは、達成感を感じられたが、何となく割に合わない気持ちもあった。しかし、決起集会で私の考えは一変した。プレゼンの後に、参加した人々からの満場一致での賛成。このビジネスで雇用が生まれる、街の名前が上がる、自分たちの生活が変わるかもしれないと思った人々の歓声。商売は面倒くさいし、イライラするが面白い。私はその熱量が忘れられない。

その話で伝えたい「ウリ」

一言で言うと　やると決めたことからは絶対に逃げない

どこにでもいる普通の大学生、パッと見何も成し遂げられない。その通りで何もできず、キツイことから逃げてきた。そんなんだから、学部時代の就職活動も失敗した。でもこのままじゃ嫌だと感じた。だから一つでいいから、これと決めたことは絶対に逃げないで、やり抜こうと決心した。この経験から、この価値観を手に入れることができた。

学部時代をダラダラ過ごして後悔していたY君。そのうっぷんをすべて晴らすために挑戦したのがこのアクションだった。心震える経験ができたことが、文面から伝わってくる。

No.
6-14 自己PRの完成

完成といっても、実は完成は永遠にない。何度も書き直していこう。自分の文章を客観的に見て、能力・資質として何がアピールできていて、何がアピールできていないか、書き出してみよう。

人材業界志望・M君（立教大・法・現役）

一言で伝えるとしたら、自分はどんな人ですか

可能性を信じて、困難に立ち向かう人間

自己PR

・喘息等で11回入院するほど病弱な子供だったため4歳から水泳を始める。コーチから理不尽に暴力を振るわれ、毎日のように吐くほど苦痛だったが、7年間週5～7日水泳教室に通うことで病気に打ち克つ。
・高校受験に失敗し、偏差値40台の高校に入学。大学受験では成功するために3年間オール5を取り続け志望校に合格する。
・高校のバスケ部は都300位の弱小校で、1年時は頑張ると「うぜぇ。何熱くなってんの?」と非難される状態で苦しんだ。継続してチームメイトに働きかけ続けたことと、2年時に有名なコーチが赴任してきたことによって、同期は1人も辞めることなくチームを都32位まで引き上げた。私を非難していた友人とも打ち解け、卒業後も会う関係になった。
・大学ではインターンシップを運営する団体の代表を務める。運営体制の不備により大学から事業停止とされたが、卒業生や教授からアドバイスをいただきながら運営体制を改善し、大学と半年間交渉し続けることで事業を再開に導いた。

社会人、仲間等のコメント

・それぞれの経験から何を学んだのかが不明確
・仲間にどのように働きかけたかによって、M君の人間性が見たい
・志望業界でこの経験がどのように生きるのかを考えておくこと

M君の前向きな性格が伝わってくる。このワークシートを通して「自分」の可能性を信じる力は十分に伝わってくるが、「他人」の可能性を信じるエピソードも聞いてみたい。M君であれば間違いなく、たくさんあるはずだ。

自己PRの完成

「自己PRの整理」等を参考にして、
シーンが目に浮かぶエピソードをまじえて
自己PRをつくってみましょう(1分=300字前後)。
第三者(社会人、面接官経験者、仲間等)の意見も参考にして、
何回も書き直して納得のいくものをつくりましょう。

一言で伝えるとしたら、自分はどんな人ですか

自己PR

社会人、仲間等のコメント

No. 6-15 何のために働くのか

大学を卒業して、することがないから就職するのだろうか。みんなが就職するから自分も就職するのだろうか。何のためにきみは就職するのだろう。そもそも何のために働くのだろう。真剣に考えてみよう。

大学3、4年になると、誰もが就職活動を開始して、まるで就職しなきゃいけないような風潮さえあるが、何度も述べているとおり、ビジネスパーソンになることだけが能じゃない。ほとんどの人が、自分で収入を得ていかないと食べていけないのが現実だけど、きみの事情が許すなら、卒業後に何をやったっていいのだ。

世界中を無銭旅行するもよし、自分で事業を始めるもよし、もっと勉強したいなら、アルバイトしながら留学や進学するのもありなはず。また、趣味のためにアルバイトで食いつなぐのだって、夢のある立派な生き方だ。一流企業に勤めたからって、それだけでハッピーになれるわけではまったくない。自分だけの夢を実現する方法は、それぞれの夢によっては、何も就職の延長線上にあるとは限らないのだ。

そんなチョイスの中から、きみが「就職」を選ぶのならば、「働くこと」を本気で主体的にとらえてほしい。

テレビ局志望・H君(一橋大・法・一浪・就職留年)

・自立していける経済力を得るため

・自分も人々も幸福で心豊かにあってほしい。

幸福に最も必要なのは、娯楽と人間関係だと思う

↓

人々に、彼らの人間関係をも向上させるような娯楽を提供したい

↓

旅館で生まれ育った私にとって、そうして人々に
喜んでもらえることが、幸福ともなる

—幸福の図—

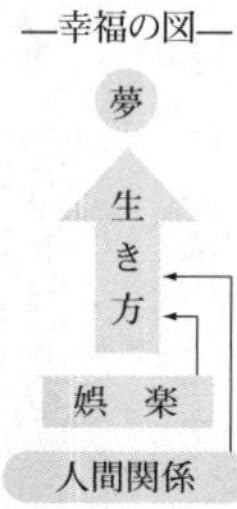

我究は進んでいる。コアは明確である。本音で素直に語られている。迷いはなくなっている。娯楽の定義を自分なりに明確にしておきたい。

Gakyukan

何のために働くのか

ワークシートNo.4-15「私のコア…人生のテーマ・野望」などを振り返って、
自分の仕事観を整理してみましょう。
思ったままを素直にお書きください。箇条書きでもOKです。

このワークシートは特に重要です。何度も何度も考えてください。

就職活動を進めていく中で、迷った時、カベを感じた時、いつでもこのワークシートに戻ってきましょう。

「自分にとっての働く目的／意義」という行動推進の旗を掲げることで、頑張り抜く力が湧いてきます。

No.
6-16 なぜ今あえて就職なのか

なぜ今あえて就職なのか。

本当に就職でいいのか。改めて自分に問うつもりで書いてみよう。

本音のビジョンがある人とない人とでは、その説得力に雲泥の差が出るはず。

面接官に聞かれたらどう答えるかではなく、自分の本音をまず確認したい。

すべてにおいて、まずは自分の本音を把握することが先決なのだ。

面接官にどう伝えるかは、本音を把握したあとのことだ。

いろいろな友達と意見交換したい。

外資系コンサル志望・K君(中央大・総合政策・二浪)

なぜ今あえて就職なのか

自分という人間を成長させるのにほかの選択肢(海外留学、進学、起業など)よりも、就職がベストだと思うから。

これ以上、社会が甘やかしてくれる学生を続けるよりも、まずは経済的・精神的に自立した社会人となって、社会に出て働くことで身につけられるもの(知識、スキル、社会経験、タフさ、コミュニケーション能力、自己管理能力、人づき合い、人脈、カネなど)のほうが、はるかに貴重だと、社会で活躍する先輩たちと出会い、話を聞くことで考えるようになった。

そして、5年くらい、社会で経験を積んだあとに、次のステップ(現時点で考えているのはアメリカの大学校へのMBA or 国際政治の勉強など)へと進みたい、と考えている。

働きたいという思い、ビジョンに基づく思いが十分に伝わってくる。しかし、なぜ「就職」なのかは分からない。質問の意図を的確にとらえよ。

Gakyukan

なぜ今あえて就職なのか

今、本当に就職するのがいいのでしょうか。
周りの状況や価値観に流されずに、今自分に必要なこと、したいこと、
すべきことなどを素直に考えてみましょう。

総合商社志望・T君（早稲田大・政経・就職留年）

一言で言うと

独立独歩できる発電事業者となる為、海外拠点の能力増強、及び取扱い電源種類を増加させる

総合商社の欧州における発電事業（発電資産を保有し、電力会社等に売電して収益を得る）は、マーチャントリスク（直接電力市場に売電する際のリスク）を取る知見・体力がないことから、補助金と長期売電契約により比較的リスクが低い、ユーティリティー（大手電力・ガス供給事業者）主導の再生可能エネルギー案件にビジネスチャンスが限られているという、課題が挙げられると考えている。

元々、総合商社を含む独立系発電事業者の欧州市場参入の背景として、金融危機を経てユーティリティーの財務体質が悪化し、再生可能エネルギー発電資産開発に際して、従来通りコーポレートローンによる資金調達が難しくなったため、プロジェクトファイナンスの実績を持つパートナーへの需要が高まったことがある。

しかし、今後はよりリターンの高い様々な案件に取り組むために、独立系発電事業者としての付加価値を高める必要がある。具体的には、より低い金利で融資組成が出来る様、案件の開発から、保守運営までの知見を蓄積することである。

知見の蓄積には、発電事業のプロフェッショナルとなる現地社員の採用・育成による現地拠点の能力増強が必要である（商社からの出向者は、様々な分野の事業を経験し、経営者的な役割を求められているため、特定分野の専門家にはなり難いため）。

また、当初は政府による補助金が支給され、リスクが少ないと考えられていた再生可能エネルギー案件も、現在では、補助金減額となる制度変更を行う国が続出し、安定的な収益源として疑問が生じている。よって、今後は幅広い電源種類・リスク度合いの案件によって構成されたポートフォリオを持つ必要がある。

分析と情報収集が高いレベルでできている。T君がこの仕事をしたいと思っている本気度が伝わってくる。あとは、T君なりの具体的なポートフォリオの提案を聞いてみたいところだ。

○○業界・○○分野の課題と提案

志望する業界、活躍したい分野はどのような課題をかかえていますか。
十分な情報収集を行った上で、自分なりの提言まで考えてみましょう。

一言で言うと……

社会人、仲間等のコメント

No.
6-18 ○○企業の置かれている環境

今度は会社別に分析したい。

特に、志望度の高い企業について、またそのライバル企業について、より詳細に分析してみる。

自分の頭だけで考えようとせず、聞いたり、調べたりすることも大切。その上で、自分で考えていくのだ。

どうしていく必要があるかは、まさに自分がどうしていきたいかという視点でも語れるように。

自分のやりたいことと、やってみたいことを結びつけて、その会社の課題、提案を語れるようにしておきたい。

メーカー志望　H君（慶應大・経済・現役・留年）

志望企業　**パナソニック株式会社**

内部環境分析1　企業の強み

・世界最高水準の品質を持つ、多岐にわたる事業展開
・三洋を子会社化したことによるソーラー事業や二次電池事業

内部環境分析2　企業の強み、今後の課題

・少子高齢化による国内マーケットの縮小
・テレビ事業縮小や三洋の子会社化による連結決算の悪化

外部環境分析1　企業、業界の将来性:チャンスとなる要素

・エコ市場の拡大に伴う、事業チャンスがあると思う。車載用リチウム電池や、ソーラー事業などの環境に配慮した事業でのノウハウやブランド力で優位に立っている。

外部環境分析2　企業、業界の将来性:不利になる要素

新興国企業の台頭、特に韓国のサムスン電子やLGの勢いに押されている。

志望業界、企業は今後どうしていく必要があると考えますか

業界として
インドや中国などの新興国市場の開拓。そのためにも、今までのような日本と同じ商品ラインナップではなく現地のニーズに沿った商品開発と意思決定スピードを速めることが必要になる。
企業として
インドやベトナム、さらにはアフリカのマーケットへの進出。
テレビ事業、半導体事業の合理化を急ぐことによる早期の黒字化。

押さえるべきポイントは理解している。
社会人訪問などを通して、さらに踏み込んだ話を聞いてみてほしい。
そして、H君自身がやりたいことも考えていこう。

Gakyukan

○○企業の置かれている環境

志望する企業が置かれている環境を分析してみましょう。
可能な限り、新聞、出版物、印刷物の情報、インターネットの情報、
人への取材による情報などを集めて考えましょう。
1社だけでなく、より多くの企業を分析することが大切です。

志望企業……

内部環境分析1　企業の強み

内部環境分析2　企業の強み、今後の課題

外部環境分析1　企業、業界の将来性:チャンスとなる要素

外部環境分析2　企業、業界の将来性:不利になる要素

志望業界、企業は今後どうしていく必要があると考えますか

社会人、仲間等のコメント

No. 6-19 志望動機のブラッシュアップ1「なぜその業界なのか」

自分の志望を確固たるものにしていくために、いろんな角度から考えてみる。

実際には、入社当初からやりたいことができるとは限らないのだし、また、きみの志望が思い込みだけになってしまわないように、きみの志望に柔軟性を与えるためにも、ここではあえて、なぜその業界なのかを考えてみたい。

考えていきながら、きみの意志をより強固にしていくのだ。

総合商社志望・O君(慶應大・法・一浪・就職留年)

志望業界	総合商社

一言で言うと

自分の理想像に近づくベストな道

私は世界人としての自分の存在を実感し続けていきたい。そのために、世の中に存在していない新たな事業を提供することにより、世界から必要とされる人間になりたいと思う。世の中に存在していない、新たな事業に取り組んでいくためには、ほかの人よりも広い角度から世の中を見なければならないと思う。よって自社製品にとらわれない形で世の中を見ることができる企業がよい。
世界から必要とされる人間になるためには、世間の人が望んでいるものを提供していかねばならない。そのためには、相手が何を望んでいるのかを把握する必要があり、勇気を持って相手の懐に飛び込むことが必要だと考える。だから、営業職がよいと思う。
以上の理由から、私は総合商社で営業職に就くことが、自分の理想像に近づくためのベストな道だと思う。

自分が語られているのはいい。しかし、その思いは、まだ自分個人の在り方に偏っている。上位の総合商社を狙うのならば、自分がどうなりたいかだけでなく、世界をどうしたいかという思いを自然に持ってほしい。上から下から、両方から世界をとらえていく視点が必要である。「〜しなければならない」のか、「〜したい」のか。また、自分の思いについて、よりリアルに考えるためにも、具体的な方法まで考えておく必要がある。

志望動機のブラッシュアップ1
「なぜその業界なのか」

なぜその業界を志望するのですか。
十分な情報収集をした上で、できるだけ自身の本音で考えてみましょう。

志望業界……

一言で言うと……

社会人、仲間等のコメント

No. 6-20 志望動機のブラッシュアップ2「なぜその企業なのか」

ネット業界志望・R君（慶應大・経済・現役・就職留年）

志望企業　アマゾンジャパン

一言で言うと

成長とワクワクを兼ね備えた企業

自らがサービスを提供し世の中に影響を与えていくIT業界に興味を持っている。時代としてもここ数年の間に大量のIT企業が立ち上がりは消えてと、業界自体がトライアンドエラーを繰り返しながら、これまでのライフスタイルを変えるような創造性に富んだサービスが多く世に出ていく様を見て、サバイバルな環境ではあるが、世の中に新たな価値を提供できること、また成長産業としてこれから自分たちの世代が中心になって作っていけるチャンスを感じたのでこの業界で強く働きたいと思うようになった。

軸としては「①自己の成長に寄与できる②自分の強みを生かすことができる③社会的価値を大きく提供することができる。」の3つを軸に企業をサービスの形態にこだわらず探した。

その中でもAmazonを選んだ理由としては短期的な利益を追わず、Long termで顧客が望むものを常に考え続け、さらに今までに無かった新たな取り組みなどにも果敢に挑戦していく企業姿勢を持っているところにひかれた。外資さながらの実力主義かつ、さまざまな人種の人達と働ける環境が自分の成長を加速させるであろうと思えたので非常に魅力的だと考えている。


厳しい環境や、挑戦するチャンスに魅力を感じたことは分かる。一方で、Amazonの中で何を挑戦したいのか、どんな価値を社会に提供したいのかが具体性に欠ける。もう一歩、踏み込んだ志望理由が聞きたいところだ。

Gakyukan

志望動機のブラッシュアップ2
「なぜその企業なのか」

なぜその企業を志望するのですか。十分な情報収集をした上で、
できるだけ自身の本音で考えてみましょう。

志望企業……

一言で言うと……

社会人、仲間等のコメント

就職対策編

No. 6-21 志望動機のブラッシュアップ3「なぜその職種なのか」

まず本音のところはどうか。

その職種じゃないとダメなのか、それともその職種がベターだが、ほかでもいいと思っているのか。

そのさじ加減は人によって違うが、きみはどうなのか。

本音はそうじゃないのに、無理に自分をつくって、どうしてもその職種じゃないとイヤだ調になるのは、薄っぺらにしか伝わらないだろう。

自分の強みがその職種にどのように生かされるのか、なぜ自分を採用すべきなのか、という視点で押さえておこう。

人材業界志望・M君（立教大・法・現役）

志望職種　**コンサルタント**

一言で言うと

人の可能性を引き出すプロフェッショナルになる

私は将来、「人の可能性を引き出すプロフェッショナル」になりたいと考えている。そう考えるきっかけは高校時代のバスケットボール部の活動にある。私の高校は都300位の弱小校だった。しかし、2年時に赴任してきたコーチの指導もあり、チームはたった3ヶ月で都32位まで駆け上がった。この経験を通して、人は誰もが可能性を秘めているということと、指導者の与える影響の大きさを学んだ。大学進学後は人の可能性を引き出す力を伸ばしたいと考え、海外インターンシップを運営する団体において、日本の学生が海外で働く際のサポートを行った。私は担当した学生と熱心に向き合い、夢の具体化や、達成における課題の解決策を一緒に考えていった。その結果「あなたが担当者で良かった」と言っていただけたこと、成長に貢献できたことがとても嬉しかった。入社した暁には、人事や人材育成を専門領域としたコンサルタントとして顧客企業で働く人達の力を最大化させられるよう貢献し、「人の可能性を引き出すプロフェッショナル」という夢を実現したい。

社会人、仲間等のコメント

・人の可能性を引き出して、どんな企業を増やしたいのか。個に意識が向きすぎている。顧客である組織全体に目を向けることを心がけて欲しい。

M君のこの仕事にかける想いが伝わってくる。プロ意識が高い。海外インターンの担当学生のその後の話も聞いてみたい。最後まで徹底的に面倒を見る姿勢があるかどうかも確認したい。

志望動機のブラッシュアップ3
「なぜその職種なのか」

なぜその職種を志望するのですか。十分な情報収集をした上で、
できるだけ自身の本音で考えてみましょう。

志望職種……

一言で言うと……

社会人、仲間等のコメント

No. 6-22 ○○パーソンの仕事とは

一通りはイメージし、考えてみた「やりたい仕事」。それを実践する○○パーソンの仕事には、もっと具体的にはどんなことがあるのだろうか。

「1日のスケジュールは？　起きてから寝るまでどこでどんなことをやっているのか」
「1週間のスケジュールは？　誰とどこで打ち合わせがあり、どこへ出かけ、何をしているのか」

実際に活躍している人（新入社員は不可）に聞き、○○パーソンの仕事を明確に把握しよう。来年の4月には、きみも駆け出しの○○パーソンとして活躍しているのだ。単に詳細を知るだけでなく、きみがいっそう本気に、その気になってほしい。自分のこととして、リアルにイメージしてみるのだ。

総合商社志望・O君（中央大・経済・現役・一留・就職留年）

商社パーソンの仕事とは

6:30	起床。非常に眠い。
7:00	家を出る。電車で日経を読む。東急田園都市線は激しく混む。
8:30	出社。電力機械部門2年目なので、現在進行中のプロジェクトのルーティンワークを任せられる。
12:00	昼食。食後20分程あるので、ForbesやNewsweek等で世界の流れを把握。
13:00	見積もりを任せられる。政治・経済状況、コスト、相手先との関係を判断して作成する。しかし、上司は1度でOKを出してくれない。効率的に仕事をこなすためにも同期とのつながりは重要。入社前に飲み会をセッティングしたりして友情を深めておいたのが役立つ。ほかの人には聞けないちょっとつまらないことでも同期には聞ける。
19:00	重工メーカー担当者との関係づくりのために飲む。その道のプロから得られる情報は大きい。
0:00	帰宅。やっと自分の時間。自分の企画を練る。ルーティンワークをこなすことが仕事ではなく、自分で企画を出して、10人分、15人分の仕事を創ることが商社パーソンの使命。
2:00	就寝。毎日クタクタ。週末のリフレッシュで気分一新。

イメージできている。さらに決意も感じられる。夜な夜なコンパをやっているような商社パーソンもいるが、毎晩4、5時間勉強している人がいることを知っておこう。商社は本気の人にだけおすすめしたい業界だ。

Gakyukan

○○パーソンの仕事とは

現在志望している○○パーソンの仕事とは、
現在において具体的にどんなことなのでしょうか。
頭の中に映像としてイメージできるまで調べて、文字に書き落としてみましょう。
すべてを知ることは不可能ですが、できるだけ多くのリアルな情報を
社会人訪問などを通じて入手しましょう。箇条書きでOKです。

No.
6-23
企画と提案

自分の夢の実現として、あるいはその過程として、自分のどんな強みを生かして、どんなことをやってみたいのか。また、それはその会社にとって、どんな（どれぐらいの）メリットがあるのか。今、その会社はそれをやるべきか。という視点を忘れずに持つこと。

ネット業界志望・R君（慶應大・経済・現役・就職留年）

「バーチャル試着サービス」
数千点のファッション商品を消費者の好きな時にバーチャルで試着を行えるサービス。

これまでのファッションイーコマースでは消費者の気に入った商品のサイズ感、また着用した際の印象などをその場で把握することができず、注文してからその是非を判断するというのが一般的な購買の流れとして存在し、間違った場合の返品作業や新たに商品を注文する手間というのが問題として挙がっていた。

そこで最新鋭のテクノロジーを駆使した3D投影システムを使い、いつでも、アパレルショップにいるかのような感覚で商品の試着をできるサービスを開発し、画面の前で商品ページの「試着する」というアイコンを押せば、その商品が実際の寸法と色でパソコン画面上から体に投影される。これによりサイズ感、着用したときの印象が実際の商品がなくても分かるようになり、購買判断をサポートするツールとして使用することができるようになる。

このサービスによって会社としてはこれまでネットで洋服を購入していなかった新規顧客の取り込みと、既存顧客のさらなる購買を加速させることができる。

また、社会的には店頭でサイズ等を確認して購入するというこれまでのスタイルから洋服の選定、試着、購入までの流れをすべてネットで簡潔させるスタイルの人が増加していくであろう。これらは店舗のショールーミング化を加速させる可能性もあるが、店頭での購買体験をよりエクスクルーシブにするための新たな付加価値を付けていく流れもおこり、これらの競争によりショッピングの形がより進化していくと思われる。

社会人、仲間等のコメント

・素材感や着心地も重要なポイントだがそれは確保できるか
・3Dの投影を全顧客層ができるようになるのにはまだ時間がかかりそう。

実現の可能性が十分にある企画だ。現在のアパレル業界周辺のマーケット規模などを分析して、自分なりにビジネスとして成立するためには何が必要なのかを考えておきたい。

Gakyukan

企画と提案

希望の会社に入社あるいは部署についた時、
具体的にどんな企画や提案を出すのですか。
これをやってみたい！　という本音をベースとして考えてみましょう。
できるだけたくさんのアイデアを出し、
情報収集した上で最低３つの企画・提案を立案しましょう。

その企画・提案が実現した時、会社に具体的にどのような貢献をもたらすのでしょうか。

その企画・提案が実現した時、社会に具体的にどのような貢献をもたらすのでしょうか。

社会人、仲間等のコメント

No. 6-24 志望動機チェックシート

志望動機とは、「その会社に行きたい理由」である。

すなわち、「○○という仕事を通して△△を実現したいから」であり、「なぜ○○という仕事をしたいと思ったか、△△を実現したいと思ったか」であり、さらに「私がいかに○○をできる人間であるか、なぜ○○をできる人間なのか」を謙虚に伝えることにほかならない。

自分の「コア」から「夢」までが一本の柱として通ってくるまで考え抜いてほしい。

教育会社志望・Y君(慶應大・商・一浪・一留)

志望業種	教育
志望会社名	ベネッセコーポレーション
志望セクション・職種	海外通信事業部

① 究極のビジョン/最終的に実現したいこと

「海外の人々が夢をつかむお手伝いをしたい」
十分に学ぶ機会のない人々に勉強する機会=彼らが人生の幅を広げるチャンスを与えたい。

② その業界の置かれている状況

日本国内は不況の中で確実に効果のある学びしか求めていない傾向がある。中国・インドなどは売り上げを伸ばせるはずだ。

③ 具体的にやりたいこと

まずは比較的文化の似ているアジア地域(韓国・台湾・中国・タイ等々)で子供向きの通信教材を売りたい。日本の教材は流用できないので、徹底的にテストマーケティングを繰り返す。彼らが望んでいるものと、こちらが出せるものには多くのへだたりがあると思うが、あきらめなければ必ず均衡点を見つけることができると思う。

④ そう思ったキッカケ/どんなところに心がひかれるか

海外を旅行していると「おまえの専門について聞かせてくれ」「今の日本経済はどうだ」のような質問をしてくる好奇心の強い多くの人々に出会った。ただ彼らは経済的な理由などから十分に学ぶ機会がないようだ。そんな彼らに学ぶ機会を提供することで彼らの力になりたいと思ったから。

⑤ 「やりたいこと」のために、学生時代に身につけたこと

肉体的、精神的にタフになりたくて、多くの友人を得たくて、30カ国を旅してきた。時にはエジプト人と大ゲンカをしたり、香港人と徹夜で議論したこともあったが、こちらが心を閉ざさず、分かり合おうという気持ちを持ちつづけていれば、ゼミ長としてゼミをまとめてきた時と同様、必ず分かり合えることを知った。

表層しか語られていないのに、軽くない、表層的ではない。「粘り強さ」「分かり合うということ」が体にしみ込んでいる人であることが行間から伝わる。また、志望動機としても自分の経験を踏まえて一本通っている。「学ぶことが人生の幅を広げるチャンスになる」とはもっともだと思うが、Y君がどうしてそう思ったのかも考えてみよう。もっと詳しく聞きたくなるポイントがいくつもある。ただ、我究はできているが書き方が雑。③も④も、もっとうまい伝え方があるはず。

Gakyukan

志望動機チェックシート

現在の第1志望以外の会社／業種について、自分なりに研究して書いてみましょう。

志望業種

志望会社名

志望セクション・職種

①究極のビジョン／最終的に実現したいこと

②その業界の置かれている状況

③具体的にやりたいこと

④そう思ったキッカケ／どんなところに心がひかれるか

⑤「やりたいこと」のために、学生時代に身につけたこと

社会人、仲間等のコメント

No. 6-25 志望企業・職種で生かせる自分のウリ

これまでに何度も考えてきたことであろうが、なぜきみを採用すべきなのか、採用者の視点で自分を見ることが大切だ。

「やりたいという情熱があるから」だけでは通用しない。片やリストラも実施している企業側のシビアな視点で考えよ。

また、やってみたいことをやるためだけでなく、ほかの部署でも生かせる自分のウリを整理しておこう。ウリは1つである必要はない。2つ、3つ挙げることでバランスをとるように。やりたいことをやるために、どんな資質や能力が求められるのか調査分析も必要だ。

テレビ局志望・Iさん（慶應大・法・現役・就職留年）

ウリ1 一言で言うと 人間くさい（熱くて涙もろく、不器用で、アホになれる）キャラ
詳しく言うと ・たいていの人と心を通わせたがる。理解し合えない関係を突破したがる。 ・理不尽な理由で苦しんでいる人がいると、許せないし、一緒に泣いてしまう。 ・友達に元気がないと、相手が気のすむまで、不満や不安を吐き出させて、一緒にどうすればいいのか考える。必要なら、相手の気持ちが軽くなるようにアホをやったり、その人のお母ちゃんになったりする。 ・脳みそよりもキャラクターを優先して出してしまう。 ・自分を表現したいのに苦手でできない人達がいると、それを上手くなるようにサポートしたくなる。 ・他人と分かり合える時が泣くほどうれしいと感じてしまう。
ウリ2 一言で言うと しぶとい（正しいと思うと、それを信じてとりあえずは追求する）キャラ
詳しく言うと ・学生時代、競技ダンスにはまる。365日間の早朝自主練と、鏡を割りたくなるほどカッコ悪い自分の姿と向き合い続けて、1年でレギュラーの座を射止めた。 ・医者に投与された薬が原因で急性出血性大腸炎になって入院した。患者に対する治療の情報開示の必要性を痛感した。ある薬害事件が、その情報開示が不正確、不十分に行われたために発生したと知り、いてもたってもいられなくなる。同じ悲劇の再発防止のために法律を作ろうとしていた人々とともにヨーロッパを回り、法律調査で通訳をした。

Iさんがそのまま出ている。アピールの仕方としてハイレベル。いくらでも詳しく言えそう。言いたそうなだけに、コミュニケーションに注意。

志望企業・職種で生かせる自分のウリ

志望企業に入社した際、他の人よりも企業に貢献できる
自分ならではの「ウリ」は何ですか。具体例をまじえて説明してください。

ウリ1

一言で言うと

詳しく言うと

ウリ2

一言で言うと

詳しく言うと

社会人、仲間等のコメント

No.
6-26
志望動機の完成

総まとめ

自分のコアを伝えているか。論理的に筋が通っているか。人を引き込めるか。

具体的な話を通じて、謙虚に語っているか。全体のトーンは自分らしいか。目先にとらわれず、自分のビジョンが語られているか。

自分の思いだけでなく、世の中の動きが見えていること。世の中は大きく変わりつつある。世の中の動きにも触れることが重要だ。

テレビ局志望・Iさん(慶應大・法・現役・就職留年)

一言で伝えるとしたら、自分はどんな人ですか

人の心に"伝導"していく熱でありたい人

志望動機

「貴方にも子供がいるでしょう」
薬害で子供を失ったその人の叫びを前に、今まで一度も責任を認めようとしなかった製薬会社が初めて頭を下げた。医者によって出された薬によってショック状態になり、危うく命を落としかけたことがある私にとって、その場面は他人事では片づけられなかった。突き動かされるように、薬害訴訟の原告団の通訳としてヨーロッパに薬害の再発防止のための法制度を取材に行った私は、薬害で難病に冒された日本のある参議院議員に出会った。
「私の後ろに、自分の言葉を拾い上げてもらうこともできないまま死んでいった人たちの命がある。だから私は命がけで日本を変えるのだ」。椅子の上から、かろうじて立ち上がった彼の言葉を通訳していた私は、その言葉に打たれながら、亡くなった祖母との最期の場面を思い出していた。

ガンで既に手遅れだった祖母は、ろくな説明もないままに受けた手術のせいで、死ぬ間際まで苦しんだ。昏睡状態に陥る間際にかろうじて間に合った私が必死に祖母の手を握りしめると、祖母は目も開けられないのにもかかわらず、私の気配に気がついたのか、泣きながら酸素吸入器を引きちぎろうとしながら、私に何かを叫んでいた。しかし私はその言葉が遂に分からなかった。そのやるせなさを受け入れつつ、なお、人間の生の瞬間に飛び込み続け、忘れてはならない存在、出来事を報道を通じてより多くの人に伝えていくことが、私の使命なのだと確信した。

伝わる。ただし、放送局はマスを対象にしている以上、「伝導」する内容によっては誤解を生む可能性があることや、人を傷つけてしまう可能性もあることを理解した上で、選考に挑もう。また、自分の身の回りの事柄だけでなく、世の中の動きについても言及しているとなお良い。

志望動機の完成

「自己PRの整理」等を参考にして、シーンが目に浮かぶエピソードをまじえて
自己PRをつくってみましょう。（1分＝300字前後）
社会人や仲間たちの意見も参考にして、
何回も書き直して納得のいくものをつくりましょう。

一言で伝えるとしたら、自分はどんな人ですか

志望動機

社会人、仲間等のコメント

No. 6-27 面接で聞かれたくないこと

聞かれたくないことも、しっかり聞かれるものだと思っておいたほうがいい。触れられたくないことのない状態のほうが、誰だって自信を持って臨めるものだ。

聞かれたくないことを聞かれた時、どのように対応するか、あえて事前に考えておくべきだ。

それを客観的に相手はどう受け取るものか、どう感じるものか、きちんと予測できているように。

自分の言動を大人の相手がどう感じるか、それをより正確に事前に予測しながらのコミュニケーションが、ハイレベルのコミュニケーションなのだ。

教育業界志望・T君(学習院大・経済・現役・就職留年)

「君が見えてこないんだよね」(内定先で)

面接は15分なら15分の“ショー”だと考えていた私は、面接官を楽しませるため、「着飾った部分」があった。そして、その「着飾り」にこだわるあまり、「自分の本質(コア)」をあいまいにしてしまっていた。そのことに気づく一言だった。面接は、我究によってわかる(であろう)「コア」を伝えるのを大前提に“ショー”を演出する。そのことを以降は心がけた。

「君はうちに適性があると思う?」(某国営銀行)

1時間にわたる面接の最後に問われた質問。
我究する中で「こんなことやりたい」といろいろ考える。しかし、就職を考えた時、「企業」には相手(およびその業界)独特の仕事のやり方がある。自分の「こんなことやりたい」という“気持ち”と、その企業・業界での“適性”はまったく別のもの。そのことを考えて、以降の就職活動をした。(金融は以降、一切受けなかった)

恋愛経験に対する質問

恋愛に関する興味が極度に低い自分には、すごくきつかったので、“笑い”をとる場所ととらえ質問に答えた。(もちろん、場の雰囲気を踏まえ、というより“笑う雰囲気”に導いた上で)

よく考えている。一生懸命な姿が浮かぶ。面接の本質がよく分かっているようだ。それでいい。

面接で聞かれたくないこと

人一人を採用するということは、企業にとって重要な決断です。
ですから面接官も良い点も悪い点もでき得る限り把握してから
合否を決めたいと考えています。
聞かれたくないことに対して、それを克服するための具体的なアクションを
起こしつつ、ポジティブに答えられるように準備をしておきましょう。

聞かれたくないこと

なぜ聞かれたくないのか

聞かれたくないこと

なぜ聞かれたくないのか

聞かれたくないこと

なぜ聞かれたくないのか

No.
6-28 模擬面接

ぶっつけ本番で玉砕するのも悪くない。練習しすぎて失敗を必要以上に恐れて縮こまってしまうよりはいい。

しかし、やはり事前に練習し、自信を持って臨むほうがいい。

中途半端に練習することで失敗を恐れてしまう気持ちも分からなくはないが、もっと強くプロ意識を持ってほしい。学生同士、できれば先輩など大人を交えてやればなおよい。

worksheet
No.6-28 Date　/　/

模擬面接

今まで取り組んだワークシートをもとに、
エントリーシートに落とし込むべきテーマを、分野別に整理していきましょう。

1. 面接官、受験者役に分かれ模擬面接をしてみましょう。
2. 面接官役は実際に面接官の経験がある方にお願いすると理想的です。
3. 模擬面接は、企業に提出したエントリーシートをもとに行うといいでしょう。
4. できれば面接風景をビデオで撮影し、客観的に自分をチェックすると効果的です。
5. 面接官役の人は気づいた点を模擬面接シートに記入し、模擬面接終了後に受験者役の人に渡してあげましょう。

●面接のやり方（注意するポイント）

受験者役の志望企業の昨年までの面接の形式や質問項目を出版物等で確認し、できるだけ本番に近い形でエントリーシートをもとに質問をしましょう。

「その人と一緒に働きたいか」を判断基準とし、気づいたことを模擬面接シートに記入していきます。模擬面接終了後は受験者役の人と意見交換をしましょう。

■面接官は受験者を圧迫しすぎないように気をつけましょう。
■仲間たちや社会人からの客観的なアドバイスも参考にするようにしましょう。
■一般的な面接試験での頻出質問項目

・志望動機（入社後の企画含む）
・自己PR（ウリ）
・他の受験会社
・大学生活（打ち込んだサークル、アルバイト、ボランティア、旅行など）
・勉強・ゼミ・卒論
・入社後の抱負
・希望職種
・趣味・特技
・性格
・職業観
・時事問題　など

第9章

ワークシートをより効果的に進める方法

ワークシートに書けないことや、
どう書くべきかわからないことがあるだろう。
この章では、壁にぶつかったときの対処法を解説している。
悩んだり、つまずいたりしていたら一度読んでほしい。

我究を進める上での注意点とは

我究に正解はない。ワークシートに模範回答はない

もうきみは十分に分かってくれたことと思うが、我究とは大学時代の試験勉強とはまったく違う。覚えたり理解すればいいというものではない。どこにも正解はない。自分で頭とハートとカラダすべてを使って、もがき、苦しみながらも、ある日、気がつくと、

「私は間違いなくやれるな。私の夢はきっと実現するんだな」

「なるほど、私は必ず結果を出すな。面接を受けるのが楽しみだ」

という、自分のビジョンに対する絶対の自信を手にすることすらできるのである。心臓の中から、半永久的にあふれ出るマグマのような力（誰にも譲れない意志）を手に入れることで、自分を極限までパワーアップできるものなのだ。

したがって、通り一遍で身につくものであるはずがない。この章を参考にしながら、ぜひもう一度、最初から取り組んでほしい。そしてワークシート以外のことにも挑戦してほしい。

ワークシートは何回やり直してもいいのだ

結論から言えば、**20回程度はやり直してほしい。**感じ直し、考え直してほしい。

数多くの学生を見てきて、ワークシートへの取り組み姿勢（どれだけ徹底してやるか）、自己解放の度合（どこまで本音で自分を出せているか）などは学生によって大きな差がある。

就職留年していた早稲田大のM君は当初、中途半端だった。我究を始めたのが遅かったせいもあるが、目の前に迫ったテレビ局のエントリーシートや面接のことを考えると、一見遠回りのワークシートに本腰を入れて取り組むことができなかった。それではまずいと分かっていても、結局、エントリーシートづくりと自己PR・志望動機づくりに終始してしまった。

1社落ちて初めて、ワークシートの重要性に気がつく。彼はその後、ワークシートをやりまくった。信じられないが、ほぼ2日で1回、最初からすべて繰り返していった。そうなると僕の役割は、ただ彼の書いたもの（我究の成果）を週に数回チェックし、その後ビールを飲みながら語り合うだけだった。

A4判のノート4冊分にわたる我究を終えて、本命の最終面接の前日、最後のチェックを終えた時、彼は笑顔でこう言った。

「太郎さん。俺はもう大丈夫です。必ず結果を出します。どこどこに内定するとか、そんなちっぽけな結果ではなく、15年後には日本のナンバーワンのプロデューサーに必ずなります」

予想どおり、彼は大本命のTをはじめ、ほかのテレビ局など、その後受けた会社すべてに内定した。Tの内定の報告の時も、狂喜する僕とは裏腹に、彼は一言、

「ああ、内定しました」と、当然だと言わんばかりの、ふてぶてしいほどの笑顔をしてみせてのけた。ちなみにM君は今、誰もが知る作品を手がける、日本を代表するプロデューサーである。

●我究により経験は何倍にも深められる

就職活動を通じて、これからのわずか数カ月間の間に、きみは様々な経験をしていく。社会人訪問などで新しく出会う人や、ともに戦っていく友人たち。彼らと語り合い、褒められたり、時にはけなされたり、説教されたり、あるいはぶつかり合ったり……。まさに人間にもまれながら、きみは考え、喜怒哀楽、そして感動、すべてを体験していくのだ。

その過程で、我究するチャンスは自分次第で無限に広がっていくことが可能なのである。逆に、どれだけ自分の目指す大人になれるかが勝負の分かれ目なのである。

きみにその意志があれば、1日1日、大人になっていけるのである。だからこそ、最終面接の直前まで、いや内定後も我究を続けるべきなのだ。

すべてのワークシートについて何回も書く必要はない。読み返し、考え方が変わっていないのなら、アンダーラインを引いたり、○で囲ったりして確認していけばよい。新しい考え方を持ったものについては書き直す必要がある。既存のものを線で消して、空いたところに書き込んでいってもいい。また、自分で我究ノートなどをつくり、新しく書いていってもいい（M君をはじめ、我究館の学生のほとんど全員がこの方法である）。

ただ、注意してほしいのは、あとにも述べるが、机の前にへばりついて、勉強ばっかりしている青びょうたんの浪人生のようにならないことだ。考えることばかりしていると、感じることなどの感動を忘れてしまう。考えすぎて、「遊び心」を失ってしまっては元も子もない。

2 ワークシートが独り善がりにならないためにはどうすればいいか

・「やりたいこと」と「やれること」「やってきたこと」の関係

僕は今も、全国各地で講演をさせてもらっているが、いつも講演を終えたあと、集まってくれた学生や社会人たちとコミュニケーションをとるようにしている。そんな中で、

「私は世界を舞台に活躍したいんです」

という人は多い。頼もしい限りだが、本当に申し訳ないが、なかには一目見ただけで、

「厳しい。グローバルビジネスの世界で、活躍できるのだろうか。自分が客観的に見えてないなあ」

と心配になってしまう人が少なくない。また、

「旅行が好きなので、商社に行って駐在員になりたいんです」という学生の中に、

「きみに務まるのだろうか。きみにできるのだろうか。自分も仕事も見えてないぞ」

と思える人も少なくない。

「リアルにイメージアップしよう！」と僕は声を大にして言いたい。憧れだけでは現実はものにならない。憧れだけではリアルなイメージアップはできない。憧れだけでは、自分に何が足りないか、それを身につけるには何をすればいいかも見えてこない。

本当に近い将来、その仕事ができるだけの総合的な力を自分は持っているのか。きみが今、憧れの仕事、アナウンサーでも商社パーソンでもいい、その仕事に就いたとしよう。その名刺を持っているとしよう、その現場にいるとしよう。さあ、きみにできるか？　きみはきみがやるべきこと＝やりたいことを自分を頼りにやってのけられるのか。今でなくても、近い将来それができるのか。

そういうふうに**リアルにイメージアップしていこう**。

きみは自分のヤッテキタコトを振り返りながら、自分に問いかけてみてほしい。

・本当にきみの思っているやりたいことは、きみにできるのだろうか
・きみは、「やりたいことのミニチュア版・擬似体験」を学生時代にすでに経験してきているだろうか
・きみは、やりたいことをやっている時の喜びがどんなものか、そのための努力と困難と苦痛がどんなものかを、「やりたいことのミニチュア版・擬似体験」を通じて、ある程度は体で分かっているか

面接官は、活躍できる人とは、すでに学生時代のうちにも、そのやりたいことのミニチュア版や擬似体験を経験している人に多いことを経験的に知っている。したがって、現に内定していく人は、ほとんどの場合、そういった経験をしてきている学生である。特にマスコミや広告、商社、コンサル、外資系金融など難関企業では、これは内定者のほとんど全員について当てはまるといっても過言ではなかろう。

「**やりたいことのミニチュア版・擬似体験**」といっても、そんなすごいことである必要はない。

分かりやすいよう、具体例で見てみよう。

〈例1〉やりたいことが「商社パーソンとして、世界中にあるニーズを発見してきて、新たなビジネスを生み

出すこと」だとする。当然、多種多様な価値観に飛び込んで行く度胸や、0から1を生み出す能力が求められる。

そのミニチュア版・擬似体験とは、例えば、

・大学に自分の趣味であるお茶サークルがなかったので仲間と創設して、著名な先生に顧問として週に1回来ていただいたという経験

・途上国や新興国に旅行に行った際に、現地の激安でオシャレなものを買ってきてネットオークションで売り、利益を出して旅費の元をとった経験

・国際交流サークルに入り、多国籍な人を巻き込んで、「持ち回りで自国の食文化を紹介する」ホームパーティーを全20回開催したという経験

〈例2〉やりたいことが「ビジネスを通じて発展途上国を豊かにしていくこと」だとする。

そのミニチュア版・擬似体験とは、例えば、

・塾の講師として多くの中学生のために頑張ってきた経験

・サークルを仲間とともに創立し、みんなを盛り上げながら、リーグ戦の優勝を目指して頑張ってきた経験

などである。

逆に、擬似体験が本当にない場合、例えば、

・学生時代は1人でコツコツと資格試験の勉強をしてきたけれど、ある日、テレビで発展途上国の現状を見て、そこに生活する彼らを豊かにしたいと思った

・週に3日、英会話と中国語の学校に通い、身につけた語学力を生かして、途上国の発展に寄与したい

以上のような経験の人には現実として、そのままでは活躍を期待しにくいのである。

では、そういう経験＝「やりたいことのミニチュア版・擬似体験」をしてきた人でないと、そのやりたいことを将来できる力を持った人にはなれないのかというと、僕はそんなことはないと思っている。一度しかない人生において、過去に未来を振り回されてたまるかとさえ思っている。

しかし現実として、未来は過去と現在の延長線上にしかあり得ないのだし、ある日突然、やったこともないことが完璧にできるようになるわけではないだろう。また、実際に社会で活躍している人には、学生時代に何らかの「やりたいことのミニチュア版・擬似体験」なり、後述する「特A級の経験」をしていたという人が圧倒的に多いのは事実だ。

確かに、17、18歳の高校生ならまだしも、20歳を過ぎた大学3年生なのだから、すでにそういった経験をしていてほしいものだと僕も思う。

もしきみが、「そういう経験がない」と言うのであれば（見つけ出せていない可能性もあるが）、今からでも新たなワークシートとして取り組んでいくべきだ。就職のため、内定のため、というちっぽけなもののためでなく、**将来の「なりたい自分」のために**、ぜひとも取り組むべきだろう。

●「特A級の経験」によって「特A級の喜び」を得よう

「特A級の経験」とは一言で言えば、「**自分がイニシアチブをとり、みんなを動かし、みんなとともに、多くの人に喜び（プラスの影響）を与える経験**」であり、「特A級の喜び」とは、「**主体的・能動的な行動に基づいて、多くの人に喜び（プラスの影響）を与えることを通じて得られる、彼らとともに感じる喜び＝人を喜ばせること（プラスの影響を与えること）で得られる喜び**」のことである。

自分に問いかけてみてほしい。

・受け身ではなく、能動的な行動をどれだけしてきたか（ファンサイドかステージサイドか）
・自己完結型ではなく、人を巻き込むことをどれだけしてきたか
・どれだけ人を深く、多く喜ばせてきた（プラスの影響を与えてきた）のか
・きみが打ち込んだことは、単発的なことだけではなく、じっくりと時間をかけて取り組んだことか

「特A級の経験」によって得られる「特A級の喜び」を得るためには、たとえそれがどんなことであれ、それ相当の、かなりの努力と困難と苦痛を伴うはずである。

しかし、「特A級の経験」をしてきた人は、必然的に我究する前から、自分のアイデンティティ（「個」の存在意義）を常に自覚しながら生きてきた人であるはずなのだ。

3 ワークシートが懺悔《ざんげ》になってしまう

・未熟な自分のギャップを埋めていこう

時々、ワークシートが懺悔になってしまう人がいる。

「私は、これこれこんなふうにダメでした」とか、「……だから結局、俺はまだ何も分かっちゃいないのです」など……。

等身大の自分に気づき、自分を否定する。それは成長のために絶対に欠かせないステップだ。それでいい。

そんな時、僕は、その学生にまずこう言うようにしている。

「自信がないのはよく分かった。きみが反省しているのも分かった。でも、いつまでもそれじゃあダメだ。もう失うものは何もない。あとは悔しさと希望を胸に上がっていくだけだ」

明治大5年のY君のワークシートも懺悔だった。やる気まんまんだったゼミでも結局は暴走して、皆の力を結集するはずの共同論文も、ほとんど自分一人で作り上げてしまったこと。他大学との対抗ゼミも自分だけ張り切って、自己満足だけのものに終わってしまったこと。去年の就職活動も中途半端で逃げるようにバンド活動に走ったことなど、ああでもないこうでもないと、しきりに反省していた。

しかし、Y君もそうだったが、そういう学生は**間違いなく見どころがある**。ごまかしを捨て、ダメな自分としっかり向き合えたからこその懺悔なのだ。過去から現在をプラス思考で肯定できていないのだが、それだけではない。志も理想も高いのだ。だからこそ、自分の理想としてイメージしているものと現実とのギャップから反省になってしまうのだ。それでこそ我究だ。ここまでが褒め言葉。

「理想と現実のギャップを埋めるために、いったいおまえは何をしていたのだ。つい最近始めたことでもいい。ギャップを埋めるための何らかの努力をしなければ、ワークシートは何十枚書いても、いつまでたっても、おまえは自分で書いたとおり、落ち込むだけのダメな人間のまんまだぞ！」

懺悔はいくら繰り返しても懺悔にしかならない。あきらめにしかならない。未熟だった自分をいかに克服するか。イメージする理想の自分に、実体の自分が追いつき、ありのままの自分がベストの自分になってこそ我究できたことになり、自価を高めたことになるのだ。

そのためにすること。理想の自分を描き、ギャップ（今の自分に足りないもの）を明確にする。そして、その足りないものを身につけるために具体的に今日から何をしていくのか、自らに課題を課し、実行していく。

Y君の場合はコミュニケーション。友人たちとの対話により、友情を深めていくこと。そのための具体的な行動として、昔のゼミの仲間との飲み会を自らセット、徹夜の語りを繰り返していくことで友情を築き上げていった。さらに我究館においても、仲間や講師たちと、自分をさらけ出す本音の語り合いを繰り返すことで、早慶など他大学の親友を何人もつくっていった。

数カ月後、Y君は別人のように変わった。自信が漲《みなぎ》り、どんな人にも自分から語りかけ、心を開き合える男になっていた。すかした暗い人間から、おちゃめで明るい頼り甲斐のある人間に変わっていた。予定どおり、きっちり商社の内定もゲットした。そして現在は、予定どおり独立し、自ら経営する店を軌道にのせている。

4 ワークシートに本音が書けないという人はどうすればいいか

●自分から逃げない強さを身につけよう

ワークシートは**誰かに見せるために書くものではない**。ましてや面接の時、面接官に話すために、その原稿を書くものではない。自分を知り、自分を高め、自分の未来を描くために書くのだ。本音で書かなければ意味がない。

どうしても書きたくないという特別な場合は別にしても、基本的には思い出したくないことも、勇気を持って書いていこう。

思い出したくないこと、書きたくないことを書けるようになった時、**必ずその人は強くなる**ことを、僕は書き切れないほど多くの実例として見てきた。

トラウマになっているようなこと──例えば、幼い頃の両親との確執、友人に裏切られたこと、裏切ったこと、人にだまされたこと、だましたこと、今の学生の中には少なくないドラッグにはまりかけてしまった経験などなど……。

涙なしには書けないこともあるだろうが、勇気を持って書いてみよう。

今、思い出してみると、「裏切られた」などと、あの時感じたことは、幼いゆえの独り善がりな誤解だったのかもしれない。甘えだったのかもしれない。誤解ではなかったのかもしれないが、自分にも非があったことに気づいて楽になるかもしれない。

いずれにしても、今となってみればいい勉強、教訓になっているかもしれない。いや、かもしれないではなく、そう確信できるまでプラス思考で見つめ直してみる必要があると僕は思う。

他人に対してではなく、「自分に対して隠し事を持たない状態になること」は、「自分に対して逃げない人になる」ということだ。

逃げない強さを身につけたいのなら、自分の過去からも逃げないでほしい。このことは我究において必要条件の一つなのである。

5 大学時代、これといって一生懸命になったものが本当にない

就職活動のためを考えると、本当にないのなら、今からつくればよい。今から何かに一生懸命になればよい。この本を読むタイミングが遅れて、就職活動のことしか考えられないとしても、それでも就職活動ももちろんだが、**それ以外の何かに一生懸命になるべき**だ。

面接官は一生懸命になったものの量や質で学生を選ぶのではない。現在および未来のきみの価値で選ぶのだ。期間が短くても、我究により密度の高いものにすることができれば、それでいいのだ。

なぜ、一生懸命になったものがあるべきなのか。

それは面接で自己PRとして「しゃべる内容」を持つためではもちろんない。一生懸命になったことがある人、本気で徹底して打ち込んだものがある人にしか身につけられないものが存在するからである。

●自分の知らない弱みに気づこう

慶應大のY君も、なかなか「一生懸命になれるもの」が見つからなかった学生の一人だった。

「サークルも途中でやめた。勉強は皆無。やったことといえば麻雀と、強いて言えばナンパぐらいかな……」

最初は頼りなさそうに、そんなことを言っていた。しかし、徹夜の我究と語りを繰り返した後、自分には人

に負けない武器があることにY君は気がついた。

彼の家（一人暮らし）は、学生や社会人、近所のおっちゃんたちの麻雀の溜まり場だったのだ。Y君が彼女と深夜に帰宅すると、勝手に友人たちが上がり込んで、テレビゲームに興じていたこともあるという。そう、彼はどんな人とも仲良くなれるという特性を持っていたのだ。

なぜ、彼がそんなに誰からも好かれる人になったのか。そのきっかけは中学3年の秋に遡《さかのぼ》る。

彼は当時、大阪の不良だった。荒廃した中学において、二大勢力の1つを牛耳っていたほど、かなりイキがっていた。ところが、その秋の運動会の予行演習の日のこと、彼が一人ですかして歩いていると、突然、もう1つの勢力の連中が現れた。そしていきなり、女の子たちの面前で、彼らにボコボコにされたのだった。傷だらけの14歳のY君は、ヤンキーにもかかわらず不覚にも泣いてしまった。女の子たちは、そんなY君を冷ややかに見ていたという。その日以来、彼はヤンキーをやめた。

「もうイキがるのはよそう。もっと素直に、もっとみんなと仲良くしよう」と、自分の心にそう誓ったのだった。

そんなことがあったからこそ、今、みんなに好かれる自分がいたことにY君は気づいた。

自分が一生懸命だったこと、自分の強み（エッジ）に気づいてからのY君は見違えるようだった。当然のことのように、Aが4つだけにもかかわらず、商社の内定をゲットした。

きみにもきっと何かあるはずだ。 一生懸命にやったという意識が特になくても、知らず知らずのうちに、きみならではの何かをしているはずである。とことん自分を振り返ってみることだ。

6 仕事は本当に面白いのか

僕は理想論を言うつもりはない。きみにインスタント・ドリームを植えつけるつもりもない。あくまでも現実として言いたい。

「仕事が面白いと感じるのはできる人だけである。できない人にとっては仕事は苦痛である」

どんなことに面白みを感じるかは、人それぞれ興味によって違うだろう。しかし、どんな時に面白いと感じるかは、多くの人に共通するものがあるのではないだろうか。すなわち、

「チームの成果最大化のためにやってきて、チームの心が一つになっていると感じられる時、一人ひとりが生き生きしていると感じられる時、同時に自分の力もチームや誰かにポジティブな影響を与えていると感じられる時」である。

人から言われたとおり、大して期待されていないことをして、誰がやっても同じような結果を出していては、面白いはずはない。それは仕事ではなく労働である。労働はいくらやっても、小さな達成感はあっても、心から面白いと感じることはないだろう。まさに、

「金はいらないから、これをやりたい！」

と言えることこそ、本当に面白いことではないかと僕は思う。そのあたりの感覚は、サークルやゼミとまったく同じだから、きみも分かるはずだ。**つらいけど、しんどいけど、面白い**。その感覚だ。

では、どんな業界や部署でも同じようにそれを味わえるのかというと、そういうわけではない。

はっきり言って、マスコミや制作、企画、営業などの、自分の色を出さないとまったく仕事にならない自由

度の高い業界や部署のほうが、明らかにその感覚が味わいやすい。また、業界にかかわらず、若い人間に仕事をできるだけ任せてくれる会社のほうが当然味わえる。

工夫して楽しめば仕事は必ず面白くなる

ここでは、あえて自由度の低い「経理」というセクションでの具体例を挙げて考えてみよう。1万、2万円のお金を扱っていたのでは正直、面白みは持てないだろう。しかし、それが数千万、数億円となれば、自分の担うものの影響力は大きい。期待されたとおりの仕事をしていたとしても、達成感や面白みを感じることができるだろう。

しかし、それで本当に仕事の面白さを味わえるかというと、答えは否だと僕は思う。なぜなら、そこに自分の色、創意工夫が出ていないからだ。

経理というセクションの中で、金額を変えることができないのであれば、仕事のやり方を変えればいい。考え、工夫することにより、業務をより効率化させるためのオリジナルの方法を編み出すのだ。

誰がやっても同じ仕事などコンピュータにやらせればいい。脳みそと心を持った人間がやる必要はない。僕はそう思っている。人間がやる以上、より良いものを目指して工夫していくべきだ。

経理に限らず、どんなに額の大きい仕事をしていても、どんなに面白いと言われている部署にいようと、たとえ多くの人に喜ばれても、きみが、「自分じゃなくても同じ」という仕事をしていたのでは、最高に面白いとは言えなくなる。

最初は、たとえどんなに小さなことであっても、
「自分がいたから、これができた」
「私がいたから、こう変わった（プラスに変わった）」
ということを自分からつくっていかないと、心から面白いと言える仕事にはなり得ないのだ。

最初は、例えば無駄に思える業務を効率化させたり、古いマニュアルを書き換えたり、できる範囲で工夫していけば、必ず仕事は面白くなる。

また、その方法がまったく思いつかないのであれば、まずは仕事に関係ないことで、自分の色を出すことをやってみるのだ。

例えば、自分から大きな声で挨拶をすることで、挨拶をする習慣をつくってしまうとか、部の飲み会の店や内容をこれまでの慣例と違う、もっと楽しいものにするなど、仕事に関係ないことに思えても自分なりの工夫で、会社の何かを変えることをやってみよう。それができたら、自分の中に小さな自信の種を持つことができる。それを少しずつ育てていくことで、今度は少しずつ仕事の中身で自分の色を出していくのだ。そうしていくことで、自分のプラスの影響力が大きくなればなるほど、**一気に仕事は面白くなっていく**のだ。

7 会社でやりたいことは本当にできるのか

●6、7年先の自分のために、勝負は1年目だ

やりたいことが会社にとって有益なことであるのならば、それをやるだけの「力」さえあれば確実にできる。

「会社でやりたいことができるわけないじゃないか」

そんなことを真顔で言っているビジネスパーソンは多い。会社にもよるが、これからという若い人にもそういう人が多い。そのような人は現段階では、その「力」を持てていない人なのだ。近い将来、目が覚めて、力を蓄え、行動が伴った時は、違うことを言っているはずだ。

やりたいことが高度なものであればあるほど、それを実現するための力も大きなものが必要になってくる。知識も経験も行動も高度なものが求められる。

だからこそ、入社早々でできるものではない。

特に、バイタリティが強く、大きな野望を持っている頼もしい人材ほど、若いうちは焦ってしまうものだ。焦る気持ちは僕もそうだったからよく分かる。先輩から「焦るな」と言われて、はやる気持ちを抑えられるほど、きみのバイタリティはやわじゃなかろう。しかし、ここでよく考えてみてほしい。

会社とか何とかは、とっぱらって考えよう。仕事で自分を生かしていく上で、本当に勝負するのはきみがいったい何歳になった時なのか。

社会人として本当にその人間の真価が問われるのは一般に30代からだろう。時代とともに、それが若年化する傾向にはあるが、社会に出てからの6、7年は、まさに自分にとっての修業の時代だと位置づけるという考え方を持ってほしい。

修業時代にバイタリティがなくなってしまったり、トゲを抜かれてしまうほどやわな人ではお話にならないが、本当に真価が問われ、やりたいことをやりたいようにできる力をつけた時に、思う存分やりたいことをやれることが最も重要なのだ。

しかし、そのためにも1年目が勝負だ。修業時代とは、我慢の時でも休憩の時でも変身の時でもない。全力で主体的に取り組むべき時だ。

8 夢ややりたいことは、いつか変わってしまうのではないか

●人間は変わる。だから夢ややりたいことも変わっていい

結論から言うと、夢ややりたいことは変わることがある。変化していく。やりたいことが二転三転どんなに変わってもいい。しかし、僕自身や僕の友人たち、先輩たちを見ていて思うが、一般に20代で真剣に考え、我究して描いたものであるのならば、変わったとしても、そんなに違うものにはなり得ない。

特に入社して数年後、社会をカラダで体験し、自分の力量も判断した上で描いたものがその人の我究の夢であり、やりたいことであることが、諸先輩方や自分の周りの友人たちを見ていても多いようだ。

ここで言いたいのは、入社数年後のその時、どれほどの人間になっているかが、大きなカギを握っているということだ。いつか夢がよりいっそう明確になった時に、「理想を言えば、こういうふうになりたいけど、今からじゃ無理だな」なんてことには絶対なりたくない。ということは、今からその時までに、どんな経験をし、どれだけいろんなものを吸収できるかが重要になってくる。

本来、夢ややりたいことは、何歳で変わっても構わないものだ。ただ、肉体に老いというものがある以上、若さみなぎる20代の今こそ我究し、**自分を大きくするための自己研鑽に励むこと**。

そのための自分に対するモチベーションをハイテンションにキープするためにも、自分のビジョンに向かって試行錯誤しながらも驀進《ばくしん》する生き方がベストであると、僕は自信を持って言いたい。

9 深く考えること、自分と向き合うことが苦手な人はどうしたらいいか

中には、我究の苦手な学生もいる。深く考えることを拒む人だ。人間をパターン分けするのは、はなはだ不本意かつ僭越であるが、いくつかのパターンに分けられる。一番多いのが次のタイプの人。

明るくて性格も人なつっこく、能力の高い（頭の回転の速い）人。あまり考えなくても、学生社会では感覚でたいていのことは（勉強も遊びも）人並み以上にできちゃった人で、偏差値の高い大学に多い。自分にそこそこの自信も持っている。さらに共通しているのは、過去に傷ついた経験があり、それ以来、自分と向き合うことを拒絶してしまった人だ。忍耐強くないため、嫌になるとすぐプイッとふくれてしまったりする子供だ。

そういう人は夢を明確化するのも早い。ワークシートもサーッと流すだけで、究極の夢もやりたい仕事も感覚でつくったものに過ぎない（本当に抜群の人なら、すべてが感覚だけでいいのだろうが）。

夢ややりたい仕事に限らず、何に関しても、表層を浅くすくったような感覚を自分の考えとしてしまうことは、学生社会やテレビの中の社会では通用しても、仕事ではまったく通用しない。やりたいことも夢も、そのままではぐらぐら揺らぐ、ちょっとしたことですぐにぐらつく。カベに弱いため忍耐力がなく、あきらめも早い。

ほんの少しずつでいい。腰を据えて、嫌々ながらもじっくりワークシートに取り組み、我究することで克服できるのだが、そのままでは本人の表面的な自信とは裏腹に内定は難しい。我究できる人が1社落ちると、そ

の都度ワークシートで我究し、落ちた原因を分析し、それを補うための戦略を立て実行していくのに対し、我究できない人は何社受けても落ちた原因を分析しないため力がつかない。我究が苦手な人は難関企業には確実に内定できないのだ（落ちる人のパターンは『絶対内定２０２５ 面接』参照）。

やれば分かる。やって良かったと自分で気づく

いずれにしてもワークシートに取り組むのが苦手な人は、まれにいる超抜群な人を除き、そのままでは内定は難しい。面倒くさいとか、嫌だとか、意味ないいんじゃないかとか、甘えたことを言う前に、まず本腰を入れてワークシートをやってみよう。やったら分かる。**やって良かったと、結果が出る前に自分で気がつく**。

また、僕もそうだったし、多くの男子学生にも当てはまるが、実際問題20代前半までは、性欲というものが脳みその半分（人によっては差があるが）を占めている。特に若いうちは女性のことが頭をよぎって、目標を見失いがちになったりする。

そんな時は究極の夢ややりたいことを考えようにも、

「俺の夢は、とにかく女にモテまくること」

「究極の夢は、飛び切りいい女を抱くこと」

などとなってしまう。

それが本音であるならば、それはそれで大いに結構。エネルギーがあふれている証拠だし、そういう人が抜群にできる人になる有望な人材だったりする。そういう人が仕事に目覚めると、誰にも止められないパワーを発揮する。しかし、自分の性欲を自分でうまくコントロールしながら、それ以外の観点でも、ぜひじっくり考える必要がある。

第9章 まとめ

・ワークシートは20回程度はやり直してほしい。感じ直し、考え直してほしい。

・すべてのワークシートについて何回も書く必要はない。読み返し、考え方が変わっていないのなら、アンダーラインを引いたり、○で囲ったりして確認していけばよい。新しい考え方を持ったものについては書き直す必要がある。既存のものを線で消して、空いたところに書き込んでいってもいい。また、自分で我究ノートなどをつくり、新しく書いていってもいい。

・「やりたいことのミニチュア版・擬似体験」なり、「特A級の経験」を通じて、「特A級の喜び」や、そのための努力や苦痛や困難を乗り越えてきた経験を体にしみ込ませてきたことが、その人の顔つきにも、表情にも、しゃべり方にも、態度にも、雰囲気にも、考え方にも、自然に表れてくるものなのだ。

・夢ややりたいことは変わることもある。本来、夢ややりたいことは、何歳で変わっても構わないものだ。ただ、肉体に老いというものがある以上、若さみなぎる20代の今こそ我究し、自分を大きくするための自己研鑽に励むこと。

・面倒くさいとか、嫌だとか、意味ないんじゃないかとか、甘えたことを言う前に、まず本腰を入れてワークシートをやってみよう。やったら分かる。やって良かったと、結果が出る前に自分で気がつく。

第10章

人生を後悔せずに生きるために

いよいよ最後の章だ。

我究が自分ごとになってきているだろうか。

不十分だと感じる人は、理想に向けて困難を乗り越えた、先輩たちの物語を読んでほしい。

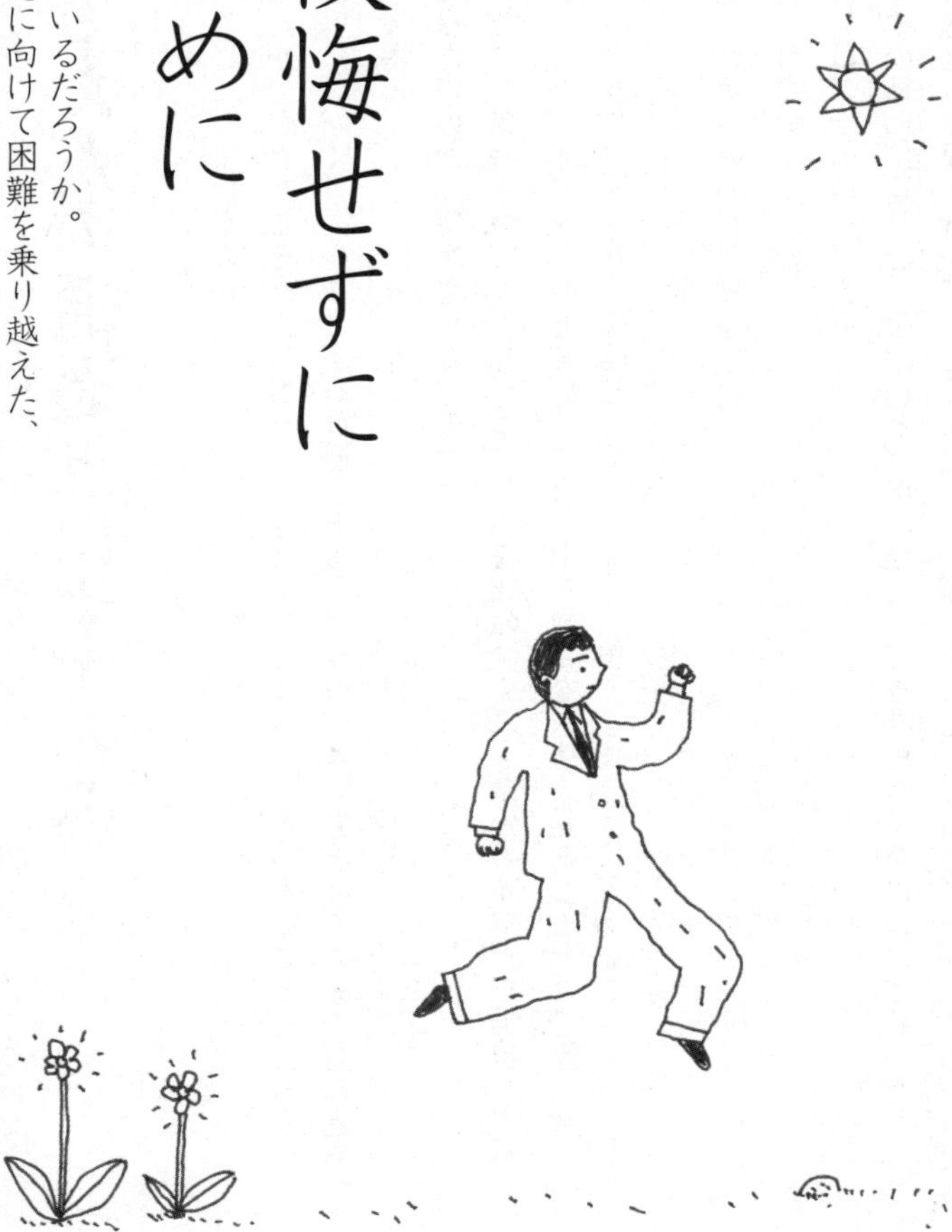

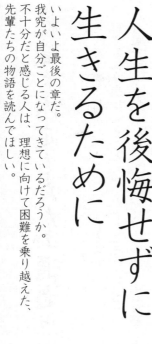

就職も内定もただの通過点にすぎない

そもそも就職活動とは、きみにとって何なのか。

何度も繰り返してきたことだが、だからこそきみにもう一度考えてほしくて、この章を書こうと思う。

就職を考える時、自分の人生について考えることが不可避であるという僕の考え方を、ここまで読み進めてきみは、分かってくれたはずである。

「どう生きたいのか。どうなりたいのか。何をやりたいのか」

きみがワークシートを使って一生懸命見つけようとしてきた「我究のコア（＝自分の願望）を実現していくこと」＝「人生を大いに楽しむこと。幸せを体験していくこと」＝「豊かな人生を送ること」こそが、生きることの目的であり、その自分の生きたい生き方の過程として、

「今、ある企業に入ることがベストチョイスである」

と思われた場合のみ、就職すればいいのだと思っている。

したがって、よく世間で言われているような、

「まず就職しよう。それから先は、その時に考えよう」

という考え方が、最終的にその結論に達した場合は別として、たとえ、きみがどんなに未熟であったとしても、また、そんないい加減な考え方で仮に就職できたとしても、今がきみにとって絶好のチャンスの一つである以上、それが妥当だとは僕には到底思えないのである。

あらゆるものが複雑であって、しかもそれぞれが絡み合い、そしてその一つ一つさえもが刻一刻と変化している。人間ももちろんだが、すべての総称としての「世の中」も同様だ。

今日の常識は明日の非常識。今日の成功体験は明日の衰退原因。僕は40歳代の若造だけれど、それが現実であることをこれまで何度も見、そして体感してきた。

若年層人口が減っていくとはいえ、加速する空洞化と経営の効率化、業務の高度化の中、若年層の失業率はどんどん上がっていくだろう。優秀な学生ほど就職しない時代にもなることだろう。米国や香港、シンガポールなど海外に就職していく日本人もどんどん増えていくだろう。どんどん世の中は変わっていく。

だからこそ自分のものさし、自分の価値観を大切にして、そして自分も社会をつくっていく一人であることを自覚して、強く生きていってほしいと願うのである。

自分の求める生き方に合わせて道を選ぶ

内定することが目的ではない。手段にすぎない。一通過点でしかない。

我究を通じて、「自分にとってのなりたい自分」や「夢」を認識し、それに向かって**主体的に生きていくことこそが重要なのだ。**

人生をトータルで見た時に、自分にとっての幸せな生き方を深く考え、スタートさせるキッカケをつかむ（=我究する）のに最もベストなタイミングは、学生社会から大人の社会への転機である就職活動時であると僕は思っている。

それだけではない。

現実と激突すること。

真剣な就職活動を通じて、それを体感してほしいのだ。

なりたい自分像、やりたいこと、望む生き方、それらを持って生きるということはエネルギーを要することである。自分の思いがただの幻で終わらないようにするためには、僕たちは現実と激突するほかない。エネルギーを最初から持っている人はいない。そのことを通じてエネルギーを培い、育み、強くなっていけばいい。

さらに、自分について、社会について、深く考え、行動していくことで、いかに自分が社会と深くつながりを持っているかにも気がつくはずだ。そして、単に個人的な存在としての願望だけでなく、社会における存在として責任を持って生きるという意志を心の内側から育むことができるだろう。

外的制約要因のほとんどない学生の今こそ、これらのことを描き、体感し、筋肉の中にしみ込ませることができるのだ。

受かったり落ちたりと、人が人を短時間で判断する就職活動という極めて特殊なイベントは、就職するかどうかとは別なところで、おおむね平和な現代社会に生きる僕たちにとって、ものすごく意義のある経験ができるチャンスだと僕は思っている。もっと言えば、人によっては、嫌で嫌でたまらないストレスの溜まる職場にでも就かない限り、なかなか容易には経験することのできない、**めったにないチャンス**だと思っている。

だから僕は就職活動に関わっているのであり、その意味で実は就職活動を利用させてもらっているにすぎないのだ。

つい最近まで、就職活動を迎える大学生のほとんどがマニュアルを読み、とりあえず内定することを目的とするといった本末転倒な就職活動をしているという実態があった。その結果として、内定しても、入社後、本当にこれがやりたかったのかという思いに駆られながらも、それを深く考えないようにして目の前にあるものだけを見て黙々と不本意ながらやり続け（やらされ続け）、そうやって問題意識を失っていくビジネスパーソンが大量に生み出された。今でもその傾向は続いている。それが少しずつ、

「自分はどういう自分になりたいのか」

「どういう生き方をしていきたいのか」

「どんなことをやりたいのか」

と、**自分を真剣に見つめ直す＝我究する風潮に変わりつつある**。自分の求める生き方を見つけ出そうとし、それに合わせて道を選んでいく風潮に変わりつつある。僕としては本当にうれしいことなのである。

本当は、もっともっと多くの就職活動を迎える学生たち、そして学生に限らず多くの社会人に自分を見つめ直す作業を実行してもらえたらと僭越ながら思うのである。単にやりたいことやキャリアだけでなく、**自分にとっての幸福とは何かを真剣に考える時がきた**と思うのである。

自分を動かすエンジンを身につけよう

今年も我究館では、就職活動の結果としても、納得のいく実績を挙げることができた。

ほとんどの学生が本命はもとより、一人で複数の内定をたたき出した。テレビ、出版、アナウンサー、広告、商社、コンサルティング、政府系などの超難関企業にも志望した学生のほとんどが本当に次々と内定していった。起業家、官僚、政治家、学者、弁護士、ピアニスト、タレントも順調にスタートを切った。就職活動に限らず、社会人の転職活動においても、テレビ、新聞、コンサルティングなど確実に結果を出すことができた。

我究という作業が極めて効果があることに、僕は絶対の自信がある。これさえ本当に本気でやれば、たかが

就職活動ぐらい勝てると確信している。自分に厳しく、かつ楽しく就職戦線を戦う。それに尽きる。

「もう一歩も下がれない。絶対に負けない」という本気の決意。

「死ぬ気でやる」という本気の覚悟。

「いったん死んだつもりになれば、どんなことでも楽しいと感じるはずなのだ」

「苦しいとか、つらいとか、不安だとか言っているようではまだまだ甘い。涙が出ようが落ち込もうが、前進あるのみでとことんやる。徹底してやる。それしかない。まさに行動あるのみ!」

こんなことを言うと、きみは異様に感じてしまうかもしれないが、できる大人たちは誰もがこのテンションをカラダの中に持っているのだ。できる大人だけではない。本命をゲットする学生は、みんな持っているものなのだ。確固たるタフなハートを身につけさえすれば、そんなに大変なことではない。逆に、気負うことなく、媚びることなく自然体で臨めるようになるのである。

自分の中の甘えを一切排除して全身全霊で臨む。そうすることで本気度は100パーセントになる。**充実度も100パーセントになる。**それが確実に結果に出る。文字ではとても表せないほどの、ものすごいパワーを内に秘めて立ち向かっていくのだ。難しいことはない。やるかやらないか、単純にそれだけだ。

「人間の可能性は無限だ」

両手を挙げてガッツポーズする一回り大きくなった学生を見るたび、僕は心の底からそう実感している。そしてさらに、彼らが将来どれだけ大きく羽ばたいていくかと思うと、うれしくてそれまでの苦労も徹夜の日々もすべてが吹き飛んでしまうのだ。

我究とは就職に勝つためだけのものではないことに、きみはもう気づいているだろう。できる人材として、仕事に勝つためにもベストなワークなのである。仕事だけじゃない。恋愛や人生そのものに勝つためのものなのだと思っている。「夢を夢で終わらせない」ためのものなのだ。

「どこどこに内定した」

そんなちっぽけなものは、正直言ってどうでもいいとさえ僕は思っている。「自分の目指す自分像、大人像」に向かって、**自分を推進させていく力＝エンジン**を身につけることこそ重要なものだと思っている。

2 我究館から飛び立った先輩たちからのメッセージ

もう一つ、僕にはうれしいことがある。

それは、学生時代に我究して、社会に飛び立った我究館の先輩たちの際立った活躍ぶりである（業績だけを見ても明らかに一線を画している人が多い）。

単に、社会の厳しさの最初のカベを短期間にクリアしたとか、実績において同期で一番だとかいう、ちっぽけなことだけではない。企業人という範疇を突き抜けて、会社のためでなく、自分の夢（なりたい自分、やりたいこと）のために、とことん頑張り、結果を出し始め、日々を充実させて楽しく生きている彼らを見ていると、僕も初めて恋をした時のように、カラダの奥底からやる気とパワーがあふれ出てくる。

会う度に大きくなってきている彼らからのメッセージを載せて、この本を締めくくろう。

●「私たちは、ロボットではない」

コンサル→商社→宇宙開発→コンサル　T君

私には、脳の奥底から刷り込まれている言葉が一つある。まだ小学校2年生だった頃、担任が毎日のように私たちに説いて聞かせていた言葉だ。

「私たちは、ロボットではない。自分で考え、自分で判断して動け」

8年前、私は我究館の門を叩いた。

それまで宇宙に憧れ、大学院で宇宙工学を学んでいたが、そのまま宇宙工学のエンジニアとして人生を歩んでいくことに違和感を覚え、一度しっかり考えたいと思った。

我究の末、私はコンサルタントになることを決めた。

それから3年、嵐のような日々が続いた。御世辞にも楽しかったことばかりではない。体力的・精神的に追い詰められたことも何度もあった。ただ、言いようのない充実感がそこにあった。2年後には、クライアントの部長とも、同じ目線で事業について話ができるようになっていた。自分の我究は間違っていなかったと、確信した。

会社員の人生は会社に振り回されるものである。会社の制度の一環として、私は一度そのコンサルティング会社を辞め、2年間、他の会社での経験を積んでくることになった。行き先は、自分で見つけるべし。もちろん、2年後には戻ってきて良いとのことだったのだが。

私が選んだのは、商社。自分で事業を行いながら、金融・会計の知識を身に付けることができる。将来的に宇宙産業に関わる際も、大いに役立つだろう。この時も、いつかは宇宙に関わるということが頭にあった。

商社では、買収案件を任された。

スケールの大きな買収を行い、資金調達も自分たちで考える。案件に没頭する内、いつしか4年が経っていた。前の会社に戻る権利も、とっくに返上していた。

だが、投資案件が一段落した頃、何か物足りなさを感じ始めた。案件が終わった今、自分はこの会社の問題解決に必要とされているのだろうかと。そんな折、上司から持ち掛けられたのが海外駐在。

「3年から5年、行ってくれないか」

結局、私は駐在を断った。案件が終わり物足りない今の気持ちで3年以上の海外駐在に赴くことに、心がついてこなかった。むしろ、ずっとどこかで引っかかっていた宇宙産業に今こそ挑戦する時ではないか。

翌年4月、私は日本の宇宙開発機関の入社式にいた。商社を辞め、社会人7年目にして3回目の入社式。以降の仕事を想像して、心は晴れやかだった。

だが、仕事が始まってすぐ、また違和感が心の中に垂れ込め始めた。宇宙に関わる仕事ではあったが、日々の仕事にこれまで感じてきたようなチャレンジングなものを感じることができなかった。宇宙に関わる仕事であればどんな仕事でも楽しめると思っていたが、7年の間に、自分自身が変わってしまっていた。自分の気持ちを認められず、思い詰めた。

そんな時、7年前の我究ノートを読んだ。そこには、「人が抱えている問題を、自分の思考・知識で解決すること」とあった。

それは、7年経って読んでみても、妙にしっくりくる自分のコアだった。「コンサルティングファーム、商社、宇宙機関。自分が経験した中で、最も楽しかったのはどこだったか。最もコアに近かったのはどこだったのか」気がつくと、迷わず4年前に辞めたコンサルティングファームの上司にメールを書いている自分がいた。

今、私は8年前と同じコンサルティングファームで働いている。まだまだ一人前とは言えないが、今ここで働いていることに一抹の迷いもなく、没頭することができている。とても幸せなことだと思う。

その時にやりたいと強く感じることが、やるべきこと。今はそうはっきり言える。強く夢だと思ったことですら、変わり得る。良い悪いではなく、そういうものだ。

一度限りの人生、それもいつ終わるか分からない人生だ。仕事でも子育てでも、恋愛でも趣味でもなんでも良い。やっていて悔いのないことに時間を使うべきだと思う。

私たちは、ロボットではない。人から言われたことや、周りがやっていること、過去の自分にすら縛られる必要はないと思う。やりたいと感じることをどうやるか考え、できるようにしていくそのエネルギーこそが人生の充実に重要なものなのだと思う。

私の場合、いろいろなことをやり、その都度自分の気持ちを感じることではじめて、そのエネルギーの源に気づくことができた。

今、私は小学校2年生の頃に担任から教えられた言葉をこうアレンジして自分に言い聞かせている。みなさんにも、何かの時に思い出してもらえればと思う。

「私たちは、ロボットではない。自分で感じ、自分で考え、自分で判断して動け」

「今の自分がダメならば、ちゃんとした自分にこれからなればいいんじゃないか」

ハーバード行政・政治大学院　Y君

「僕はダメな人間です。僕はダメな人間です。僕は……」

今から22年前、我究館に駆け込み、受付で太郎さんと目があった瞬間、
僕はその言葉を繰り返し、ワンワンと泣き叫んだ。

周りでは確か10人ぐらいの人たちが談笑をしていたと思う。

誰がそこにいたのか。どんな顔で自分のことを見ていたのか。何も覚えていない。

ただ、太郎さんが「こんなとこで泣きじゃくっていたらカッコ悪いだろ」と僕を外に連れ出したこと、その後、僕の支離滅裂な話を聞いてくれたこと、はハッキリと覚えている。

そしてその時から、「本気の我究」をした。

結果、超一流の大学を出たわけでもなく、サークルや部活に真剣に取り組んだわけでもなく、かといって、本気で遊びまくっていたわけでもない……そんな中途半端の典型だったような自分が第一志望の今の会社に内定をもらうことができた。


会社に入社してからは、目の前の仕事をひたすら頑張った。

こんなスゴイ奴らがいるんだ……。ハッキリ言って、同期は全員自分より優れていた。

こんな素敵な先輩たちがいるんだ……。みなさん豊富な知識とオリジナルな強みを持ち、素晴らしい人格者ばかりだった。

連日いろいろな方に飲みに連れて行っていただき、日々仕事の質問をぶつけた。

そうこうしているうちに、段々と会社の問題点が見えるようになってきた。

なんとかしたい。でも、何かができるほどの実力があるわけではない……。

日々、悩んだ。

そんな時、太郎さんに相談をした。

「そうか……。ところで、俺はケネディ（ハーバードＨＫＳ、行政・政治学大学院）で信じられないほ

どたくさんのことを学んだ。至高の時間だった。Yもどうだ」

「でも、太郎さん、僕英語全くできませんよ。海外経験ゼロだし……」

「俺が言えることは、ケネディは最高だった。ただそれだけだ」

家に帰って、いろいろ考えた。そして、我究をしたことで、決意が固まった。

「やるしかない」

はじめて受けたTOEFL®は当時300点満点中75点。現在のTOEIC®で言えば300点以下。リスニングは1秒も分からず、長文読解もチンプンカンプンだった。

それから、今日までの12年間。いろいろなことがあった。

仕事ではたくさんの試練があった。

35歳ではじめて制作部へ異動した。上司にお願いしてADからやらせてもらった。多分、会社史上最年長AD。少しでも現場に溶け込もうと、20歳前後のメンバーと一緒に、会社の椅子で毎日雑魚寝をした。何にも分からない自分に、みんなが一から教えてくれた。あまりに分からなさすぎて、場違いなこともたくさんしてしまった。周りにたくさんの迷惑をかけた。

ADをやりながら、労働組合の幹部もやった。当時は労使の関係が最悪で、会社ともめにもめた。ここには書けないようなこともあった。

「会社を良くしたい」

その一心で執行部メンバーは行動をした。でも、うまくいかないことのほうが多かった。自分たちの力不足を痛感した。

そうやって迷った時、悩んだ時、いつも太郎さんのところに向かった。10分だけ時間をもらった。そして、我究をした。超、僭越だけど、心の中で太郎さんの背中を追いかけ続けた。会うたびに、その距離は広がっていたけれど……。

その後、制作ではプロデューサーとなり、3年間で約20の番組を担当し、ゴールデンの新番組の立ち上げや、辛い番組終了も経験した。

労働組合では、現社長の英断のおかげで様々な問題が解決し、僕たち執行部は心置きなく次の世代にバトンを渡せた。

そして、去年、僕はケネディに留学した。

この留学にも試練があった。実は、3年前に一度合格したけれど、仕事の関係で辞退した。自分にとっては、太郎さんの背中を追いかけ続けてやっとつかんだ、夢にまで見た合格だった。正直、行きたくて行きたくてたまらなかったけど、合格するために、狂気の努力をしたけれど、辞退をした。これまでの人生で一番難しい決断だった。でも、我究のおかげでブレなかった。

「自分が何をやりたいのか?」がその時点ではっきり見えていたから、「これだけ苦労したんだから」とか「もったいない」とか、なんていうか、枝葉末節ではなく、本質に基づいた判断ができた。

2度目の合格で実現したケネディ生活は、本当に最高だった。これまでぜーんぶの人生で一番苦しい経験と一番楽しい経験をいっぺんに味わうことができた濃密な濃密な時間だった。

初めの3カ月の地獄を乗り越えて、世界最高峰のクラスメイトと、毎日毎日、ただひたすら勉強して、知識の先にある知恵の一部を得ることができたと思う。そして、気づけた。世界も日本も広くて深くて、学びに終わりがないことも。

人生を振り返ると、22年前僕が泣き叫んだとき、太郎さんが僕にかけてくれた言葉

「今の自分がダメならば、ちゃんとした自分にこれからなればいいんじゃないか」

この言葉に救われて、今の自分がある。正確に

は、我究によって、自分の根っこに、「大事な何か」を受け止める準備ができて、そこにこの言葉がストンと僕の場合ははまって、今の自分がある。

今日より明日。過去より未来。でも、過去からは絶対に逃げちゃいけない。過去を噛みしめて初めて、本気で未来に向き合える。そして、「自分は何をやりたいのか？」

この我究を重ねた結果、僕は、

「今の会社を通じて社会に貢献したい」

そう思うに至った。

詳細はここでは省略させてもらうが、自分の中でやることは明確になっている。もちろん、それはそのままは、きっとうまくいかないだろう。ただ、自分は決めている。

「やる。多分、失敗する。でも、またやる」

我究の答えは人それぞれだと思う。でも、きっとほとんどの場合、その答えは難しいものではないだろう。何百時間も考えて、自分の場合、アホなくらいシンプルだ。

みなさんの我究の答えは何ですか？

その答えを持って、一緒に世の中に貢献しましょう。

それが、我究という世界最高のメソッドを生み出してくれた太郎さんへの恩返しであり、今、幸せにも生きている、僕たち私たちの仕事だ。

その先には、エキサイティングな世界が待っている

民放キー局　Aさん

あなたがその仕事を目指す理由は何ですか？

食べていくためですか？　給料が良いからですか？　何となく、働く義務感を感じるからですか？

それとも、その仕事が本当に好きだからですか？

目的は人それぞれでしょう。ただ、私から言わせてもらえば、好きな仕事ほど楽しいことはありません。仕事を通じてやりたいことができるのは、とても贅沢で素晴らしいことです。ブランドや知名度、見栄だけにとらわれず、本当に自分がその仕事をやりたいのか、じっくりと考えてから就職活動に臨んでください。

私は今回の異動で、特派員の仕事に就きました。学生時代からの希望でした。「決してあきらめない」という強い気持ちが、この仕事に結びついたのだと思っています。

これから、あなたの前には学生時代とは比較にならないほどの巨大な壁が数多く現れることでしょう。就職活動もその一つです。それらの壁から決して逃げないでください。一つ一つ、乗り越えて行ってください。むしろ、それをエンジョイしてくださ い。その先にはエキサイティングな世界が待っています。

あなたの健闘を祈ります。

ニューヨーク　マンハッタンにて

23歳で描いた、心からの夢に向かって

国境なき医師団　スーダン／ダルフール本部　M君

日本に生まれ、日本で育ち、夢を持たないというのはおかしくはないか。

僕は今、地球上でそのことが最もよく分かる場所にいる。

夢を求める環境が、人間にとって本来どれだけありがたいか。

それなのに夢を描こうとせず、最初からあきらめて、挑戦もしないとしたら、それがどれだけ非人間的な行為か。

ここにいると、痛いほどそう感じる。

僕は今も、これからも、この本を読み、23歳のときに描いた心からの夢に向かって、実現するまで一歩一歩全力で挑み、時代遅れの既成概念や、固定観念を壊していくつもりだ。

それが、人間が生きていることの証だと信じる。

●僕の未来は、自分の夢の延長上にある

都市銀行マーケティング　5年目・M君

1999年夏。突然の辞令。

僕は「マス個人顧客向けマーケティング戦略の企画開発」という金融ビッグバンの最前線に異動となった。

正直な話、聞いた瞬間、憂鬱になった。不夜城である大手町の銀行本店の中でもそこは、7泊8日という我が行の本部記録を持つ、凄まじいハードワークで悪名高いところだったからだ。

自分の企画に甘えを許した瞬間、翌日の朝刊には他社の賞賛記事が載っている。そんな毎日の中で勝ち残った者へは取締役へのレールが敷かれている。選ばれしポストでもあった。

「自分が新規開拓した、愛すべき顧客と別れ、何でそんな異国の地へ行かなければならないんだ……」

3カ月の歳月が流れ、優秀すぎる上司からの過大な期待がプレッシャーとしてのしかかる。それなのに周囲の期待に応えられない自分。毎晩一緒のタクシーの東京無線との生活にも嫌気がさしてきた。

「辞めよう……」

10日間の夏期休暇をとり、ニューヨークへ旅立った。

昨年同様の一人旅であったが、何かすっきりしない。ビジネススクールの友人、教授と会い、世界の金融の中心、ウォール街を歩きながらも、声が聞こえる。

「辞めるなら今だよ。君ならいろんな選択肢があるよ」

黒い天使が誘惑する。

「ダメだよ。今負けちゃダメ。ガンバレ!」

白い天使がささやく。

何の結論も出ないまま、僕は成田空港に戻ってきてしまった。

朝9時、ニューヨークから帰ってきて、時差ボケ状態の僕に一本の電話がかかってきた。

「あなたを引き抜きたいんです。営業として」

ヘッドハンターからのラブコールだった。

夢から覚めやらぬ状態の僕の脳裏に、電話の声がかけ抜けたのは言うまでもない。

「しかし、大胆ですね。どこで僕のことを知ったんですか?」

「30分だけ、時間を下さい。詳細はその時に……」

「じゃ、今日、話を聞きましょう」

ジャスト12時に、彼は大手町に現れた。いかにも人を説得することを得意とするような、魅力的な中年男性だった。名刺には、資産運用分野で世界第2位の外資系金融会社の名前があった……。

彼は一方的に会社の紹介を始め、最後に言い放った言葉が、

「年俸2000万円からで、どうでしょう?」

であった。驚きを隠せない僕の顔を見て、彼はニヤッと笑い、

「YESと言うまで、待っていますから」

そう言って去って行った。

その夜、人に相談することが苦手な僕もさすがに迷い、学生時代からの師匠、会社の同期、両親、友人、先輩に電話をした。皆も自分のことのように喜んでくれ、賛成してくれた。自分としても、営業に関しては過去の栄光もあり、外資でやってゆく自信もあった。

「辞めちゃえ」

黒い天使が耳元でささやく。今日は白い天使は現れない……。

最後に、学生時代からの親友であり、尊敬すべき親友Sに、その「報告」をした。彼の答えは唯一、NOだった。

「お前は将来、俺と世界を動かす人間なんだよ。その程度の誘惑で自分の夢を捨てるのか……」

苦しい現状から逃げ出したい、ということは彼にはお見通しだった。僕は彼のNOという一言が聞けたことに、とても安心した。

翌日、僕は「目先の成功」案内人に再度会った。大変良い話であったが、自分の夢の延長上にないことを正直に伝え、丁重にお断りした。彼は、

「そう言われると、ますます燃えるんだよね、僕は。また3年後の君に会いに来るよ」

まるで旧知の仲であるかのように、我々は固く握手をし、彼の背中が見えなくなるまで私は見送った。つかの間の現実逃避をさせてくれたことに感謝しながら……。

就職活動以来、僕はどんなに困難な場面に直面しても、「発展途上にある自分に自信を持つ」ことで、その壁を乗り越えてきた。これなくして夢の実現はあり得ないと思う。今まで一生懸命に頑張ったことが何もない、それも大いに結構。夢を実現したいなら、今から頑張ればいいだけのことだよ。

終わることのない、挑戦をしていこう。皆さんの健闘を祈ります。

一度越えたハードルは必ず越えられる

総合商社営業（一般職） 3年目・Aさん

「女である」ということは人生においてたくさんの選択肢を持っているということ。

しかし、それには常に「変化」がつきまとう。たった一つの選択で人生がまったく違った方向へ歩き出してしまうから。

私は今年、入社3年目を迎えた。3年目はOLのターニングポイントなのだろうか。周囲が慌ただしく変わっていく。結婚、出産、転職、はたまた彼を追っての留学など、皆、様々な道を歩き始めた。その一方で、幸せな結婚を夢見ながらも、「このまま結婚してしまっていいのだろうか」「私にも、もっと『何か』できるのではないだろうか」などの思いが交錯している人もたくさんいる。

一般職の仕事を長く続けていくことは本当に難しい。これは周り（会社）からの圧力という意味ではなく、自分の意識の上でのこと。仕事の延長線上に、今以上の広がりを感じることができなくなったとき、皆、もがき始める。男性には計り知れない程の年齢の重みを感じながら。

そんな中、私も人生における仕事のポジションが徐々に変わってきたことに気づいた。「新しい一歩を踏み出したい」そう思うようになってきた。

「自分にとって何が幸せか。自分はどういう人生を送りたいのか」

もう一度、考える時を迎えた。女にとって仕事とはそれだけを切り離しては考えられないもの。人生のビジョン、理想の女性像をもう一度考えてみた。仕事も人生も（もちろん就職活動も）基本は同じ。無駄なものを一度取り払い、自分の真の目的を見据える。その目的へ向かう一番最適な方法は何か。あらゆる角度からそれを考えていく。明日、変わってしまっても構わない。〝変化〟もまた成長なのだから。

大切なのは、その時、その時、ベストの答えを出していくこと。

「はじめの一歩をどう踏み出すか」は全て自分の手の中にある。

仕事との関わり方は変わってきたけれど、最終的な目標は今も変わらない。強くてやさしい女になること。そのために〝いま〟をどう生きるか、格闘中である。

そして、4年目のAさん。

「越えてみたいハードルがある。アメリカへ行こう」

——去年秋、突然の決断でした。

向いてなくても入りたい。敢えて挑んだ商社のOL。泣きながら、やっとのことでつかんだ内定。あれから月日が流れ、私は3年2カ月の会社生活にピリオドを打ち、明日アメリカ留学へ向かいます。

私がこの3年間で学んだことは、自分は決してスペシャルな人間ではないということ。仕事においても女としても、本当に力不足を痛感しました。しかし、それと同時に、私は自分の成長に対する手応えというものも強く感じるようになりました。現在の自分を直視し、それを受け入れた後、逆に自分の中の無限の可能性を感じ、これからの自分に誰よりも期待するようになりました。

どうして「留学」だったのか。今回、多くの人に問いかけられた質問でした。商社パーソンの英語交じりの会話にやっとついていけるようになった程度の英語力。かなり英語が堪能な人でさえ、授業中、教授の前で泣き出すことも珍しくないという、毎日がサバイバルの留学生活に果たしてついていけるのか。女として最も大切な20代後半をなりふり構わず、勉強に費やしていいのか。考える日々が続きました。そして私は「留学」を選びました。それは、ほかのあらゆる選択肢よりも5年後、10年後の自分に確信が持てたからです。私は今、人生において、もう一つ高いレベルのハードルに挑戦すべき時だと感じました。私はもっとたくさんのハードル、もっと高いハードル、そしてもっと角度の違ったハードルを跳んでみたくなりました。ハードルを越えた感覚は、一生残るものだから。

3年前、私は「変わりたい」と思い、商社を選びました。そして今、26年の人生にこれからの経験を「積み重ねたい」と思い、アメリカ行きを選びました。一度越えたハードルは必ず越えられる。自分に言い聞かせながら新たなハードルに挑む日々が始まります。

納得のいく、自分だけの誰にもとらわれない夢を持とう

テレビ局制作　3年目・M君

「エンターテインメントを通じて多くの人に感動を与える仕事をしたい。日常生活の中にエンターテインメントがあるような幸福な社会を創りたい」

ワークシートを何十回と繰り返して導き出した、シンプルかつ言いたいことがすべて詰まったこんな志望動機をぶち上げてから3年が過ぎようとしている。

学生時代、満員電車にスシづめになりながら死んだ目をして会社に通うビジネスパーソンに、正直言って僕は「ああはなりたくないよなあ」と哀れみの視線を投げかけていた。

当時、大学を飛び出して社会人を交えたサークルを作り活動していた僕は、行動力・企画実行力には格段の自信があった。だからかもしれない。

「あんなヤツらにはすぐ勝てるぜ」、表では謙虚を

装っていたが、内心では自分自身を過大評価しすぎていた。冒頭の志望動機を引っ提げて意気揚々と理想を胸に抱いて入社した僕を待っていたのは、伸び切ったハナをへし折るような出来事ばかりであった。

企画が通らない、通ってもいろいろ注文をつけられ、自分の考えていた姿からどんどん遠ざかってゆく。あるいは「やれるもんならやってみたら」。無言のプレッシャーに押しつぶされそうになる。挙げ句の果てには、気持ちばかりが先行しすぎて、とんでもない凡ミスをおかす。自分の考えていることをやりたいだけやり、自由業的に大学時代を過ごしてきた僕にとっては耐え難いことだった。

現場に入ってからの半年は、家に帰ってからも「なぜ仕事がうまく運ばないのか?」、寝不足の目をこすりながらそればかりを考えていた。仲の良い先輩に夜中、相談の電話をかけたりもした。しかし、その時点で有効な解決策といえば、ただ「自分の仕事の内容の底上げを図る」以外に思いつかなかった。

くそ、何て地道な作業なんだ。急速に理想の先が遠ざかり、身体中にけだるさを感じる日々が続いた。まるで沖に流された小船のようだった。このままでは社会の大きな胃袋に飲み込まれてしまう……
……。

そんなある日、映画製作に携わった僕は、一本の作品に出会った。当時、一般的にはその監督の名前は知られていなかった。けれども、久しぶりに心の底から惚れ込めるドラマに仕上がっていた。仕事のことなど忘れて、気がついたら涙があふれ出ていた。

「これは絶対にヒットする。よし、何としてもこの作品を世に売り込んでやる」

当たる要素はほとんどなかった。が、観終わった後、温かい幸福感に包まれながらなぜか僕は確信した。いま考えると、作品の持つパワーとしか言いようがない。

僕は、上司に相談しながら、躍起になって作品を売り込むための企画書を書いた。「何でそこまでやるの？」そんな声も聞いたが関係なかった。自分の足で人に会いに行き、少しでも多くの人にこの作品の良さを伝えようと必死になって動いた。結果、この作品は社会現象を巻き起こすまでの作品にひとりでに成長していった。初日の劇場では、観に来るお客さんが皆、自分の客のような気がして仕方がなかった。また、ある劇場では、初日の最終回、エンドロールが流れ終わった瞬間、満員の客席から大きな拍手が沸き起こったという話を聞いた。

現在、その作品は全米で公開され、大ヒットを記録している。

「お前、働きすぎじゃねえの？」

寛大な上司にも恵まれ、そんなことを先輩から冷やかされるくらい、現在では多くの仕事を任されるようになった。そして、仕事を円滑に進める上で必要ないくつかの知恵も身についた。

もちろん、たった3年という経験である。まだまだ僕は成長途上の人間だ。より大きな責任を背負うことからくる痛みや苦しさというものを中途半端にしか知らない。けれども、苦汁をなめながら見つけ出したあの志望動機は、今でも全く変わることがない。確かに辛いことなど、これからも山のように襲いかかって来るだろう。けれども、これこそ自分に与えられた役割だ、生き方なんだ、というものを見つけ出すことができれば、ちょっとやそっとの辛いことなんかは楽しいことに変わってくるものだ。だいたい、人に夢を与える仕事をする人間がシケた顔をしていたら、それを観る人間ははなっから幻滅するだろう。あの映画は僕の力で世に出たわけではない。けれども、一つの仕事をやり抜くための最後の根拠は、自分の中の「信念」であり「情熱」なのだと、あの映画が教えてくれたような気がする。

これから自分探しを始める人たちへ。

ワークシートを書きまくり、夜を徹して語り合い、納得のいく自分だけの誰にも譲れない夢を持とう。確かに仕事は楽しいことばかりではない。いや、だからこそ、学生時代では決して味わうことのできない、仕事を通じて得られる人との強い信頼関係と、一段深くてよりダイナミックな楽しさと、現実が夢に一歩一歩近づいていくときの、体の奥にぐっとしみ込むような幸福を噛みしめることができるだろう。

僕も先日、とある本を手にして、また新たな夢に心躍らせているところだ。

自分を人生の脚本家・演出家・プロデューサーだと思って、ともに思い切り自分をエンターテインメントしてしまおう。

頑張って下さい。

そして、4年目のM君。

「各業界を横断するプロデューサーとなるべくこの仕事を選んだ。これから3年間はそのための力を蓄える期間と考えている」

入社1年目、僕はこんなことを書いた。

そして、あっという間に入社4年目となり、会社では定期的な人事異動があった。気がついたら「プロデューサー」と呼ばれる立場で仕事をするようになっていた。

今、具体的にはイベントのショーの製作をしている。先日も現場に行き製作および本番に立ち合ってきたばかりで、ほかにも2つほどプロジェクトを進めている段階にある。だが、今の状態に満足しているなんてことはまったくないし、プロデューサーと自分を名乗るなどという恥ずかしいことも、とてもじゃないができっこない。もちろん、高校から大学まで舞台に携わっていた関係もあって、ショー製作の実際に最も必要な「モノ創りのマインド」や基礎的なノウハウは持っている。また、会社に入ってから3年間という時間の中で、自分にできることは精いっぱいやってきて、それなりの経験を蓄積してきたと自負もしている。だが、ビジネスとしてこういった仕事に就いてから少ししかたっていないし、知識やノウハウを必死になって勉強しながら手探りで仕事を進めている、言わば駆け出しの段階というのが本当のところだ。

そもそも、プロデューサーとはいったい、何なのだろうか？　書店に行けば「組織におけるプロデューサーの重要性」などを説いた本が数多く出回っており、多くの名刺に「プロデューサー」という肩書が印刷される時代になっている。もちろん、それらにはそれ相応の意味があるのだろうが、ことこういったモノを創造する仕事におけるプロデューサーというのは全く意味合いが違う。僕自身、自分をプロデューサーなどとまで名乗れない最も大きい理由は、僕の中に「モノを創る仕事において、プロデューサーとはかくあるべき」という像があり、そのステージにまだ程遠い自分がいるからだ。プロデューサーになるには100人いれば100通りの方法があり、正解などないと言うが、まさに僕は自分だけの方法で、自分だけの正解を見つけようとしている最中である。

本来、プロデューサーとは非常にフィールドの広い仕事である。がために、要求される能力も様々だ。プロジェクトを推進するには付きものである予算の問題を処理するだけの経済感覚がなくてはならないし、様々な交渉を行うだけの交渉力もなくてはならない。当然、多くの人間をまとめるだけのリーダーシップも必要だし、これと決めたらやる意志力も重要だ。また、突発的に起きる様々な問題に対処していく判断力も不可欠である。特に現場ではトラブルのない日はないと断言していい。「パフォーマーが空港に到着しない！」「この予算では納得できない」「キャストがそんな芝居はできないと言っているんですよ」「主催からちょっとクレームが……」「きょうはどしゃ降りになりそうですよ（野外イベントの時）」「これをやるには予算がないなぁ……」、まさにトラブルのオンパレード。ちょっとしたことにいちいち腹を立てていたら仕事は進まないのだ。そして、現場を踏みつつ企画書に向かう毎日の中で、最も重要だと痛感するのは「創造力（あるいは企画力）」である。これがなくてはプロジェクトの全貌を把握するのもままならない。ショーの内容から始まり、様々なケースを想定したプランがクリエイトできなければ、単なる調整役にしかなれないだろう。

そんな中、今年も僕はニューヨークへ行く。新しいショーを観て勉強し自分に刺激を与え続けなくてはこの商売は成り立たないからだ。勉強は半ば義務のようなものである。ずいぶんと格好いいことを並べて書いてきたが、僕はまだ駆け出しだ。この文章は、自分への叱咤激励の意味もある。この文章を読んだ諸先輩方からは「甘い」と一喝されそうだが、今の僕は自分の信じるところを進むしかない。

客席では大勢のお客さんが拍手をしている。満足げな表情があたりを幸福な時間に変えていく。ライブは、やっぱり、いい。昨日の徹夜のことなど忘れて「お疲れさま」とスタッフに繰り返す。体の奥からじわっと感動がこみ上げてくる。この時間があるからやめられないのだ。そして思う。この場所で立ち止まっていてはいけない。僕の目指すステージはまだまだ遠くにあるのだ。

さて、ひと遊びして、また明日から、エンターテインメントな人生だ。

「志」を持ち、それを実現するために精進する

起業　1年目・K君

「就職とは何か？」

誰もが深く考えたつもりになって就職することだろう。

しかし、その実態は、

「将来、世界中で交渉しまくりたい！」

という幼い頃からの念願叶って、大手商社に入社。回遊魚人生を歩み、はたまた有名生保では、おばちゃんの世話人として大活躍するわけだ。

何か間違っていないか？　君の人生の目標は何だ？　夢は何だ？　それを実現するために、どのようなスキルを、この20年間以上つみ重ねてきたのか？　まさか夢が「大企業の部長代理」になることだ、なんてことはないだろう。

しかし、現実には明確な「夢＝志」を持たずに就職していく学生が非常に多い。

もし機会があるのなら、この「志」なしに、いい

歳になってしまった人の話を本音で聞くといい。何のスキルも身につけなかったが、何とか順調に出世した。負けず嫌いで同僚には負けた事はない。退社した。年賀状が減った。友達も趣味もないことを人生も終わりに近づいて確認。〝昔はよかった〟感に浸りながら、ご臨終を迎える。

非常に典型的な日本人サラリーマン像だ。何なんだ！

では、僕の「志」は何か。

それは先祖代々受け継がれてきた「日本再生」のために身を投じる事だ。これを実現する第一段階として「起業家」に就職してみた。

飲み屋で愚痴をこぼしたり、友達というオブラートで表現されている同期を牽制する世界とは全く縁がない就職先だ。

責任転嫁、ダラダラ続く申し開きなども全く無意味だ。自己責任、独立自尊の精神がなければ一巻の終わり。

だが、ここで勘違いしてほしくないのは、これは決してサラリーマン批判ではないということだ。

なぜなら一国一城の主である僕でも羨ましくなるほど清々しく生きている人も沢山いるからだ。なぜなら彼らには全員「志」がある。

これから就職する後輩のみんなに希望することは、寂しい余生を送らないよう、「志」を持ち、それを実現するために精進することだ。社会的地位などというものは己の「志」を実現するための手段にすぎないのだ。

世界最大級の開発が進むドバイでの、挑戦と成長の日々

スーパーゼネコン　国際事業部　T・T君

灼熱の沸騰都市ドバイ。

私は今、ここで働いている。

人類史上、最速のスピード・最大のスケールで開発が進む。

数千億規模の国際開発プロジェクトがここまで同

時期に存在するのは、世界中の都市で一つしかない。

世界中の開発企業が企業連合体を組み、プロジェクトの受注と実現を目指す。日本も例外ではない。

入社して、国際事業部に配属。

3カ月目でマネージャーの一人として着任した。

日本と桁違いの開発規模は、それだけのマネージメント量を強いる。新入社員といえど甘えは許されない。

マネージメント対象人数は百人単位。動く資金は億単位。

日々、新たなターゲット問題、トラブルが雪崩を打って押し寄せる。明日、明後日の先手を打っても、会社につけば、もう想定外の問題が発生している。

着任して1週間で、自分自身の力量の及ばなさを痛感した。

学生時代、いくばくかあった自分自身への自信など、計る尺度もない。

ミスを犯しても、新入社員だからといって同情してくれるわけではない。

同情してくれたとしても20秒あまりの言葉だけ。すぐに是正策の検討に入らなければならない。うだうだ悩んでいる暇はない。

負けた試合のことは考えない。考えても15分限定。すぐに次の試合を考える。

「攻めなければ、やられる」

「気を抜くと想定外のトラブルが降ってくる」

新入社員に必要なのは、「試練を取りにいく力」だと思っている。

待っていても、大きな仕事は任せてくれない。上司の仕事は自分で奪うもの。

本質に基づいた判断力とその精度、リーダーシップ、プレッシャーやストレスを先進力に変える力も、会議で格闘するための英語力も、追い込まれた際にこそ、初めて新しい段階への成長を遂げる。

疲れきっているはずなのに、体の中から沸き上がる安堵感と高揚感。

「人は10分あれば成長することができる」会長の言葉を思い出す。

「人生は無から有を生む挑戦の日々」館長の言葉を思い出す。

正直言えば、逃げ出したい時もある、少し休みたいと思う時もある。

でも……。

それでも前に進むのは、自分の進む先に夢があると確信しているから。

自分の理想像があると確信しているから。

学生最後に思い切り我究し、自分の選択に大きな納得感を持って、社会に乗り出したから。

パブリックインパクトの大きな仕事は最高にエンジョイできる。

そして最高にエキサイティングだ。

「日本ほど夢を追いかける環境・条件が整っている国はない」

世界中の人間が集まるドバイで仕事をしているからこそ、頭の芯からそう思う。

「一度しかない人生、あなたならどのように歩みますか？」

強烈な人生への欲、それがすべての力を創ってくれる。

そう信じている。

バール・ドバイの摩天楼を眺めながら。

あとがき

僕ときみとは、就職活動を通して知り合うことができた。

もうきみは気がついていることと思うけど、僕がきみに延々と述べてきたことは、本当は就職についてではない。「大人になること」という人間の本質についてである。

今の日本の教育システムは、ある種の「突破」を自ら図らなければ、一生「大人」になれない仕組みになっている。

誰もがいい高校に行こうとし、誰もがいい大学へ行こうとする。そしてあたかも、いい会社という学校に入れば、自動的にハッピーにさせてくれるような、そんな錯覚を抱いている。

そして、それでもハッピーになれないと気づくと、自分以外の何かのせいにして、放課後に陰で憂さを晴らし、先生の前ではじっと我慢している。大人になれない子供たちには、その我慢が大人の美学であるかのごとく賛辞を呈する風潮さえある。また、我慢するまでもなく、日常の忙しさに紛れ、そのことに気づかないふりをしている人も多い。そして本当に何も気づかないまま、いい歳した頑固で従順な子供になっている人も多い。

中学、高校、大学と「卒業」を繰り返していくうちに、いつのまにか会社まで、

「いつかきっといいことがあるんだから」

と、「卒業」目指して我慢することを、先生という心の中の絶対的な大人から言われ続けたとおり守り抜いているのだ。いつまでも幻想でしかない淡い期待にすがる甘えん坊の子供なのだ。

確かに、日本の教育システムは、大量の優秀な子供を生み出す仕組みになってはいる。また、日本の社会全

体が、いつまでも子供であることを許容したり、時にはそれを強いるといった構造になってもいる。

しかし、僕は問題をすり替えたくはない。きみにも問題をすり替えてほしくない。

「きみはどうしたいの？　きみの幸せは何なの？」

と、いちいちきみに聞いてくれる先生は、もうどこにも存在しない。ハッピーを与えてくれる絶対的な大人も、もうどこにも存在しない。自分の幸せは、自分でつかみとるものなのだ。自分からアクションを起こしてつかみにいかないと、待っていても誰も何もくれないのだ。

僕がいつも学生に言っている言葉がある。

「志を持った異端者たれ！」

僕自身が抱き続けている大人像であり、きみに目指してほしい大人像だ。

現実や常識を、絶対的な限界という言い訳にするのではなく、味方にできる強さを持った人間。現実や常識という薬を飲み込んで、泣き寝入りしたり、逆に現実や常識に背を向けて、手に負えない子供として自分だけの世界の中で生きていくのではなく、現実や常識に立ち向かい、いったんはあえて飲み込み、自分に力をつけることで堂々と突破し、新しい現実や常識を自分の力でつくっていく人間。既存の価値基準にとらわれることなく、自分自身の究極の夢・志に向かって、自分から次々と突破を図り、常識を超越して社会の中で堂々と自由に楽しく生き、夢や志を実現していく人間。誰かのものさしに合わせていくのではなく、自分がものさしになり、世界で唯一の存在として、周りのものさしさえ変えてしまうほど生き生きとした人間。そんな強い人間になってほしい。

自立――。

使い古された言葉だが、「志を持った異端者」になるために、あえてこの言葉の意味を考えてみたい。

親や会社など他に依存せず、自分を頼りに生きていく――もちろんそういう意味である。しかし、僕はそれにもう一つ、つけ加えたい。

「人に依存せずして、人を愛せよ」

それが僕の自立の定義だ。「志を持った異端者」になるべく、僕が目指している生き方だ。

単に依存しないというだけではなく、親や会社、あるいは社会、友人、学校、恋人、上司、部下、同僚、取引先、さらに日常の中で触れるものすべて、自然や街並みから、ボールペンや書類、ファイルなど、ありとあらゆるものに、心からの愛情をもって接する生き方、単に自分本位になることなく、心からの愛情と、責任という自分を律する厳しさを持った生き方、すなわち気品を持った生き方こそが、自立した人間としての生き方なのではないだろうか。

もちろん厳密には、人間は自分以外のほかのものにまったく依存せずして生きていくことはできない。

実は、互いに依存し合うということも、豊かな暮らしのためにも、より良い人間関係を維持していくために

も必要なことだ。

しかしそれは、互いが自立した存在であって初めて成り立つことである。

社会と個人は、そして大人としての他人と自分の関係は、何をしても最終的には絶対的な愛で守られ許され

る親と子のような関係ではなく、他に甘えることなく自らをまっとうし、さらに他を愛してこその補完の関係

なのであると僕は考える。

きれいごとを言うつもりはない。きみが社会や企業の中で生きていくことを選ぶ以上、しがらみから解き放

たれて、いや現実にはしがらみを引きずりながらも、真に自由に生きていくことが、そうそう簡単ではないこ

とは僕も身をもって知っている。

やりたいことをやるためには、やらなければいけないことが山ほどある。やらなければならないことをやっ

た上でしか、やりたいことはできない。やらなければならないことをやり続けられる人にしか、やりたいことをやる資格はない。そうでなければ誰にも認められない。ただの現実逃避でしかない――。

しかし、企業人であっても、心底自由にのびのびと活躍できる方法がある。

それが抜群にできる人材になることなのだ。

抜群にできる人材とは仕事ができるだけではない。仕事が抜群にでき、さらに、あらゆるものに対し、惜しみない愛情を注ぎ続けるパワー・強さ、そして高潔さをも持ち続ける必要がある。

この2点を身につけた時、僕たちは自由になることができる。現実や常識さえも味方になる。そしてそこに、きみのものさしが新しい常識として加わることだろう。

できない人にとっては嫌な上司も、できる人にとっては最高の上司であるし、できない人にとってはどうしようもない現実のカベも、できる人にとってはクリアして新しい常識をつくれる絶好のチャンスなのである。きみの時代の夜明けを迎える前の、前夜の闇でしかないのだ。

関門は「千」あると思っておいてほしい。「七転び八起き」どころではない。「千転び千一起き」だ。しかも関門に終わりはない。朝がくれば夜がくるように永遠に発生し続ける。絶対に屈するな。絶対に負けるな。常に笑顔で、もうひと踏ん張りだ。僕はいつもそう思っている。

＊

偉そうなことを述べてきたけど、そういう僕も屈しかけたことがある。25歳の時だ。トガっていた分、エグイ経験は数多くしてきたが、きみが社会に出てからの何かの参考になればと、その一つを告白する。

最初に勤めた住友商事での経験で、僕は当時、勘違いもはなはだしい、あきれるほどの自信を持ってしまっていた。今にして思えば、大したこともやっていないのに、周りの方々に助けられていただけにすぎないのに、「俺は抜群にできる」

と、心底思っていた。はっきり言っておごっていた。

熊本の中学時代からの夢だったCDデビューも実現させて、調子に乗っていたこともあっただろう。損保に転職して、二度目に配属された職場（広報）で、僕は仕事で干されるという、やる気のある人にとって最もつらい経験をした。

男性の上司が一人、あとは全員女性（一般職）という変わった部署だった。期待されて配属されたものとは切っていた。ところが……。

「仕事を何もさせてもらえない。何度企画を出しても読んでももらえない。一人しかいない男の上司がまったく話も聞いてくれない……。芸能活動をやってるヤツなんか、とまったく相手にされない。シカト同然……なぜ、この俺が……」

やる気をどこにぶつけていいのかわからない。朝から僕だけが何もすることがなく、一般職の女性たちの世間話に囲まれながら、ただただボーッと机に座り、読まれるあてのない企画書をだらだら書いていた。

数カ月して、極めて簡単、単調な、仕事を任された。看板のメンテナンスという、それまで20歳の新入社員（一般職）がやっていた仕事だった。

「商社で数十億のプロジェクトを、英語も駆使してやっていた俺がなぜ……。転職の時、仕事もバリバリやらせてもらえるはずだったのに……こんなはずじゃなかった……」

かなり苦しかった。できる自信があったし、仕事で力を爆発させたい気持ちにあふれていただけに、心底つらかった。生殺しとはこんなにもつらいものかと思った。

「俺の何がいけないというのだ。あまりにもひどすぎる……」

自信が崩れかけていった。当時、芸能活動では「仕事も遊びもこなす、二足のわらじのシンガー」として、笑顔でやっていたのだが、心の中では、ぐちゃぐちゃに悩んでいた。

毎日のように、

「もう辞めてやる！」

と、思っていたが、

「ここで辞めたら、ただの負け犬だ。負け犬になってたまるか！」

という、かすかに残っていた意地で、

「あと3日、あと3日」

そう言い聞かせて、ぎりぎりに耐え続けていた。

そして、恥ずかしながら、高校時代のように、夜な夜なバイクで大黒埠頭を走りまくった。二足のわらじで睡眠不足にもかかわらず、いい歳して、真夜中、高校生に交じり限界走行に挑んで憂さを晴らしていた。親友であり、また僕の尊敬する大塚祥史氏はそんな僕を見かねて、黙って夜更けの限界走行につき合ってくれたこともあった。涙がこぼれないようにメットのシールドを開け、首都高速を朝まで全開で疾走したこともあった。

しかし、そんな乱れた生活を半年も（！）続けているうちに、あることに気がついた。

「このまま満足できない現状を上司のせいにして、憂さを晴らして、疲れはてて眠る生活を続けていても、何一つ解決しやしない。あの上司に俺の実力を認めてもらい、やりたいように仕事ができるようになることしか、解決はない」

「そうだ！上司が悪いんじゃない。いつまでそう思っていても解決しない。俺の何かが足りないんだ。俺がもっと大きく、もっと力がある男だったら、あの上司も、仕事も芸能活動も認めてくれるはずだ。そうだ。もう一度『全裸作戦』だ！」

その日から、大学ノートを再び取り出し、自分がやっていたこと、会社での態度、感じたこと、考えたこと、職場の女性が僕をどう見ているか、自分のダメなところはどこか、そしてこれから自分がやるべきことなど、考えたり職場の女性に聞いたりして、次から次へと書き出していった。最悪の上司のいいところ探しも意地になってやり続けた。今、考えてみると、この経験が「我究ワークシート」の生みの親だったのだ。

そして分かったことが、次のことだった。

1．会社での態度を入れ替える。ここは商社ではなく損害保険会社なのだ。スーツもネクタイも言葉づかいも振る舞いも、ランチタイムの過ごし方も、まずはこの会社のカルチャーに合わせ、自分を入れ替える

2．今、自分がやるべきことは、新しい広告戦略の企画を出すことではない。任された看板のメンテナンスをまずは完璧にこなし、次にその方法をより良いものに改善することだ

3．人間関係がうまくいかないのは、自分に何かが足りないからなのだ。そう思い込め。あの憎き（失礼！）上司も心底嫌な人間のわけがない。彼を憎むのではなく、自分の態度を入れ替えた上で、俺のほうから心を開き飛び込んでいくことだ

それに気がつくと、あとはやるしかなかった。

ぎりぎり許せる地味なネクタイも購入した。紺のシングルの地味なスーツも初めて購入した。英語交じりの商社のしゃべり方も改めた。業務の改善案の策定は得意とするところ。看板のメンテナンス法について最高のものをつくるべく、家に書類を持ち帰り、練りに練った。看板の発注先にも毎日足を運び、コミュニケーションをできるだけとり、自腹の接待も行い、ヒアリングも重ねた。

そして、ほとんどシカト状態だった上司に接近するべく、勇気を振り絞ってデート（？）に誘った。椿の花の咲く頃、神代植物公園にも2人きりで行った。ランチも上司のあとにくっついて、近所のそば屋で強引に一緒に食べた。ローリング・ストーンズが好きらしいという息子さんのために、ジャパンツアーのアリーナチケットを入手すべく、代理店、テレビ局を奔走した。そしてライブを隣同士で見る段取りを組み、息子さんと一緒にドームで絶叫した。部内旅行を企画し、一緒に風呂に入り背中を流そうとした（実際には断られた）。

しかし、朝まで飲んでくれた。少しだったけど初めて本音で語り合えた……。

数カ月後、気づいた時には、上司は厳しいが正義感の強い親分肌のかっこいいおやじだった。僕に最も欠けているきっちり感を持った、僕にとってある意味で最高の上司だった。自分がいかに子供であったのか、力もないくせに、ただの生意気なガキにすぎなかったこともよく分かった。看板のメンテナンス方法も改善し、認められた。そのほかの企画も通った。……そしてその後、僕は結局、1年弱の修業を経て、転職当初からの希望どおり人事に異動になった。

そして最終的に、心の広い上司、同僚たちの理解もあり、自分の思い描いていた仕事（モチベーションアップのための研修企画や、キャリア形成プログラムの企画、採用企画など、社員の幸せ追求の企画に特化した業務）や、勤務スタイル（ポロシャツでの勤務、バイクでの通勤、年俸制・フレックス制の個人的導入、プライベートのワーキングスペースの獲得……。ぶつかることも多かったが、相手が上司であろうと、誰だろうと思ったことは本音で何でも言い合え、語り合うことなど）を実現した。そんなに大したことをやったわけではもちろんないが、結果として、自分の中にさらなる自信を持つことができた。

今にしてみれば、あの干された頃の経験は本当にためになった。あの経験がなければ、今の自分はないとも思う。自分がいかに子供だったかを教えてくれたあの上司に心の底から感謝している。

＊

僕は、我究館を「自分の目指す大人像、自分の目指す夢に向かって本気で自己研鑽する場」だと思っている。就職をきっかけとしてはいるけど、僕は正直言って、どこどこに内定したかなど、大して興味は持っていない。

就職活動の醍醐味は、内定などというちっぽけなものではない。

内定なんて、通過点どころかスタートにすぎない。

22歳で始まる、本当のマラソンの地図は、まだまだスタート地点が実線で描かれただけである。きみが予想もしていない障害や心臓破りの丘がいくつも待っている。ドラマティックな出会いも、エキサイティングで眠れぬ夜も、ロマンティックな朝も、これからいくつもあるだろう。

きみはこれから、きみ自身が、原作、脚本、演出、監督、プロデューサーもやってのける、どんな映画やドラマよりもエキサイティングでリアルな超大作ドラマの主人公であることを忘れないでほしい。

本当にワクワクするエンターテインメントの始まりのブザーが、今、鳴ったのだ。

思いっ切り本気で、思いっ切り楽しんで、就職活動をしてください。

そしてきっと、心の底から湧き上がるきみの欲望のままに夢に向かって自分の道を切り開き、実現し、一点の曇りもない、青空に突き抜けたハッピーな大人になってください。

「人は人からしか学び得ない」

僕はそう思っている。

本で学ぶことももちろん大切だが、生の人間から学び得るもののほうが、はるかに大きく、温かく、素晴らしいものであることを知っている。

この本は、きみの隣で僕が直接アドバイスしているつもりになって書いた。

僕自身、今までいかに多くの方に学び、育ててもらってきたことだろう。彼らから学んだものの大きさは計り知れない。僕がこの本で偉そうに述べたことは、すべて彼らとの触れ合いの中から学んだことなのだ。

「あの人だったら、こんな時どうするだろう」

いつもそう考えて行動してきた。

僕を育ててくれ、いつも温かく、厳しく指導し、応援してくれている恩師、諸先輩方、友人たち、そしていつも的確なアドバイスと指導をしていただいているダイヤモンド社の和田史子さんをはじめ多くの方々に、この場を借りてお礼を申し上げたい。

また、もし分からないことや、ぶつけてみたい思いがあれば、いつでも連絡してほしい。燃えているスタッフと仲間が待っている。

きみの10年後、20年後を心から楽しみにしています。すべてはきみ次第。お互い、最高の人生にしよう。日本は少しずつ小さくなっていくけれど、よりよい世界をつくるために、日本から世界へ、お互いに発信していこう。

杉村太郎

[著者]

杉村太郎（すぎむら・たろう）

（株）ジャパンビジネスラボ創業者、我究館、プレゼンス創業者・元会長。

1963年東京都生まれ。慶應義塾大学理工学部管理工学科卒。米国ハーバード大学ケネディ行政大学院修了（MPA）。87年、住友商事入社。損害保険会社に転職し、経営戦略と人材育成・採用を担当。90年、シャインズを結成し、『私の彼はサラリーマン』でCDデビュー。

92年、（株）ジャパンビジネスラボ及び「我究館」を設立。就職活動に初めて“キャリアデザイン”の概念を導入し、独自の人材育成「我究（がきゅう）」を展開。94年『絶対内定95』を上梓。97年、我究館社会人校を開校。2001年、TOEIC®/TOEFL®/英会話/中国語コーチングスクール「プレゼンス」を設立。08年にハーバード大学ウェザーヘッド国際問題研究所客員研究員に就任、日米の雇用・教育問題と政策について研究。11年8月急逝。

著書は「絶対内定」シリーズ、『新TOEIC®テスト900点 新TOEFL®テスト100点への王道』（共にダイヤモンド社）、『ハーバード・ケネディスクールでは、何をどう教えているか』（共著、英治出版）、『アツイコトバ』（一部電子書籍はダイヤモンド社より発行）等。

藤本健司（ふじもと・けんじ）
我究館館長。千葉大学教育学部卒業後、（株）毎日コムネット入社。営業に配属され、2年目に優秀社員賞、3年目に社長賞を受賞。2012年「世界の教育問題に対峙したい」との思いから、青年海外協力隊としてケニア共和国で活動。3年間、JICAや現地の省庁と連携し、児童福祉施設における情操教育やカウンセリングに携わり、「人は志や気づきによって大きな成長を遂げられる」ことを実感する。2016年より（株）ジャパンビジネスラボに参画。我究館学生校の主担当コーチとして大学生をサポート。2017年10月より副館長を務め、2021年5月より現職。外資系投資銀行、コンサルティングファーム、総合商社、広告代理店など、難関企業に多数の内定実績がある。著書に「絶対内定」シリーズがある。
ツイッター　@Kenji_Fujimon

キャリアデザインスクール・我究館
心から納得のいくキャリアの描き方と実現をサポートする就職・転職コーチングスクール。1992年の創立以来、31年にわたり全業界に10200人の人材を輩出。
日本を代表するコーチ陣が、就職、転職、ロースクールや医学部進学、MBA留学、資格取得等、次の成長の機会を模索し、その実現に悩む人々をバックアップしている。
※絶対内定®は杉村太郎（株）の登録商標です。
※我究®、我究館®は（株）ジャパンビジネスラボの登録商標です。

絶対内定2025——自己分析とキャリアデザインの描き方

2023年5月9日　第1刷発行

著　者——杉村太郎、藤本健司
発行所——ダイヤモンド社
〒150-8409　東京都渋谷区神宮前6-12-17
https://www.diamond.co.jp/
電話／03·5778·7233（編集）03·5778·7240（販売）
装丁————渡邊民人（TYPEFACE）
本文デザイン・DTP—谷関笑子（TYPEFACE）
イラスト——塚本やすし
校正————三森由紀子
製作進行——ダイヤモンド・グラフィック社
印刷————勇進印刷（本文）・加藤文明社（カバー）
製本————川島製本所
編集担当——朝倉陸矢

ISBN 978-4-478-11795-8